珍藏本
纪念版

汉译世界学术名著丛书

罗马十二帝王传

〔古罗马〕苏维托尼乌斯 著

张竹明 王乃新 蒋平 等译

商务印书馆
SINCE 1897
The Commercial Press

2017年·北京

Suetonius

DE VITA CAESARUM

With an English Translation by

J. C. Rolfe, Ph. D.

The Loeb Classical Library

Published by

London: William Heinemann Ltd.

Reprinted 1960

根据洛布古典丛书伦敦威廉·海涅曼出版公司

1960 年重印本译出

汉译世界学术名著丛书
（120年纪念版·珍藏本）
出版说明

2017年2月11日，商务印书馆迎来120岁的生日。120年前，商务印书馆前贤怀揣文化救国的理想，抱持“昌明教育，开启民智”的使命，立足本土，放眼寰宇，以出版为津梁，沟通中西，为中国、为世界提供最富智慧的思想文化成果。无论世事白云苍狗，潮流左右激荡，甚至战火硝烟弥漫，始终践行学术报国之志，无改初心。

迻译世界各国学术名著，即其一端。早在20世纪初年便出版《原富》《天演论》等影响至今的代表性著作，1950年代后更致力于外国哲学和社会科学经典的译介，及至1980年代，辑为“汉译世界学术名著丛书”，汇涓为流，蔚为大观。丛书自1981年开始出版，历时三十余年，迄今已推出七百种，是我国现代出版史上规模最大、最为重要的学术翻译工程。

丛书所选之书，立场观点不囿于一派，学科领域不限于一门，皆为文明开启以来，各时代、各国家、各民族的思想与文化精粹，代表着人类已经到达过的精神境界。丛书系统译介世界学术经典，引领时代思想，为本土原创学术的发展提供丰富的文化滋养，为推动中国现代学术和现代化进程做出了突出的贡献。

为纪念商务印书馆成立120周年，我们整体推出“汉译世界学术名著丛书”120年纪念版的珍藏本，寄望既利于文化积累，又便于研读查考，同时向长期支持丛书出版的译者、编者和读者致以敬意。

两甲子后的今天，商务印书馆又站在了一个新的历史时间节点上。我们不仅要铭记先辈的身影和足迹，更须让我们的步伐充满新的时代精神。这是商务人代代相传的事业，更是与国家和民族的命运始终紧密相连的事业。我们责无旁贷，必须做好我们这代人的传承与创造，让我们的努力和成果不仅凝聚成民族文化的记忆，还能成为后来人可以接续的事业。唯此，才能不负前贤，无愧来者。

商务印书馆编辑部

2017年10月

译 者 序

（一）

盖乌斯·苏维托尼乌斯·特兰克维鲁斯（Gaius Suetonius Tranquillus）是罗马帝国早期的著名传记体历史作家。像许多古代学者一样，作者详细地记载了许多别人的故事，却没有留下关于他自己的事迹。我们现在可据以了解苏维托尼乌斯生平的资料主要来源于小普林尼的《书信集》。小普林尼有给苏维托尼乌斯本人的信，在给别人的书信中也有多处提到苏维托尼乌斯。其次是苏维托尼乌斯自己的《罗马十二帝王传》（以下简称《帝王传》）和《名人传》，他在记述故事时偶然也提到自己或自己的亲人。再就是3世纪末4世纪初的历史家、《奥古斯都史》六作者之一的斯巴提亚努斯，他写的《哈德良皇帝传》中提到过苏维托尼乌斯。近代学者中提及苏维托尼乌斯的有著名历史学家蒙森和马塞等。1950年在非洲发现的一件铭文则有助于矫正关于他职务升迁的一些情况。

根据上述来源，我们可以约略知道苏维托尼乌斯的生平。在本书《奥托传》X. 1，他自己告诉我们，他的父亲名叫苏维托尼乌斯·拉图斯，属罗马骑士等级，曾以第十三军团指挥官身份参加过贝特里亚库姆（Bedriacum）战役。可见，盖乌斯·苏维托尼乌斯出

身罗马富有的家庭。关于他的出生年月，至今无人说得准确。蒙森说是公元 77 年，马塞说是公元 69 年。这些年代可靠程度略有问题。苏维托尼乌斯本人在《帝王传》和《名人传》中也只给了人们一个模糊的时间概念，倒是他的朋友小普林尼的书信有助于推定一个比较接近的年代。小普林尼提到苏维托尼乌斯的信札最早是在公元 96 年。这时他应该不仅已达成年，而且有了一定的社会影响。因此我们宁可取马塞的主张，把他的生年提前到比公元 77 年早些，以公元 69 年或 70 年为宜①。

他的出生地大概是在罗马。他在罗马长大，是无须怀疑的。他在《帝王传》和《名人传》中常常告诉人们，某些发生在罗马的事情有的是他小时候听老人说的，有的是他小时候亲眼看见的。

他的卒年同样难以确言，但可以推测他活到很高的年龄。公元 121 年他才被解职退休，又写了那么多的书。他大概一直活到安敦尼努斯·庇乌斯统治时期。詹姆斯·肖特威尔说他死于公元 160 年左右②，事实上可能要早些。

苏维托尼乌斯出生正当罗马帝国盛世，童年生活优裕而安定，受过当时通行的教育，先入文法学校研习典籍，再进修辞学校练习演讲术。毕业后，由于文才出众，他得到小普林尼的赏识，被小普林尼为首的文学团体所接纳。这个团体是当时罗马社会最有教养人物的文化活动中心。苏维托尼乌斯在这里结识了学界和政界的许多名人。他纯粹是个书生，不谙实务。为了有一个安静的生活

①② 参见詹姆斯·肖特威尔：《史学史》，英文版，哥伦比亚大学出版社 1939 年版，第 316 页。另有定为公元 75 年的。见[苏]德瓦列茨基：《拉俄辞典》，1949 年版。

和工作环境，他想在罗马城外购置一处田庄。小普林尼知道他办不好这件事，写信嘱托自己的另一个朋友给以协助[①]。小普林尼的书信告诉我们，苏维托尼乌斯做过短时间的律师，但对此并不热衷。[②] 马塞和其他一些学者根据小普林尼书信，认为他做过学校的校长，此说显然有讹，小普林尼信札 1,24,4 里 Scholasticus dominus 意思是“书生地主”，而不是“校长”。他也不喜欢做官。当时骑士阶层人物的升迁通常从军职开始。小普林尼曾帮他张罗谋得一个军官职位，但他把它让给了自己的一个亲戚[③]，自己留在罗马成为两个祭司团体的成员。小普林尼还替他向图拉真请求到“三子法”(ius trium liberorum)特权[④](虽然也有人推断他没有子女)，让他可以因此得到荣誉证章和任职优待，但他似乎没有很快取得公职。直到公元 117 年，重视科学艺术的学者型的哈德良接替作为军人的图拉真掌权，苏维托尼乌斯才开始担任宫廷职务，进入帝国的文化科学事务(a studiis)办公室，又被委任监督公共图书馆(a bibliothecis)，后又得到管理往来公文信件(ab epistulis)的职务，成为哈德良的侍从秘书，最后升任秘书长[⑤]。他在宫廷供职时间不长，也说不上成功，但他充分地利用了这段时间的职务之便写成了《帝王传》，并在公元 120 年出版了这本书。公元 121 年他被哈德良解除职务。据《哈德良传》的作者斯巴提亚努斯记载，和

① 《小普林尼信札》，1，24。

② 《小普林尼信札》，1，18。

③ 《小普林尼信札》，3，8。

④ 《小普林尼信札》，10，94—95。三子法规定，生有三个以上儿子的罗马公民可获得优待。

⑤ 斯巴提亚努斯：《哈德良传》，11，3。

他一起被解职的有近卫军长官塞普提克乌斯和其他许多人，解除职务的原因是由于他们据称“未得他[①]的命令”（iniussu eius），对元首的妻子萨宾娜太随便，超过了所能容许的范围[②]。当时萨宾娜已失宠，因此这显然是借口，真实的原因和某一鲜为人知的宫廷阴谋有关，这时苏维托尼乌斯年约50岁左右。以后的行踪便不复见于记载，他大概完全过起隐居的生活，并且专心致志于写作，直到老死。

苏维托尼乌斯交游不广，主要限于小普林尼团体内。他和小普林尼本人显然过从甚密，虽然他们之间社会地位相差甚远。小普林尼是学者老普林尼的养子，曾任公元100年执政官和比西尼亚及本都总督（公元111—113年），是当时要人，而苏维托尼乌斯还算不上是上层人物，甚至有人说他是被释奴隶[③]。小普林尼在给图拉真的一封信里称苏维托尼乌斯是自己的“挚友”（contubernalis），并在图拉真时代（如前所述）给他以多方面的关怀和保护。在写作上他们则相互切磋，相互鼓励。苏维托尼乌斯写完第一部长篇著作（或许就是《名人传》）时，犹豫不决，迟迟不肯发表。小普林尼催促他，指出他若再修改下去，就会像在不必要地摩擦器物一样，只会磨损它，而不会把它擦得更亮[④]。在信札3,34里，小普林尼也曾就自己的私愿征求苏维托尼乌斯的意见，问他，如果在公众场合朗读自己的诗作是否合适。小普林尼的书信提到苏维托尼乌

① 哈德良帝。

② 斯巴提亚努斯：《哈德良传》，11.3。

③ 科瓦略夫：《古代罗马史》，三联书店1957年版，第423页。

④ 《小普林尼信札》，5,10。

斯是从公元96年到112年的这段时间，可见他们之间交往之久。

除小普林尼外，当时的要人中和苏维托尼乌斯交往密切的要数盖乌斯·塞普提克乌斯·克拉鲁斯。他们在小普林尼团体中相识。塞普提克乌斯在公元119到121年之间任近卫军长官，他继小普林尼之后，是苏维托尼乌斯的保护人。苏维托尼乌斯担任哈德良的侍从秘书主要在这段时间。他把奥古斯都小雕像送给哈德良的事[①]无疑也在这个时候。如上所述，公元121年他们又一同被解除职务。苏维托尼乌斯在《帝王传》的前面有献给塞普提克乌斯的题词，可见他们之间的友情非同一般。

（二）

和生平的资料相比，提到他著作的地方就多得多了。在10世纪时斯维德斯(Suidas)编的希腊文辞典中保存有一份著作目录[②]。后人又从别的来源对这个目录作了补充。归纳起来，他的著作内容包括历史(传记)、古事古物、自然史和文法。大部分作品用拉丁文写成，暮年的一小部分作品受当时风尚影响，用希腊文写作。他的作品可开列如下：

（一）传记的或历史的著作：1.《帝王传》；2.《名人传》(文学方面的)；3.《名妓传》；4.《诸王传》。

（二）古事古物：1.关于罗马的(a.风俗习俗 b.罗马的年 c.罗

---

① 参见本书《神圣的奥古斯都传》，VII，注①。

② 在 Τράγκυλλος 词条下。

马的节日 d. 罗马人的衣服);2. 希腊的竞技;3 关于公职;4. 关于西塞罗的《国家论》。

(三) 自然史:1. 关于人类(关于身体的缺点);2. 关于时间的计算;3. 关于自然。

(四) 文法的著作:1. 希腊文中的骂人话;2. 文法的问题(关于不同的事物);3. 关于书中的批评符号。[①]

所有上述作品中完整地或近乎完整地保存下来的只有公元 120 年发表的《帝王传》。它包括罗马帝国最初的 12 个元首(即所谓"恺撒")的传记,从朱里乌斯·恺撒到图密善。现在通行的本子缺了朱里乌斯·恺撒传最前面的少数几节,此外还有几处不重要的脱漏。这些缺漏是在什么时候发生的?普洛奥姆[②]证明,5 世纪时有一个用大写字母抄写的完整的手抄本。又,6 世纪时的约翰尼斯·卢杜斯曾引用过一个有献给塞普提克乌斯·克拉鲁斯题词的抄本,这个抄本上据推测还是保有朱里乌斯·恺撒传里的散佚部分的。而 9 世纪末(公元 884 年)的富尔达抄本[③]就缺了朱里乌斯·恺撒传中最前面的部分,当然还有几处较少的脱漏和许多抄写上的错误。因此,这部分一定是在 6 世纪和 9 世纪初之间散佚的。

除《帝王传》而外,还有《名人传》的相当多的片断保存下来。

① 据本书英译者的归类排列。

② Preud'homme,本世纪初著名古代史作家,著有《苏维托尼乌斯》、《〈罗马十二帝王传〉版本第一次、第二次、第三次研究》,比利时皇家科学院公报,1902,1904。

③ 这个用不规则字体(或,安塞尔字体)抄写的拉丁文抄本,是当时存在的唯一的一种抄本,被公认是我们现在所有抄本的最早依据。

《名人传》讨论的是广义的文学领域内出类拔萃的罗马人，原作大概包括五大卷，分别讨论诗人、演说家、历史家、哲学家、语法学家和修辞学家。《语法学家和修辞学家》卷十五世纪的赫斯菲尔德抄本已散失，现存的版本是根据这个手抄本的 18 个副本校定的①。内容基本上保存了下来，只缺了最后的一部分。语法学家部分以一篇引言开始，介绍罗马语法学研究的起源和发展，以及语法学和修辞学之间的关系，而后便介绍该学科的代表人物。写修辞学家的部分也以一篇引言开端，介绍该学科的研究历史，但原计划介绍的 15 个代表人物只写了 5 人，文章便结束了。其次，流传下来较多的是《诗人》卷的片断。这些片断没有一篇是以原初的形式流传下来的。它们是被古代出版家作为介绍作家生平的注释放在作品前面和作品一起流传下来的，大都在不同的程度上受到了增删甚至改动，文字与苏维托尼乌斯原作已有很大的差异。其余各卷中《历史学家》现在仅有一个老普林尼传，《演说家》卷仅有一个帕西安努斯·克里斯普斯的传记摘要流传下来。《名人传》的这种历史命运可能和它的文辞状况不及《帝王传》有关系。《名人传》所记大体上是十二帝王同时代的人物，因此朱维纳尔、塔西佗和小普林尼都未包括在内。

① 9 世纪日耳曼的赫斯菲尔德修道院里有一份手抄本，其中包括塔西佗的《阿古利可拉传》、《演说家对话录》、《日耳曼尼亚志》和苏维托尼乌斯的《论语法学家和修辞学家》。这个手抄本在耶罗尼姆斯(Hieronymus)死后湮没无闻了几个世纪。1425 年巴卓·布拉乔里尼在德国发现了这个抄本，1458 年左右，阿斯库兰的埃诺克(Enoch)把它带到了意大利。这个抄本未能保存下来，但留下了它的 18 个(或 20 个)副本，都是 15 世纪在意大利出现的。

至于其余的作品则只有少数片断因后人的引用或改写而流传至今。后者如四世纪时巴夫林·荷兰斯基把《诸王传》改写成了诗体,事实上除了故事而外,已不复是苏维托尼乌斯的作品。

(三)

《帝王传》或译《十二恺撒传》,是传记形式的史学著作。它的完整传世奠定了苏维托尼乌斯作为历史学家的基础。

罗马人在文学艺术的创作或哲学的深刻思维方面远不及希腊人有天赋,但是在史学散文方面则是名家辈出,体裁多样。公元前1世纪,传统史学之外,奈波斯开创了传记体的新的史学形式。公元一世纪和二世纪间,苏维托尼乌斯的《帝王传》、普鲁塔克的《希腊罗马名人传》和塔西佗的《阿古利可拉传》一起,代表了罗马传记史学的新收获。

《帝王传》问世后多少世纪以来,曾受到广泛的喜爱、传播。人们阅读它,甚至模仿它。但到十九世纪,西方学者在对古典作家进行全面的整理研究时,却得出了一个完全意外的结论:作为历史学家的苏维托尼乌斯完全不是历史学家,而是一个百科全书式的学者,一个古董商。他同等地从事写作作家的传记和妓女的传记,罗马的官职和希腊的骂人话,西塞罗的理论和人体的缺陷……,而十二个帝王的传记只是苏维托尼乌斯这种总的写作倾向涉猎的一个偶然的领域而已。十九世纪学者中形成的这一总的看法在许多方面决定了现代研究者们对《帝王传》的态度。罗尔夫说它既不是历史

又不是传记[1]，莱奥等说它只是文法的范例[2]。至于内容，有人说作者是丑闻的贩卖者，有人说他只是奇闻逸事的搜集者，等等。这些评论，或从未保存下来的作品去判断保存下来的作品，或以今人的标准去要求古人，这未必是很合理的。诚然，与同时代的两位大家相比，在史学的严肃性方面苏维托尼乌斯是比不上塔西佗的，他也没有普鲁塔克的统驭全书的伦理主题。但我们如能不拘一格地看问题，那么应该说，《帝王传》还不失为一部具有特色的作品，它长久地受到人们的喜爱也表明必有其不可否认的价值。一个作家在从事写作时必然受到自己的兴趣、能力、生活环境和时代风尚等主、客观条件的影响，以自己特有的方式去履行自己的使命，从而形成自己的写作特点，包括优点和缺点。

《帝王传》的价值看来主要是在历史学方面，而它的史学价值又首先在于提供了极其丰富的史料，以另一方面的内容填补了正史的不足，帮助人们更全面生动地了解公元一世纪的罗马帝国。

苏维托尼乌斯担任过哈德良皇帝的侍从秘书。由于这个职务上的方便，他可以直接地或间接地查阅皇家档案，取得大量往日的和当日的资料。他和小普林尼的亲密关系又使他自然地熟悉元老院的记录、决议和不同的观点。《帝王传》基本上是当代人写当代人。苏维托尼乌斯不仅可以得到大量的书面资料，也可以采集到大量的口碑传闻。但是，如果注意到传记愈接近他自己的时代写

① 洛布古典丛书，苏维托尼乌斯作品两卷集，上卷第 xvii 页。

② 莱奥(Fr. Leo)：《希腊罗马传记》(Die griechisch-römischen Biographie)，莱比锡，1901。罗尔夫(J. C. Rolfe)：《苏维托尼乌斯和他的传记》(Suetonius and his Biographies)美国哲学学会会报 LII，第 206 页以下。

得愈短这一事实，不妨断言他搜集资料还是以书面的为主，因为愈到后来书面的资料愈少，虽然亲身取得信息的机会愈多。

历史学家必须鉴别史料的真伪。但是苏维托尼乌斯确有一种搜罗掌故的癖好，他记载往事似乎有闻必录。他不仅记载自己相信的东西，也记载自己怀疑的东西。“我记载这个说法主要是为了不致遗漏，并不意味着我相信这是真的或有这个可能。”[①]像这样的声明当然有助于后人了解材料的可信性程度，可惜的是，这样的声明太少了。一般地说，他很少对所记载的东西加以鉴别。这就使后人在引用他的材料时不能像引用塔西佗的著作那么放心。

罗马帝国统治阶级内部矛盾重重，不同的利益集团对同一个人同一件事的评价往往殊异。在《盖乌斯·卡里古拉传》VIII讨论卡里古拉的出生地时，可以看出苏维托尼乌斯是理解这一点的，他在处理相互矛盾的说法时态度是理智的、谨慎的。但是这种表现在书里同样是不多见的。总的来说，他似乎并不要求自己这样做，并不注意考察资料的来源和倾向性。虽然他有时也表现出想对历史人物严格做到公平，但是客观主义报道的癖好使他不能做到这一点，甚至完全歪曲了历史人物的真实面目。开创罗马帝国并给帝国带来一个多世纪繁荣昌盛的一些重要帝王在他的笔下成了仅仅是血腥的狂人或道德堕落的昏君。在这一点上，苏维托尼乌斯的确不能算是一个好的历史学家。

苏维托尼乌斯对待史料虽有上述缺点，但由于他的史料都有原始依据，因此仍是极为可贵的，尤其因为原始的依据——罗马帝

① 见本书第五卷《神圣的克劳狄传》，I.4。

国的档案——已不复存在而使它们成了最原始的史料依据。

《帝王传》所写的是处于历史中心地位的人物，但苏维托尼乌斯很少记载重大的历史事件。诸如恺撒在高卢的征战他只写了短短的一节就过去了；瓦鲁斯的战败只是间接地提到。他着意搜集的似乎是正史所不传的东西，是帝王们日常的政治活动和私人生活，其中不少奇闻逸事，类似秘史。的确也有丑闻和淫秽。但是人们批评他喜欢和贩卖这些东西是不公正的。这实际上是当时盛行的人们对杰出人物个人生活兴趣的反映。

苏维托尼乌斯似乎认为自己的使命只在于搜集史料，把这些东西记载下来，流传下去，不致随着时间的流逝而被遗忘。他似乎无意于考察、研究、认识历史。《帝王传》似乎只是把史料按时间顺序或类别作了一番简单的排列，无意作什么政治的和伦理的推论。然而奇怪的是，如果你读后再闭起眼睛来想一想，公元1世纪的罗马社会便会历历在目。谁又能说《帝王传》仅仅是史料而已，它的作者在材料的编排和叙述中不曾有过一番用心斟酌呢？

此外，《帝王传》也有很高的文学价值。文体是简洁的、明白的，没有浮华的雕饰，没有雄辩的溢辞。一些戏剧性的片断也与内容的要求相适合，并不破坏总的风格。它的简短并不使人觉得隐晦；如有隐晦难懂，一般也是由于我们对当时罗马社会的知识不足。苏维托尼乌斯用词常常是经过精心挑选的，有表现力的。罗列坏事和个人琐事虽然有点单调乏味，但总的说来，《帝王传》是非常有趣的。它给人以丰富的逸事，各种俏皮话和非常多的奇闻，人物形象既饱满又各有个性。

《帝王传》对后世有广泛而持久的影响。各方面的作家都以它作为自己的资料来源。历史学家，诸如欧特罗皮乌斯(Eutropius)、奥勒留斯·维克多(Aurelius Victor)和奥洛西乌斯(Orosius)，或靠它的材料方便地作出结论；或模仿它的简明准确的语言。它对后来几个世纪里传记文体的广泛盛行影响尤其明显。马略·马克西穆斯(Marius Maximus，165—230)和所谓《奥古斯都史》的作者们都模仿它。前者的著作已不存在，后者著作中的传记一直流传到今天。苏维托尼乌斯的影响一直远及基督教作家和中世纪作家。前者如巴乌里努斯的作品《安布罗西乌斯传》在形式上可以看到他的影响，中世纪时艾因哈德写了一本《查理大帝传》也是模仿苏维托尼乌斯的。

最后需说明的是，(1)本书由几位译者合作译成，参加翻译的除张竹明、王乃新、蒋平外，还有张强、傅永东、张继遥和龙莉；(2)本书脚注除标明英译者注外，均为中译者所加。

张 竹 明

1991 年 9 月

目　　录

第一卷　神圣的朱里乌斯传…………………………………… 1

第二卷　神圣的奥古斯都传 ………………………………… 54

第三卷　提比略传………………………………………… 130

第四卷　盖乌斯·卡里古拉传……………………………… 178

第五卷　神圣的克劳狄传…………………………………… 223

第六卷　尼禄传…………………………………………… 256

第七卷　伽尔巴传、奥托传和维特里乌斯传 ……………… 305

伽尔巴传…………………………………………… 305

奥托传……………………………………………… 322

维特里乌斯传……………………………………… 332

第八卷　神圣的韦伯芗传、神圣的提图斯传、图密善传……… 347

神圣的韦伯芗传…………………………………… 347

神圣的提图斯传…………………………………… 366

图密善传…………………………………………… 375

名人传　……………………………………………… 398

语法学家…………………………………………… 398

修辞学家…………………………………………… 414

诗人………………………………………………… 420

英汉译名对照表…………………………………… 444

第一卷　神圣的朱里乌斯传

I. 在 16 岁的那一年上[①]，他死了父亲。前一年他已被提名为
朱庇特的祭司[②]，后一年[③]他和科苏提娅解除了婚约，和科涅利娅
结了婚。科苏提娅虽然很富有，并且在恺撒还没穿上成年人长袍
时就已许给了他，但她只是个骑士等级的姑娘。而科涅利娅则是
4 次担任执政官的那个秦纳的女儿。不久，科涅利娅就和他生一
女，名朱里娅。独裁者苏拉想尽办法迫使他休弃科涅利娅也未能 2
得逞。因此，他除了祭司职位被撤销，妻子的嫁资和自己家族的遗
产被没收而外，还被作为反对派分子对待。于是，为了免遭毒手，
他被迫转入地下；虽然身患三日疟，病得很重，还不得不东躲西藏，
几乎每夜都得改变住所，并且对苏拉的密探使用贿赂。最后，通过
维斯塔女祭司和近亲玛莫库斯·艾米科乌斯和奥勒留斯·科塔的
努力斡旋，他终于得到赦免。众所周知，苏拉曾在较长时间里反对 3
忠于自己的那些著名同党为恺撒说项。由于这些人固执地坚持，
他后来终于让了步，并且不知是由于得到神的启示还是出于一种

---

① 作者意指公元前 85/84 年，他认为恺撒生于公元前 100 年。不过，有的作家认为恺撒生于公元前 102 年。

② 公元前 86 年由执政官马略和秦纳提名。应是三个高级佛拉门之一。

③ 公元前 84/83 年，恺撒 17 岁。

精明的预见，他曾对旁人愤愤地说："他们爱保他就让他们保吧，只是别忘了，他们如此热心搭救的这个人有朝一日是会给他们和我所共同支持的贵族事业带来致命打击的；要知道，在这个恺撒身上有好多个马略呀。"

II. 他第一次服兵役是在亚细亚（81 B. C.），做亚细亚行省总督马尔库斯·塞姆斯的侍从①。塞姆斯派他到比西尼亚去招募一支舰队，他在尼科美得斯的宫廷中鬼混了很久，以致被怀疑和这位国王有伤风败俗的关系。他的下述行动使得这一丑闻显得似乎更为可信了：他回来没几天就借口收取债款又去比西尼亚了（80 B. C.），而这本该是一个释放奴——他的被保护人的差事。在这次服役的其他时间里，他享有较好的声誉，在攻克米提勒纳②的战斗中得到了塞姆斯授予的市民花环的奖励③。

III. 他也曾在西里西亚塞维利乌斯·伊索里库斯部下服务，但只干了很短时间；由于听说苏拉死了（78 B. C.），同时也想利用当时刚刚由马尔库斯·雷必达④发动起来的反对运动，他急匆匆地回到罗马。但是他未能和雷必达合作，虽然他得到了非常有利的合作条件；因为他对运动领导者的能力和运动的前途都缺乏信心，他发现这一运动不像他原来想象的那样有成功的希望。

IV. 可是，内乱平息之后，他对科涅利乌斯·多拉贝拉——一

① contubernium 同住一营帐的关系。contubernius 是和长官住同一帐篷（taberna）的战士，通常作为副官、随员、卫兵等。

② 勒斯波斯岛上的最大城市。

③ 橡树叶编织的花环，罗马人用以奖励救护战友（罗马市民）者的荣誉标志。

④ 后三头之一的雷必达的父亲。

位曾得到过凯旋式荣誉的前执政官提出起诉(77 B.C.),控告他有
勒索之罪。由于多拉贝拉被判无罪,恺撒决定离开罗马去罗得斯,
以免因这次自己结下的怨仇而遭到报复,这同时也是为了休息和
有闲暇可以跟当时最著名的雄辩术教师阿波罗尼乌斯·莫洛学
习。入冬后在去罗得斯的途中,他在法玛库萨岛附近被海盗掳去
(74 B.C.),囚禁了差不多 40 天,心情极其烦恼,身边只有一个医
生和两个仆人跟着。因为一开头他就遣自己的旅伴和其余的仆人 2
为他筹集赎金去了。后来他在付给了 50 个特兰特[①]之后被送上
了岸;但他一上岸便立即就地带了一支舰队去追捕这些正要离去
的海盗,不多一会儿他们便落入了他的手中,他可以用过去同他们
开玩笑时吓唬他们的那种刑罚处罚他们了,然后他前往罗得斯。
但是,因为米特拉达悌正在蹂躏邻近地区,为避免给人一种当罗马
人民的盟友遭到危险的时候自己无所举动的印象,他跨海进入亚
细亚行省。他在那儿征集了一支辅助部队,把这位国王派来的长
官从这个行省赶走,从而使得那些处于动摇和犹豫中的城市恢复
了忠诚。

V. 在他担任军团长官[②]——他回到罗马之后由民选授予他的第一个公职期间,他热情地支持企图重新树立平民保民官权威的领袖们;保民官的权限曾被苏拉缩小(70 B.C.)。他还根据一个名叫普洛提乌斯的人提出的法案,得以召回了他的妻兄鲁基乌

① 特兰特(Talentum)希腊钱币计量单位,价值因金或银而不同,又因不同城邦而不同,通常所指阿提克特兰特,合 6000 德拉赫玛。

② 军团长官(tribunus militum),罗马高级军职,每军团 6 人,轮流管理军团事务,主要是军事行政和庶务方面的事务,每人每年两个月。

斯·秦纳以及其他参与雷必达领导的运动并在这位执政官死后逃亡到塞多留处去的那些人物。他曾亲自演说支持这事。

VI. 他在任财务官时[①](67 B. C.)，曾在讲坛上发表悼词，赞扬已故的姑母朱里娅和亡妻科涅利娅。在对姑母的颂词中，关于她的(也就是关于他自己父亲的)父系和母系的祖先，他讲了如下的话："我姑母朱里娅的家族从母系方面说是帝王的苗裔，从父系方面说乃是不朽的神的后代。因为玛尔西乌斯·勒克斯家族(姑母的母系家族的名称)可以上溯到安库斯·玛尔西乌斯[②]，而朱里乌斯这个家族(我们家是其中的一支)可以上溯到维纳斯[③]。因此我们的祖基既有国王的神圣权力(其权力在凡间是无上的)，又有权要求受到像对神那样的崇敬，而神是连国王都得受其支配的。"

2 科涅利娅死后，恺撒续娶庞培娅为妻。她是克文图斯·庞培的女儿，鲁基乌斯·苏拉的外孙女。但是，他后来因怀疑她和普布里乌斯·克洛狄乌斯私通而和她离了婚(62 B. C.)。克洛狄乌斯曾在一次公共宗教节日期间身着女服得以接近庞培娅的传闻事实上流传得如此之久，以致元老院曾下令，要对这一亵渎圣典案进行调查。

VII. 他曾作为财务官被派到远西班牙服务。在那里他受总

---

① 财务官(quaestor)，共和初期起设置的官职，初为大法官助手(侦察员)，后逐渐转为管理国库和文书等事宜。行省财务官是总督的主要助手。

② 罗马第四代王(公元前640—前611年)。

③ 维吉尔史诗《埃涅阿斯纪》推崇奥古斯都，把恺撒的祖先说成是美神维纳斯。传说特洛亚城陷落时，英雄埃涅阿斯(美神和安克塞斯之子)带领残存的特洛亚战士漂泊到意大利，他的后代建立了罗马国家。

督委派到行省各城市巡回审理案件①。当他跑遍各地来到盖得
时，有一天，他在赫库利斯②神庙里看见了亚历山大大帝的塑像，
不禁发出一声长叹，仿佛怨自己无能，到了这个年龄还不曾有任何
像样的作为（亚历山大在这个年龄上已经征服世界）。他随即请求
解除他的职务，以便一有机会便可以抓紧在罗马干一番更大的事 2
业。又，第二天夜里，当他为一个梦而惊愕的时候（因为他梦见玷
污了自己的母亲），占卜人都用圆梦的活激发他最恢弘的大志；他
们解释说，他注定要统治世界，因为他所梦见在自己身下的这个母
亲不是别的，正是被视为万物之母的大地。

VIII. 因此，他在任期未满之前便离开远西班牙，来到骚动不安正酝酿提出公民权要求的拉丁殖民地；要不是执政官因怕出事而使被征集去西里西亚服役的兵团在这里暂留一个短时间的话，他或许已煽动这些地方采取某种鲁莽行动了。

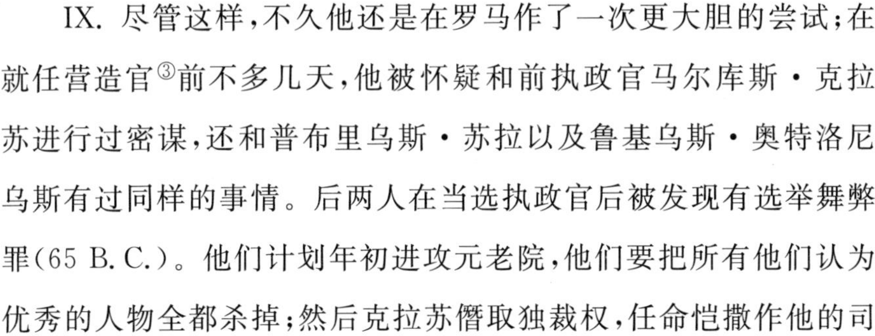

IX. 尽管这样，不久他还是在罗马作了一次更大胆的尝试；在就任营造官③前不多几天，他被怀疑和前执政官马尔库斯·克拉苏进行过密谋，还和普布里乌斯·苏拉以及鲁基乌斯·奥特洛尼乌斯有过同样的事情。后两人在当选执政官后被发现有选举舞弊罪（65 B. C.）。他们计划年初进攻元老院，他们要把所有他们认为优秀的人物全都杀掉；然后克拉苏僭取独裁权，任命恺撒作他的司

① 行省财务官是总督的助手，有司法职能。

② 赫拉克勒斯（希腊神话中的大力神）在罗马神话中名赫库利斯。

③ 罗马营造官（aediles），共和初期设此官职，监督城市建筑、公共场所的安全以及一般的城市秩序，管理市场，维护公共卫生，组织娱乐竞赛活动等。

马官[1],等他们已经按照自己的意愿组织好国家时再恢复苏拉和
2 奥特洛尼乌斯的执政官职位。这一阴谋,塔努西乌斯·革米努斯
在所著《历史》一书里,马尔库斯·毕布路斯在他公布的命令里,老
盖乌斯·库里奥在他的演说词里,都提到过。西塞罗在给阿克西
乌斯的一封信中似乎也是指的这一阴谋,他在信中说,恺撒在担任
执政官的时候建立了他在当营造官时就已在盘算的专制政治。还
有,塔努西乌斯说,克拉苏不知是由于良心发现还是害怕,在预定
进行大屠杀的那一天没有露面,因此恺撒也没有发出原来一致决
定由他发出的信号。库里奥说,原来商定,恺撒让自己的托加袍从
3 肩上落下作为信号。不仅库里奥,而且马尔库斯·阿克多里乌
斯·那索也有记载说,恺撒和格涅乌斯·庇索也策划过一个阴谋;
这个年轻的格涅乌斯·庇索曾在未提出申请,也没通过正常程序
的情况下得到了西班牙行省的任命。他被怀疑在罗马有政治阴
谋。他们俩一致商定在两处同时举行起义,庇索在外省,恺撒在罗
马,利用安布罗人和波河彼岸人民的支援。但是,庇索之死使这两
个计划都落了空。

X. 担任营造官期间恺撒不仅装饰民众大会场("科密提乌姆")、市心广场("法罗姆")和大会堂("巴西利卡")(65 B. C.),还装饰卡庇托尔(朱庇特神殿)[2]。为此,他建造一些临时柱廊,以便展出他的一部分物资。他举办斗兽表演,也举办舞台演出,有时和

① 司马官(magister eguitum),王政时代骑兵指挥官。共和时期为独裁官的助手,由独裁官任命,与之同进退。不只是指挥骑兵,必要时可代行独裁权力。

② "装饰"(ornare)这里指营造官在这些地方展出他们用于举办公众演出的物资。

同事合资，有时自己独办。其结果是，恺撒独占全部荣誉，甚至他
们一起花钱时也是如此。他的同事马尔库斯·毕布路斯曾公开
说，自己的命运是波吕克斯的命运。他说，正如建立在市心广场上
献给波吕克斯和卡斯托尔这对孪生兄弟[①]的庙宇只称“卡斯托尔
庙”一样，恺撒和他共同慷慨捐献，荣誉却只归恺撒一人。此外，恺 2
撒还举办过一次斗剑比赛，只是用的剑斗士比原来打算的稍许少
了几对；因为他从全罗马各区集合起来的斗士人数太多，使他的政
敌感到十分恐慌，以致他们通过了一项限制人们在城内拥有斗士
人数的议案。

XI. 恺撒既已赢得人民的好感，他便抓住一次要求特别任命的机会（因为这时亚历山大里亚的市民放逐了自己的国王，而这位国王被罗马元老院称之为同盟者和朋友，废黜之举遭到罗马民众的谴责），企图通过部分特里布斯[②]由平民决议授予他掌管埃及行省之权。但是由于贵族派的反对，恺撒没能成功；因此，出于希望千方百计削弱贵族派威信的动机，他重建了纪念盖乌斯·马略战胜朱古达的胜利纪念碑和战胜钦布里人和条顿人的纪念碑——它们早已被苏拉所拆毁。另外，在掌管审讯谋杀罪的过程中，他甚至把那些在公敌宣告期间送来罗马公民人头而从国库拿了钱的人都列为谋杀者，虽然这类人按科涅利乌斯法是被排除在外的。

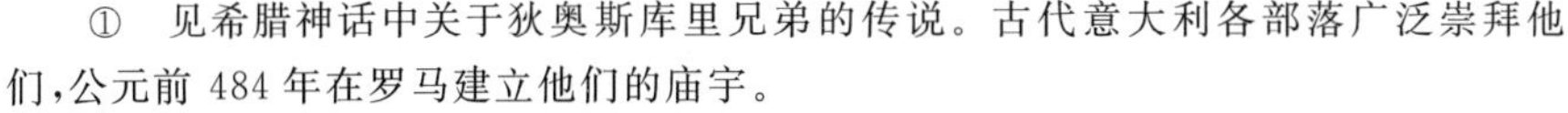

① 见希腊神话中关于狄奥斯库里兄弟的传说。古代意大利各部落广泛崇拜他们，公元前 484 年在罗马建立他们的庙宇。

② 特里布斯（tribus），罗马人的部落。特里布斯大会的平民决议，从公元前 287 年霍腾西乌斯法之后，可不经元老院认可而对全体公民（包括贵族在内）有约束力。35 个特里布斯，18 个通过即可生效。

XII. 恺撒还曾收买一个人出面控告盖乌斯·拉毕里乌斯犯有叛国罪；后者在几年前曾经积极帮助元老院镇压保民官鲁基乌斯·萨图宁的煽动闹事。恺撒被（抽签）选举为法官审判拉毕里乌斯，他做这事是如此的热心，以致当拉毕里乌斯向人民申诉时，审判官的严酷反倒成了对被告最有利的事了。

XIII. 在意识到争取埃及总督职位无望之后，他宣布竞选大祭司[①]的职位，并使用最慷慨的贿赂。由于想到自己为此而欠下的无数债务，据说，在选举的那天早上，在临动身去投票处他母亲吻他时，他对母亲表示，不当上大祭司永不回来。结果他决定性地击败了两个最强有力对手（对方在年龄和地位方面都远远超过他），他在对方的部落里得到的票数就超过了对方在所有部落里得到的票数的总和。

XIV. 恺撒当选为大法官[②]。喀提林阴谋败露后，元老院普遍赞成对阴谋参与者处以极刑。只有恺撒提议，把阴谋者的财物充公，把阴谋者一个人一个城市地分别监禁起来（63 B. C.）。不仅如此，他还吓唬那些赞成严加处置的人，对他们描述罗马平民将来对他们怀有的憎恨感情，致使当选执政官德基摩斯·希拉努斯竟不怕人笑话地对自己的主张作了比较温和的解释（因为改变主张是
2 丢脸的事），声称他的提议被理解得比原意严厉了一些。要不是马

---

① 或译最高祭司、祭司长（Pontifex Maximus），罗马最高宗教职位。由特里布斯大会抽签选出。

② 或译“行政官、最高审判官”（praefor），共和时期高级官职，地位仅次于执政官。主要掌管诉讼（前 366 年起），有权任命法官；可代执政官行使权力，可受元老院之托统帅军队，一年任职期满后可出任行省总督。选举产生，初为 1 人，后增至 2 人，公元前一世纪中叶增至 16 人。

尔库斯·加图的演说稳住了动摇的元老院，恺撒或许又胜利了，因为许多人已经倒向他这边，其中包括执政官的兄弟西塞罗。然而，甚至到了这个时候，他还不放弃妨碍议程，直到一队在会场周围担任警卫的武装骑兵威胁说，如果他顽固地坚持反对态度就要杀死他。骑兵们甚至拔出短剑要刺他，吓得坐在他身边的一些朋友撇下他走了，只有少数朋友竭力保护他，抱着他，或用长袍遮护他。这时他显然害怕了，不仅在辩论中让步了，而且在这年的其余时间里他都一直没有出席元老院会议。

XV. 他在就任大法官的第一天(62 B. C.)就要求克文图斯·卡图鲁斯向人民报告重建卡庇托尔的工作，并提议把这一职务移交给另外一个人[①]。但是，他发现贵族派已立即停止护送新执政官[②]，并匆匆集结起大队人马，决心作一次顽强的抵抗。他因为对付不了贵族派的一致反对，于是放弃了这一行动。

XVI. 然而，当平民保民官凯基利乌斯·莫特路斯不顾同僚的反对，提出一些最富煽动性的法案时，恺撒还是怂恿他，并且极其固执地袒护他，直至最后元老院命令两人都停止公职活动。然而，尽管如此，恺撒还是敢于继续行使职权主持法庭。但是当恺撒听说有人要用武力阻止他时，他解散了自己的侍卫，脱下公服，悄
悄溜回自己家中，并打算视时局需要而继续隐退。第二天，当民众 2
完全出于主动群集他家，以示威援助他恢复职务时，他真的劝止了他们。由于他的这一行动完全出于意外，仓促间召集起来应付这

① 格涅乌斯·庞培。——英译者

② 执政官在任期开始之日(1月1日)去卡庇托尔山祭神，来回都有朋友们护送。这里说恺撒利用贵族们缺席的机会攻击卡图鲁斯。

次群众行动的元老院由自己的领导人物出面向恺撒公开表示感谢，然后把他召请到元老会堂，用最高的规格赞美他，撤销原先的命令，恢复他的职务。

XVII. 恺撒再次陷入危险之中。一个名叫鲁基乌斯·维提乌斯的告密者向专案调查官诺维乌斯·尼格尔检举他曾参加喀提林集团。还有，克文图斯·库里乌斯也向元老院作了同样的检举。这个克文图斯·库里乌斯曾作为第一个揭露阴谋者计划的人得到过一笔以国家名义颁发的奖金。库里乌斯说自己是直接从喀提林处知道恺撒参与阴谋的，而维提乌斯甚至还表示可以拿出一封恺
2 撒写给喀提林的亲笔信。但是恺撒认为这种侮辱是无论如何不能忍受的，他请西塞罗作证，证明他曾把阴谋的某些细节主动报告过这位执政官①。结果，库里乌斯没能拿到奖金；至于维提乌斯，则保证金被宣布没收，家中物品被宣布查抄，还遭到群集讲坛前的民众的痛打，差点没被撕碎，然后恺撒将其投入监狱。调查官诺维乌斯也进了监狱，由于他允许一个比他级别高的官员在他那儿受到指控。

XVIII. 大法官任期届满（61 B. C.），恺撒得到远西班牙行省总督职位②。他请人担保，摆脱了债权人的竭力阻拦。他一反惯例和法律，不等行省供给③便先上了路；这不知是由于担心已在酝酿的民事诉讼呢，还是为了更快地响应盟友的求助。他在恢复了行省的秩序之后，又同样匆匆地不等继任者到达便赶紧离开行省，

① 指西塞罗。

② 见本卷 XIV 节注。

③ 元老院正式批准新总督任命后，供给旅途费用和物品。

同时提出两个要求：凯旋式和执政官职位。但是，由于选举日已宣 2
布，他若不以普通公民身份及时进入罗马，便无法被列为候选人
了；既然要求法外特权的企图遭到普遍反对，他便不得不放弃凯旋
式，以免失去竞选执政官的机会。

XIX. 其他两个执政官候选人是鲁基乌斯·鲁克乌斯和马尔库斯·毕布路斯（60 B. C.）。恺撒把前者团结到自己方面来，跟他约定：既然鲁克乌斯钱多资望少，他得出钱以自己和恺撒的共同名义对森杜里亚选举者[①]慷慨赠与。这消息传出后，贵族也授权毕布路斯许诺同样多的钱财。因为他们害怕恺撒成了最高长官之后，如果再有一个全心全意跟他合作的同事的话，就可以无所顾忌，为所欲为了。许多贵族为毕布路斯捐款，甚至加图也不否认，在这种情况下贿赂有利于国家。

于是恺撒和毕布路斯一起当选为执政官。出于同样的动机， 2
贵族把最不重要的行省，即只有森林和牧场的行省分给新选执政
官。恺撒受到这种歧视特别愤怒，因此他竭力殷勤地讨好格涅乌
斯·庞培。那时庞培正和元老院闹矛盾，因为元老院迟迟不肯
批准他在打败米特拉达悌之后提出的议案。他还使庞培和马尔
库斯·克拉苏言归于好；他俩自从那次共任执政官[②]以后就成
了冤家，经常为此争吵不休。然后恺撒和他们二人订立盟约（60
B. C.）：国家的任何一项措施都不得违反他们三人之一的意愿。

① 公元前六世纪中叶图里乌斯改革使森杜里亚大会代替王政时代的库里亚大会，起公民大会作用，决定国家和战大事，通过法律，选举执政官、大法官、监察官等高级长官。

② 公元前70年。

XX. 恺撒就任执政官伊始颁布的第一号命令是，每天编纂和公布元老院和人民大会的议事记录。他还恢复了一条旧日的习惯：在他没有法西斯[①]的月份里，得有一名传令兵为他开道，侍从跟在他身后。他还提出了一项土地法。当毕布路斯宣布不吉征兆时[②]，他动用武力把这位同僚赶出了会场。第二天毕布路斯在元老院控诉时，竟看不到有任何人敢于提出一项动议，甚或对这样一次暴力事件发表一点评论的（虽然遇到没这么严重的闹事也常有法令通过），恺撒的行为使毕布路斯如此绝望，致使他从这时起直到任期结束再没离开过自己的家，而只能发出通知，宣布不吉征兆。

2 从这时起，恺撒开始单独掌管全部国家政务，爱怎么干就怎么干。有些爱说俏皮话的人开玩笑地表演签署遗嘱文件的动作，在签名盖章之后写道："于朱里乌斯和恺撒执政之年"（一用其氏族名，一用其家族名），代替"于毕布路斯和恺撒执政之年"。下列诗句也很快家喻户晓了：

不久前发生过一件事情，
　　那是在恺撒之年，不是在毕布路斯之年；
因为我清楚地记得，
　　在毕布路斯执政的那年，

① 法西斯（fasces）作为执政官权力的标志，是一束棍棒。在罗马城外执行职责时，棒束中插一把斧钺。

② 一个长官或卜者宣布自己看见了闪光或别的什么不吉征兆，议程就得中断或推延。有时反对者只要宣称自己要去看看天上有无这类征兆，也可达到同样的目的。——英译者

不曾发生过什么事情。

有一片名叫斯退拉斯的平原，是前人专门献给神的，还有一片 3
坎佩尼亚的土地，是被预定提供岁帑资助政府的。恺撒不经抽签
便把这两处土地分配[1]给了二万名有三个或三个以上孩子的公
民。当包税人请求减轻负担时，他把他们包缴的税金减免了三分
之一，并直率地告诫他们，以后承包投标时别太鲁莽。对于任何
人，只要想起什么要求，他都随意应诺。他这样做没有人反对。如
果有人企图反对，便会遭到威胁。马尔库斯·加图力图阻碍议 4
程[2]，恺撒命令一卫士把他拖出会堂并投入监狱[3]。有一次，鲁基
乌斯·鲁库路斯表示反对时说话太直率了一点，恺撒使他如此地
害怕受到诬告，竟至真的对他下跪求饶。因为西塞罗一次在法庭
辩护中悲叹了时局，恺撒就在当天，而且是在第9个钟头[4]，使这
位演说家的敌人普布里乌斯·克洛狄乌斯由贵族派转向了平民
派，这是一件克洛狄乌斯长久以来求之不得的事情。最后恺撒收 5
买了一名告密者指控全体反对派，教他宣称自己被某些人指使要
谋杀庞培，并按照预谋走上讲坛指出犯罪集团人名。但是，当这个
告密者点错了一两个人名而不无搞两面派嫌疑时，恺撒由于这个
过于心急的企图已成功无望，据认为，他后来把那人用毒药干掉
了。

① 由一个20人组成的专门委员会主持分配工作。——英译者

② 阻碍议程的办法是作长时间的演说，使会议无法作出决议。

③ 有说：元老们一起护送加图去监狱。恺撒只好把加图释放了。

④ 即下午3点钟（午饭时间），就是说，一天的事务结束后的时间。这表明收养手续做得急促。——英译者（克洛狄乌斯被收养事见《神圣的克劳狄传》，II节。）

XXI. 几乎与此同时，他娶了鲁基乌斯·庇索——他将继恺撒任下一年的执政官——的女儿卡尔普尼娅为妻[①]，并把自己的女儿朱里娅许配给格涅乌斯·庞培，解除了原先跟塞维利乌斯·卡皮欧的婚约，虽然后者前不久在他和毕布路斯的竞争中明显地为他效过劳。这个新的联盟建立后他开始请庞培在元老院第一个发言，虽然请克拉苏第一个发言已经是他的惯例；按当时的规矩，执政官邀请发言的顺序在元月 1 日既已排定之后应当全年不变。

XXII. 因此凭借岳父和女婿的支持，他从全部行省中挑选了
高卢，因为这是个最可能使他发财也最可能为他军事上的胜利提
供必要物资的地方。虽然根据瓦提尼乌斯法案，他起初的确只得
到内高卢和伊利里库姆，但是通过元老院他又很快把披发高卢[②]
2 弄到了手。因为元老们担心，即使他们不同意，人民也会把这地方
给他的。恺撒因这一成功而欣喜若狂，几天之后他情不自禁地对
挤满元老院的人夸口说，他既已达到了自己渴望的目的，使他的敌
人伤心地痛哭了，因此，从那以后他将骑到他们大家身上去了。而
当有人侮辱他说，这不是任何女人所易办到的事情时，他用同样的
语调说，塞密拉密斯也做过叙利亚的女王，古时阿玛宗女人也曾统
治过大部分亚细亚。

XXIII. 恺撒执政官任期届满时，大法官盖乌斯·莫密乌斯和鲁基乌斯·多密提乌斯要求调查他在过去一年中的行为，恺撒把此事提交元老院讨论。3 天的时间在毫无结果的辩论中过去了，

① 公元前 59 年结婚。

② 即野蛮高卢，尚未被征服的自由高卢。

调查工作还未能开始，恺撒已离开罗马去他的行省了。于是，他的
财务官因某些罪责立刻受到几次法庭传讯，作为弹劾他本人的前
奏。很快，他本人也被平民保民官鲁基乌斯·安提斯提乌斯所控
告。只是在求助于同僚之后，他才得以免受审讯，理由是他那时因
公外出。于是，考虑到自己以后的安全，他总是竭力让每年的官员 2
都对他本人负责，除了那些保证能在他不在时维护他利益的人外，
他不帮助也不能容忍任何人当选。在某些情况下他毫不含糊地迫
使他们发誓作出这种保证，甚至写下书面契约。

XXIV. 但是，当鲁基乌斯·多密提乌斯作为执政官候选人
(55 B. C.)公开威胁说，他当了执政官，要使自己在当大法官时未
能做到的事情得以实现，并剥夺恺撒的兵权。于是恺撒催促庞培
和克拉苏去他行省里的路卡城会晤，说服他们再次竞选执政官，击
败多密提乌斯；而他自己也借助庞培和克拉苏的影响实现延长五
年高卢总督任期的目的。受此鼓舞，在国家拨给的军团之外他又 2
自费组建了几个军团，还有一个由山外高卢人组成的、并用高卢语
命名的军团(被叫做“阿络黛”①)，他用罗马的训练方法和生活方
式训练他们，用罗马的武器装备他们；后来又授予每个战士以罗马
公民权。此后，他不放过任何战争借口，不论它是多么不公正或多 3
么危险，既向敌对的野蛮民族，也向同盟的民族寻衅，以致有一次
元老院命令派一个专门委员会去调查高卢各行省的局势，有些人
甚至建议把恺撒交给敌人。但是由于恺撒的事业节节成功，他得

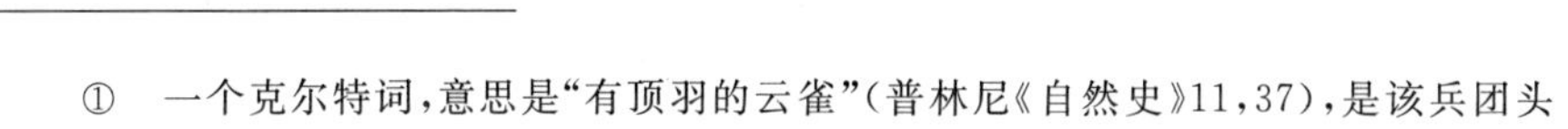

① 一个克尔特词，意思是“有顶羽的云雀”(普林尼《自然史》11，37)，是该兵团头盔上的装饰。——英译者

到了比他之前的任何人次数更多、每次时间也更长的公众感恩祈祷。

XXV. 在统帅军队的这 9 年里[①]，他的成就主要如下：整个高
卢，以比利牛斯山、阿尔卑斯山、塞文山和莱茵河、罗纳河为界，周
围约 3200 罗马里[②]范围内地方，除了同盟者和曾经给了他很大帮
助的城市外——都被他并成一个行省，并被规定每年向他上缴税
2 金 400 万塞斯特尔提乌斯[③]。他是第一个架桥到莱茵河对岸去进
攻日耳曼人的罗马人，他给日耳曼人造成重大损失。他还入侵不
列颠人(以前不为外界所知的人民)，征服了他们，向他们索取钱财
和人质。除了这一切成功之外，他也有过倒霉的时候，但总共只有
3 次：一次在不列颠，一场大风暴险些毁了他的舰队；一次在高卢，
他的一个兵团在格戈维亚被击溃；还有一次在日耳曼边境上，他的
部将提图里乌斯和奥卢库勒乌斯遭到伏击阵亡。

XXVI. 在这些年里，他先死了母亲，然后又死了女儿，不久
又死了外孙。其间，国家曾因普布里乌斯·克洛狄乌斯的被谋杀
而惊恐万状；元老院通过决议，只选一名执政官，并明确提名格涅
乌斯·庞培；当平民保民官计划让恺撒做庞培的同僚时，恺撒劝他
们不如向人民大会提议，允许他在不用亲自到罗马来的情况下第
二次竞选执政官[④]，以免他为了竞选而不得不在战争尚未结束时
2 就离开行省，虽然这时他的总督任期已临近结束。在这一要求得

① 公元前 58—前 49 年。

② 约相当于 3106 英里。

③ Sestertius 罗马银币。公元前 217 年以前值 $2\frac{1}{2}$阿司(as)，后来相当 4 阿司。

④ 照规定，候选人必须本人在罗马城内。

到同意后，他又定下更高的目标，并因成功有望而喜形于色，他不
放过任何机会慷慨资助或施惠于人，不但利用职权也私人出资。
他用变卖战利品的收入开始建造广场，广场地皮价值就达一亿多
塞斯特尔提乌斯。他宣布为纪念他的女儿要给人民举行一次剑斗
士决斗和一次宴会。这是一件绝无前例的事情。为了尽可能地提
高人们对这些活动的期望，他让家里也准备一部分宴会物资，虽然
已经让市场包办。他吩咐，凡是著名的剑斗士，在决斗中如果得不
到观众的好意赦免[①]，则要强行救出保护起来。他训练初学者不 3
是在剑斗士学校里由职业教练训练，而是在家里由罗马骑士、甚至
精通武艺的元老训练；正如从他的信札里可以看到的那样，他真诚
地恳请他们个别关心和亲自指导这些新手练习。他总是给军团发
双饷。在粮食充足的时候，他不拘手续、不限数量地分发给他们，
还不时地从战俘中分给每个人一个奴隶。

XXVII. 此外，为了保持自己和庞培之间的亲密关系与友谊，
恺撒把姐姐的孙女屋大维娅嫁给庞培，虽然她已经是盖乌斯·玛
克路斯的未婚妻。他自己又向庞培的女儿求婚，虽然她已许配福
斯图斯·苏拉。他既已通过无息或低息贷款让庞培的所有朋友以
及元老院大部分元老得到他的好处，又向所有其他等级的人慷慨
解囊，对象包括应邀接受资助的人和主动请求资助的人，甚至包括
那些特别受主人或庇护人亲信的释放奴隶和奴隶。简言之，他是 2
唯一随时准备资助所有被告人、负债者以及纨绔子弟的人，但是那

① 剑斗士斗败时，如果观众不表示同意赦免，胜利的一方必须把他杀死。

些罪行太重或太穷的人，或者那些沉湎于放荡生活太深，以致即使他也无法救助了的人除外；对这些人他直截了当地说，他们需要的是一场内战。

XXVIII. 他费了至少同样大的努力才把世界各地的诸王和
各行省拉拢过来，包括把成千的战俘作为礼物赠与其中的一些人，
不等元老院或人民的批准便派遣援军支援另外一些人，只要他们
提出这种要求，并且，他们要求多少次他就援助多少次；还包括用
2 宏伟的公共建筑装饰意大利的、高卢的、西班牙的、亚细亚的、希腊
的主要城市。终于，当大家对他的行为都大惑不解时，执政官马尔
库斯·克劳狄乌斯·玛克路斯宣布他要提出一个至关重要的国务
提案后(51 B. C.)，向元老院提议，给恺撒提前任命一个继任者，因
为战争已经结束，和平已经确立，得胜者应当解散军队；他还提议，
3 恺撒不能缺席被提名参加竞选，既然庞培后来并没有取消平民决
议①。确实有过这样的事：当庞培提出一个关于高级长官特权问
题的提案时，在禁止缺席者候选职位的条款中，他忘了把像恺撒的
这种情况作为特例除外，也没能在法律被制成铜表存入国库之前
纠正这个疏忽。玛克路斯剥夺了恺撒的行省和特权还不满足，他
还提议，取消由恺撒根据瓦提尼乌斯法案移植到诺乌姆—科姆的
移民的公民资格，因为授予他们公民权是出于政治野心，超越了法
律的限度。

XXIX. 恺撒对此十分恼火。他确信(正如他们常从他那儿听到的)，自己已是国家的首脑，要把他从这个地位降为二流人物，绝

① 如下面所说的，并未在法案通过并被归档之后改动它。——英译者

不像把一个二流人物降为末流那么容易。恺撒极力进行抵制，一
方面通过保民官，另一方面通过另一名执政官塞维乌斯·苏尔比
基乌斯进行干预。次年，盖乌斯·马尔采鲁斯接替其堂兄弟马尔
库斯任执政官，也力图步其兄弟之后尘。恺撒重贿收买了他的同
僚艾米利乌斯·保路斯和最鲁莽的保民官盖乌斯·库里奥，把他
们变成了自己的辩护士。但是，当他发现自己所有的事情都遇到 2
很大阻力，而且当选执政官们也反对他时，他写信恳求元老院，不
要剥夺人民已赋予他的那些特权，否则让其他将军也都放弃兵权。
人们认为恺撒主张这样做，是因为他有把握，一旦需要，他召集自
己的老兵要比庞培招募新兵来得容易。他进而向自己的对手提出
一个妥协方案，当他放弃八个军团和山北高卢之后，允许他保留两
个军团和山南高卢行省，或者至少保留一个军团及伊利里库姆，直
至他当选为执政官。

XXX. 在元老院拒绝干涉，而反对派又反对在国家大事上作任何妥协之后，恺撒进入山南高卢。在结束了所有巡回审判之后，他停留在拉文那。如果元老院对代表他利益进行否决的保民官采取严厉行动的话，他打算以战争达到目的。

当然，这在他只不过是内战的借口；但人们认为还有其他一些 2
原因。格涅乌斯·庞培常说，恺撒用自己的资财是不足以完成他
所制定的计划的，他也无法满足人们对他返回后的期望，他所希望
的是天下大乱。另有一些人说，他害怕，不得不解释第一次任执政 3
官期间自己无视占卜、法律和否决所干的一切。因为，马尔库斯·
加图常常发誓说，一旦恺撒解散自己的军队，他就立刻控告他。人
们已预言：如果恺撒只身返回罗马，那么他就会像米洛一样，不得

4 不在武装人员包围的法庭上受审了。阿西尼乌斯·波里奥的解释
可以证明,最后这种说法较为可信。在法萨卢战役中,恺撒看着敌
人或被杀或逃跑,一字一板地说:“他们希望这样,如果我盖乌斯·
恺撒[①]不求助于我的军队,那么,在立了这么多的大功之后还会被
5 控告有罪。”有些人认为,恺撒已习惯于抓权,在权衡了自己和敌人
的力量之后,他不失时机地夺取了君主的权力,对于这种权力,他
是从小就一心向往的。西塞罗似乎也有这种看法,他在《论责任》
第 3 卷中写道:恺撒曾经常把欧里庇得斯的诗句挂在嘴上。西塞
罗是这样翻译这两行诗的:

> 因为,如果人必须做坏事,那么为了王权而做坏事是最好的;其他的事才要尊重神意。[②]

XXXI. 因此,当消息传来,保民官的否决权被搁置(49
B. C.),他们本人也已离开罗马之后,恺撒立即偷偷地派出几个大
队。为了不使人怀疑和注意他的真正意图,他出席公共宴会,审查
2 打算建立的角斗学校方案,还照样参加宾客众多的宴会。太阳落
山之后,他把从附近磨房弄来的骡子套上大车,带上少数随从,极
秘密地起程。由于火把熄灭了,他迷了路,走了不少时间,至黎明,
终于找到向导,步行走小路,走出迷途。至卢比孔河(这条河是他
的行省边界),他追上了大部队。在这里,他停了一会儿反复考虑,
应该如何行动。他转身对身边的人说:“现在我们仍然可以往回

---

① 罗马人名通常由 3 个名字组成,第一个是本人的名字,如这里的“盖乌斯”;第二个是氏族名,如“朱里乌斯”;第三个是家族名,如“恺撒”。一般简单地称家族名。

② 《论责任》第 3 卷,82。原诗见欧里庇得斯:《腓尼基妇女》524 行以下。此处借用周启明直接从希腊文译的汉文译文。

走，但是，一旦我们过了小桥，一切将决定于武器。”

XXXII. 正当恺撒犹豫不决之时，发生了这样一件事情。突然，附近出现了一个身材魁伟、容貌俊秀的神奇人物。他坐在那里吹着芦笛；许多人跑过来听他吹笛，其中不仅有牧人，也有离开岗位的士兵，其中还有几个号手。这神奇人物猛然从一个号手手中夺过一把号角，跳进河中，在吹响嘹亮的战斗号角之后，向对岸扑去。这时恺撒喊道：“前进！向神的信号和敌人的倒行逆施所指的方向！命豁出去了！”

XXXIII. 就这样，他带军队过了河。他欢迎被逐出罗马投奔他而来的平民保民官。他对士兵声泪俱下地发表了演说，他撕破胸前的衣襟，恳求他们的忠诚。这种举动曾被理解为答应给每个人以骑士地位。然而这是误会，因为，当他向他们发表演说和激励他们前进的时候，他经常指着自己左手手指，宣布为了让所有维护他荣誉的人满意，摘下自己的指环他都甘心情愿。这时那些站在会场边缘地方的人容易看见他的动作，却不那么容易听清他说的话。他们猜测他的话是在解释自己手势的含义。于是小道消息传开了，说恺撒答应授予他们指环和 40 万塞斯特尔提乌斯的权利。[①]

XXXIV. 此后，他所做的全部事情，依次简述如下：他占领了皮塞努姆，温布利亚和伊达拉里亚。他俘虏了鲁基乌斯·多密提乌斯，又把他释放了。此人已被非法地指定为恺撒的接任者，并带

---

① 骑士（元老亦然）有戴金戒指的特权，他们还必须拥有 40 万塞斯特尔提乌斯的财产。——英译者

了一支驻军控制着科尔菲涅乌姆。然后，恺撒沿亚得里亚海岸向
2 布鲁迪辛乌姆进发，庞培和执政官们已逃避在那里，打算尽快渡
海[①]。恺撒用各种办法阻止他们出走无效，于是离开这里进军罗
马。在召集元老讨论了国事之后，他便去进攻驻扎在西班牙的庞
培最大的一支军队。这支军队由庞培的3个副将[②]马尔库斯·彼
特勒乌斯、鲁基乌斯·阿夫拉涅乌斯和马尔库斯·瓦罗指挥。临
行前，恺撒对自己的朋友说，他现在是对付一支没有主帅的军队，
然后，他将回来对付一个没有军队的主帅。虽然由于途中围攻紧
闭城门的马西里亚和粮食供应极端匮乏而使进军受阻，但是很快
他就大获全胜。

XXXV. 从西班牙返回罗马后，他渡海去马其顿。在那里，他
以强大的壁垒围困庞培4个月左右(48 B. C.)。最后，在法萨卢战
役中击溃庞培，并跟踪追击到亚历山大里亚，结果发现庞培已经被
杀。由于发现托勒密对他也不怀好意，他不得不对这位国王开战，
虽然地点和时间均对自己不利。因为正值冬天，缺乏供应，没有准
备，又是在敌人的城里，而敌人都是装备精良又善于作战的。胜利
后(47 B. C.)，恺撒把这个王国交给了克里奥帕特拉和她的弟弟。
他担心，如果把埃及变成行省，一旦出了一个飞扬跋扈的总督，埃
2 及便会成为一个闹事的根源。恺撒从亚历山大里亚进军叙利亚，
又从叙利亚转战本都，因为法那西斯的消息使他深感不安。法那

---

① 布鲁迪辛乌姆(Brundisium)是意大利东南部的海港。通常从这里出发渡海去希腊和东方。现名布林迪西(Brindisi)。

② 副将(legatus)是罗马的高级军职，执政官在军团中的助手。共和后期常供职于行省总督的司令部，也可以受命单独指挥一个军团。

西斯是米特拉达悌之子。当时已利用这一于己有利的时机发动了战争，且因取得许多次胜利正洋洋得意。到达本都仅5天，相见才4个小时，恺撒仅一战就击败了法那西斯（46 B. C.）。因此他常常指出，庞培战胜如此不善于作战的敌人而赢得显赫的军事荣誉实在是因为运气好。此后，在非洲，他战胜了斯奇比奥和朱巴，他们正在那里搜罗残余的同党。在西班牙，他打败了庞培的两个儿子（45 B. C.）。

XXXVI. 在整个内战中，恺撒没有遭受一次失败，只有他的副将失利，其中盖乌斯·库里奥在非洲阵亡，盖乌斯·安东尼在伊利里库姆[①]成了敌人的俘虏，普布里乌斯·多拉贝拉也在伊利里库姆损失了一支舰队，格涅乌斯·多密提乌斯·卡尔维努斯在本都断送了一支陆军。恺撒本人总是每战必胜利辉煌。他从来不怀疑自己会取得胜利，只有两次除外：一次在狄拉奇乌姆[②]，当时他败退了，但是庞培没有追击以扩大战果（所以他说庞培不懂得利用胜利）；另一次在西班牙的最后一次战役中，当时他已经绝望，实际上在考虑自杀。

XXXVII. 战争结束后，恺撒举行过5次凯旋式。有4次是在打败斯奇比奥之后的同一个月里举行的，但有几天间隔。另一次凯旋式是在战胜庞培的两个儿子之后。他所举行的第一次也是最隆重的一次凯旋式是高卢凯旋式，第二次是亚历山大里亚凯旋式，此后是本都凯旋式，再后是阿非利加凯旋式，最后是西班牙凯旋

① 伊利里库姆（Il yricum），亚得里亚海东岸一国家，和意大利隔海相望。

② 狄拉奇乌姆（Dyrrachium），伊利里库姆南部一城市，和意大利的布鲁迪辛乌姆隔海相望。

2 式。每次凯旋式的场面和派头都有特色。在高卢凯旋式那天，当通过维拉布鲁姆时，[①]由于车轴断了，恺撒险些从车上栽下来。他在夜色中登上卡庇托尔山，左右有40只大象张灯照明。在本都凯旋式上，游行队伍的展品中赫然可见一幅仅三个词组的标语牌："我来了，我看了，我胜了。"[②]他这样指明战争结束之快，而不像其他凯旋式那样用标语牌列述战争事件。

XXXVIII. 他以战利品的名义给老兵军团的每个步兵发24 000塞斯特尔提乌斯，内战初期付给的每人2 000塞斯特尔提乌斯不计在内。他还给他们分配土地，但地块不连成片，为的是不致赶走任何土地原主。除给每个罗马人民10斗粮和10磅油外，
2 他还分给每个人300塞斯特尔提乌斯。在罗马他给已支付2 000塞斯特尔提乌斯的承租人，在意大利给付款达到500塞斯特尔提乌斯的承租人减免一年租金。他还举办宴会和分发免费肉食。在取得西班牙胜利后，他设了两次午宴。因第一次午宴太节俭，不足以说明他的慷慨，所以5天后他又举办了一次极其丰盛的午宴。

XXXIX. 恺撒举办各种各样的表演。有剑斗士的比武、在全城每个区举行的戏剧表演（包括由演员用一切语言表演的戏剧），还有赛马、运动员比赛和海战表演。在市心广场上的斗剑比武中，出身大法官家族的富里乌斯·列普提努斯和律师与前元老克文图斯·卡尔本努斯都进行了殊死的格斗。亚细亚的和比西尼亚的王公子弟跳皮利赫舞[③]。在演剧中，罗马骑士德基摩斯·拉贝里乌

① 维拉布鲁姆（Velabrum）是罗马巴拉丁山丘和卡庇托尔山丘之间的谷地。

② 拉丁文为VENI-VIDI-VICI。

③ 古希腊斯巴达人武装的战斗舞蹈。

斯表演了一出自己编的笑剧，并且，由于曾得到过 50 万塞斯特尔 2
提乌斯和一枚金指环的赠与[①]，走下舞台通过乐池，在前面 14 排
里坐下看戏[②]。为了赛马，场地两头加长，四周挖上宽宽的壕沟。
一些最高贵的年轻人驾着四马战车或两马战车，或骑双马从这匹
马背上跳到那匹马背上。一种名为特洛亚战争的游戏由两队少年 3
儿童组成的骑兵队表演。人兽格斗的表演持续 5 天。最后表演
两支军队的战斗，双方各用 500 名步兵，20 只大象，30 名骑兵，为
了厮杀有较大的场地，在场地两头竖立起标柱，并在立柱的地方扎
起两座相对的营盘。运动员在马尔斯原野[③]特地建成的临时竞技
场上比赛 3 天。在较小的科戴塔原野[④]上挖了一个湖泊供海战表 4
演。有装载大量战士的属于推罗舰队和埃及舰队的两列桨、三列桨、四列桨舰船进行海战。从四面八方赶来观看这些表演的人是如此之多，以致许多外地人只好在大街小巷或道路两旁搭起帐篷过夜，常常因为拥挤，许多人被践踏至死，其中包括两名元老。

XL. 此后，恺撒把注意力集中于整顿国务。他立即改革历法。以前，由于高级祭司团[⑤]任意置闰，历法早已十分混乱，竟至

① 他过去曾因演戏丧失骑士等级。这里说明他已恢复了骑士等级。参见本卷第 XXXIII 节。——英译者

② 乐池后面的前 14 排，根据公元前 67 年罗斯奇乌斯·奥托(保民官 L. Roscius Otho)法，是专留给骑士等级的。——英译者

③ 马尔斯原野(Campus Martius)，罗马城西北方的一片空地。在城区与第伯河之间。有战神马尔斯祭坛。为森杜里亚(百人队)大会会场和检阅军队的校场。

④ 科戴塔原野(Codeta)，第伯河右岸一片沼泽地，与马尔斯原野相对。

⑤ 高级祭司团(Pontifices)，罗马国家掌管宗教仪式的组织。相传为第二王努玛·彭皮留斯所建立。初为 3 人(或 4 人)，共和时期增到 6 人、9 人、15 人，恺撒时增到 16 人。首领为大祭司(Pontifex Maximus)。他们兼管历法和记录军政重大事件。

收获季节不在夏季，葡萄收获节也不在秋季。他调整一年为 365
2 天，废除闰月，每四年置闰一天，使年与太阳的运转相符。此外，为
了使以后的季节计算可以正确地从下年的 1 月 1 日起，他在当年
的 11 月和 12 月之间插进了另外两个月。这样一插，若是再包括
习惯上属于这一年的一个闰月的话，当年就有了 15 个月了。

XLI. 他补齐了元老院的缺额，增选了新的元老。他还增加了
大法官、营造官、财务官，甚至低级行政官的名额。他恢复了被监
2 察官[①]革职和被法庭判有贿赂罪的人的权利。他同人民分享选举
权，除执政官一职外，其余官员一半按人民的意愿选举，另一半由
他亲自指定。他往每个部落发去短信：“独裁官恺撒致贵部落：我
向你们推荐某某某，以便他们经你们之选举出任官职。”他甚至允
许被剥夺公民权者之子担任官职。他规定只有骑士和元老两个阶
级的人有充任法官之权。他取消属第三等级的国库司库[②]的审判
3 资格。他不按通常的方式和地方，而是按街区在房产主协助下统
计人口，并把接受国家赈济粮的人数从 32 万减少到 15 万。为了
不致因重新登记将来再召开会议，他规定，每年由大法官把一些没
有登记入册的人补到死亡者的空缺上去。

XLII. 此外，由于他把 8 万公民抽调到海外殖民地去了，罗马城人口顿减。因此，为了保持必要的人口，他规定，20 岁以上、40 岁以下的公民不在服兵役者，不得连续 3 年以上离开意大利；除作

① 监察官(Censor)为罗马高级官职，公元前 5 世纪设立，由森杜里亚大会选举 2 人，任期 5 年，实际执行职务 18 个月，初掌户籍，评估公民财产，确定其等级和权利义务。后有权审定元老名单，监督风纪，维护传统，撤换不称职官员。

② 国库司库 tribuni aerarii。

为长官的随员或幕僚外，任何元老的儿子都不得到海外去；从事畜牧业的牧主在自己的牧人中至少要有三分之一是自由人生的成年人。他把罗马公民权授给所有在罗马行医的人和文学艺术教师，以此让他们更想住在罗马城，并使其他的人向往这里。

他使那些多次提出取消债务的人感到失望。但是他终于颁布 2
命令：规定债务人向债权人还债，以他们内战前的财产价值为限，
并从本金中扣除已付现金利息或抵押品，这样债务就减少了几乎
四分之一。他解散了所有的行会，除了古已有之的外。他加重了 3
对罪犯的惩罚。鉴于富人犯罪只处以流放而不剥夺其财产，所以
他们犯罪较少有顾虑的情况，恺撒于是规定在惩办杀死公民的罪
犯时（正如西塞罗所记载的）要剥夺其全部财物，惩办其他罪犯时
要没收一半财产。

XLIII. 他管理司法十分勤勉和严格，甚至把那些被判有贪污
罪的人从元老等级中开除出去。他取消过一名前大法官的婚姻，
因为此人所娶的是一个当天刚同丈夫离婚的女人，虽则没有通奸
的嫌疑。他向外国货征收关税。他不准使用轿子，不准穿红袍、戴
珠宝，只有一些特准地位和特准年龄的人除外，而且还只限于规定 2
的日子。他特别厉行反奢侈法。在市场各处设监督岗，禁止或没
收违令展销的美食。有时他还派出自己的扈从和士兵，发现有哪
些美食逃过了监督，让他们就从餐馆把食品（甚至已摆上桌的）拿
走。

XLIV. 他每天都在考虑建设和美化首都、保卫和扩大帝国的更加宏伟的计划。首先，他要给马尔斯神建造一座比现有的任何庙宇都大的庙宇，填平那个从前用以表演海战的湖泊，在泰比亚山

2 丘的斜坡上建造一座最大的剧场；他要从浩繁的法规中选取最好的和最重要的条款编成有限的几卷书，形成一部民法典；开办可能是收藏拉丁文和希腊文著作最丰富的公共图书馆，并把这些图书
3 馆交给马尔库斯·瓦罗负责筹办和配置；排干滂布提纳沼泽，放走富基努斯湖水；建筑自亚得里亚海起，经亚平宁山脊，至第伯河的大道；开凿一条穿过科林斯地峡的运河；阻止已涌入本都和色雷斯的达西亚人；然后，取道小亚美尼亚对帕提亚人作战，但他不想在未摸透敌人士气之前贸然开战。

4 死亡断送了他的这些事业和计划。不过，在我叙说恺撒之死以前先简述一下他的外表和服饰、生活方式和性格，以及文事和军事生活中的所作所为，不为不相宜吧。

XLV. 据说，他身材高大，皮肤白皙，四肢匀称，面部稍胖，一双黑眼睛炯炯有神。他体格健壮，只有临死前，时常突然晕倒，夜
2 里做噩梦。他有两次在战事进行中癫痫发作；他有点过分注意自己的外表，不仅让人仔细地给他理发修面，而且正如有些人指责他的，还让人给他摘头发。他的秃头很不雅观，这使他很烦恼，因为他发现这个缺陷经常成为诽谤者的嘲笑对象。因此，他惯常从头顶往前梳理那稀稀拉拉的头发；而在元老院和人民决定给予他的所有荣誉中，每次他最乐意接受和利用的莫过于戴桂冠的权利了。

3 人们还说，他的衣着是引人注意的。他身穿镶红边的元老长袍，加缘饰的袍袖长到手腕。长袍经常束带，但是带子束得很松，而这最能使人想起苏拉的话来。苏拉当初常常警告权贵们，要提防那个不好好束腰带的男娃。

XLVI. 起初，恺撒住在苏布拉的一幢朴素的房子里。但是，

当上大祭司后，他就搬进了圣路旁的国家公寓。许多作家都说，他十分喜爱漂亮、悠闲和奢侈，说他在阿里西亚狄安娜[①]圣林他自己的地产上已花了好多钱打好了建造别墅的地基，但由于这所别墅各方面都不称他的心，他还是把它全部拆毁了，尽管当时他还很贫寒并且债务缠身。他们说他出征时也随身携带着拼花的和精工镶嵌的地板。

XLVII. 据说，他是为珠宝入侵不列颠的。在比较珍珠的大小时，他有时在自己手心上掂一掂它们的重量。他总是热心收集宝石、雕刻品、塑像和古代名画。他出高价购买长得好看和受过训练的奴隶，他自觉这些事难以见人，因而不许把这项开支列入账目。

XLVIII. 在行省，他总是用两个餐厅设午宴：一个厅内就座的是他的军官或者希腊人，另一个厅内就座的是罗马公民和行省名流。他治家，事无大小，一律认真严格。有一次，面包师端给客人的面包和端给主人的不同，恺撒竟给面包师戴上脚镣。还有一次他把一个最喜欢的释放奴处死了，因为此人和一罗马骑士的妻子通奸，尽管无人对他起诉。

XLIX. 除了与尼科美得斯的丑事而外，没有什么别的污点有损他的清白名声的。但这是个重大而又持久的耻辱，使他无法避免众人的唾骂，我姑且不谈李锡尼·卡尔乌斯的最著名的诗句：

比西尼亚有什么，恺撒的情人也就有什么。

我不想谈多拉贝拉和老库里奥的指责。在这些指责中，多拉贝拉

① 罗马神话中狩猎女神，相当希腊神话中阿尔特密斯。

称他是“王后的情敌”,“国王的床上人”。库里奥也称他是“尼科美
2 得斯的窑子和比西尼亚的妓院。”我更不用说毕布路斯的布告了。
毕布路斯在布告中谴责自己的同僚是“比西尼亚的王后”,“从前想当国王,而现在想做‘国王的’”。与此同时,正像马尔库斯·布鲁图所报告的那样,有一个屋大维乌斯,因其理智不健全,在一次人数众多的大会上,信口开河,他称庞培为国王,而尊称恺撒为王后。然而,盖乌斯·莫密乌斯却直接谴责恺撒,说他在一次盛大的宴会上,和其他宠儿们一起,给尼科美得斯斟酒,参加宴会的还有几个
3 罗马商人,莫密乌斯说得有名有姓。西塞罗在自己的各种信件中曾写道,恺撒被侍从们领进国王的内室,他身穿红衣,躺在黄金的卧榻上,维纳斯的这个后裔的贞操在比西尼亚丧失了。但西塞罗的确不满足于此。有一次,当恺撒在元老院为尼科美得斯的女儿尼萨进行辩护时,列举了国王给予他的恩典,西塞罗喊道:“你别说啦,我请求你!他给了你什么,你回赠了他什么,大家都清楚。”最
4 后,在高卢凯旋式上,他的士兵像惯常那样跟在战车后面唱了一些玩笑歌曲,其中有这样几句尽人皆知的歌词:

恺撒征服了高卢呀,尼科美得斯征服了恺撒,
请看,恺撒现在凯旋了呀,他把高卢人征服了,
尼科美得斯没有凯旋呀,可他征服了恺撒。

L. 人们普遍认为,恺撒在玩女人方面是过分放纵不羁的。他诱引过许多知名的妇女,其中有塞维乌斯·苏尔比基乌斯的妻子波斯杜米娅,奥鲁斯·盖比尼乌斯的妻子洛丽娅,马尔库斯·克拉苏的妻子特尔杜拉,甚至还有格涅乌斯·庞培的妻子穆基娅。确凿的事实是,库里奥父子和许多其他人都责备过庞培,因为庞培借

故休了给自己生了三个孩子的妻子，后来又为了企求权力，而娶了
恺撒的女儿为妻，后来，时常唉声叹气地称恺撒为自己的埃吉斯图
斯[1]。但是，超过其他女人之上恺撒最爱马尔库斯·布鲁图的母
亲塞维丽娅。在第一次任执政官期间，恺撒曾买了一颗价值 600 2
万塞斯特尔提乌斯的珍珠赠给她。在内战期间，除其他礼物而外，
他还以拍卖的方式，把自己的若干上等地产以极低的价格卖给了
她。当一些人对这么低的价钱表示惊讶时，西塞罗俏皮地说："这
是一笔比你们所知道的要合算的价钱，因为还有第三[2]笔钱在外
呢。"事实上，人们当时认为塞维丽娅也把自己的女儿特尔奇娅卖
给了恺撒。

LI. 恺撒在外省也很放荡、玩女人，高卢凯旋式上士兵们高唱的下述两句歌词特别清楚地说明了这点：

快藏起娇妻呀，罗马的市民们！
我们领来了秃头的淫棍。
你们把从罗马借来的黄金呀，
花在高卢挥霍鬼混。

LII. 在他的情妇中，还有王后，其中包括包古达的妻子摩尔女人尤诺娅。他赠给她及其丈夫许多贵重礼物，正如那索所记载的那样。然而，他最喜欢的还是克里奥帕特拉，他常和她欢饮达旦；如不是士兵拒绝随从的话，他或许已和她一起乘坐她的华丽大船，穿过全埃及几乎达到埃塞俄比亚了。他把她邀请到罗马，让她

---

① 希腊神话中的人物，和阿加门农的妻子通奸，又和她合谋杀害阿加门农。

② "第三"tertia 和"特尔奇娅"的人名谐音。

受到高规格的礼遇，收到许多礼物，才放她回去。恺撒还容许她用
恺撒的名字给她所生的儿子命名。据一些希腊作家说，这孩子长
2 相和身材还真的都像恺撒。马尔库斯·安东尼向元老院证实说，
恺撒真的承认这孩子是自己的儿子。他说盖乌斯·马提乌斯、盖
乌斯·欧比乌斯和恺撒的其他朋友也知道这件事。其中盖乌斯·
欧比乌斯（仿佛承认有申辩的必要）特地写了一部书以证明，虽然
克里奥帕特拉让这孩子认恺撒为父，但他并不是恺撒的儿子。保
3 民官赫尔维乌斯·秦纳曾对许多人承认，他起草了一个法案，让恺
撒可以据此法案不管娶哪个女人、也不管娶多少个女人为妻都可
以，只要是为了生儿育女（恺撒曾命令他，在其不在时向人民提出
来）；为了不使任何人对恺撒的荒淫无耻再有怀疑，我只要再补充
一个证据就够了，即老库里奥在他的一次发言中称恺撒是“所有女
人的男人和所有男人的女人”。

LIII. 他很少饮酒，这一点连他的敌人也不否认。马尔库斯·加图有一句名言：“所有的人中，只有恺撒一人在清醒地颠覆国家。”盖乌斯·欧比乌斯说，他不讲究饮食。有一次，在人家宴饮，主人上的油不新鲜，其他客人都不想吃。可是恺撒却比往常吃得还多，看不出他有怪罪主人粗心失礼的意思。

LIV. 无论是在行省统帅军队还是在罗马担任长官，他都不
吝惜花钱。正如某些人的回忆录所证明的，恺撒在任西班牙总督
时，他不仅恳求同盟者出钱为他还债，而且还攻陷并洗劫了鲁西塔
尼亚人的某些城市，虽然这些城市接受了他的条件，并在他兵临城
2 下时开城欢迎了他。在高卢，他劫掠了放满贡品的神殿和庙宇。
他毁掉一座城市，常常是为了掠夺，而不是为了惩罚。因此，他的

金子多得不知如何处理是好，于是在意大利和行省以每磅 3 千塞
斯特尔提乌斯的价格[①]把金子卖掉。在第一次担任执政官期间， 3
他从卡庇托尔神殿盗窃了 3 千磅黄金，并以同样重的镀金青铜替
换之。他把这些黄金卖给同盟者和国王们，换取现款。例如，单是
从托勒密那里他就以自己的名义和庞培的名义卖得金币近 6 千特
兰特。后来，他又以完全公开的掠夺和盗窃圣物来维持内战、凯旋
式和娱乐活动的费用。

LV. 在雄辩和战争艺术方面，恺撒至少可与这方面最杰出的
人物平起平坐，或许名声比他们还大些。在控告多拉贝拉之后，谁
也不怀疑他属于罗马最杰出的辩护人之列。确凿无疑的是，当西
塞罗在《布鲁图》一文中列举一些演说家时，他指出，恺撒不比其中
任何人差些。他认为，恺撒的风格不仅优美、明白，而且雄浑，甚至
可以在某种程度上说，有点高贵。此外，在致科涅利乌斯·奈波斯
的信中，关于恺撒他是这样写的："怎么样？你以为那些专门从事
雄辩的演说家有谁比他更高明吗？谁的常用词用得更多更巧？谁 2
在言辞方面更华丽更优美呢？"看来他（至少在少年时期）模仿过恺
撒·斯特拉波[②]的修辞榜样，他实际上曾把恺撒·斯特拉波的题
名为"为萨丁尼亚人辩护"的讼词中的某些段落逐字逐句地用到自
己的讼词中来。据说，恺撒讲话声音高亢，动作手势充满激情，但 3
又不失优雅。他留下若干演辞，其中包括不能肯定属于他的几篇。
因此，奥古斯都不无理由地认为，"为克文图斯·莫特路斯辩护"的

① 这价格只相当于市价的三分之二。

② 恺撒·朱里乌斯·斯特拉波，罗马演说家。公元前 87 年，与其兄弟鲁基乌斯·朱里乌斯·恺撒（公元前 90 年执政官）一起被杀。

演辞很难说是恺撒本人发表的，更可能是速记员在跟不上他说话
速度的情况下，快速记录下来的。在某些抄本中我发现有的标题
竟不是“为莫特路斯辩护”，而是“为莫特路斯而作”，尽管演说的主
旨出自恺撒本人，目的在于保护莫特路斯和他自己不受共同诽谤
4 者的指控。奥古斯都还怀疑“致西班牙驻军”演辞的可靠性。然而
据阿西尼乌斯·波里奥说，由于敌人的突然进攻，恺撒未及作长篇
演说，因此该篇演辞分两部分：一部分是在第一次战斗前讲的，另
一部分是在第二次战斗前讲的。

LVI. 他留下了高卢战争和同庞培内战中自己行为的记录。
《亚历山大里亚战记》、《阿非利加战记》和《西班牙战记》的作者不
清楚。一些人认为是欧比乌斯，另一些人认为是希尔提乌斯，后者
还曾为恺撒未完成的《高卢战记》增补一卷。关于恺撒的《战记》，
2 西塞罗在《布鲁图》一文中也曾作过这样的评说：“他所写的《战记》
理应受到赞美，它们简洁明了而又不失优美，没有演说术的堂皇词
句的装饰。虽然他的目的在于给那些打算写历史的人提供素材，
只是意外地满足了那些想在自己的叙述上翻花样的庸人们的欲
3 望，但他还是使得那些有点头脑的人不敢去涉猎这个题目。”对于
这些《战记》，希尔提乌斯赞美道：“它们受到所有评论家如此高的
赞扬，以致他好像不是为作家们提供了机会，而是剥夺了他们的机
会。可我们对它们的赞扬比其他人还要高，因为他们只知道这些
战记被写得多么优美，多么准确；可我们另外还知道，他写这些战
4 记写得多么不费劲，多么迅速。”然而，阿西尼乌斯·波里奥认为，
这些《战记》写得既不认真又缺乏真实性。因为，关于许多别人做
的事，恺撒太轻信他们自己说的，而关于许多他自己做的事，则不

是出于有意就是由于记不清而受到篡改。波里奥还推断说，恺撒
曾打算改写和修正自己的《战记》。此外，恺撒还留下了两卷集的 5
著作《论类比》和两卷集的演说词《斥加图》，还有一首题名为《旅
途》的诗。其中第一部著作是他翻越阿尔卑斯山，巡回审判山南高
卢后返回自己军队时写的，第二部著作成于孟达战役前后，第三部
著作是从罗马去远西班牙的 24 天行军路程上写的。他写给元老 6
院的信也有一些保存了下来。他大概是第一个把给元老院的报告
改成分页的记事本形式的，以往执政官和将军给元老院写报告都
用每张满写的形式。[①] 保存下来的还有致西塞罗的书信和致友人
的谈家务的书信。如果需要保密，信中便用暗号，也就是改变字母
顺序，使局外人无法组成一个单词。如果要想读懂和了解它们的
意思，得用第四个字母置换第一个字母，即以 D 代 A，依此类推。 7
此外，我们还知道他青少年时期写的某些作品，诸如《赫库利斯的
功勋》、悲剧《俄狄浦斯》和《名言集》。可是奥古斯都在给他所任命
的图书馆总监庞培·马谢尔的一封简明的信中，禁止出版所有这
些小册子。

LVII. 他精通武器和骑术，具有难以置信的耐力。行军中他走在队伍前面，有时骑马，但更多的是步行。他总是光着头，不论顶着太阳晒还是冒着雨淋。他以惊人的速度长途行军，他乘坐雇来的四轮大车，一天 100 罗马里。遇到河流挡道，他便游过去或用

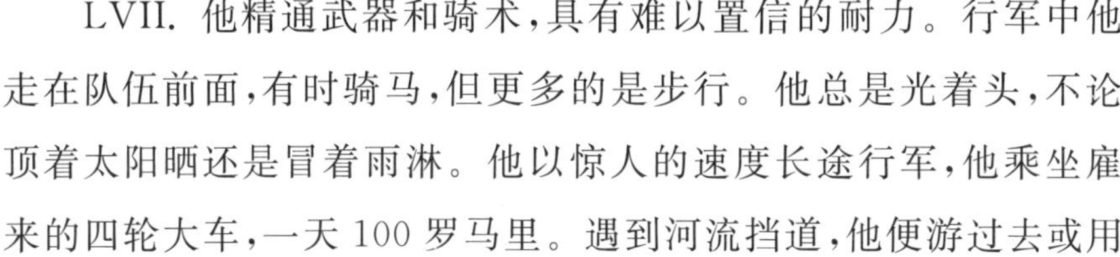

① 恺撒把报告改成书籍的形式。如果书是卷子形式，文字则被排列成栏，与卷边平行。如果书是抄本形式，则若干纸张折叠装订在一起，文字在每张纸上都被排成一栏或两栏（页）。而以前，则只用一张或几张纸从左到右、从上到下写得不分栏、不留边白的。——英译者

充气牛皮筏子渡过去。因此，经常出现这样的结果：他派出的信使还未到达而他已先到了。

LVIII. 在战争行为中，很难说他的谨慎和勇敢哪一种品质更突出。例如，在没有查明地形的情况下，他从不率领军队走易设埋伏的道路。在未亲自查明去不列颠岛的港口、航路和要冲地之前，他没有渡海。可是，当听到自己驻日耳曼的军队被围困的消息时，
2 他便化装成一个高卢人，穿过敌人的岗哨来到自己的军队中。冬天他从布鲁迪辛乌姆渡海，偷偷穿过敌人舰队的封锁去狄拉奇乌姆。他曾命令自己舰队跟他去，可是他们迟迟不发。当他多次派人前去催促无效时，最后他趁夜色只身秘密登上一艘小船出发，包着头，不让别人知道他的身份，也不许舵手在风暴的吹打面前退缩。他差点被海浪所吞没。

LIX. 宗教信仰从未使他改变主意，使他不做什么或推迟做什么。尽管在他献祭时作牺牲的动物跑掉了，他也并未放弃对斯奇比奥和朱巴的远征。甚至在下船时跌了一跤，他也把这变成一个好兆头，高喊："阿非利加，我的手拿到你了！"此外，为了嘲弄斯奇比奥家族在这个行省注定走运和不可战胜的预言，他让科涅利乌斯族[①]的一个卑微的小人物和他住在一个营帐里，此人因从事不光彩的营生而有一个"萨尔维多"的绰号[②]。

LX. 他作战不仅按预定的计划进行，也伺机行事，他常常在行军结束时立即投入战斗，有时在极端恶劣的天气里，出其不意。

---

① 斯奇比奥家族属科涅利乌斯氏族。

② 据猜测 Salvito 可能是 Salutio 之误。老普林尼在《自然史》，7，54 和 35，8 提到过 Salutio，他是一个笑剧演员（小丑）。——英译者

只是到了晚年，他才变得打仗犹豫不决。因为他深信，胜利的次数愈多，愈应当谨慎。他认为胜利之全部所得很可能抵不过一次失败所受的损失。他击溃敌人之后总是立即夺取他们的营垒，不让惊慌失措的敌人有喘息的机会。在胜负难分之际，他总是派出骑兵，自己一马当先，以此提高步兵坚守阵地的决心，打消他们逃跑的念头。

LXI. 他骑的马也与众不同，四蹄颇像人脚，蹄张开时像人的脚趾。这匹马在他住的地方出生。占卜者预言它的主人将统治世界。恺撒饲养它十分精心。他是骑它的第一个人，它不容别的任何人沾身，后来，恺撒还在先祖维纳斯神庙前为它建了塑像。

LXII. 如果他的军队退却，他常常单独恢复秩序。他拦住逃兵的退路，一个个地扭住他们，甚至卡住他们的喉咙，逼他们面对敌人。虽然士兵有时是如此之恐慌，以致一个旗手在他试图拦阻时竟用旗杆尖向他刺过去，而另一名旗手则把旗杆丢在他的手中。即使这样，他也不放弃阻止他们退却。

LXIII. 他的镇定毫不逊色，甚至表现得更加突出。法萨卢战役后，他已把全部军队派往亚细亚去了。他自己正乘一只小客船横渡赫勒斯滂海峡，突然碰上了敌党鲁基乌斯·卡西乌斯率领的10只武装兵船。他非但没有逃跑，反倒向此人靠过去并劝他投降。卡西乌斯既降，恺撒收他为自己的部下。

LXIV. 在亚历山大里亚，当进攻一座桥梁时，他被突然出击的敌人逼上一只小艇。在又有许多人挤进同一条船后，他跳入大海，在游了200步距离后，上了最靠近的一艘船。他一直高举左手，不让海水湿了手中的札记，同时用嘴咬住长袍，不让它成为敌人的战利品。

LXV. 恺撒对士兵的评价既不看他们的名望，也不看他们的财产，只看他们的勇敢。他对他们同样严格，同样和蔼。事实上他不是时时处处，只是在有敌情时，才约束他们。那时，他要求最严格的纪律。他不通知行军或作战的时间，而是让他们枕戈待命，随时准备到他突然想要他们去的地方去。他常常甚至无缘无故地带他们出去，尤其是雨天或节假日。他常常警告他们，必须密切注视着他，他会或在白天或在夜里突然溜出营地，作一次比平常更长途的行军，以便狠狠地累一累那些行动迟缓跟不上他的士兵。

LXVI. 如果有关敌人兵力的传闻引起士兵恐慌情绪，他不是用否认或少说点的办法，而是用夸大实际危险的方法以鼓起他们的勇气。例如，当朱巴到来的消息传到军中，士兵十分害怕时，他把他们召集起来，说道："让我告诉你们，最近几天国王将率领 10 个军团，3 万骑兵、10 万轻装步兵和 300 头战象到达这里。因此，你们有些人大可不必再加追问和推测了，可以直接相信我的话，因为我知道有关的一切。不过，我一定要让他们坐着破船烂舰飘到风能把他们吹到的任何地方去。"

LXVII. 士兵有过失，他不是什么都注意的，也不照章惩处，但是对开小差和哗变者，他却是严加防范和严惩不贷。至于其他错误，他则视若不见。有时，在一次大战取得胜利之后，他也免除他们的岗位勤务，让他们尽情地饮宴玩乐。他时常夸口说，他的士
2 兵即使是身上涂上香膏也能很好地作战。在大会上他不称他们为士兵，而亲热地称他们为"战友"。他让士兵们穿华贵的戎装，给他们镶嵌金银的武器。这样做既为了美观又为了让士兵在战场上更

加紧握这些武器，担心失掉这样珍贵的物品。从一个事例可以看
出他是怎样地爱自己的士兵：当他听到提图里乌斯的不幸消息后，
不理发、不修面，直到向敌人报了仇为止。

LXVIII. 恺撒以此为自己赢得了士兵的最高忠诚和最大勇
敢。内战开始后，每个军团的百夫长都自愿拿出自己的积蓄装备
骑兵，所有的士兵不要口粮和薪饷为他效劳，较富者照料较贫者。
在漫长的战争期间，没有一个人离队。许多人被俘后，虽然敌人答
应，如果他们愿意为反对恺撒而战，便可饶了他们性命，然而他们 2
拒绝这种条件。在被敌人围困或围困敌人时，士兵忍受着饥饿和
其他的艰难困苦。他们表现得如此之顽强，以致当庞培在狄拉奇
乌姆的工事中看到了军队吃的一种草做的主食时，他说他是在同
野兽进行战斗。他吩咐赶快把这些东西丢掉，不让自己的士兵看
到。因为他担心，敌人的坚韧和决心会动摇他们的士气。

士兵们战斗时多么英勇，从下面的事实可见一斑。在狄拉奇 3
乌姆他们遭到仅有的一次失败后，坚持要求受罚。而他们的统帅
却觉得他们应当受到安慰而不是处罚。在其余的战斗中，尽管自
己人数很少，他们却轻而易举地战胜了数不尽的敌人。例如第 6
军团的一个大队[①]被派守卫一个据点，就顶住了庞培 4 个军团几
个小时的攻击，虽说几乎所有的人都被箭射伤了。后来在壁垒里
拾到的箭就有 30 万枝。如果你想到一些士兵个人的事迹，也没有 4
什么好奇怪的。以百夫长卡西乌斯·斯开瓦或普通一兵盖乌斯·

① 罗马军队编制分 4 级。最小单位是百人队（centuria），2 个百人队组成 1 个中队（manipulus），3 个中队组成 1 个大队（cohors），10 个大队组成 1 个军团（legio）。军团为最大编制，约 6 000 人。

阿奇利乌斯的事迹为例，就不必再谈其他人了。斯开瓦被打瞎一只眼睛，大腿和肩膀也负了伤，他的盾牌被刺穿120处，仍坚守自己把守的寨门。在马西里亚海战中，阿奇利乌斯抓住敌人的船尾，右手被砍掉了，他以希腊英雄西奈吉鲁斯为榜样，跳上敌船，用盾牌驱赶敌人。

LXIX. 在高卢战争十年中，士兵从未哗变过一次。在内战期间有过几次，但很快就恢复了秩序。这不是由于将军的恩惠而是由于他的权威所致。恺撒从来不向哗变者让步，而总是针锋相对。一次，在普拉琴奇亚城下，恺撒因第9军团丢了脸，将其全部解散，尽管庞培还在作战。只是在士兵们久久哀求之后，他才勉强恢复了这个军团，但他坚持惩处了首要分子。

LXX. 又有一次，在罗马，第10军团的士兵闹事，趁罗马城处境危险，以可怕的威胁要求退伍和奖赏。尽管阿非利加战事紧张，他不顾朋友的劝告，毅然出现在士兵面前，答应解散他们。但是他不称他们为"士兵"，而称他们为"奎里特斯"[①]。他只用这样一个词就轻而易举地把他们打动了，并使他们服从自己的意志。他们争先恐后地说，他们是他的"士兵"。尽管他拒绝接受他们的继续效力，他们还是坚决要求跟他到阿非利加去。即使这样，他还是惩处了主要的闹事者，并削减了原定战利品和土地的三分之一。

---

① 奎里特斯(Quirites)"罗马人民"的古称，可能源于对奎里努斯神的崇拜。后来如果称"罗马人民"(Populus Romanus)为"奎里特斯"(populus Romanus Quiriesque 或 Populus Romanus Quiritium)则有庄重的色彩，称士兵则有鄙视色彩，因为这时奎里特斯意为"老百姓"。

LXXI. 早在年轻时，他对自己的依附者①就表现出热心和可以信赖。他曾经为出身高贵的青年马辛达辩护，反对国王耶姆普萨尔，他是如此之热心，以致在辩论中抓住王子朱巴的胡子。当马辛达被宣布为国王的纳贡者②之后，恺撒立即把他从那些要把他带走的人那里拯救了出来，藏在自己家里一些时候。当他大法官任期届满即将动身去西班牙时，在送行者和持法西斯的扈从的簇拥中，用自己的轿子把这个青年悄悄地随身带了出去。

LXXII. 他对待朋友总是那样体贴关怀。有一次，盖乌斯·欧比乌斯陪他穿越一片茂密的丛林地带，欧比乌斯病倒了，他把一处唯一有遮蔽的地方让欧比乌斯住，自己睡在露天里。掌权之后他把自己的某些出身卑微的朋友提拔到最高的职位上。当别人谴责他这样做时，他直截了当地答复道：如果强盗和杀人犯保护过他的荣誉，他也将以同样的崇高职位报答他们。

LXXIII. 另一方面，他对人的敌意也不是那么不可改变的。一有机会他就乐于捐弃前嫌。虽然盖乌斯·莫密乌斯发表过十分尖刻的演说反对他，他也曾对之给予过针锋相对的反击，可是不久，他竟能支持莫密乌斯竞选执政官。盖乌斯·卡尔乌斯在写过一些侮辱恺撒的短诗后，通过自己的朋友要求与恺撒和解，恺撒真心主动地先给他写信。瓦列利乌斯·卡图路斯在有关马木拉的短

① 依附者(cliens)源于公元前七世纪王政时代出现的庇护制。氏族社会末期破落贫穷的家族失去生计和社会地位，托庇于富有的贵族保护人(patronus)，从保护人领取份地、家畜，向保护人纳贡服役。保护人有义务代替依附者出席法庭进行辩护。庇护制在罗马存留时间很长。

② 纳贡者(stipendiarius)。

诗中[①]也曾侮辱过恺撒（恺撒曾公然承认这诗讽刺的是他）。可是，当卡图路斯向他道歉时，他在当天就邀请卡图路斯赴宴，并且从未中断过同诗人父亲的友好交往。

LXXIV. 甚至在复仇时恺撒也是天性十分仁慈的。他曾对绑
架他的海盗起过誓，要把他们钉死在十字架上。可是在他抓到他
们后，在把他们钉上十字架之前他命令先割断他们的喉管。他从
未能下决心伤害科涅利乌斯·法吉达，尽管他当初带病躲避苏拉
时，这个人曾一次又一次地在夜里堵截过他，一笔贿赂才使这人没
把他交给苏拉。恺撒的一个充当听写员的奴隶菲勒蒙曾向恺撒的
敌人保证毒死他，恺撒也只把此人处死，没有折磨他。他的妻子庞
2 培娅的情夫普布利乌斯·克洛狄乌斯被指控犯有通奸亵渎罪，他
的母亲奥列里娅、他的姊妹朱里娅都已对陪审法官可信地陈述了
全部真情，可是，恺撒被传到法庭作证时却宣布自己没有证据。在
回答为什么后来同妻子离婚时，恺撒说：“因为我认为我的家属不
应当受到怀疑，不应当受到指控。”

LXXV. 在行政管理和内战的胜利中，他都表现出值得钦佩
的克制和仁慈。当庞培宣布那些不拿起武器保卫共和国的人为敌
人时，恺撒却宣布说，那些保持中立不参加任何派别的人是自己的
朋友。他听任那些曾按庞培的建议而被他提拔为军官的人站到庞
2 培一边。当双方正在伊列达城讨论投降条件，彼此之间存在不断
友好交往之际，阿夫拉涅乌斯和彼特勒乌斯突然改变主意，把所有
在自己营房中的恺撒士兵都杀死了，但恺撒并没有让自己采取同

① 见卡图路斯 29 和 57。

样的报复行动。在法萨卢战役中,他提出怜惜罗马公民的口号。
后来,他允许自己的士兵每人拯救一名愿意拯救的敌人。除了在 3
战场上,没有那个庞培派丧生,只有阿夫拉涅乌斯和福斯图斯及年
轻的鲁基乌斯·恺撒例外。人们认为,甚至这些人也不是恺撒要
杀的,尽管前两人在赦免后重新拿起武器,第三个人不仅以火和剑
残酷地杀死了他的释放奴和奴隶,而且杀死了他所养的那些供人 4
民取乐的野兽。最后,在其晚年,他甚至允许那些尚未得到赦免的
人回到意大利来,也允许他们担任高级官职和执掌大权。他甚至
重建被平民砸毁的鲁基乌斯·苏拉和庞培的塑像。此后,如果形
成了反对他的危险阴谋或者发表了诽谤他的言论,他也宁肯消解
而不是惩罚。因此,对于被侦察到的阴谋和夜间集会他不再进一 5
步追究,而只是宣告他对这些举动是知道的。对那些毁谤他名誉
的人他只想公开警告他们,不让他们再这样干下去就算了。对奥
鲁斯·凯奇那的最富诽谤性的著作和彼托劳斯的最具谩骂性的诗
作对他名誉的破坏他都采取了善意的宽容态度。

LXXVI. 可是,他的其他行为和言论却使人觉得他是恶多于善的。他被认为滥用了职权,他的被杀是罪有应得。因为他不仅接受了过分的尊荣,诸如连任执政官、终身独裁官和公民道德督察[①],尤其是“英白拉多”(“统帅”)的头衔、“祖国之父”的尊号,他的塑像与诸王并列,在剧场中坐高人一等的座位。不仅如此,而且他还容许授予自己只有神才配享用的东西。元老院和法庭上的金座椅、迎神去竞技场的游行队伍中的神车和轿子、神庙、祭坛、与神

① praefectura morum 在共和时期相当监察官(censor)。

并列的塑像[①]、神榻、一个佛拉门祭司[②]、一个牧神祭司团[③]、以自己的名字给一个月份命名。实际上，为了满足私欲，他接受了（或者说授予了自己）一切的荣誉。

2 第三次和第四次担任执政官只是名义上的，他满意于与执政官职位同时授予他的独裁官权力。这两年里在每年的最后3个月，他指定两名执政官代替自己，因为在这两年里，除选举保民官和平民营造官[④]外，没有举行过任何民众大会。当他不在罗马城时，他用罗马市长[⑤]而不用大法官管理城市事务。1月1日前一天，一名执政官猝然死去。几个小时内他便把这一空位交给了一

3 名热望担任此官的人。他同样放肆地蔑视祖宗惯例，任命几年任期的高级官吏，把执政官的徽章授给10名前大法官，他允许已经取得公民权的非罗马人和某些半开化的高卢人进入元老院。此外，他让自己的奴隶管理造币厂和国家税收。他把留在亚历山大里亚的3个军团的监督权和指挥权委给自己的释放奴的儿子，他所喜欢的卢菲奥。

LXXVII. 正如提图斯·阿姆比乌斯记载的那样，恺撒公开的言论也够傲慢的。他曾说过："共和国啥也不是，只是一个没有形

---

① 他的塑像和神像并列在一起。

② "佛拉门"为 flamen 的音译，古罗马专任祭司。相传为第二王努玛·彭皮留斯设立。共15人，由高级祭司团首领大祭司任命。每个佛拉门只管一位神的祭祀。

③ 古代牧神洞（巴拉丁山丘西面）有12个祭司，组成两个祭司团。公元前45年为奉祀恺撒，组成第三个牧神祭司团，虽然他还活着。

④ 营造官共4名，2名平民营造官，2名高级营造官。职责没有什么区别。

⑤ 市长（Praefectus 或 Praefectus urbis）。共和时期，执政官不在时，可以代执政官行使权力。

体的空名。”“当苏拉放弃独裁权时，他连字母都不识。”“现在人们跟恺撒讲话应当更慎重周到点，应当把他说的话视为法律。”他竟达到如此专横的程度，有一次当占卜者报告牺牲的内脏里缺少心脏时，他却说：“如果我希望如此的话，那么这样的预兆就是更为吉祥的；如果一个动物没有心脏，不应当被视为是怪事。”①

LXXVIII. 下述行为特别给他招来了莫大的仇恨。当全体元老把许多最庄严的决议呈递给他时，他坐在先祖维纳斯神庙前接见他们，竟不站起来。有些人认为，当他想站起来时，被科涅利乌斯·巴尔布斯阻止了。另一些人则认为，他根本没想站起来，相反，当盖乌斯·特列巴奇乌斯提醒他应当起立时，他愤怒地瞪了他
一眼。他的下述举动看来是更无法容忍的。当他自己在凯旋式上 2
驾车通过保民官坐席时，其中一个名叫庞提乌斯·阿奎拉的保民官没有起立，他非常气愤，竟怒喊：“喂，保民官阿奎拉，你从我这里恢复共和国去吧！”连续好多天，他如果向任何人作出许诺的话，总要加上一句：“总之，如果庞提乌斯·阿奎拉许可的话。”

LXXIX. 在对元老院的毫不掩饰的蔑视之外，他又添加了一个更加傲慢的行动。有一次，拉丁大典②献祭后，恺撒回城时，在人民前所未有的过分的欢呼中，人群中有一个人把系有洁白绦带的月桂花冠戴在他的塑像上。平民保民官厄比底乌斯·马鲁路斯

① 心被视为智力的器官。动物没有智慧，是正常的。

② 拉丁大典(Sacrificium Latinarum)相传创立于第七王时。是罗马人、拉丁人和邻近的赫尔尼克人、两个伏尔西人的城市结成的宗教联盟奉祀朱庇特神的仪式。每年一次，在罗马东南的阿尔班山上举行。

和凯塞奇乌斯·弗拉乌斯命令从花冠上取下绦带,[①]并把这个人投入监狱。恺撒严厉申斥并解除了两名保民官的职务,这或许是由于谋取王权的暗示很少得到赞成的反应,或者如他所说,是由于
2 使他失去了拒绝王权的荣誉。但从此以后,他无法摆脱觊觎国王尊号的恶名了,虽然他曾在平民欢呼他为国王时对他们说,"我是恺撒,不是国王";还有一次,在牧神节[②],当他在讲坛上演讲时执政官安东尼几次想往他头上戴王冠,他都把它放到一旁,最后,送
3 往卡庇托尔山,献给至善至尊的朱庇特。此外,各种各样的流言传遍四方,说他打算迁居亚历山大里亚或伊利乌姆[③],随身带走帝国的财富,并通过征税把意大利搜刮罄尽,把罗马城交给他的朋友管理;还有传闻说,在下一次元老院会议上,鲁基乌斯·科塔将宣布15人祭司团的决定[④]:授予恺撒国王称号,因为预言书上写着,非国王不能战胜帕提亚人。

LXXX. 正是因为这件事的共谋者加紧了实行计划的步伐,以免批准这项决议。因此,以前经常是三三两两分散进行的密谋,这时联合成了一个总的运动,既然人民也不满意现状,也在或秘密或公开地对专制君权表示反感,并呼求自由的保卫者了。在关于

① 系有白色绦带的花冠只有国王才配享用。

② 牧神节(Lupercalia)相传为罗马第一王罗慕路斯所创立,祭祀牧神(Lupercus)的节日,每年2月15日在巴拉丁山丘(这里有牧神洞)举行。献祭山羊和狗之后,由裸体年轻人手执祭神山羊的皮做的皮鞭绕巴拉丁山丘奔跑,抽打行人,妇女被抽者可治不育之症。

③ 或译伊利翁(Ilium),特洛亚的别名。

④ 负责保管西比林预言书的15人祭司团(quindecimviri sacris faciundis)。——英译者

让外邦人入选元老院的问题上，贴出了这样的标语："上天保佑！[1] 2
但愿无人愿给新选元老指点到元老院会堂去的道路！"还到处唱起如下的歌谣：

恺撒率领高卢人凯旋，使他们进入元老院；

高卢人脱掉马裤，换上元老的宽衫。

当恺撒所指定的代替他任职3个月的执政官克文图斯·马克西穆 3
斯进入剧场时，一个扈从按常例命令大家注意他的到来，对他表示敬意时，整个剧场响起一片呼声："他不是执政官！"在解除凯塞奇乌斯和马鲁路斯保民官职务后的头几次人民大会上，发现有不少选票选举他们为执政官。有人在鲁基乌斯·布鲁图[2]的塑像下面写道："但愿你还是活着！"在恺撒本人的塑像下写道：

布鲁国，由于他赶走了国王，成了第一任执政官；这个人由于他赶走了执政官，终于成了国王。

参加反对他的阴谋的有60多人。为首的是盖乌斯·卡西乌 4
斯和马尔库斯·布鲁图、德基摩斯·布鲁图。起初，他们拿不定主意，不知采用哪个方案好。按第一个方案：在马尔斯原野的选举会上杀死他。在恺撒召集特里布斯人民大会投票时，他们分成两个组，一组把他从桥上扔下去，另一组等在桥下刺杀他；按第二个方案：他们在圣路[3]或剧场入口处向他发动攻击。可是，当元老院会

① Bonum factum"上天保佑"是罗马官员布告开头的套语。这里有戏谑之意。——英译者

② 罗马共和国的第一任执政官 L. Brutus。

③ 圣路(Sacra via)为罗马一条最古老也最著名的街道。通往农神(Saturnus)神庙。

议宣布于 3 月 15 日在庞培议事堂召开后，他们便选择了这个时间和地点举事。

LXXXI. 但是，一些明显的怪事向恺撒预示，他将被杀。在此前的几个月里，根据朱里乌斯法，被遣往卡普亚殖民地去的殖民者为了建设庄园，拆除一些最古老的古墓。他们干这事越干越起劲，因为，当他们在附近翻寻时，发现了一批古代手工艺品的小瓶，在一个据说是卡普亚的创建者卡普斯的墓葬中发现了一块青铜书板，上面用希腊字母和希腊字刻着大意如下的铭文：一旦卡普斯的遗骸遭到暴露，朱里乌斯家的一个子孙将死于自己亲族之手①，而
2 且马上又会发生使意大利大不幸的报复。但愿不要有人把这看作是一个寓言或虚构，因为恺撒的一个最亲密的朋友科涅利乌斯·巴尔布斯证实过这件事。恺撒在临死前不几天听说，他在渡过卢比孔河时已献给了卢比孔河神的马群(已放开牧养，不加看管)怎么也不肯吃草，并且泪如泉涌。又，在他一次献祭时，占卜师斯普
3 林那提醒他谨防危险，并说这一危险不会晚于 3 月 15 日发生；又，3 月 15 日前夕，一只名叫“鸟王”的小鸟受到附近丛林飞来的各种鸟的追击，衔着一根月桂树枝飞进庞培议事堂，在这里被撕得粉碎。又，在恺撒被杀前的那个夜里，他梦见自己忽而在云端飞翔，忽而与朱庇特携手；又，他的妻子卡尔普尔尼娅幻觉，他们家的屋顶坍塌了，丈夫被刺死在自己的怀里；又，他们卧室的门突然自动敞开。

4 由于这一切，也由于健康情况欠佳，他长时间犹豫不决，不知

① 大概是指马尔库斯·布鲁图(M. Brutus)，他是恺撒的继子。见本卷 L.2。

是否应待在家里推迟原计划要在元老院做的事。但终于,在德基摩斯·布鲁图劝说下(后者告知恺撒,全体与会者已经等他多时了,劝他莫使他们失望),他于 5 点钟左右走出家门。路上,有人递给他一张揭发阴谋的纸条,他把这张纸条与他左手拿的纸条放在一起,打算马上读它们。然后,虽然宰了几个献祭动物,都未能得到吉兆,但他还是在蔑视灾异中走进了议事堂。他笑话斯普林那,说他是一个不灵验的预言家,因为 3 月 15 日已经到来,并未给他带来任何伤害。但是,斯普林那回答道,3 月 15 日来是的确到来了,但还没有过去。

LXXXII. 当他就座时,阴谋者向他围拢来,好像献殷勤(44
B. C.)。担任主要角色的提留斯·辛布尔立即走到他身边,好像要
问什么,恺撒做了个手势让他等一等。辛布尔抓住他的托迦双肩,
于是他喊道:“这是暴力!”这时,几个名叫卡斯卡的人中的一个从
背后刺中他的喉头偏下部位。恺撒用铁笔戳进被他抓住的卡斯卡 2
的臂,想跃起身来时,又受了一处伤,跳不起来了。当他发现,四面
八方都受到匕首的攻击时,他用托迦蒙住自己的头,左手把长袍下
摆拉到脚上,以便把自己身体的下半部盖好,倒下去时体面些。就
这样他被刺 23 处,没有说出一句话,只在被刺中第一刀时哼了一
声,虽然有些人记载说,当马尔库斯·布鲁图扑向他时,他用希腊
语说了:“也有你,我的孩子?”(Καὶ σὺ τέκνον)当所有人逃之夭夭 3
之后,气绝身亡的恺撒在那里躺了一段时间。最后,3 个年轻的奴
隶把他放在轿里,一只胳膊耷拉在轿外抬回家中。据医生安提斯
提乌斯检查的结论,在那么多的伤口中,除胸部的第二处伤口外,
没有发现哪处伤是致命的。

4 阴谋者本想把他杀死后抛尸第伯河，没收他的财产，废除他的法令，但是由于惧怕执政官马尔库斯·安东尼和骑兵长官雷必达，他们没有这么做。

LXXXIII. 之后，按照他岳父鲁基乌斯·庇索的要求，他的遗
嘱在安东尼的家里启封宣读。这个遗嘱是在前一年 9 月 13 日①
在拉维库姆附近的大地产上写下的，由维斯塔贞女祭司长②保管。
克文图斯·杜伯罗说，从他第一次出任执政官直至内战开始这段
时间里，他常写遗嘱，指定格涅乌斯·庞培为他的继承人，并向集
2 合的士兵宣读过。可是，在他的最后遗嘱中，他指定自己姐姐的 3
个孙子为自己的继承人，给盖乌斯·屋大维留四分之三的财产，鲁
基乌斯·皮那留斯和克文图斯·佩狄尤斯分得其余的四分之一。
在遗嘱末尾，他还过继屋大维为自己的家庭成员，并把自己的名字
传给他。他给万一可能出生的儿子指定了监护人，其中有几人是
后来的凶手。而德基摩斯·布鲁图为其第二顺序继承人。他把第
伯河的花园留给人民公用，并赠给每个公民 300 塞斯特尔提乌斯。

LXXXIV. 葬礼宣布后，在马尔斯原野上靠近朱里娅墓的地方架起火葬堆，在讲坛上，照先祖母维纳斯神庙的样式搭起了一座镀金灵堂，里面放一张象牙殡床，上铺金色和紫色的床单。床头立一木桩，上挂恺撒被杀时穿的长衫。既然对于献殡礼的人来说，白

---

① 公元前 45 年 9 月 13 日。

② 维斯塔贞女(Virgines Vestales)是奉祀女灶神(Vesta)的女祭司，由最高祭司从 6—10 岁贵族少女中挑选，初为 4—6 人，服务 30 年，服务期间应保持贞洁，职责是保持庙里圣火长明不灭。深受社会尊敬。其首领为大贞女(Virgo Vestalis Maxima)，由最高祭司任命。

天显得不够。于是有指示说，人们可以不拘常规，走城中任何想走
的道路，把礼品送到马尔斯广场去。在葬礼演出中，为了使人对他 2
的死亡更悲悯更哀伤，人们唱了从巴库维乌斯[1]的《武器的辩驳》
中选出的一句话：

我救这些人是为了让他们可以谋害我吗？

以及从阿提留斯的《厄勒克特拉》中选出的同样内容的歌词。执政官安东尼未致颂词，而是命传令官宣读了元老院的决议：元老院决定立即授予恺撒以一切神和人的荣誉，元老们发誓保护他人身安
全的誓言。安东尼自己再补充了很少的几句话。讲坛上的尸架由 3
现任高级长官和前任高级长官抬到市内广场。这时一部分人主张在卡庇托尔山朱庇特神庙火化，另一部分人建议在庞培议事堂火化。突然两个身佩短剑的人挥舞投枪用燃着的火把点燃了尸架。周围的人群立即往上加干柴，并把法庭的坐椅条凳等凡是能烧的
东西都丢进火里。乐师和演员则把身上的袍服（表演恺撒凯旋式 4
用的）脱下撕碎，投入火中。军团老兵把参加葬仪时装饰自己的武器也投入火中。许多贵妇甚至把她们佩戴的首饰和自己孩子胸前的护身符与身上的礼服都一一投入火中。

在公众悲悼的高潮中，许多外籍人也按照各自的习俗成群地 5
围着痛哭哀悼。尤其是犹太人，甚至连续几夜群集焚尸场哀悼。

LXXXV. 葬礼结束，平民群众立即手持火把涌向布鲁图和卡西乌斯的家。好不容易挡住后，他们遇到赫尔维乌斯·秦纳，便把他杀了。因为姓相同，他们误把他当成了就是前一天对恺撒进行

[1] 巴库维乌斯（约公元前 220—前 132 年），悲剧作家。

激烈指控的那个科涅利乌斯·秦纳，正要找他算账呢。他们把他的头挑在长矛上游街。后来，他们在市心广场上建起一根高约20尺的努米底亚大理石的坚固石柱，上刻铭文：“献给祖国之父”。在很长一段时间里，他们不断在柱前献祭、设誓，或以恺撒的名义发誓排解某些争端。

LXXXVI. 恺撒死后，他的一些朋友怀疑他的死是由于健康状况日益恶化，自己不想再活下去了，因而未采取预防措施，忽视预兆和朋友们的警告而致。有一些人认为，他的死是因为他相信
2 元老们的最近决议和誓言，解除了本来跟随他的由西班牙士兵组成的佩剑卫队。另一些人则持相反的意见，认为他宁愿各方面的阴谋合在一起一次向他袭来，而不愿长久地提心吊胆地防范。还有一些人说，恺撒过去常说，他仍然活着，这对国家比对他自己益处更大，因为，他自己早已取得了充分的权力和荣誉，而国家呢，如果他恺撒遭遇不幸，国家将不得安宁，会有一天陷于内战的极端糟糕的局面。

LXXXVII. 有一点是几乎所有的人看法都完全一致的，即遭遇这样的死几乎出自他自己的心愿。有一次，他在色诺芬的著作中读到，居鲁士在病得快死时是如何对自己的后事作出安排的[①]，读到这里他表示憎恨那种慢腾腾的咽气，希望自己能猝然死去。在被谋杀的前一天，在马尔库斯·雷必达家中的午宴上，当谈话涉及哪种死法最可取时，他说他宁可突然地意外地死去。

LXXXVIII. 他死时56岁（44 B.C.），死后不仅由正式法令列

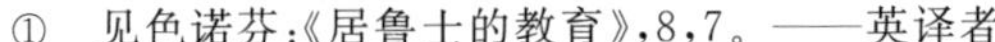

① 见色诺芬：《居鲁士的教育》，8，7。——英译者

入众神行列，而且平民百姓也深信他真的成了神。因为，在其嗣子奥古斯都为庆祝他被尊为神而举行的首次赛会期间，彗星连续 7 天于第 11 小时[①]前后在天空出现。人们相信它是恺撒升天的灵魂。正是由于这个原因，他的塑像头顶上加上了一颗星。

决议：封闭他被杀于其中的大厅，3 月 15 日被命名为弑父日，元老院永远不得在那一天集会。

LXXXIX. 他的谋杀者中几乎没有谁在他死后活过 3 年的，没有谁是老死或病死的。所有的人都被判有罪，并以不同的方式横死：一部分人死于船只失事，一部分人死于战争，有些人用刺杀恺撒的同一把匕首自杀。

① 日落前的一个小时。——英译者

第二卷　神圣的奥古斯都传

I. 有许多遗迹表明，屋大维家族是古时候维利特雷城的名门之一。因为在该城最繁华地区有一条街道很早以前曾被叫做屋大维街，这里还可以看到一座被一个姓屋大维的人用过的祭坛。在一次与邻城的战争中，这人是该城的指挥官。当外敌突然袭来的消息传来时，他正巧在向马尔斯[①]献祭。他从火里抓起牺牲的内脏，半生半熟地就供上了；然后奔赴战场，并得胜而归。据记载，公众还通过了一项法令，规定以后向马尔斯献祭都要用半生的内脏，牺牲的其余部分交给屋大维家族。

II. 这一家族是经国王塔克文·普里斯库斯[②]批准进入元老院的二等家族之一；后又被塞维乌斯·图里阿[③]封为贵族；过了一段时间又被降为平民，又过了很长一段时间才被神圣的朱里乌斯[④]恢复了贵族地位。家族中被人民选为高级官吏的第一个人是
2 盖乌斯·卢佛斯，他当过财务官。他生格涅乌斯和盖乌斯，从他俩起屋大维家族形成地位大不相同的两个支系。格涅乌斯及其后人

① 罗马的重要神祇之一，司战争。相当于希腊神话中的阿瑞斯，但更受崇敬。

② 罗马第五王，公元前 616—前 579 年在位。

③ 罗马第六王，公元前 578—前 534 年在位期间进行改革，被视为国家历史的开端。

④ 即恺撒大帝。

一个接一个地担任最高官职，而盖乌斯及其后人，不知是由于机遇还是由于选择，直到奥古斯都的父亲为止，一直处于骑士等级。奥古斯都的曾祖父于第二次布匿战争中在西西里服役，任艾米利乌斯·巴布斯帐下的军团长官（205 B.C.）。他的祖父满足于一个自治市[1]的官职和丰厚的收入，一直安逸地活到晚年。这是别人的 3
记载；奥古斯都本人只写道，[2]他出身于一个古老而富裕的骑士家族，他父亲是这个家族中第一个进入元老院的。马尔库斯·安东尼挖苦地说他的曾祖父是个来自图里乡下的释放奴隶[3]和搓绳匠，他的祖父是个货币兑换商。我所能知道的奥古斯都父系祖先的情况就是这些。

III. 奥古斯都的父亲盖乌斯·屋大维一走上社会就是个富裕而有名誉的人物。我不能不怀疑某些人的说法，认为他也是货币兑换商，甚至受人雇佣在战神广场[4]替主子贿选或从事其他活动。而事实是，他由于在优裕的环境中长大，很容易便得到了一些高级职务，并且干得颇为出色。在他的大法官任期届满时，命运让他得到了马其顿的治理权。当他肩负着元老院的一项特殊使命前往这个行省时，在路上歼灭了一伙逃离斯巴达克斯和喀提林（那时他们

---

① 自治城市（manicipium 本意为意大利人的公社），出现于公元前四至前三世纪征服意大利过程中。是被征服地区中待遇最好的一类。自治市实行内部自治，并有不同程度的罗马公民权。战争中须向罗马提供辅助部队和粮草。

② 在其《回忆录》中。见本卷第 LXXXV. 1。

③ 释放奴隶（Liberti），共和末期和帝国初期常见。奴隶可因对主人有功或交付赎金而获得释放（有的还得到主人的授产），获释后享有自由人身份，可支配自己财产，可获得公民权。

④ 即马尔斯原野，森杜里亚大会会场。

2 正控制着图里农村）军队的奴隶。在治理自己行省期间，他显示出
他的公正不比勇气少些。因为他除了在一次大战中击溃了贝息
人[①]和别的色雷斯人而外，他对待我们的同盟者都很公正，以致马
尔库斯·西塞罗在给他当时在亚细亚行省作代执政官总督[②]的信
誉不佳的弟弟克文图斯的信中（尚存）[③]，敦促和劝诫他效仿他的
邻居屋大维，以便在我们的同盟者中赢得爱戴。

IV. 当他刚从马其顿返回，还没来得及宣布自己是执政官的
候选人时，却突然死了，遗下 3 个孩子：与安卡利亚生的大屋大维
亚，与阿提亚生的小屋大维亚和奥古斯都。阿提亚是马尔库斯·
阿提乌斯·巴尔布斯和朱里娅（盖尤斯·恺撒的姐姐）的女儿。巴
尔布斯在父系上是阿里西亚地方人，出身于一个有许多元老肖像
陈列的家庭，在母系上与伟大的庞培关系很近。他在担任大法官
2 后，是依朱里乌斯法成立的负责在坎佩尼亚分配土地给平民的 20
人委员会的成员之一。但安东尼由于也想极力贬低奥古斯都的母
系祖先，挖苦他有一个在阿非利加出生的外曾祖父，说后者最初开
一家香水店，继而又在阿里西亚开面包店。巴尔马的卡西乌斯挖
苦奥古斯都既是面包师又是货币兑换商的孙子，他在一封信里说：
“你母亲的饭是从阿里西亚的一个下等面包铺里得到的，这面包是
一个来自尼鲁鲁姆的货币兑换商用他那被肮脏的金钱弄脏了的手

① 色雷斯东北部的山民。

② 执政官和大法官一年任职期满后均可出任行省总督，并分别带有代执政官（proconsul）和代大法官（propraetor）头衔。克文图斯·西塞罗这时实为代大法官，作者记载有误。

③ 《致兄弟克文图斯书》，Ⅰ，1，21。——英译者

捏成的。”

V. 马尔库斯·图里乌斯·西塞罗和盖乌斯·安东尼任执政官的那一年，10 月 1 日前的第九天(9 月 23 日，63 B. C.)，太阳即将升起之时，奥古斯都诞生于巴拉丁区的牛首街，那儿如今还有他死后不久建造的神龛。据元老院议事录记载，有个名叫盖乌斯·赖托留斯的贵族青年，以自己的年轻和地位为由，恳求元老们对他的通奸罪从轻处罚；他还向元老们陈述一个理由，即他是神圣的奥古斯都出生时首先接触的那块土地的人，照例也就是这地方的监管人；他请求元老们看在奥古斯都可被称作他自己特有的神的分上宽恕他。于是元老院发布了一道命令，将他房子的那部分划为圣地。

VI. 现今维利特雷附近他祖父的庄园里，有个像餐具室样的小屋被指称是这位皇帝的育婴室。这一带居民普遍认为奥古斯都确实是在那里出生的。除有必要并经净洗，没人敢冒险进入此室，因为人们长久以来深信那些未举行仪式就贸然入内的人将不由自主地发生战栗和恐惧。而且，这一点最近也得到了证实。该庄园的一个新主人，不知是出于偶然还是想验证这事，到那间屋里去睡觉。结果事情发生了。那一夜只过了几个小时，他就被一种突然的神奇力量扔了出来；人们在门前发现了被褥和已成半死的他。

VII. 奥古斯都婴儿时，被取姓为图里努斯，这可能是为了记念他的祖籍，或是由于他的父亲屋大维在儿子出世不久，曾在图里附近追击逃奴，赢得了胜利。我断言他曾取名图里努斯，有非常可靠的证据。因为我曾得到一个青铜小塑像，是他孩提时代的形象，上面刻有铁的字母拼成的那个名字，只是因为年久已几乎难以辨

认了。我把这个小雕像献给了皇帝[1]，他把它和家神像一起珍藏
在他的卧室里。另一证据是，马尔库斯·安东尼经常在信中以轻
蔑的口吻称他为图里努斯；对此，奥古斯都只是答复说，把他从前
2 的名字作为丢脸的东西用来侮辱他，这使他感到吃惊。后来他取
名盖乌斯·恺撒，而后又取姓奥古斯都(27 B. C.)，前者是为了履
行他舅公的愿望，后者是依据穆那提乌斯·普兰库斯的动议。当
有人建议，作为罗马的第二个缔造者，他应被称作罗慕路斯时，普
兰库斯提议，最好取名为奥古斯都，理由是，这个称号不仅是新的，
而且还是个更荣誉的称号，因为圣地，以及那些通过占卜可献祭任
何东西的地方被看作是“庄严的”(奥古斯塔)(augusta)；它源于庄
严的“增强”(auctus)或源于“飞鸟的动作或啄食”(avium gestus
gustusve)。恩尼乌斯所说如下的话也可说明这一点：“通过庄严
的占卜(augusto augurio)，著名的罗马城建立起来之后。”[2]

VIII. 他4岁时死了父亲(59 B. C.)。12岁时他对大庭广众发表了一次纪念他的祖母朱里娅的葬礼演说。4年后，他接受了成年袍。之后，在恺撒的阿非利加凯旋式上获得了军功奖，尽管由于年轻他并未参加这次战争。当他的舅父[3]即将前往西班牙与庞培的儿子们交战时，奥古斯都虽然在一场重病之后体力尚未恢复过来，但他只带了很少几个同伴，甚至在经受了一次船只失事的磨难之后，沿着敌人控制下的道路走到西班牙。从而，他极受恺撒的

---

① 指哈德良。——英译者

② 恩尼乌斯：《年代记》第502行。据说这部史诗共3万行，记载从埃涅阿斯(特洛亚英雄)到作者死前史事。今仅存600行。

③ 指恺撒。应称舅公。下同。

钟爱，后者很快便对他的这种性格——高于他借以完成这趟行军之精力的性格——给予了高度评价。

当恺撒收复了西班牙行省，计划远征达西亚人，然后进攻帕提 2
亚人时，他已先被派往阿波罗尼亚利用空闲攻读。当他获悉舅
父[①]被杀(44 B. C.)，他是他的继承人时，他犹豫了一些时候，不知
是否应该求助于最近的军团，但他放弃了这个主意。因为这样做
太仓促，时机还不成熟。他不顾母亲的疑惧和继父、前执政官马尔 3
西乌斯·菲力浦的强烈反对，回到罗马，继承了遗产。他征集军
队，最初同马尔库斯·安东尼和马尔库斯·雷必达，然后只同安东
尼统治国家近 12 年，最后单独统治了 44 年。

IX. 在扼要总叙了他的生平之后，为把事情说得更清楚明白，下面我打算不是按照编年顺序，而是按类逐个地叙述。

奥古斯都进行的内战有五个：穆提那，菲力比，佩鲁西亚，西西里和阿克兴等战役。其中第一个和最后一个战役与马尔库斯·安东尼作战，第二个与布鲁图和卡西乌斯，第三个与三头之一的安东尼的弟弟鲁基乌斯·安东尼，第四个是与格涅乌斯·庞培之子塞克斯都·庞培作战。

X. 发生这些战争的根本原因是：奥古斯都认为，对他来说，既然没有比为恺撒之死复仇和维持恺撒立法的继续有效更义不容辞的事情，他从阿波罗尼亚一回到罗马，便决心出其不意地对布鲁图和卡西乌斯使用武力。当他们预感到危险并逃离后，他便诉诸法律，缺席起诉他们的谋杀罪。此外，既然那些被指定用娱乐来庆贺

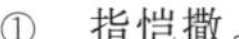

① 指恺撒。

2 恺撒胜利的人不敢这样做，他便自己举办。为了有更大的权力实
行他的计划，他宣布竞选人民保民官。因为这时正有一名保民官
去世，需补选。虽然他只是一名贵族，还不是元老。[①] 他特别指望
得到当时是执政官的马尔库斯·安东尼的帮助。但安东尼反对他
的这一意图，若非许以重贿，安东尼甚至不许他有普通的和一般的
权力。于是他投靠了贵族。因为他知道贵族痛恨安东尼，尤其因
为安东尼正在穆提那围攻德基摩斯·布鲁图，力图用武力把后者
3 从恺撒赠送的、并经元老院批准的这个行省驱逐出去。于是在一
些人的建议下，他雇用刺客去暗杀安东尼。在这一阴谋败露后，因
担心报复，他利用他能够支配的所有金钱征召老兵，来保护自己和
元老院。他以代大法官职衔被委任指挥动员起来的军队，并受命
联合已成为执政官的希尔提乌斯和潘萨，向德基摩斯·布鲁图提
供援助，于是在三个月内用两次战役结束了委任他指挥的这场战
4 争。在前一次战役中，按安东尼记述，他（奥古斯都）逃跑了，直到
第二天才看见他返回，既无斗篷，也没了马；不过，在后一次战役
中，所有的人一致说，他不仅起了一个领袖的作用，又起了一名士
兵的作用。当战斗正酣时，他的军团的旗手负了重伤，于是他扛起
军旗坚持了一段时间。

XI. 在这场战争期间，当希尔提乌斯作战阵亡，而潘萨不久也因负伤死去时，谣言四起，说这两个人的死是他造成的，他的目的在于，当安东尼被赶跑，国家又失去了执政官之后，他便可以单独控制得胜的军队了。潘萨死的情况尤其令人怀疑，以致医生格利

① 从苏拉时起，只有元老可以竞选保民官。——英译者

科以给他治伤时使用了毒药的罪名被关进监狱。阿奎留斯·尼格尔对此补充说，奥古斯都趁战斗混乱之机，亲自杀死了另一名执政官希尔提乌斯。

XII. 但是，当他得知安东尼逃跑后获得了马尔库斯·雷必达的保护，而其余的领导人和军队要同他们妥协时，果断地放弃了与贵族的合作。为替自己改变效忠找借口，他挑出贵族的某些言行，断言他们中的某些人把他说成是个不懂事的娃娃，而其他人则为了可以不给他或他的老兵以应给的报答，公开主张给他荣誉，然后丢开他。为了更明白地表示他对与旧党的关系感到懊悔，他对努尔细亚人处以巨额罚款，并在他们交不出罚款时，把他们逐出努尔细亚城。理由是努尔细亚人用公款为在穆提那战役中阵亡的公民修建了一座纪念碑，并在上面刻了“他们为自由而牺牲”的碑文。

XIII. 与安东尼和雷必达结盟后(42 B. C.)，他也用两次战役
结束了菲力比战争，尽管病魔缠身，并且在第一次战役中兵败，丢
失了营盘，逃到安东尼军中方以身免。他胜利后没有能表现出节
制，当他把布鲁图的头送到罗马，抛在恺撒的塑像脚下后，他将愤
怒发泄在被俘的那些最著名的人物身上，甚至没有放过用语言污 2
辱他们。例如，对一个卑下地乞求埋葬的人，据说他这样答道：“鸟
儿们很快将解决那个问题。”当另外两个人，一父一子，乞求活命
时，据说他叫他们抽签或划拳，以决定谁该得到赦免；他原指望这
两个人都被处死，可是那位父亲为了儿子活命把死留给了自己，这
样他的儿子才保住了性命。因此，当其余的人，包括著名的加图模
仿者马尔库斯·法沃尼乌斯，被镣铐着带出时，他们只恭敬地向作
为统帅的安东尼致敬，却用最污秽的谩骂挖苦奥古斯都。

3 这次胜利之后，职务被分配了，安东尼负责恢复东方的秩序，奥古斯都负责率领老兵返回意大利，给他们分配自治市的土地。可是老兵和土地所有者都不满意。后者埋怨被赶出了家园，前者抱怨报酬不像他们原来希望通过服役能得到的那么多。

XIV. 当鲁基乌斯·安东尼依仗自己执政官的职位和他哥哥的兵权试图利用这个机会发动一场暴动时，奥古斯都迫使他逃往佩鲁西亚，并用饥饿迫使他投降。但是，无论是在这次战争以前还是战争期间，奥古斯都都不是没有很大的个人危险的。例如，有一次在看娱乐表演时，他吩咐侍者把坐在第十四排的一名普通士兵拉出去。他的诋毁者们于是传说他后来把这个人杀了，还拷打了。为此，他差一点在一群盛怒的士兵手下丧生；幸亏那个失踪的士兵突然安然无恙地出现，他才得以逃生。又有一次，当他正在佩鲁西亚靠近城墙的地方献祭时，差一点被一伙从城里突然出来的斗剑士杀死(40 B. C.)。

XV. 占领佩鲁西亚后，他对许多人进行报复。他对所有试图乞求宽恕或为自己辩解的人只有一种回答："你必须死。"据一些人记载，在 3 月 15 日这一天，有两个等级的 300 人从战俘中被挑出，然后像许多牺牲一样被献祭在神圣的朱里乌斯的祭坛上。一些人记载说，他是故意拿起武器的。为了让暗中的敌人和那些由于害怕而非由于好意对他效忠的人露出真面目。他给他们机会，让他们学鲁基乌斯·安东尼的榜样，然后打败他们，没收他们的财产，用来支付许愿给他的老兵的报酬。

XVI. 西西里战争是第一个由他发动的战争(43/35 B. C.)。但这次战争由于中间穿插了许多事故拖延了很久。这些事故例如

为重建他的因夏季暴风雨而遭到两次毁灭的舰队；又如，在人民的
要求下议和，因为当时供应被切断，发生了严重的饥荒；最后如，新
船造好了，20 000 名奴隶被释放，训练成桨手，把海水放进鲁克林
努斯湖和阿维尔努斯湖，在贝亚①修建朱里乌斯海港。他在那里
整个一冬训练完军队后，在米拉和瑙洛库斯②之间击败了庞培，尽
管在战斗即将打响时他因为困极了竟一下子沉沉入睡，以致他的
战友们不得不把他叫醒，发出战斗信号。我认为，正是这件事让安 2
东尼找到了一个嘲笑的机会。他说："在舰队已作好战斗准备时，
他甚至不能用镇定的眼光注视舰队，而是仰卧着呆呆地望着天，直
到敌人的船队已被马尔库斯·阿格里巴打败逃跑时，他才爬起来
出现在士兵面前。"有人指责他的一个行动和一句话，对人说，当他
的舰队在风暴中毁灭时，他喊道："尽管尼普顿③不高兴，我也会取
胜的。"而且，在竞技场上接着进行娱乐活动的那天，他把那个神的
塑像从神圣的游行队伍中拿开了。可以肯定地说，在历次战争中 3
他从未遇到过如此多和如此大的危险。例如，有一次他运送一支
军队去西西里之后，在返回驻本土的其余部队途中，受到庞培的海
军将领德摩卡里斯和阿波罗法尼斯的突然袭击，他仅靠一只船死
里逃生。又有一次，当他正取道罗克里徒步前往里吉乌姆时，他看
见庞培的一些双排桨战船沿着海岸驶来，他把它们当成了自己的
船只，走向海岸，结果差一点被俘。也就在这次，当他试图从一条
小道逃跑时，他的随从艾米利乌斯·保路斯的一个奴隶，心怀怨

① 贝亚(Baiae)，那布勒斯湾北端的一城镇。
② 米拉(Mylae)和瑙洛库斯(Naulochus)，皆西西里东北部海滨城市，相距甚近。
③ 罗马海神，相当希腊神话中的波塞顿。

恨，企图杀死他。因奥古斯都过去曾放逐过他主人的父亲，这个奴隶想趁此机会复仇。

4 奥古斯都的另一个同盟者马尔库斯·雷必达，曾应召从非洲前来帮助他作战；庞培溃逃之后，雷必达因对自己的 20 个军团具有信心而趾高气扬，并用可怕的威胁要求最高权力；但是奥古斯都剥夺了他的军队，并且把他永远流放到西尔塞①，尽管由于他乞求而免其一死。

XVII. 他终于撕破了和马尔库斯·安东尼的同盟。该同盟一
直处在相互猜疑和不确定状态中，通过各种调解勉强地维持着。
当时最有利的做法是披露他的对手已丧失了作为一名公民所应有
的品格。他手里有安东尼留在罗马的遗嘱，上面把他与克里奥帕
特拉②生的孩子列入他的继承人之中。奥古斯都把这份遗嘱公读
2 于人民。但是，当安东尼被宣布为公敌时③，他送还了他所有的亲
属和朋友，其中包括当时还是执政官的盖乌斯·索西乌斯和提图
斯·多密提乌斯。他还同意波诺尼亚公社不投到他麾下加入全意
大利同盟，因为他们自古以来就依附于安东尼家族。此后不久
(31B. C.)，他取得阿克兴海战胜利。这场厮杀一直持续到深夜，
以至于这位得胜者在船上度过了那一夜。阿克兴海战后，他住进
萨摩斯的冬季营房。这时传来一支军队叛乱的消息，这使他不安。
3 那支军队是他从每个军团里选拔出来，并在这次胜利后派往布鲁

① 西尔塞(cercei)，拉丁地区的一海角和海滨城镇。

② 著名的埃及女王。

③ 公敌宣告(proscriptio)为公元前一世纪罗马统治集团内部斗争的一种手段。被宣布为公敌的人不受法律保护，任何人包括奴隶都可杀死他，则产被没收。

迪辛乌姆的。他们向他索要报酬，要求退役。他在返回意大利的途中，在海上遇上了两次风暴，第一次在伯罗奔尼撒岬和埃托利亚岬之间的海上，后一次是在靠近西洛尼山脉[1]的海上。在这两个地方，他的一部分舰队沉没，当时，他所乘的船的索具被风刮走，船舵也断了。他在布鲁迪辛乌姆只耽搁了 27 天——这段时间刚够他满足士兵们的要求——然后，他经过亚细亚和叙利亚，迂回前往埃及，围攻亚历山大里亚（安东尼和克里奥帕特拉已躲避在那里），
并且很快便占领了这座城市。尽管安东尼在危急时曾试图议和， 4
但奥古斯都迫使他自杀了，并且察看了他的尸体。为壮观他的凯旋式，他极想救活克里奥帕特拉，甚至把普塞利人[2]带去吸吮她伤口上的毒液。因为据认为，她是被毒蛇咬伤致死的。他允许为这两个人举行葬礼，并葬在同一坟墓里，同时下令完成他们已开始修
建的陵墓。对于富尔维亚二子中的长子小安东尼，他把他从神圣 5
的朱里乌斯的肖像那里拖出来杀了，小安东尼是在许多徒劳的恳求之后逃到那里的。对于克里奥帕特拉说是恺撒所生的恺撒里奥，他在他逃跑时追上了她，俘回后处死了。但是他宽恕了安东尼和克里奥帕特拉的其余后代；后来又按照他们各自的身份细心地供养他们，如同对待他自己的亲属一样。

XVIII. 就在这前后，他派人把装有亚历山大大帝尸体的石棺从帝主陵墓区抬来，看了一眼之后，他把一顶金制王冠放在上面，

---

① ceraunii montes 为希腊伊庇鲁斯东北部一山脉。

② 玩蛇和医治蛇咬的人。原为非洲的一个民族，据老普林尼《自然史》，7，14，其身体含有一种蛇药，蛇嗅到这种气味就会远远避开。另据《自然史》，8，93 和狄奥 51，14，他们能吸出各种爬虫的毒。

缀上鲜花，以示敬意。而后，当他被问及是否也愿意看看托勒密王室的坟墓时，他回答说：“我的愿望是看一位国王，而不是看尸体。”
2 他把埃及降为行省，然后为了使它更富饶更适应供给罗马粮食，他派士兵去疏浚尼罗河泛滥时流到的所有运河。因为在许多年里，这些运河被泥沙淤塞了。为了扩大阿克兴胜利的名声，并永远地纪念它，他在阿克兴附近建了一座叫尼科波利斯[①]的新城，每5年在那里举办一次庆祝娱乐活动；他扩大了古代的阿波罗神庙；他在用海战的战利品装饰了被他占领的营地后，将它献给了尼普顿和马尔斯。[②]

XIX. 这以后，他在各个时期粉碎了尚处于萌芽状态的几次骚乱、暴动企图和阴谋。它们都是在得逞之前败露的。魁首先后有小雷必达，瓦罗·穆勒那和法尼乌斯·卡皮欧，马尔库斯·埃格那提乌斯，还有普劳提乌斯·卢佛斯，以及这位皇帝的孙女婿鲁基乌斯·保路斯。此外，阴谋者中还有被控犯有伪造罪的，老态龙钟和虚弱不堪的鲁基乌斯·奥达修斯，也有具有一半帕提亚人血统的阿西尼乌斯·埃庇卡都斯，最后还有特勒福斯，他是一位妇人的奴仆兼听差。看来连一些地位最卑下的人也密谋反对他和威胁他
2 的安全。奥达修斯和埃庇卡都斯曾计划用武力将他的女儿朱里娅和外孙阿格里巴从他们被幽禁的岛上劫持到军队中；特勒福斯袭击了奥古斯都和元老院，他误以为被指定干这件事是为了帝国。甚至，一个从伊利里库姆军队中来的士兵的仆人，带着一把猎刀，

---

① 希腊文词义是“胜利之城”。

② 海神和战神。

逃过了门卫的警戒，夜里在皇帝寝室附近被捕；但是拷问结果一无所获。这家伙是个疯子呢还是佯作癫狂，不得而知。

XX. 他只亲自统领了两次对外战争：一次在达尔马提亚，当时他尚年轻；另一次是在推翻安东尼之后对坎塔布里亚人的战争。在前一场战争中他还负了伤：在一次作战时，他的右膝被石头击中；在后一场战争中，他的一条腿和双臂因一座桥梁的倒塌而受到严重损伤。其他的对外战争是由他的将军们进行的，但对于在潘诺尼亚和日耳曼地区进行的一些战斗，既然他曾远离罗马到了拉文那、米迪奥拉努姆或阿奎利亚这些地区，他或许到过战场或许到过离前线不远的地方。

XXI. 或直接统领军队或以占卜间接指导军队，他征服了坎塔布里亚，阿奎塔尼亚，潘诺尼亚，达尔马提亚和整个伊利里库姆，以及里提亚和阿尔卑斯山区部落的文得里亚人和萨拉西人。他还阻止了达西亚人的袭击，杀了他们许多人，包括他们的三位首领；又迫使日耳曼人退回到阿尔必斯河彼岸；只有苏维比人和锡加布里人除外，他们向他屈服了，被带到高卢，定居在莱茵河附近地区。对于其他处于不平静状态的民族，他也使他们归顺臣服。

但是，若无正当或合适的理由，他决不对任何民族发动战争， 2
也决不想花出任何代价去扩大疆域和自己的军事荣耀。因此，他强迫一些蛮族首领到复仇者马尔斯神庙宣誓，保证恪守他们所乞求的和平。当然，有些时候，他极力逼他们交出一种新的人质，那就是妇女（因为他觉得蛮族人是不重视男性人质的），但他们都得到特权，可以随时要回他们的人质。对于那些动辄叛乱或特别背信弃义地叛乱的人，他也不过卖掉被羁押者，从未科以更重的处罚，只是规定他们不得在邻近地区为奴，也不得在30年内获释。
3 他以威力和宽厚所赢得的声誉，使得像印度人和斯基泰人这些对我们来说只是传闻中的民族，也都自愿派使者来求取他本人和罗马人民的友谊。帕提亚人也在他要求亚美尼亚人归顺时自愿投降他(20 B.C.)，并且应他的要求送还了他们在打败马尔库斯·克拉苏和马尔库斯·安东尼时夺得的军旗①；此外他们还交出了人质。有一次，当同时有几个人要求帕提亚王位时，他只给了他选中的其中一个人。

XXII. 自罗马建城至他统治以前，亚努斯·奎里努斯神庙只被关闭过两次②，但他赢得了陆上和海上的和平，在短得多的时间内，神庙就关闭了三次。他举行过两次进罗马城的小凯旋式，一次在菲力比战争之后，另一次是在西西里战争之后；他还为达尔马提亚、阿克兴和亚历山大里亚的胜利举行过三次大凯旋式，总共连续花了3天时间。

XXIII. 他只遭到过两次可耻的重大失败，那就是罗利乌斯和瓦鲁斯的失败(15 B.C.,9 A.D.)，两次都是在日耳曼。罗利乌斯的失败虽较丢脸，但不那么严重，瓦鲁斯的失败则几乎是致命的，因为这次失败使3个军团连同将军、副将及所有的辅助部队全部被歼。这一消息传来时，他下令全城宵禁，以防止发生动乱，并延长各行省总督的任期，以便依靠这些经验丰富的人使同盟者保持

---

① 克拉苏于公元前53年在卡雷(Carrhae)之役败于帕提亚人。安东尼的副将分别于前40年和前36年败于帕提亚人。——英译者

② 奎里努斯(Quirinus)，罗马人战神，常与马尔斯混同。其庙门战时敞开，和平时关闭。两次关闭，一次是努玛王统治时期，另一次是第一次布匿战争后的前235年。

忠诚(因为他们是同盟者所熟悉的)。他还向至高至善的朱庇特发 2
誓,一旦国家的形势有所改善,就举行大规模的娱乐活动,像在对
钦布里人的战争和对乌尔西人的战争[①]中做过的那样。事实上,
传说,他实在伤心之至,以至于连续数月既不理发也不修面,有时
用头撞门,嚷道:“克文提里乌斯·瓦鲁斯,还我军团!”他把这灾难
的一天[②]视作每年伤心悲悼的日子。

XXIV. 在军事方面,除了恢复一些古代习俗而外,他还进行
了许多改革和创新。他制定了非常严格的纪律。他甚至连准许他
的将军们去探望妻子都不情愿,后来只准许在冬季探亲。他公开
拍卖一名罗马骑士及其财产,由于这个人砍去了自己两个年轻儿
子的大拇指,使他们不能服兵役;但是当他看见一些包税人企图购
买这名骑士时[③],他把他拍卖给了自己的一名释放奴,意在把他流
放到乡间,但允许他过自由人的生活。他以不光彩的名义遣散了 2
整个的第十军团,因为他们不服从指挥;他还遣散了那些无礼地要
求退伍的士兵,但在遣散时未发给他们忠实服役酬金。对于那些
在战场上临阵脱逃的步兵,他实行什一抽杀[④]的做法,对未杀的只
供给大麦[⑤]为食。如果百夫长擅离驻地,像对待普通士卒一样,处
以死刑。对于犯有别的过错的,他处以各种耻辱的刑罚,例如,命
令他们在统帅帐前站一整天,有时是让他穿便服不系挂剑腰带,有

① 罗马人和钦布里人(北日耳曼钦布里半岛上居民)战争发生在公元前 105—前 101 年。和马尔西人(意大利中部居民)战争(同盟战争)发生在公元前 91—前 89 年。

② 公元 9 年 8 月 2 日在条托堡的战败日。

③ 买下来释放他。

④ 用抽签的办法决定每 10 个人中处死一人。

⑤ 军中用作驮畜饲料。士兵吃的是小麦面粉。

时是让他们手拿 10 尺长的杆棒，甚或一块泥土[①]站在那里。

XXV. 内战之后，无论在集会或宣布法令时，他不再称任何军队为“战友们”，而总是称“士兵们”；他甚至也不允许他的一些担任军事指挥的儿子或继子对军队用其他的称呼；因为他认为，出于军事训练、当时的和平生活和他自己及其家庭尊严的需要，前一个称
2 呼使人感到过于奉迎。除作为罗马的消防队而外，他只在饥荒时期，因担心骚乱，两次雇用被释奴隶作为士兵：一次是作为伊利里库姆附近殖民地的警备队，另一次是用来守护莱茵河堤岸；他甚至是在这些被释奴尚未获释时从男女富人那里征集来，并立即使他们获得自由的；他让他们持带原来的旗帜，不把他们同自由出生的士兵混合，也不以同样的装备武装他们。

3 作为军功奖励，得到他贵重的金银马具或项圈奖品容易，得到荣冠难；后者标志很高的荣誉，是奖给攀登壁垒或城垣者的[②]。他虽尽量少赏荣冠，但一视同仁，连普通士兵也常能获得。西西里海战胜利后，他奖给马尔库斯·阿格里巴一面蓝旗[③]。他认为那些举行过凯旋式的人是唯一不能受奖的，尽管他们曾是他的战友并且是一起取得胜利的；理由是他们本人也有权把这些荣誉授予他
4 们愿意授予的人。他认为没有什么比仓促和轻率对于一个训练有素的将军更不相称的了。因此，他的口头禅是：“欲速则不达”，“作

① 用这样长的杆棒量地建造营房，以及堆泥土筑垒，这些都是普通士兵做的事，百夫长是不做的。

② 分别设城垣金冠（corona muralis）和壁垒金冠（corona vallaris）；冠上雕有相应的城垣和营垒图案。

③ 蓝色是海战胜利的标志。

为一个将军，谨慎比勇猛更重要”，[①]以及“事情做得好才谈得上快”。他常说，不应该不顾条件地开始一次战斗或一场战争，除非胜利的希望大大超过失败的可能；他把因小利而冒大风险比作用金钩钓鱼；如果鱼钩被拽掉，任何捕获也弥补不了这一损失。

XXVI. 他在比一般人更年轻时便得到了官职和荣誉，而且有
些官职和荣誉还是新设的和终身的。20 岁时，他篡夺了执政官的
职位(43 B. C.)，当时他率领他的军团反对罗马，如同它是座敌人
的城市一样，当时他派去信使以军队的名义为他要求这一官职；当
元老院犹豫不决时，他的百夫长[②]、使团团长科涅利乌斯掀开斗
篷，亮出剑柄，肆无忌惮地在元老院说：“如果你们不同意，这玩意
儿会让他当上执政官的。”九年后(33 B. C.)，他第二次出任执政 2
官，间隔一年之后(31 B. C.)，又第三次出任，以后便是不间断地出
任到第十一任(20/23 B. C.)；随后，他辞去了加在他身上的一些称
号，在 17 年多的长期中断之后，他又自动要求第十二次出任执政
官(5 B. C.)，二年后，又第十三次要求出任(2 B. C.)，想借此控制
最高职权，以便将他的已到法定年龄的两个儿子盖乌斯和鲁基乌
斯引入政界。他从第六次到第十次担任的五任执政官是全年的， 3
其余的几次任期有 9 个月，6 个月，4 个月和 3 个月，其中第二次甚
至只持续了数小时。那次是 1 月 1 日的清晨，他在朱庇特的卡庇
托尔神庙前的显要席上坐了一会儿之后，就辞去了这一荣誉，而指
定另外一个人取代他的职位。他的执政官职不全在罗马开始，第

① 这两句话是希腊文。

② 或译：百人队队长。

四次是在亚细亚，第五次是在萨摩斯岛，第八次和第九次是在塔拉柯开始的。

XXVII. 在10年的长时间里，他是恢复国家秩序的三头政治的三头之一。尽管有一段时间他反对和力图阻止他的盟友实行公敌宣告，但是，这一措施一旦开始实行，他就坚决执行，其残酷程度远远超过另两人。当他的这两位盟友时常由于别人的说情和哀求而心软时，只有他十分坚定地反对宽恕任何人；他甚至把他的监护人盖乌斯·托拉尼乌斯也加到公敌名单上去，这个人曾是他父亲
2 屋大维任营造官时的同僚。朱里乌斯·萨图宁也有记载说，公敌宣告结束之后，马尔库斯·雷必达在元老院发表讲话，对过去的事情进行辩护，并且希望，既然已实行了足够的惩罚，以后要实行宽大；奥古斯都则相反，宣称他只是在得到保证将来可以放手干的条件下才同意结束公敌宣告的。不过，为了表示对自己这一固执态度的歉意，他后来授予提图斯·维尼乌斯·费罗波曼以骑士等级，因为据说这个人曾藏匿过已被列入公敌名单的自己的庇护人。

3 奥古斯都在这个三头政权期间所做的许多事情遭到普遍的憎恶。例如，有一次他向士兵们讲话时，有一群市民被允许进来参加集会；当他注意到一个叫皮那留斯的罗马骑士在做记录时，他便下令把他当场杀了，因为他觉得这个人是个窃听者或密探。又如，当选执政官特底乌斯·阿菲尔曾用恶言恶语谴责过他所做的一件事情，为此他对这位当选执政官使用了非常可怕的威胁致使他自杀
4 了。再如，当最高审判官克文图斯·盖利乌斯向奥古斯都致敬时，其长袍下携带着折叠的书板，奥古斯都怀疑他那里藏着短剑，但由于担心那东西拿出来会是别的什么，便没敢当场搜查；一会儿之

后，他派了几名百夫长带士兵把盖利乌斯从法官席上拖了出来，像对待奴隶一样拷打他；尽管他没有承认，他还是下令处死了他，并且先用自己的手把这人的眼睛挖了出来。但是关于这件事奥古斯都自己写道，盖利乌斯取得一名听众的帮助暗中算计他，于是被他投入监狱；被判处放逐后，或死于船只失事或遭到土匪拦劫。

他获得终身保民官的权力，每 5 年一次或两次推选一个同僚。 5
他还获得了对道德与法律的永久监督权；依靠这一权力，尽管没有监察官的头衔，他仍进行了 3 次人口普查①：第一次和第三次是和他的一个同僚一起进行的，第二次是他一人单独进行的。

XXVIII. 他曾两次考虑恢复共和国：第一次是刚打败安东尼之后，这时他还记得他的敌手经常攻击他不能恢复共和国；第二次是在他疾病缠身、虚弱不堪之时，那次他竟把高级长官和元老们召集到他家里来，向他们提交了一份关于帝国总情况的材料。不过，因考虑到，正如他本人引退了还是不能摆脱危险那样，把国家交给多人控制也仍然是冒险，所以他继续把国家控制在自己手里。很 2
难评说他的愿望和实行的结果哪一个好。他不仅一次又一次地口头表白自己的良好意愿，而且将它们记录在如下的一道敕令里："请给我特权把这个国家建立得稳固而安全，并从这一行动中得到我所期望的果实；但愿我能被称作这个至善政权的缔造者，并在死时怀有这样的希望：我为国家所奠定的基础还会是稳固的。"他用一切努力阻止任何对新政权的不满行为，以实现他的愿望。

既然罗马未被装饰出应有的帝国尊严，而且还遭受过洪水和 3

① 见《神圣的朱里乌斯传》，XLI 节注。

火灾，他于是对它大加美化，以至于他可以理直气壮地夸口说，他发现的是个砖坯造的城市，而交付的是一座大理石的城市。他使罗马成了在人类理智所能预见的未来都会是一个安全的城市。

XXIX. 他建造了许多公共设施，尤其是下列这些：带有复仇
者马尔斯神庙的广场（24 B.C.），巴拉丁山上的阿波罗神庙（28
B.C.），以及卡庇托尔山上的雷神朱庇特庙（22 B.C.）。他建造广
场的原因是人口增加和法律案件增多。既然先前的两个广场[①]已
不够用，看来就需要有第三个广场了。因此，在马尔斯神庙尚未完
工时这个广场就提前向公众开放了；并规定，除抽签选举陪审员而
2 外只有公诉与别的诉讼不同，必须在那里举行。在替他父亲[②]复
仇的菲力比战争中，他曾发誓建造马尔斯神庙；因此，他发布命令：
元老院应在这里讨论决定战争问题和凯旋式要求[③]；负有军事使
命准备上路赶赴行省的人应从这里被送出[④]；胜利者归来时要佩
3 戴凯旋式标志回到这里。他在巴拉丁山上他的住宅区里的一块地
方建起了阿波罗神庙，因为占卜师们宣称阿波罗曾用闪电雷击过
这块地方显示他要它。他把设有拉丁文和希腊文藏书室的柱廊和
该神庙连接起来；在垂暮之年他也时常在那里举行元老院会议和
审议陪审员名单。他为一次脱险奉献一座神庙给朱庇特；因为在
4 远征坎塔布里亚的一次夜晚行军中，一道闪电掠过他的肩舆，击毙
了他前面的一个手持火炬的奴隶。他还以别人名义，即他的孙子、

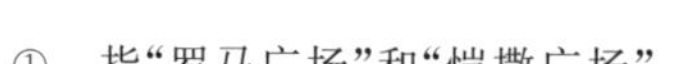

① 指“罗马广场”和“恺撒广场”。

② 指朱里乌斯·恺撒。

③ 以前在卡庇托尔。

④ 以前的做法，见《神圣的朱里乌斯传》，LXXI。

外甥、妻子和女儿的名义建造了一些建筑物，诸如盖乌斯和鲁基乌斯柱廊和长方形会堂（12 B.C.），利维亚和屋大维亚柱廊（15 B.C.和 33 B.C.），以及马尔采鲁斯剧场（13 B.C.）。不仅如此，他还经常敦促其他知名人士新建纪念碑或重建与装修旧纪念碑以装点罗马，并且每一座都要按照他的计划修建。当时，好多人建造了许多这样的工程，例如，赫库利斯和缪斯庙由马尔西乌斯·菲力普建造，狄安娜神庙由鲁基乌斯·科尔尼菲西乌斯建造，自由之神神殿由阿西尼乌斯·波里奥建造，萨图尔努斯神庙由穆那提乌斯·普兰库斯建造，一座剧场由科涅利乌斯·巴尔布斯建造，一座圆形剧场由斯塔提里乌斯·托鲁斯建造，尤其是许多宏伟庄严的建筑，它们是马尔库斯·阿格里巴建造的。

XXX. 他将罗马城区划分为行政区和街道[①]，前者由每年抽签选出的官员治理，后者由邻里居民选拔出的“能者”治理。为了防止火灾，他制定了夜班警卫站制度；为了控制洪水，他加宽和清理了第伯河的水道，这条河在一段时间里曾倒满了垃圾并被延伸出来的建筑物弄窄了。还有，为了使各地更易于通向罗马，他亲自承担了重修通往阿里米努姆的弗拉米尼大道；他还将其余的大道分派给其他那些曾接受过凯旋式荣誉的人，要求他们把战利品的钱用于铺路。

他重建了一些因年久失修而朽坏的或遭受火灾[②]而烧毁了的

① 罗马城有 14 个行政区（regiones），265 个街道（viae）。

② 卡庇托尔的朱庇特神庙毁于公元前 83 年的大火。

2 神庙神殿，并用最丰富的献纳装饰这些以及其他的神庙；给卡庇托
尔的朱庇特神殿，他一次就献纳了 16 000 磅黄金[①]，此外还有价值
5 000 万塞斯特尔提乌斯的珍珠和贵重宝石。

XXXI. 雷必达死后（13 B. C.），他终于僭取了大祭司的职位
（因为雷必达在世时，他未能下决心剥夺他这一荣誉称号），于是开
始搜集一切源于希腊文和拉丁文著作的占卜书籍，哪怕这些传播
中的书籍是无名氏之作或没有名气的作者所作。他烧掉了其中
2 000多种，只保留了西彼拉占语集[②]，并且也作了挑选。他把它们
存放在巴拉丁山阿波罗神像的基座下的两个金漆柜里。神圣的朱
里乌斯已经排得好好的历法，后来由于不注意又紊乱混杂了，奥古
斯都把它恢复到先前的样子；并且，他在重订历法过程中，用自己
的称号“奥古斯都”来命名 8 月而不是他出生的 9 月（8 B. C.），因
3 为他曾在 8 月首次获得执政官职位和取得最辉煌的胜利。他增加
了祭司、尤其是维斯塔贞女的人数，还提高了她们的地位，增加了
她们的津贴，扩大了她们的特权。在一次要选一名维斯塔贞女以
代替死去的一名时，许多人都利用自己的权势不让自己的女儿去
冒抽签的危险。这时他郑重发誓说，要是他的孙女当中有人适龄
4 的话，他一定已将她提名了。他还复兴一些古老的、已渐被废弃的
习俗，诸如平安占卜，朱庇特的佛拉门祭司，牧神节，百年大祭和岔

① 主要是得自埃及的战利品。古罗马人把神庙视为最理想的国库，存放国有财物、法律原文、军旗、账册、档案等。

② 罗马第五王塔克文·普里斯库斯买下了女预言者西彼拉的占语集，藏于卡庇托尔的朱庇特神庙，由专门祭司团保管。前 83 年毁于火灾后，重新收集整理成新书。祭司们按占语集解释预兆。

路神节娱乐活动。① 在牧神节庆典中，他禁止尚未有胡须的青年人参加奔跑；在百年大祭节日中，他不允许青年男女参加夜间的娱乐活动，除非有成年亲属陪同。他规定，每年要在春季和夏季两次用鲜花给岔路神加冠。

在不朽的神灵之后，他重视纪念那些提高了罗马人民地位的领袖人物，是他们把罗马人民由微不足道变成伟大的。因此，他重建了带有这些人原先铭文的建筑物，并在自己广场的两排柱廊内供奉所有这些身着凯旋服饰的伟人塑像，此外还在一只公告里宣称：“我之这样做是为了使公民在我有生之年要求我，在我之后也要求后来的执政者达到古代杰出人物所树立的典范。”他还将庞培的塑像从盖乌斯·恺撒被害的议事厅移出，置于一大理石的石拱上方，正对着庞培剧场的主门。

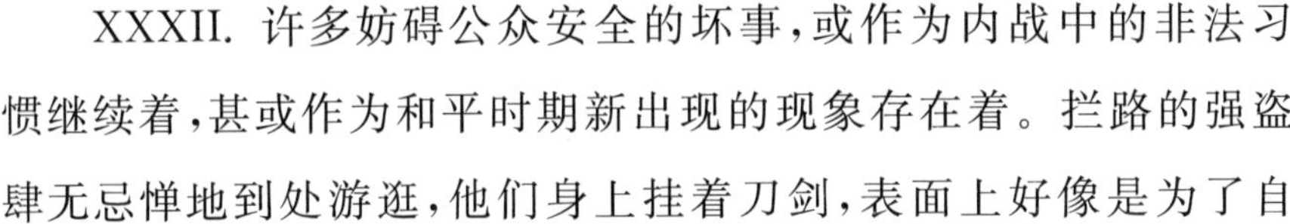

XXXII. 许多妨碍公众安全的坏事，或作为内战中的非法习惯继续着，甚或作为和平时期新出现的现象存在着。拦路的强盗肆无忌惮地到处游逛，他们身上挂着刀剑，表面上好像是为了自

① 平安占卜（Salutis augurium）只有和平时期可以举行。战胜卡提林那之后，奥古斯都在前 29 年是首次举行。

佛拉门 15 人中，献祭朱庇特、马尔斯、奎里努斯的三个佛拉门是高级佛拉门（参见第 1 卷 LXXVI 节注③）。这一职位自从苏拉剥夺了恺撒的这一职位后一直空缺着（见第 1 卷第 I 节）。

牧神节见第 1 卷 LXXIX 节注。“奔跑”指手执羊皮鞭抽打妇女。

百年大祭（ludi Saeculares），从公元前 509 年始通常每 110 年一次在马尔斯原野塔伦同区举行祭祀下界神祇的竞技活动。前 249 年被定为全国性节日。奥古斯都在前 17 年举行内战后的第一次百年大祭节日活动。贺拉斯描写了节日的歌唱活动。克劳狄在公元 47 年，图密善在公元 88 年也举行过。

岔路神节（ludi compitalicii），在城市十字街口祭祀岔路保护神的节日娱乐活动。

卫。乡间行人，不分自由民和奴隶，遭到他们劫持，关在主人家的
下房里。他们还打着某个新行会的招牌结成许多团伙，干着各种
各样的罪恶勾当。因此，为了制止强盗活动，奥古斯都在所有适当
2 的地方设置了卫兵岗哨，并检查下房，解散行会（那些成立已久的
和为了守法成立的行会除外）。他烧毁了存在国库里的旧债务账
目，它们是最为常见的敲诈材料。他将罗马城里的一些不能肯定
属于国家的地方移交给了它们的持有人。他将那些被指控已久的
人的名字从名单上勾去，因为这些人的受辱，除使他们的敌人感到
高兴之外，别无结果。他还规定，如果有人想重新指控，应受到反
坐的处罚。为了防止任何有关要求赔偿或争论所有权的诉讼无人
3 受理或被拖延，他将法庭开庭期增加了 30 多天——过去用于荣誉
演出①的 30 多天。他将原来的 3 个陪审团增加到 4 个，新增加的
这一个财产资格较低，被称为“20 万级”②，负责处理小额争讼。他
任命 30 或 30 岁以上的人作陪审员，这一年龄较往常小了 5 岁③。
但是当许多人竭力逃避这种职务时，他勉强同意每个陪审团一年
有一次轮休，并取消了 11 和 12 两个月的惯常的开庭。④

XXXIII. 他亲自管理司法，有时直到深夜。如果他不舒服，甚至卧病在家，他就让人在法庭里放一乘肩舆，靠着肩舆审理案件，甚至躺在家里审理。他在管理司法中，既十分公平，又极为宽大；

① 高级长官就职时举行的娱乐活动。

② 指有 20 万塞斯特尔提乌斯财产者。这个数目是骑士财产的一半。

③ 作者显然有误，因为奥古斯都之前已从 25 岁以上的人中选陪审员。

④ 这两个月里节日比较多。

例如，为了救活一个肯定犯有弑亲罪的人使其免于袋溺①（这是一
种只对那些认了罪的人施加的惩罚），据说他以下面这样的形式向
犯人提问："你确实没有杀死你的父亲，对吗？"又如在一件涉及伪
造遗嘱的案子里（按照科涅利乌斯法，所有签字人都应受到惩 2
罚）②，为了宽恕这些人，他不是仅仅发给陪审团一个定罪书板和
一个宣判无罪的书板，还发给第三个书板，用以宽恕那些被证明是
因不了解或不理解而被诱签字者。他每年把公民的案件上诉转交
给城市大法官③处理，而把外省人的案件上诉交给前执政官们处 3
理。他已经给每个行省委派了一名前执政官主管诉讼事宜。

XXXIV. 他修订了原有的法律，又颁布了一些新的法律，例
如关于奢侈、关于通奸与贞节、关于行贿以及关于鼓励不同等级公
民之间通婚的法律。他由于在上述最后一个法令中比在别的法令
中作了某些更严厉的变动，引起了一次针对它的条款的公开反对
而没能实行。直到他废除或减轻了部分处罚，又增加了补偿，允许
在丈夫或妻子死后可以有 3 年的时间不结婚，这一法令才得以实 2
施。④ 当骑士们甚至这时仍在一次公众演出场合坚决要求废除它

① 把犯人和一只狗、一只公鸡、一条蛇、一只猴子一起缝在一只皮袋里，抛入海里或江河中溺死。这是一种对弑父罪的古老的惩罚。——英译者

② 参与伪造的人，奴隶处死罪，自由人处流放。

③ 前 242 年起，每年选两名大法官，一称"城市的"（praetor urbanus），主管罗马公民之间的诉讼；另一称"外省人的"（praetor peregrinus），主管外省人之间或公民与外省人之间的案件。

④ 公元 9 年的巴比乌斯——波贝乌斯法（Lex Papia Poppaea）放宽了公元前 18 年的关于必须结婚的朱里乌斯法（Lex Iulia de maritandis ordinibus）的规定。后者规定，丧偶一年，离异半年，必须重新结婚；前者把这一期限放宽到三年。"补偿"由各种不同的豁免组成。特别是和三子法有关的豁免。

时，他派人找来日耳曼尼库斯和他的孩子们，让大家看到这些孩子有的在奥古斯都本人的怀抱里，有的在他们父亲的怀抱里，他同时用手势和表情暗示骑士们不要拒绝效仿那位年轻父亲的榜样。当发觉未成年的姑娘订婚和频繁更换妻子的现象，法律的精神正在被钻空子时，他缩短了订婚期限，并对离婚实行了限制。

XXXV. 既然元老人数因一些出身微贱和身份不相称的庶民
的加入而大量增加（事实上，元老院的人数超过了一千，其中一些
被群众称作冥恩元老[①]者是一些完全没有价值的人，他们是在恺
撒死后，靠恩宠和行贿而被准予进入元老院的），奥古斯都通过两
次登记恢复了元老院原来的限制和荣誉，一次是根据元老院成员
内部的选举，每个人提名一名别的人，第二次由阿格里巴和奥古斯
都本人登记。[②] 据认为，在后一次他主持登记时，在长袍里面穿着
2 铠甲，腰佩短剑，在他坐椅旁边，侍立着10个身强体壮的他在元老
院的朋友。克里莫提乌斯·科尔都斯写道：即使这样，元老们也只
许逐个地接近他，而且他们长袍的褶层事先已被仔细检查过。尽
管他开除了一些元老，使他们难堪，但仍然允许他们保留元老的服
3 饰，并拥有在贵宾席上观看娱乐表演以及参加该等级公宴[③]的特

---

① Orcivi 或 Orcini 意为“冥神恩释的奴隶”，指根据主人遗嘱释放的奴隶。orcini (senatores) 意为“冥恩元老”，是马尔库斯·安东尼借口恺撒遗嘱提名而批准进元老院的元老。恺撒已使元老人数增至900名，安东尼增至1 000多人。屋大维把元老人数降到600人。

② 据另一说，审查元老名单进行了3次。一次在公元前28年（奥古斯都和阿格里巴主持），一次在公元前18年（元老们互选），一次在公元4年（由选举元老的三人委员会）。见本卷XXXVII节。

③ 每逢节日在卡庇托尔举行的元老公宴。

权。而且，为了使其余那些被选出并得到批准的元老能更负责也
更方便地履行职责，他规定，每个元老就职前，应在举行会议的那
个神庙的神坛上献香奠酒；他还规定，元老院的例会每月不得超过
两次，时间在朔日和望日[①]；而 9 月和 10 月的会议只要抽签选出
来通过决议的那些元老参加就够了。[②] 他还给自己设立了一个抽
签选定任期 6 个月的顾问会议[③]，用这个机构预先讨论即将提交 4
元老院全体会议处理的大事。对特别重要的问题，他在征求元老
们的意见时，好像不是在循旧例这样做，而是在按照自己的想法这
样做。目的在于引导每个人独立思考，仿佛他们都打算采取主动
而不是只对别人的主张表示同意。

XXXVI. 他还进行了一些其他的改革，其中包括：元老院的会议记录不得向外公布；高级长官卸任后不得马上被派往行省；给行省总督拨一笔钱购买骡子和帐篷，按惯例这是由国家出钱由承包人包办的；国库的管理由城市财务官[④]转给前大法官或现大法官；往常由前财务官召集的百人法庭改由 10 人委员会召集。

XXXVII. 为了使更多的人参与国家管理，他设立了一些新的官职：负责公共建筑、道路、沟渠、第伯河河道和向人民分配粮食的官职，市长职位，选举元老的三人委员会，以及另一个随时可以检

① “望日”或“伊都斯日”(Idus)在 3 月、5 月、7 月、10 月是第十五日，其余月份里是第十三日。

② 这两个月罗马空气被认为对人体健康特别不利。

③ 元首(imperator)下设的顾问会议。成员包括两名执政官、一名其他高级官员、抽签选出的 20 名元老和拟议中的奥古斯都继承人。

④ 财务官包括两名“城市的”财务官，管理国库。另有“行省的”财务官和“意大利的”财务官。

阅骑兵支队[1]的三人委员会。他任命了废止已久的监察官。增加了大法官的人数。他还要求无论何时执政官职务授予他时,都得是两个人而非他一个人;但后一要求未能获准,因为大家都反对说,有另一个人和他共同执政而非由他一人独自担任这一职务,这是对他至高无上尊严的莫大冒犯。

XXXVIII. 在表彰作战勇猛方面,他是同样慷慨的。例如由他提名被通过获得正式凯旋式的将军就有30多人,而获得凯旋装饰[2]的人数可能还要多些。

2 为了使元老的儿子早些熟悉国务,他允许他们一获得成年袍之后就饰以宽阔的紫色镶边,并出席元老院会议;当他们开始军营生活时,他不仅让他们做军团长官,而且让他们担任骑兵大队的指挥;为了使他们大家都有机会获得军营生活的经验,他常常同时任命两名元老之子指挥一个大队。

3 他不时检查骑兵支队[3],并恢复久已废止的阅兵习惯。但他不许检察官像过去常有的那样把任何骑马经过的人叫下马来。他允许那些年老或体残的人在检查中交出他们的战马,在他们被传唤时,徒步前来应到。后来他容许那些年过35岁、不想继续服役的人交还自己的战马。

XXXIX. 他从元老院申请到10名助手之后,便强迫每个骑士呈交一份经历报告。他处罚了其中一些行为丑恶的人,降低了另

① 骑兵支队(turma)约30—32人,为一骑兵大队(ala)的1/10。

② 这种装饰包括凯旋服,桂冠,以及坐象牙圈椅和塑像的权利。将军们只能得到这些,因为正式凯旋式只有元首可以获得。

③ 起初是阅兵式(传说始于前304年),现在成了阶级清洗的手段。

外一些人的等级；但他对大部分人采取的是不同程度的训诫。他的最和气的训诫是公开递给他们一副书板，让他们当场默读。他还谴责了一些人，因为他们把钱低利息借来，再以高利贷出。

XL. 选拔保民官时，若元老等级的候选人不足，他就从骑士中任命，条件是任期结束后他们仍属于原来的等级。又，许多骑士在内战中财产减少，担心因违反有关剧场法而受罚，不敢冒险坐到前 14 排上观看娱乐表演。为此他宣布，如果骑士本人或其父母曾拥有过骑士的财产，他就不受该项法律的限制。

他一个区一个区地审订人民名册。为了防止平民因分配粮食而被频繁地召离他们所从事的工作，他决定每年发放 3 次为期 4 个月的供应票证；但是在人民的迫切要求下，他允许恢复老习惯，按月发放一次。他还恢复了旧时人民大会的选举权，试图通过巨额的罚金杜绝贿赂，在举行选举这一天，他自掏腰包，发给法比亚部落和斯卡普提亚部落他的族内成员[①]每人 1 000 塞斯特尔提乌斯，以防止他们从任何候选人那里贪求什么。 2

他考虑到，保持罗马人民纯洁性和不受外邦人或奴隶血统玷污的极重要性，因此，他还在授予罗马公民权问题上采取了极为慎重的态度，并对奴隶的解放作了限制。 3

当提比略为自己的一个希腊籍依附者要求公民权时，奥古斯都回信说，他不能同意，除非这个人亲自出来证明他有正当的理由这样要求；当利维亚为一个出身纳贡行省的高卢人要求公民权时，他 拒绝了，只许诺免除此人贡赋，同时宣称，他宁愿让自己私人的

① 屋大维家族属斯卡普提亚部落，而朱里乌斯家族属法比亚部落。

4 钱袋遭损失也不肯出卖罗马公民权的光荣。他不满足于对解放奴隶的数量、条件和地位定出严密条款，为了使奴隶要求解放尤其是获得充分的权利变得困难，还另外附加了限制性条款，规定任何曾戴过镣铐或挨过鞭笞的人，无论已得到何种程度的自由，都不得获得公民权。

5 他还要求恢复古代的服装。曾经有一次，当他在一次群众集会上看见一群披深色斗篷的[①]男人时，他愤慨地喊道："瞧瞧这些罗马人，这些世界的主人，这个穿托加的种族！"他于是吩咐营造官，不再允许任何不穿托加或披斗篷的人出现在广场及其附近。

XLI. 只要有机会，他总对一切等级表现慷慨。例如，他在亚历山大里亚凯旋式中将埃及的王室财产运到罗马，使现金变得十分充裕，以至于利率下降，不动产的价值大大提高了。自那以后，只要得自那些被判有罪者的财产的钱有剩余，他就提供无息定期贷款给任何能担保有两倍于这笔钱的财产抵押的人。他提高了元老的财产资格，要求一个元老要有 120 万塞斯特尔提乌斯的财产，而不是先前的 80 万塞斯特尔提乌斯，他还替那些财产不够的元
2 老补足了数量。他经常赏赐人民，但数目往往不同：有时给每个人 400，有时 300，有时又 250 塞斯特尔提乌斯；他甚至把小男孩也包括在内，尽管他们通常要在 11 岁以后方可接受一份。饥馑时期，他还常常以极为低廉的价格向每个人配给粮食，有时无偿供给，并且还加发一倍国库银票。

XLII. 但是，为了表明他是个为公共卫生着想而不是讨好别人

① 指穷人，穿不起白色托加。

的元首，当人民抱怨缺酒或酒价太高时，他非常严厉地谴责了他们，
说道："我的女婿阿格里巴已经很关心了，他修了几条水渠，人们不
会挨渴了。"又，当人民要求他事实上已许诺的赏赐时，他答道："我
是个说话算数的人"；但是当人们要求他未曾许诺的赏赐时，他在一
项训令中谴责他们无耻冒失，并宣称，他不会给他们赏赐，尽管他正 2
在打算这样做。当他宣布分钱，并发现许多奴隶被解放并被登记上
了公民名册时，他同样庄严而坚定地宣称，那些未经许诺的人一点
也不给，而且，为了使所提供的资金够用，他给其余人的钱数也少于
他所许诺的人。有一次大饥荒期间，当难以找到解决办法时，他确 3
实将待售奴隶和角斗学校的奴隶、除医生和教师而外的所有外邦人
以及一部分家内奴仆，都从罗马驱逐出去。最后，当粮食变得充足
时，他写道："我曾极想废除粮食分配，因为依赖分配使农业被忽视
了；但我没把这个打算付诸实行，因为我确信粮食分配即使废除了，
由于众愿所趋，有朝一日还会重新实行的。"但是从这时起他调整措
施，更多地重视农民和粮商的利益，而不是市民的利益。

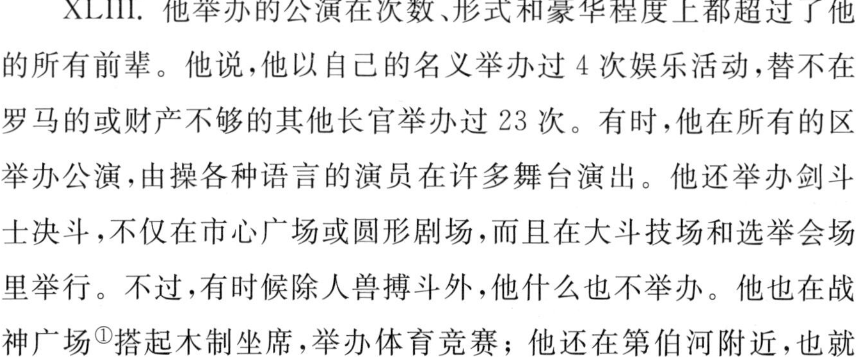

XLIII. 他举办的公演在次数、形式和豪华程度上都超过了他的所有前辈。他说，他以自己的名义举办过 4 次娱乐活动，替不在罗马的或财产不够的其他长官举办过 23 次。有时，他在所有的区举办公演，由操各种语言的演员在许多舞台演出。他还举办剑斗士决斗，不仅在市心广场或圆形剧场，而且在大斗技场和选举会场里举行。不过，有时候除人兽搏斗外，他什么也不举办。他也在战神广场[①]搭起木制坐席，举办体育竞赛；他还在第伯河附近，也就

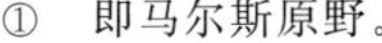

① 即马尔斯原野。

是现在的恺撒园林所在地修了一个人工湖，在那里举行海战表演。每逢这种场合，他在罗马的各个街区设置卫兵，以防止强盗趁这时几乎没有人留在家里而进行抢劫。在大竞技场里，他有时让一些
2 属于最高贵等级的年轻人出场赛车、赛跑和表演屠杀野兽。此外，他还经常举办由儿童和少年表演的特洛亚战争游戏。他认为，贵族青年通过这种途径成名是一种由来已久的高尚习惯。当诺尼乌斯·阿斯普雷纳斯在参加这种比赛时跌倒而致跛足后，他奖给他一个金项链，并允许他及其后代袭用托夸图斯①的称号。但以后不久，他放弃了这种娱乐，因为演说家阿西尼乌斯·波里奥在元老院激烈而气愤地抱怨自己的孙子埃塞·尼努斯也因参加这种比赛在不幸事故中跌断了腿。

3 在舞台表演和斗剑节目中，他有时甚至雇用罗马骑士，但这只发生在元老院明令禁止之前。自那以后，他不再让任何门第高贵的人在这类比赛中抛头露面了，只有一个名叫吕西乌斯的青年除外，他这样做只是为了让人们见识一下这个奇人；因为这人身高只有2尺，体重只有17磅，却声音洪亮。然而，在有一个演出日他炫耀了送到罗马的第一批帕提亚人质，带着他们穿过竞技场中央，然后让他们在自己座位背后的第二排落座。此外，只要有什么稀奇的值得看的东西被送来罗马，在没有安排表演的日子，他习惯在任何方便的地点搞一次特别展出，例如，在森杜里亚大会会场(saepta)展出一只犀牛，在剧场(scaena)展出一只虎和在民众会场

① torque意译“项链”，Torquatus的称号源于“项链”一词。公元前360年罗马英雄第度斯·曼利乌斯杀死一名高卢人，从其颈上摘下项链，曾得此称号。

(comitio)前展出一条50肘长的蛇。

一次当他还愿，在大竞技场举行比赛时，虽然他碰巧得了病，5
但还是躺在肩舆上，行进于神圣的游行队伍前头[①]；又有一次，在
为庆祝马尔采鲁斯剧场落成举行的比赛开幕时，他的专座接合处
突然出了毛病，他仰倒在地。在一次为他孙子举行的比赛中，当人
们因担心剧院倒塌而感到恐慌，他又未能用什么办法使大家镇静
下来或使人们胆大一点时，他离开自己的座位，坐到看起来最危险
的地方。

XLIV. 他用特别的规章制度制止观看比赛中的混乱和无区
别的状态。促使他这样做的原因是，有一次，一位元老出席普特
俄利城的一次观众特多的表演时，竟没人给这位元老在拥挤的
大厅里安排一个座位。让一位元老受到如此蔑视，这使他感到
愤怒。结果，元老院颁布一项法令，规定不论何时何地举行公
演，第一排座位应留给元老。他于是禁止在罗马让自由部族与
同盟部族的使节坐在元老席上，因为他得到报告说，有时甚至有
被释奴隶被任命为使节。他将军人和人民分开。他给平民中的 2
已婚男人划定几排座位，给未成年的男孩[②]划定他们的专用座
区，把靠近的一个座区划给他们的师长。他还发布命令，规定披深
色斗篷的人不许坐在观众席中排。他只许妇女们坐在最后几排座
位上观看角斗比赛，虽然习惯上看这类表演时男人和妇女是坐在 3
一起的。只有维斯塔贞女在剧场有一个面对着大法官的包厢。至

① 开幕式举行庄严隆重的游行，从卡庇托尔经市中心广场到大竞技场。通常是主办人走在队伍的最前面。

② 指6岁以下的贵族儿童。

于希腊式体育竞赛，他严格地不许妇女观看[①]，甚至在庆祝他被任
命为大祭司[②]举行的比赛会上，当一对拳击手已被邀来时，他还将
此节目推迟到次日清晨进行，同时宣布，希望妇女不要在第五个小
时[③]前来到剧场。

XLV. 他本人通常在自己朋友家或被释奴家的楼上观看比
赛，但有时在皇帝包厢[④]里观看，还带着妻子和孩子。他有时缺席
几个小时，有时整整数天；对此他表示歉意，并指定官员代替他主
持。但是，只要出席，他就全神贯注地观看节目。他这样做或许是
为了避免受到他的父亲恺撒曾经受到过的那种非难——他意识到
恺撒由于把时间用在阅读或回复信件和请愿书上曾遭到普遍的非
难，或许是由于他对观看表演活动有兴趣和喜爱（他从不否认，而
2 是常常坦率地承认这一点）。因为这个缘故，他时常掏腰包为别人
举办的比赛提供专门的奖金和数量可观的贵重奖品；他若不按每
个参演者的功劳赠给他们礼物就决不出席任何希腊式的比赛。他
特别喜欢观赏拳击手，尤其是拉丁人拳击手的比赛，不仅是得到承
认被称作职业拳击手的那些人（他常常观看他们之间的，甚至他们
与希腊人之间的比赛），而且还有那些未受过训练的普通城镇居民
的比赛，看他们在狭窄的街道上毫无技法地不守规则地打斗、跌
3 倒。总之，他专心观看以示尊重参加公众演出的各种表演者，保持

① 各种项目都是裸体进行的。

② 公元前 12 年。

③ 午前一小时，这时停止比赛吃早餐。

④ 大竞技场的皇家包厢。朋友家的楼上自然是指最靠近竞技场的能看到比赛的房屋。

甚至提高运动员的特权[①]。他禁止无要求饶命权的那种斗剑比
赛，他还剥夺了高级长官可以依照一项古代法令在任何场所惩罚
演员的权力，规定只有在剧场里比赛时可以使用这一权力。然而，
他要求角力馆里的竞赛和斗剑比赛有最严格的纪律。他尤其严于 4
约束演员违法，以致当他获悉一个演托加剧[②]的演员斯特潘尼奥
由一位头发剪短了看上去像个男孩的贵妇服侍后，他让人用荆条
抽打着他走过三大剧场[③]，然后将他流放了。一个名叫许拉斯的
哑剧演员，因埋怨一位大法官，结果在他自家住宅的正厅被当众鞭
笞，还有一个名叫皮拉得斯的演员，由于用手指[④]的指向将所有人
的视线都转移到一个正发出嘘声对他表示不满的观众身上，因而
被逐出罗马和意大利。

XLVI. 在这样安排妥了罗马城和罗马市的政务之后，他亲自建立了 28 个殖民地，从而增加了意大利的人口，并为意大利的许多地方建立公共设施和提供财源；他甚至设计了一种投票方法，让地方元老院成员[⑤]在每个殖民地投票选出罗马政府官职的候选人，并将选票密封，在临近选举之日送至罗马，这样，至少在某种程度上给予了意大利与罗马同样的权利和尊严。为了保障高等阶级的人口得到不断的补充和促使平民人口的增殖，他容许任何城市

① 豁免自治市贡赋。

② “托加剧”(togata)是一种以罗马日常生活为题材的喜剧。其中前二世纪末创作的一些优秀作品流传时间很长。

③ 庞培剧场、巴尔布斯剧场、马尔采鲁斯剧场。——英译者

④ 即他的中指。据罗马人风俗，中指是所谓的“不名誉指”(infamis digitus)，中指指向谁，意谓指控他猥亵。参见《盖乌斯·卡里古拉传》，LVI. 2。——英译者

⑤ decuriones 为自治市和殖民地议院议员。

推荐的那些人得到骑士军职[①],同时,在他巡视到各地区[②]时,对那些能证明自己子女合法因而有权提出申请的平民,发给每个孩子1 000塞斯特尔提乌斯。

XLVII. 一些比较重要的行省,由任期一年的行政长官来治理既不容易又不安全,于是他亲自管理它们(27 B. C.)。其他行省,他委任抽签选举的代执政官总督去治理。但他不时地把一些行省从一种类型转为另一种类型,而且时常访问这两类的许多行省。某些与罗马有过条约关系的城市,由于已缺少法制约束而趋于腐败,他就取缔他们的独立[③]。他减轻了一些负债累累的城市的负担,重建了一些因地震而被毁灭的城市,并给予那些打算为罗马人民效力的城市以拉丁公民权[④]或完全公民权。我敢说,除阿非利加行省和撒丁尼亚行省之外,他访问过所有的行省;在击败塞克斯都·庞培后,他曾打算从西西里渡海去访问那两个行省,但因接二连三的大风暴而未能成行,后来也不再有机会完成这一航程。

XLVIII. 除了少数例外,他把按战争权利取得的王国[⑤]或归还了原主,或并入了别的国家。他还与有同盟关系的那些国王建立联系以联合起来,他非常愿意提议和赞成他们之间的通婚和友

① 任命他们充任只对骑士等级开放的军职:步兵大队长(tribunus cohortis)、骑兵大队长(praefectus alae)和军团长官(tribunus legionis)。

② 奥古斯都曾把意大利划分为11个地区(regiones)。

③ 佛里几亚的城市库西库斯和西顿、推罗在公元前20年被取缔独立,原因是若干罗马公民在这里被杀死。

④ 拉丁公民权不享有罗马的选举权和被选举权,是不完全的罗马公民权。

⑤ 指色雷斯、小亚细亚、叙利亚、犹太地区的一些王国。

好。他一贯重视他们，把他们看作帝国不可缺少的部分，照例为那些因太年幼尚无统治能力或心智有病的国王指定一名监护人，直到他们长大成人或康复为止；他抚养了许多国王的孩子，并让他们与他自己的孩子一起接受教育。

XLIX. 在军队方面，他向各行省派遣军团和辅助部队；为了保卫内海和外海[①]，他在米塞努姆和拉文那各驻扎了一支舰队，他将余下的部队一部分用来保卫罗马，一部分用来保卫他本人。他解散了一支卡拉古里塔尼人[②]的军队，这支军队在打败安东尼之前一直是他的一支卫队；他还解散了一支日耳曼人的军队，在瓦伦斯战败之前他一直保留着这支军队。不过，他从不允许在罗马驻扎的步兵大队超过 3 个，而且即便这些人也没有永久性营房；他将其余的部队按时派往罗马附近的城市里的冬季营房或夏季营房。

此外，他限制各地军队的饷银和犒赏不得超过一个固定数额。同 2
时，为了防止他们退役之后或因年老或贫困而受到革命的诱惑，他根据每个人的军衔规定他们的服役期和服役期满后的奖酬。为了有可靠的钱财可以无困难地随时支付士兵给养和付给士兵以应得的报酬，他建立了一个靠新税维持的军费财库[③]。

为了使每个行省正在发生的事情能得到更快的报告，他先在 3
军用大道沿线每隔一个短距离配备年轻人传递消息。后来设置了

① 内海或“上海”(Superum mare) 指亚德里亚海，外海或“下海”(Inferum mare) 指第勒尼安(土斯坎)海。米塞努姆(Misenum)位于那不勒斯湾北端，为一重要海军基地。

② 西班牙西北部伊庇鲁斯城市卡拉古里斯的居民。

③ 公元 6 年建立军队财库，财源为遗产税和拍卖税。

驿站马车。现在可看出后者是更为方便的做法，因为如果情况需要，人们可以询问直接从出事地点带来紧急公文的同一个赶车人。

L. 在旅行护照、公文和私人信件上，他最初使用一个狮身人面图像作为他的印章，后来使用亚历山大大帝的肖像，最后使用由狄奥斯库里得斯亲手刻的他本人的肖像作为印章；他的后继者们继续用后者作为他们自己的印章。他总是在所有的信件上注上准确的时辰，不仅是白天的时辰，甚至夜间的时辰，以便准确地标明这些信是什么时候写的。

LI. 有许多有力的证据可以说明他的仁慈和宽厚，他没有公布反对派人员的全部名单；他不仅原谅和宽恕了他们，而且允许他们担任了国家的高级官职；我看，他大概是认为对两个平民优尼乌斯·诺瓦都斯和卡西乌斯·巴达维努斯一个处以罚款、一个处以不严厉的放逐就足够了，尽管前者曾以小阿格里巴[①]的名义传播过一封诋毁他的信，后者在一次盛大的宴会上曾公开声称他既不
2 乏热望、也不乏勇气要杀死他。有一次，当他正在听取一起对科尔都巴的艾米利乌斯·埃利阿努斯的起诉时，看到在被指控的罪状中，这人惯于说恺撒的坏话被列为首要的一条，奥古斯都似乎愤怒地转向起诉人，说道："但愿你能证明那是真的。我要让埃利阿努斯知道，我像他一样也有一个舌头，甚至能说他更多的坏话。"无论
3 这次还是后来，他都没再对此事作进一步的追究。当提比略在一封信中尖锐地埋怨他这件事时，他回复道："亲爱的提比略，在这件事情上，不要被年轻人的激动所影响，如果有人说我本人的坏话也

① 奥古斯都的孩子阿格里巴·波斯杜姆斯（小阿格里巴）。

别看得太严重；只要没有人能对我们做坏事，我们就应该满意了。”

LII. 尽管人们知道，常有通过决议在行省甚至为总督建庙的事，但他不接受任何行省为他本人建庙，除非是为他和罗马的共同名义而建的[1]。至于在罗马城，他最断然地拒绝这种荣誉，他甚至熔掉了过去人们向他表示敬意而为他建立的银像，并以之铸成钱币购买黄金铸造了一只三脚金鼎献给巴拉丁的阿波罗。

当人民想尽办法要他当独裁官时，他屈膝跪下，从肩上扯下托加，光着胸脯，求他们不要坚持这样做。

LIII. 他始终避讳“主人”的称号，将它视为一种谴责和侮辱。有一次他观看一场滑稽剧表演，当演员说道：“公正仁慈的主人呵！”这句台词时，所有的人都雀跃鼓掌，好像这句话是说他的。他立即用目光和手势制止人们这一不适宜的恭维，并且在第二天的诏令中严厉斥责了这件事。自那以后，他甚至不让自己的儿孙辈称他为“主人”，无论是戏言还是认真的。他还禁止他们相互之间使用这类奉迎之词[2]。为了避免打扰任何人，除晚上或夜间而外，2
他尽量不外出或去任何城镇，因为这时人们要对他行礼。担任执政官期间，他时常步行在街上走；不做执政官时，总是坐一乘有屏障的轿舆，不让人看见他。他上午的接待对所有人都开放，甚至包括平民。他满足那些非常适当地向他提出要求的人，风趣地责备

---

① 建造庙宇献给统治者是东方行省表示忠诚的传统做法。献给“奥古斯都和罗马”共同名义的庙宇后来常常不仅成为行省的宗教中心而且成为那里的政治中心，例如公元前 12 年德鲁苏在鲁格杜努姆(今里昂)建的神庙就是。

② “主人”(dominus)之称意味着主人和奴隶的关系。奥古斯都竭力在表面上维护共和制，尊重元老院。

一个非常迟疑地向他提交一份请愿书的人，说“他好像是在向一只
3 大象募化一分钱那样。”在元老院开会的日子，他总是在会议厅里向安坐着的元老们致意问候[①]，而且不需别人提醒就能叫出每个人的名字；当他离开元老议事厅时，他惯常以同样的方式向元老们告别，让他们仍然安坐着。他同许多人都有社交性的往来，一直参加他们大家的周年纪念日，直到他年事已高，并且在一个订婚日为骚乱惹恼了之后才不再参加这类活动。当一个与他完全没有交情的元老伽路斯·车尔里尼乌斯突然失明，并决意以绝食来结束自己的生命时，奥古斯都拜访了他，对他表示慰问，劝他活下去。

LIV. 当他在元老院讲话时，有人对他说：“我听不懂”。又有人说：“倘若有机会，我要反驳你。”有几次，当争论者和他争吵得不可开交时，他愤怒地从元老院冲了出来。这时有人在他后面嚷道：“元老们应当有权就国务发表见解。”在选举会上一个元老选举一个别的人时，[②]安提斯提乌斯·拉贝奥提名皇帝的宿敌，当时还在流放中的马尔库斯·雷必达，奥古斯都问拉贝奥，是否没有别人更应获得这一荣誉。拉贝奥回答说每个人都有自己的见解。然而无论怎样，没有人因自己的自由言论或桀骜不驯而受到伤害的。

LV. 他甚至不怕针对他的讽刺诗在元老院散发，但是他极力反驳。他不追查作者是谁，只是建议以后以假名发表诽谤别人的小册子或诗歌的作者应当让大家知道是谁。

LVI. 当受到一些人恶意的脏话嘲笑时，他就发布一项公开

---

① 平常日子总是元老们上午去拜访奥古斯都。

② 见本卷 XXXV. 1。

声明作为答复。然而，他否决了一项取消遗嘱中言论自由的法
案。[①] 每当参加高级长官选举时，他就带着候选人走遍各部落，以
传统的方式为他们吁请。作为人民中的一员，他也在自己的部落
里投票。当他在法庭上作证时，他非常耐心地接受质询，甚至听取
反驳。他把自己的广场修建得比原计划要窄些，他没有不顾一切 2
地去赶走附近房舍的业主。他在推荐自己的儿子担任公职时，总
要附加一句话："如果他们能称职的话。"当他们尚未成年时，在剧
场里受到观众全体起立鼓掌致敬时，他强烈地表明不赞成这样。
他希望他的朋友们能在国务中政绩卓著，拥有权力，但也能像别人
一样受法律的约束，一样地接受起诉。当他的挚友诺尼乌斯·阿
斯普雷纳斯被卡西乌斯·塞维鲁斯指控犯有投毒罪时，奥古斯都 3
问元老院他该怎么办，因为他对此事犹豫不决。他说，他担心如果
他帮朋友说话，会被认为是在袒护一个有罪的人，但是如果他不这
样做，又会证明他有负于朋友，有害于朋友的申辩。既然大家赞成
他出席法庭辩论，他就只是在长凳上坐了几小时[②]，一言不发，甚
至没有说一句称赞被告品格的话。[③] 然而，他曾为他的几个被保
护人进行过辩护，例如一个名叫斯库塔里乌斯的他的前办事员被 4
控犯有诽谤罪时便是。不过，由他保护而被判无罪的总共也只一

---

① 罗马人常在遗嘱中自由地议论公职人员和国务。卡西乌斯·狄奥(cassius Dio)58,25,记载，富尔西尼乌斯·特里奥(Fulcinius Trio)，死于狱中，他在遗嘱中猛烈攻击提比略。——英译者

② 为辩护律师、证人等设的一种活动座位。——英译者

③ 用一般地称颂被告为人品格的话替被告辩护的习惯，曾被庞培在自己第三次执政官任期内禁止(狄奥 40,52)。但禁后仍使用，甚至庞培本人也还继续使用这种做法(狄奥 40,55)。——英译者

个人而已，还是他当着陪审员的面向原告求情成功才做到的；这人就是卡斯特里西乌斯，他曾帮助奥古斯都了解到穆勒那的阴谋。[①]

LVII. 由于这些值得赞赏的行动，不难想象他是多么地受人爱戴。且不说元老院的各种法令，因为那也许会被想象为出于不得已或畏惧而遵旨颁布的。罗马骑士们大家一致自愿地为他庆祝生日，而且总是接连两天[②]。各个等级的人每年在为他举行祝福许愿后，都往库尔提湖[③]丢一个小钱，还在每年的1月1日送一份新年礼金[④]到卡庇托尔，即使他本人不在罗马，人们也这样做。奥古斯都用这些钱购买了贵重的神像，供献于罗马的各个街区，例如
2 鞋匠街的阿波罗像，悲剧院街的朱庇特像等。为了重建他在巴拉丁山上毁于火灾的住宅，退伍老兵、各行会、各部落，甚至其他阶层的人都自愿依自己能力大小捐款襄助。但他只从每堆钱上象征性地取很少的一点，不超过1个第纳里乌斯[⑤]。每当他从一个行省归来时，人们不仅用祈祷祝福，还用颂歌来迎接他。并且恪守在他进城时不处罚任何人。

LVIII. 全体人民突然非常一致地献给他"祖国之父"的称号。最初是平民派了一个代表团到安提乌姆城去劝进，因遭到他的拒

① 瓦罗·穆勒那的阴谋，另见本卷 XIX. 1，LXVI. 3，《提比略传》第 VIII 节，《语法学家》第 IX 节。

② 9月22日和23日。

③ 罗马市中心广场上的一口水井，还有一个祭坛。据传说这是当初马尔库斯·库尔提乌斯连武器带马跳进深渊的地方。他以这一牺牲博得罗马未来的伟大成功(李维:《罗马史》第7卷之6)。

④ 罗马人互赠压岁钱过新年。新年得到礼钱意味着吉利。

⑤ 罗马钱币，一个第纳里乌斯(Denarius)相当4个塞斯特尔提乌斯(sestertius)，10个阿司(as)。

绝，后来在罗马趁他观剧时，他们又头戴花冠，群集剧场向他请愿，
后来是元老们在元老会堂请他接受尊号。不是用一项法令或欢呼
的方式，而是由瓦列利乌斯·麦撒拉代表全体元老致辞说道：“恺 2
撒·奥古斯都啊，愿好运和吉祥眷顾[①]你和你的家庭，我们觉得我
们这样做是在祈求我们国家的长久昌盛和我们城市的幸福。元老
院和罗马人民一致欢呼您为‘祖国之父’。”当时奥古斯都热泪盈
眶，致答辞说道（像麦撒拉的话一样，我写出了他的原话）：“既然已
经达到了我的最高愿望，元老们啊，除了把你们的这个一致批准的
荣誉保有到我生命的最后而外，我还能向永生的神灵要求什么别
的呢？”

LIX. 由于他的医生安东尼·穆塞的治疗，他从一场危险的疾病中康复过来。为向这位医生表示敬意，人们筹款在埃斯库拉庇乌斯[②]像旁为这位医生立了一尊塑像。一些房产主在自己的遗嘱中规定要自己的继承人把牺牲赶到卡庇托尔去，为他们作一次谢神祭献，感谢神让奥古斯都还活着，并要求继承人做完这件事之后要祭告他们的亡灵。有些意大利城市把奥古斯都第一次访问该城的日子当作一年之始。大多数行省，除建造许多神庙和祭坛献给他之外，还在他们的几乎每一城市举行 5 年一度的[③]崇敬奥古斯都的赛会。

LX. 他的友邦和盟邦的国王们都在自己的王国内建立一座

① “愿好运和吉祥眷顾元老院和罗马人民。”这原是执政官在向元老院致辞时惯说的第一句话。

② 希腊医药之神阿斯克勒庇俄斯（Asclepios），拉丁名 Aesculapius。

③ 实为 4 年一度，仿效奥林匹克竞技会等希腊竞技会做法。

名叫恺撒里亚的城市。他们还大家共同商定,集资把始建于雅典古代的“俄林波斯的朱庇特”神庙建完,[①]并将它献给奥古斯都本人。他们还时常离开自己的王国,身着托加不带国王的标志,向他表示通常属于依附者的恭顺,他们不仅在罗马这样做,甚至在奥古斯都出巡到各省时,也这样做。

LXI. 我既已叙述了他在担任最高行政长官和军队最高统帅时的所作所为,以及在平时和战时如何统治这个国家及其各个地区的情况。下面我将叙述他的私人生活及家庭生活,描述他的品格和自青年时代直到生命的最后一日在家庭生活中的命运。

2 他在第一次担任执政官期间死了母亲(43 B. C.),在 54 岁时又死了姐姐屋大维亚(9 B. C.)。在她们生前,他对她们倾注了最大的关心,在她们死后又给予了最高的哀荣。

LXII. 他年轻时曾与巴布利乌斯·塞维利乌斯·伊索里库斯的女儿订婚,但是当他同安东尼第一次反目后又与之和解,而他们的军队恳求这两个对手通过某种亲戚关系增进联合时,他娶了安东尼的继女克劳狄娅为自己的妻子(43 B.C.),她是富尔维娅与普布里乌斯·克洛狄乌斯生的女儿,刚到结婚年龄;但由于同岳母富尔维娅闹翻,他在与克劳狄娅共同生活之前就同她离了婚。不久
2 他娶斯克里波尼娅为妻(40 B. C.),她过去曾嫁过两位前执政官,而且和其中的一位生过孩子。他也同她离了婚。如他所述,这是

① 即雅典的“俄林波斯的宙斯”庙,始建于公元前 6 世纪庇西特拉特时,直到哈德良时才建成。

由于“忍受不了她的泼妇性情。”不久，他又娶了提比略·尼禄的妻子(38 B.C.)，当时已身怀六甲的利维娅·德鲁西拉为妻；他爱她，敬重她，直到他生命结束，从未争吵过。

LXIII. 他与斯克里波尼亚生了一个女儿朱里娅，尽管他真心
希望与利维娅有孩子，但她一个也没生。利维娅曾怀过孕，但早产
了。他把朱里娅最初嫁给他姐姐屋大维娅的儿子马尔采鲁斯，他
还是个未成年的娃娃；后来在马尔采鲁斯死后又把她嫁给了马尔
库斯·阿格里巴；由于当时阿格里巴已同屋大维娅的一个女儿结
了婚并已生了孩子，所以他说服姐姐把她的女婿出让给他。在阿 2
格里巴也死了之后，奥古斯都长时间地考虑了各种关系，甚至骑士
等级中的关系之后，终于选择自己的继子提比略作女婿，强迫他
与妻子离婚；当时他的妻子怀着孕，而且他们此前已有了孩子。
据马尔库斯·安东尼记载，奥古斯都先把朱里娅许给他的儿子
安东尼，后来又许给了盖塔人的国王科提索，同时自己向国王的
女儿求婚。

LXIV. 阿格里巴和朱里娅给他生了3个孙子，即盖乌斯、鲁基乌斯、小阿格里巴，和两个孙女(小)朱里娅和阿格里皮娜。他把(小)朱里娅嫁给监察官之子鲁基乌斯·保路斯，把阿格里皮娜嫁给他姐姐的孙子日耳曼尼库斯。他以象征买卖的形式[①]把盖乌斯和鲁基乌斯从他们父亲阿格里巴手里买来收为养子，在他们尚未成年时就让他们开始管理国家大事，并把他们作为当选执政官派

① 或“用阿司和秤”的办法(Per assem et libram)，即当着证人和孩子父亲的面用一个小钱币(阿司)3次碰秤。根据十二铜表法，父亲3次出卖了孩子，就失去了对他的权利。

2 往行省和军队[①]。在扶养女儿和孙女的过程中,他甚至请人教她们纺线和编织,而且禁止她们说或做任何事情,除了公开地说和做诸如可以被记在起居录里的事情而外。他非常严格地限制她们会见陌生人,在给一个有良好地位和品性的青年鲁基乌斯·维尼西乌斯的信中,他曾写道:“你到贝亚城来看望我的女儿,太放肆了。”
3 他教自己的孙子们读书、游泳和其他方面的本领,大都亲自教,并且尤其努力地训练他们模仿他自己的笔迹;他用膳时总让他们坐在矮榻上[②]在他身边用膳,他外出时总让他们坐车走在他的前面或骑马走在他车子两边。

LXV. 但是在他最快乐并对他的家庭及其教育最自信之时(2 B.C.),命运女神抛弃了他。他发现自己的女儿朱里娅和孙女朱里娅有各种各样的淫秽行为(9 B.C.)时,把她们流放了。在18个月里,他失去了盖乌斯和鲁基乌斯,前者死在吕西亚(2 A.D.),后者死在马西里亚(4 A.D.)。于是他收养了第三个外孙小阿格里巴,同时依库里亚大会决议,收养了他的继子提比略[③];但是,由于小阿格里巴趣味低级,脾气暴躁,他不久就和他脱离了关系,并将他流放到苏伦图姆。

2 亲人的过错在他看来比亲人的死亡更叫他受不了。须知,盖乌斯和鲁基乌斯的死并未使他心碎,但是女儿的堕落使他无颜出席元老院会议,他写了一封信把这事书面通知元老院,由一名财务

---

① 盖乌斯被派往东方对付帕提亚人,鲁基乌斯被派往西班牙。他们都死于这次外出。

② 孩子们坐在桌子边用膳,成人是躺在榻上用膳的。

③ 这又是一种收养子的方式,用于收养成年人。

官宣读；正是这一耻辱使他在长时间内不愿会见任何人，甚至考虑处死她①。无论怎样，大约在这同时，她的一个心腹，一个名叫福波的被释女奴上吊自杀了，他说：“但愿我是福波的父亲。”朱里娅
被放逐后，他禁止她饮酒和使用任何一种奢侈品，而且，未经他许 3
可，不告知他求见者的身高、肤色、甚至身体上的任何标记或疤痕，他就不准任何男人——不论是奴隶还是自由人——接近她。直到5年后他才把她从岛上搬回大陆②，对她宽松了些。但无论怎样也不能说服他完全召回她。当罗马人民几次为她说情，并向他苦苦
哀求时，他公开祈求神灵让所有那些人都有这样的女儿和妻子。4
他不许他的孙女朱里娅被宣判后所生的孩子得到承认和扶养。由于阿格里巴不但没有变得稍许驯服些，反而变得日益癫狂，因此他把他送到一个岛上③，并在其身边派了看守的士兵；他还用一项元老院决议，命令把他终生羁押在那里；每当有人提起阿格里巴和两个朱里娅时，他都会深深地悲叹，甚至号啕大哭：“但愿我从未结婚，但愿我已死了，没有后人。”④除在三次生疖子和三次溃疡病时，他一次也未提起过他们。

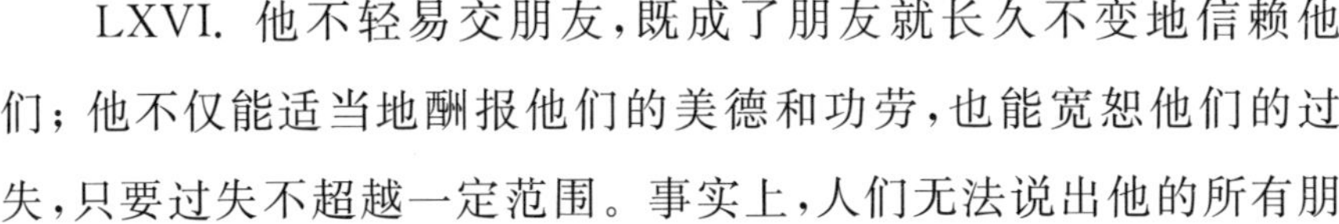

LXVI. 他不轻易交朋友，既成了朋友就长久不变地信赖他们；他不仅能适当地酬报他们的美德和功劳，也能宽恕他们的过失，只要过失不超越一定范围。事实上，人们无法说出他的所有朋

① 处死犯通奸罪的女儿是奥古斯都恢复的古老父权。

② 女儿朱里娅起初被流放到坎佩尼亚附近的潘达特里亚岛（Pandateria），后迁到勒吉乌姆（Regium，意大利西南端一城镇，今卡拉布里亚的勒吉奥 Reggio）。

③ 厄尔巴岛附近的普兰那西亚岛（Planasia），今之庇阿诺萨（Pianosa）。

④ 《伊里亚特》第3卷，第40行，赫克托尔对巴里斯说：“但愿你……”。

友中有谁失宠的，除萨尔维狄恩努斯·卢佛斯和科涅利乌斯·伽路斯而外。两人都出身微贱，他把前者提拔到了执政官的地位，把后者提拔到了埃及总督地位。但是前者密谋革命，他把他交给元
2 老院惩处，后者忘恩负义居心险恶，他禁止后者到他家里来和到皇帝亲管的行省里去[①]，但是，当起诉人的控告和元老院的判决使伽路斯也[②]被处死时，奥古斯都虽然称赞了元老们对他表现出的忠诚和义愤，但还是流下了眼泪，并悲叹自己的命运，因为唯独他不
3 能随自己的意愿确定对朋友愤怒的程度[③]。其余的朋友继续享受着权力和财富，直到他们生命的终结，每个人都在自己的等级里占据最高的地位，尽管有时他对他们也有不满。且不说别人，他不止一次发现阿格里巴缺乏耐心，而玛塞纳斯天生的不能守口如瓶，例如前者只要稍疑心奥古斯都对他冷淡和看重马尔采鲁斯超过了自己，便搁下一切事情去了米提勒纳[④]，而后者则将发现穆勒那阴谋的秘密泄露给了自己的妻子特连提娅[⑤]。

4 但是他要求自己的朋友不但生前而且死后都要对他表示爱戴。尽管他绝不是个追求赠产的人，而事实上也从未接受过陌生人遗嘱赠与他的任何东西，但他对朋友们的临终遗言反应非常敏感。如果赠与他的是一份小气的遗产或一份不附恭维之辞的遗赠，他并不隐讳自己的懊恼。如果遗言用感激爱戴之辞赞美他，他

① 见 XLVII 节开头。

② 和萨尔维狄恩努斯·卢佛斯一样。

③ 也就是说，他不能像一个普通人那样，和朋友争吵了又和解。

④ 阿格里巴公元前 23—前 21 年在米提勒纳。参见《提比略传》，X。

⑤ 玛塞纳斯的妻子是穆勒那的姊妹。

也不掩饰自己的满意。每当他被出身任何阶层的有后代的人赠与遗产或遗产份额时，他立即将它转给他们的孩子，如果孩子年幼，他就待到他们穿成年袍或结婚的那一天，把这笔钱连同利息交给他们。

LXVII. 作为保护人和主人，他既仁慈宽厚又不乏严格。他让自己的许多被释奴身居要职并和他们保持亲密的关系，如李锡努斯、塞拉都斯等。他的奴隶科斯姆斯十分放肆地攻讦他，只被他铐上镣铐。有一次在他正和管家狄奥美德斯散步时，突然遭到一只野猪的袭击，后者惊慌失措，躲到他的后面。他只是怪这人胆小，并未认为他有罪，只是把这桩极为危险的事当作一个笑话，因为这个人毕竟没有什么恶意。另一方面，他曾迫使一个自己喜欢的释放奴波鲁斯自杀，因为他被判犯有与有夫之妇通奸的罪行；他还打断了自己秘书赛鲁斯的双腿，因为后者接受了 500 第纳里乌斯的贿赂，泄露了一封信的内容。他儿子盖乌斯的家庭教师和仆人由于趁盖乌斯生病和死亡之机在他的行省犯有无耻贪婪地搜刮的罪行，奥古斯都把他们脖子系上重物扔到河里。

LXVIII. 在青少年时代他便被毁谤犯有各种无耻行为。塞克斯都·庞培辱骂他有女人气，马尔库斯·安东尼辱骂他靠不正当的关系得到他舅父的收养，安东尼的弟弟鲁基乌斯则诽谤他在被恺撒夺去贞操之后，又以 30 万塞斯特尔提乌斯的价钱把自己出卖给了在西班牙的奥鲁斯·希尔提乌斯，还说他惯于用烧红的果壳燎烤自己的双腿，以使腿毛变软。此外，有一天剧场里演戏，所有的人都认为下述这句台词是讥讽他的，并大声鼓掌喧嚣。这出戏本来是说的诸神之母的一个祭司，而他正在敲着他的小手鼓。

这句台词是:“你瞧,一个淫棍的手指在如何地摆弄这个圆盘。”①

LXIX. 连他的一些朋友也不否认,他有私通的癖好,尽管的确他们为此辩解说,这是出于策略而非情欲,因为通过敌手的家庭主妇他能较为轻易地了解敌人阴谋的线索。马尔库斯·安东尼指责他除和利维娅草草成婚外,还当着一位卸任执政官的面,将后者的妻子从她丈夫的餐厅携入卧室,又把这位已是头发蓬乱,耳朵赤红的妇女领回餐桌,说他遗弃斯克里波尼娅,是因为她对自己过分得宠的她的一个情敌太随便地表示怨恨;说他的朋友们替他拉皮条,抢夺和物色妇人和漂亮姑娘,就像奴隶贩子托拉尼乌斯将他们拿
2 去拍卖一样。安东尼在还没有完全与他无论私下里还是公开地决裂前,曾写信给他本人,说过如下友好的话:“什么使您变成这样?因为我和女王睡觉吗?她是我妻子。我是刚开始这样呢,还是9年前就这样了呢?而您却怎样呢?您只和德鲁西拉一个人睡觉吗?祝您好运,如果您读到这封信时已不再和特尔图拉或特连提拉或卢菲拉或萨尔维娅·提提塞尼娅,或所有的她们鬼混了。难道您于何地或与何人寻欢作乐是要紧的事吗?”②

LXX. 此外,他举行的一次私人宴会,即通常所谓的“十二神”③之宴,也是遭人非议的话题。赴会的客人化装成男神和女神,而他本人则被装扮成阿波罗。指责他们这种行为的不仅有安

① 这可以理解为一个双关语。因为手鼓的样子是个圆盘形,很像罗马人关于地球(orbis)形状的概念。因此这句台词也可译为“你瞧,……摆弄这个世界。”

② 或:“不都一样吗?”

③ “十二神”用希腊文 δωδεκάθεος,意指希腊神话中住在俄林波斯山以宙斯为首的十二大神。

东尼的信(他恶意地说出了所有客人的名字),还有如下这几行家喻户晓的匿名诗:

这群饮宴者为宴会刚觅得一名歌队长[1],
玛利亚[2]看见六个男神和六个女神,
恺撒[3]亵渎地戴着阿波罗的假面具,
他在诸神的前所未见的放浪形骸之中饮宴;
这时,所有的神明都弃大地而去,
朱庇特自己也撇下他的黄金宝座逃离。

这次宴会的传闻反响超乎寻常,因为当时这地方正闹歉收和饥饿; 2
宴会的第二天,人们发出抗议,说这些神吃掉了所有的粮食,说恺撒是真的阿波罗,不过,他是罗马的一个区所膜拜的那个“刽子手”阿波罗。人们还批评他过分喜爱贵重的家具和科林斯的青铜器,沉湎于娱乐活动。例如在公敌宣告之时,他的塑像上曾被刻着:“我父亲曾经营银业,我如今经营科林斯铜业”的铭文,因为据信,他将一些人列入公敌名单是因为他们拥有科林斯的青铜器皿。后来,在西西里战争期间,流行如下的讽刺诗:

在海战中打输了两次,损失了船舰之后,
他一直掷着骰子,希望赢得一次胜利。

LXXI. 在这些指责或诽谤(无论哪一方面的)当中,关于丧失贞洁之说,他在当时和事后以自己的清白生活轻易地予以了驳斥;关于他生活奢侈的指责他也容易地用下述事实予以反驳,即当他

① 雅典的歌队长管理服装道具。这里指参加宴会者可向他租到化装用的服装。
② 有人认为这是歌队长或别的某一人名,有人则认为这是一个地名。——英译者
③ 指奥古斯都。

占领亚历山大里亚时，除一个玛瑙杯外，他自己没有拿取任何宫廷
用具，而是立即熔掉了那里供日常使用的所有金器。他不能摆脱
人们对他好色的指责，人们说他甚至在晚年还喜欢玩弄少女，她们
是被人、甚至是被他的妻子从各地为他搜罗来的。他一点也不回
避嗜好游戏的名声，并公开坦然地玩着游戏作为休息，即使到年事
已高时还是如此，不仅在 12 月份[①]，而且在其他节假日和非节假
2 日都是如此。关于这一点是毫无疑问的，因为他在一封亲笔信里
说过："亲爱的提比略，我同一些朋友进餐；我们的客人还有维尼奇
乌斯和老西利乌斯。在昨天和今天，我们像老年人那样在进餐时
赌博；骰子掷出后，谁掷得'狗'或'六'，就得往盘里为每一枚骰子
3 各放一个第纳里乌斯，掷得'维纳斯'[②]的赢得全盘。"在另一封信
里，他还写道："亲爱的提比略，我们非常愉快地度过了五日节[③]，
因为我们整日地玩，没有离开过赌桌。你的弟弟曾输得高声大叫，
但最后他输得不多；因为在他大输之后，出人意料地一点点地赢
回一个可观的数目。至于我，则输了 2 万塞斯特尔提乌斯，只因我
在游戏中像惯常一样过分慷慨。如果我向每个人要了我没有要的
赌注或不放弃我放弃了的全部赌注的话，我会赢足足 5 万塞斯特
尔提乌斯。但我更喜欢那样，因为我的慷慨好施会使我的美名流
4 芳百世。"他在给女儿的信中写道："我寄给你 250 第纳里乌斯。我

① 12 月份有几个节日，如 12 月 17 日开始的农神节(Saturnalia)，12 月 5 日林神浮努斯节。节日期间人人自由(包括奴隶)，尽情游乐，不需工作。

② 如果所有的骰子都是"一"，这一掷叫做"狗"；如果所有骰子点子都不同，则称"维纳斯"。——英译者

③ 米涅尔娃的五日节在 3 月 20—25 日。——英译者

给我的每个客人就是这个数目，倘若他们想掷骰子或玩‘成对不成对’游戏，甚至在就餐时。”

LXXII. 在生活的其他方面，人们普遍认为，他极为节制，甚
至没有任何可疑的过失。他最初住在罗马广场附近指环店楼上的
一所房子里，该房原本属于演说家卡尔乌斯；之后，他住在巴拉丁
山上同样简朴的霍腾西乌斯的住宅里，那房子既不大也不讲究，带
有阿尔班石石柱的柱廊是短短的，房间里没有任何大理石装饰或
美观的地面。40 多年里，冬季和夏季他都使用同一卧室[①]，虽然他
发现罗马的冬季对他的健康不利，但冬季仍住在那里。如果他打
算做什么事而不让人知道或不受干扰，这房子顶上有一个隐蔽的 2
地方，他把这儿称作“叙拉古”和“小作坊”。他时常在这里或在郊
区他的某个释放奴的家里隐居一下；每当生病，他就住在玛塞纳斯
的家里[②]。为了隐居安静，他最常去的地方是坎佩尼亚的海滨或
岛上，或者罗马附近的城镇，例如拉努维乌姆，普赖尼斯特或提布
尔，他常在这些地方的赫库利斯神庙柱廊内开庭。他不喜欢宏伟 3
而豪华的乡间宫殿，实际上他拆毁了孙女朱里娅建造的一座奢华
的宫殿。至于他个人的那些十分简朴的别墅，他少用优美的塑像
和绘画，而多用一些游廊、丛林和稀奇得显眼的古物装饰，例如，在
卡普里埃岛上的别墅里，有被称为“巨人遗骸”的海中怪兽和野兽
的巨型骨架和英雄的武器。

① 罗马人通常冬季住有阳光的一边，夏天住晒不到太阳的一边。

② 玛塞纳斯(Maecenas)是他的亲信之一，家住埃斯奎林郊原(Esquilinus Campus)，那里空气新鲜，于健康有益。

LXXIII. 从保存至今的卧榻和桌子可以看出他的家具和生活起居用品的简朴，其中许多东西对于一个普通公民来说也是算不上讲究的。据说他总是睡在一张铺设简单的矮床上。除特殊场合外，他平时穿着他的妹妹、妻子、女儿或孙女做的家常便服；他的托加袍不紧不松，紫色镶边不窄也不宽[①]，他的鞋配着高底，为的是使他的身体看上去比实际高一些。不过，他总是在自己的房间里随时准备着公开场合穿的鞋子和衣裳，以应付突然的意外需要。

LXXIV. 他不断而且总是正式地举行宴会，并且在这方面很注意客人的身份和品性。据瓦列利乌斯·麦撒拉记载，他从未邀请过任何释放奴参加宴会，只有麦那斯除外，而麦那斯也只是因出卖了塞克斯都·庞培的舰队而被列入自由民行列后才受到邀请的。据奥古斯都自己记载，他曾经款待过一个人，这人是他的一个卫士，他以前常在这人的别墅里下榻。在这些场合，他有时会来得晚些或走得早些；他允许他的客人们在他就座前就开宴或在他走后还继续饮宴。他最慷慨时，一次宴会上三到六道菜，没有不必要的奢侈，却有极为融洽的气氛。因为他能把那些不言不语的人或低声交谈的人引入共同的谈话，还介绍音乐家和演员，甚至来自竞技场的流浪艺人，尤其是说书人。[②]

LXXV. 他照例奢华地庆祝节假日，但有时只是为了开开玩笑。在农神节或其他任何日子，只要心血来潮，他就会立即赏赐衣服或金银，还有各种各样的钱币，包括王政时期的钱币和外国钱

① 宽者为元老服，窄者为骑士服。

② 以讲故事谋生的人。其故事常包括神力造成的奇迹。

币。但有时，他只赐予粗毛织物、海绵、拨火棒和夹子，以及其他容易引起误解的具有双重含义名称的一类东西。他还常常在晚宴上拍卖价值悬殊的物品的彩票和只让人看到背面的油画。他虽然这样用命运的变幻莫测使购买人失望或得到期望的完全满足，但是要求所有的客人都参与喊价并分享所得或分担损失。

LXXVI. 他饭量很小（我甚至不想省略这一细节），而且通常吃得很简朴。他特别喜欢粗面包、小鱼、手工制的湿奶酪和摘剩的青无花果。他吃饭不论何时何地，只要感到饿了就吃，即使快开宴席了，他也吃东西。我逐字引用他的一些信札中的原话：“我在车
里吃了点面包和一些枣椰子”，以及“在从里吉亚[①]回家的路上，我 2
坐在肩舆里吃了一点点面包和一串硬肉葡萄[②]。”又如：“亲爱的提比略，甚至连一个犹太人在安息日也不会像我今天节食[③]得如此认真，因为那天直到夜里头一个小时之后，我才在浴室里在开始涂油之前，吃了两口面包。”他饮食完全没有规律，因此有时会在宴会开始前或结束后独自吃东西，而在宴会过程中却什么也不吃。

LXXVII. 在饮酒方面，他也天生的十分节制。科涅利乌斯·奈波斯写道，在穆提那城下军营里时，他平素正餐时饮酒不超过3杯。此后，即使在开怀畅饮时，也从未超过一大杯[④]；多了，他就倒

① “里吉亚”（regia）意译为“王宫”或“议事厅”（见本卷 XXXI. 5），原为第二王努玛王宫，在罗马圣路（Via sacra）上维斯塔神庙旁。但英译者认为是另一地名。

② 一种食用葡萄，不是榨酒用的。——英译者

③ 罗马人对犹太人的宗教仪式并不清楚。犹太人并不在安息日（星期六）斋戒节食。

④ 6 个 1/6（senos sextantes），即一大杯（sextarius 0.547 升），等于 12 杯（cyathes）。

掉。他最喜欢里提亚酒[①]，但在宴会前很少饮酒。他这时喜欢吃一小块用冷水浸泡过的面包，一小片黄瓜，一小枝青莴苣，或一只带酸味的新鲜的或晒干的苹果。

LXXVIII. 他通常在午饭后休息一会儿，不脱衣服也不脱鞋，脚上不盖东西，手遮在眼睛上。晚饭后，他到工作室坐在榻上，在那里待到深夜，直到处理完白天剩下的全部或大部分的事情为止。然后，他上床睡觉，时间不超过 7 个小时，甚至这几个小时也不是
2 一直睡着，中间要醒三四次。他如果醒了之后不能重新入睡，便派人请念书人来给他念书或讲故事人来给他讲故事；他入睡后，常常一直睡到天亮以后。他从来不愿意醒着独自躺在黑暗中，这时他要一个人坐在他身边。他讨厌起早。有时由于官方的或宗教方面的职责，他不得不比平时早起。这种情况下，为了方便，他就在约定的地点附近一个朋友宅第里过夜。即使这样，他也还时常苦于睡眠不足；以至于会在坐着肩舆穿过街道时或肩舆放下歇一歇时，在肩舆里睡着了。

LXXIX. 尽管他一点不存心打扮自己，但在生活的各个时期，他都十分漂亮，异常优雅。他很不讲究理发，以至于竟会让几个理发师同时而又匆促地为他理发；至于胡须，他有时叫人将它剪短，有时则叫人刮掉，并且一边修面一边读书或写东西。无论在谈话或不谈话时，他都是那样平静、温和，以至于高卢行省的一个首领对自己的部下承认，奥古斯都的表情使他的心变软了。因为有一次在奥古斯都翻越阿尔卑斯山途中，这首领假托谈判，在被允许接

① 虽然用的日耳曼酒名，实为意大利产的一种廉价酒。

近奥古斯都时，奥古斯都的表情使他放弃了把这位皇帝推下悬崖的企图。他有一双清澈明亮的眼睛，喜欢被人觉得在他的眼睛里
有一种神圣的力量，当他用目光注视着对方时，对方会低下眼睛， 2
仿佛感到阳光耀眼似的，这使他极为满意。不过，到了晚年，他的左眼视力有些不佳。他的牙齿小，牙缝大，而且保养得不好。他的头发微卷，近似金黄色。他的两眉中间是连在一起的。他的耳朵大小适中，鼻子的顶端微微隆起，然后稍向内弯。他的肤色介于黑白之间。他身材短小（尽管他的释放奴兼传记作者朱里乌斯·马拉图斯说他身高有 5 尺 9 寸），但身材的匀称与和谐弥补了这一缺点。身材矮小这一点也只有当他与一个身材高大的人站在一起比较时才看得出来。

LXXX. 据说他身上长满了斑点，他的胸部和腹部散布着胎记，且这些胎记的形状、顺序及数目与天上的大熊星座相应；他的身上还有许多类似金钱癣的硬疤，这是因身上不断发痒和使用擦身器用力擦搔造成的。他左边的臀部大腿和小腿不很强壮，有时甚至稍微有点瘸，但是通过用沙子和芦苇治疗[①]，他使它们强壮起来。他有时发现右手的食指很无力，当冷得麻木或皱缩时，即使借助于角质手套，也几乎不能用它来写字。他还抱怨他的膀胱，只有在结石随尿排出后，疼痛才得以解除。

LXXXI. 他一生中患过几次严重而危险的疾病，特别是在征服坎塔布里亚之后（23 B.C.），当时他的肝部脓肿，情况十分危急，被迫接受前所未有的冒险治疗。由于热敷对他无效，他的医生安

① 一种敷剂。——英译者

东尼·穆塞建议用冷敷。

2 他每年定期有一些小病复发，例如，他通常正好在生日前发小病；初春时，他的膈会肿大；逢到刮南风，就会患上黏膜炎。因此，他的体质变得很弱，以致经受不住任何的冷或热。

LXXXII. 冬季，为了保暖，他穿四件内衣和一件厚托加，此外还穿一件贴身衬衫，一件羊毛背心，用裹布裹大腿和小腿。而在夏季，他开着卧室的门睡觉，不过他经常露天睡在庭院内的泉水附近，还吩咐人为他煽扇。即使在冬季，他也忍受不了太阳光；若不戴上宽边的帽子，他从不到外边散步，甚至在家散步。他乘轿舆旅行通常要在夜间，要走得不快不颠，以致到普赖尼斯特或提布尔得走两天工夫[①]；如果走海路可以抵达目的地，他更乐意乘船。不论
2 怎么说，反正他通过精心照料，弥补了身体的虚弱，特别是利用适当的沐浴。他通常烤着火涂油或发汗，再用温水或被阳光晒温的水浸洗。不过，当他不得不用热盐水或硫磺水治疗风湿病时，他喜欢坐在一个木制的浴椅上（他按西班牙语称它为杜里塔），一次次地把手和脚浸到水里去。

LXXXIII. 内战一结束，他就放弃了在马尔斯广场练习骑马和使用兵器。起初改玩传球和气球，但不久又醉心于骑马或散步，由骑马散步又改为裹着斗篷或毛毯跑步和跳跃。为了转移注意力轻松一下头脑，他有时钓鱼，有时和小男孩一起玩掷骰子、掷石子或掷坚果，并为此到处搜罗各种长有漂亮脸蛋和说话天真的可爱男孩。他尤其喜欢叙利亚人和摩尔人的小孩。他讨厌侏儒、瘸子

① 罗马到普赖尼斯特约32公里，到提布尔约25公里。

以及一切这类天然生成的或不吉婚姻造成的畸形人。

LXXXIV. 从少年时代起，他就非常热忱、勤奋地致力于演讲术和高尚修养方面的学习。穆提那战役期间，尽管公事那样繁忙，据说他还是每天读书，写作和做演讲练习。事实上，若不预先构思好并写成书面，他从不对元老院或人民或士兵发表演讲，尽管他并不缺乏即席演讲的天才。而且，为了避免忘记所要说的话或在背 2
诵中浪费时间，他干脆一字不漏地照读手稿。他甚至把对个人的尤其是对妻子利维亚的谈话内容写在一个笔记本上，然后照本宣读，因为他担心无准备的谈话会说得太多或不充分。他清晰的发音，既悦耳又相当有个性；他常跟一个演说术教师一起练习。但有时因为喉咙生病，他就通过一个传令官向人民讲话。

LXXXV. 他写了大量各种不同的散文著作。像别人在演讲厅里做的那样，他把其中的一些朗诵给他的一伙亲密的朋友听，例如，他的《驳布鲁图的〈论加图〉》就是。[①] 他朗诵这部作品几乎一直读到底，只是因为感到疲劳才把它递给提比略去读完；因为这时他已是垂暮之人。他还写了《对哲学的劝勉》和一部包括 13 卷的《自传》，叙述他的一生，一直说到坎塔布里亚战争时期。但没有继 2
续写下去。他对诗只稍作涉猎而已，著有一本六音步的诗集流传至今，其标题是《西西里》，主题也是关于西西里的。还有一本同样篇幅不大的《讽刺短诗集》流传下来，大部分是在洗浴时写作的。尽管他非常热心地开始写一部悲剧，但因不满于自己的风格而将它毁掉了。当他的一些朋友问他《阿雅克斯》的情况怎样了时，他

① 布鲁图在公元前 46 年发表了论加图的颂词。——英译者

回答说他的阿雅克斯已倒在他的海绵上了。[①]

LXXXVI. 他磨炼出一种朴实而精致的演讲风格，避免追求
警句的刻意浮夸和不自然的程式，以及他自己称之为“讨厌的用词
牵强”，他把主要的目标放在尽可能清楚地表达自己的思想上。因
此，为了避免使读者和听者有什么不懂或产生误解，他断然地在城
市名称前使用介词，[②]也不怕重复使用连接词，如果省略了它们，
2 尽管能增添优雅却会引起费解的话。他一样地轻视翻新者和复古
者，认为这两种相反的人都是错误的；他有时嘲弄他们，尤其是他
的朋友玛塞纳斯，不放过任何机会通过模仿滑稽作品来责怪和取
笑他的头发，称之为“滴着油膏的卷发”。他甚至不放过提比略，因
为他有时刻意使用一些陈腐的和书呆子气的语汇。至于马尔库
斯·安东尼，他称之为疯子，因为安东尼写作与其说是为了让人理
解，不如说是为了要人赞扬。接着，他进而嘲弄安东尼在选择演讲
风格上的不良倾向和缺乏恒心时，还说了这样的话：“你能怀疑你
3 是否应该模仿安尼乌斯·辛布尔或维拉尼乌斯·弗拉库斯吗？你
能怀疑你使用的话是萨鲁斯特·克里普斯从加图的《起源》[③]中拾
来的牙慧吗？抑或你宁愿把亚细亚学派演说家的那种流畅但是冗
长、空洞的风格[④]引入我们的语言吗？”他在一封给孙女阿格里皮
娜的信里在称赞她的优良禀赋的同时说道：“但是你要十分注意写

① 奥古斯都写的悲剧《阿雅克斯》主角是荷马史诗中的英雄。他和奥德修斯争阿克琉斯的盔甲，失败自杀。罗马用海绵拭血。

② 按拉丁语语法规则，城市名称有专门的地点格词尾形式，无须用介词。

③ 见《语法学家》第 X 节之末。

④ 亚细亚学派的风格浮夸堆砌，和阿提克学派的质朴相反。

作或谈话，不要矫揉造作。”

LXXXVII. 在日常谈话中他使用某些自己偏爱的独特的语
汇，这在他的亲笔信中可以看到。在这些信中，当他想表达某些人
永远不会付钱这个意思时，他时常说：“他们将在希腊历的卡伦德
日付钱。”[①]当他在劝人容忍当时的现状时说：“让我们满足于我们
这个加图吧！”为了表达一个急促的动作，他则说“比烹制芦笋还 2
快”。他不断地用 baceolus（笨蛋）代替 stultus（笨人），用 pulleia-
ceus（微暗）代 pullus（黑暗），用 vacerrosus（呆的）代 cerritus（受
蛊惑的）。他还用 vapide se habere（感觉变质了）代 male se habere
（感觉坏了），用 betizare（像糖萝卜）代 languere（虚弱），后一词土
语是 lachanizare。此外，他用 simus 代替 sumus，用 domos 作为
单数属格形式代替 domuos。[②] 他之所以把最后两种形式老是那
么写，是为了避免人们把它们看成是错误而不把它们看成是习惯。

我还注意到他的书写方式有如下的独特之处。他不把单词分 3
隔开来写，不把剩下的字母由一行的末端移到下一行之首，而是把它们写在这个词已写部分的正下方，并画一个圈把它们圈起来。

LXXXVIII. 他并不严格地遵循正字法，即文法家们制订的理论上的拼写规则，似乎这毋宁说是那些相信我们应该严格地按着我们的发音来拼写的人的想法。诚然，他的拼写中频繁地发生不仅字母而且音节错位或脱漏，这原是人类的通病。若不是一些人的记载使我感到意外的话，我甚至不会记录这事。他们的记载说

① 卡伦德日或“朔日”（kalendae）是罗马历法中一个特有的名称（初一），希腊历法中没有这类特别的名称。

② 这些词之间都有词义或语法含义上的区别。有的是完全不能通用的。

奥古斯都曾把自己的一个不学无术的同僚，一个前执政官总督解了职，因为他看到这人把 ipsi 写成了 ixi。每当他用暗语写作时，他都用 B 代表 A，C 代表 B，其余的字母也依同样的规则；他用 AA 代表 X。

LXXXIX. 他对希腊各科学问的学习都感兴趣，并且也都做得极为出色。他的雄辩术教师是帕加马的阿波罗多洛斯，他年轻时从罗马来到阿波罗尼亚时，虽然阿波罗多洛斯当时已是位老者，仍把他一起带回来。后来，通过与哲学家阿瑞乌斯及其两子狄奥尼修斯和尼卡诺尔的交往，他对各种各样的学问都精通起来。然而，他从未获得流利地讲希腊语或用希腊语写任何文章的能力；因为遇到需要使用这种语言的场合，他就用拉丁文写下要说的话，然后交给别人翻译。他对希腊诗歌也绝非外行，甚至能从旧喜剧中得到很大乐趣，并时常在自己的公开招待会上上演它们。在阅读

2 这两种语言作家的作品时，他最注意从中寻找箴言和对公众或个人有教育意义的范例。每当他的家人、将军或行省总督中有人需要告诫的时候，他常常会把这些箴言逐字逐句地抄赠给他们。他甚至在元老院朗读整个的篇章，并通过公告引起人们对它们的注意，例如对克文图斯·莫特路斯的演说《论增加家庭人口》和卢提留斯的演说《论建筑物的高度》就是如此。他这样做是为了使人们相信，他并不是第一个留心这类事情的人，这些事情早已引起他们前辈人的注意。

3 他充分鼓励他那个时代的天才人物。他不仅谦恭而耐心地倾听他们朗读诗歌和历史著作，而且倾听他们演讲和辩论。但是，除了那些以严肃认真态度写的作品和杰出作家写的作品而外，他不

喜欢人家以他为任何作品的主题，常常责成大法官别让他的名字在演讲竞赛中变得庸俗不堪。

XC. 下面是我们所听说的他对宗教的态度。他有点害怕打雷和闪电，无论到哪里他总是随身带着一张海豹皮作防护；一看到有暴风雨的迹象，他就躲进有拱顶的地下室[①]；因为，正如我说过的，他曾在一次夜间旅行中九死一生地避过闪电雷击，受到了极大地惊吓。

XCI. 他对自己做的梦或别人做的关于他的梦不是无动于衷的。在菲力比战役中，他虽然由于有病已下定决心不离开营帐了，
但在受到一个朋友梦的警告后终于还是离开了自己的帐篷，结果
他很幸运。因为当敌人攻下他的营地冲进来时，以为他仍然卧病
在床，把他的卧榻刺得千疮百孔，扯成碎片。整个春季，他做了很
多可怕的梦，但这些梦是不灵验的，未得到应验。在那一年的其余
日子里，他的梦少了，但灵验的比较多。由于他常喜欢去他在卡庇
托尔山上建造的献给“雷神朱庇特”的神庙，因此，当他梦见“卡庇 2
托尔的朱庇特”抱怨说自己的礼拜者正在日益被夺走[②]时，他在梦
中回答说，附近的雷神将作卡庇托尔的朱庇特的守门人。于是，不
久他便在雷神庙的山墙上挂上铃铛，而铃铛通常是用在门上的。
同样也是因为一个梦，他每年在一个规定的日子乞求人民的施舍，

① 普林尼：《自然史》2，25，说月桂树（见《提比略传》，LXIX）和海豹从不遭雷击；又说雷电打不到地下5尺。——英译者

② 仿佛被另一个朱庇特、即“雷神朱庇特”，所夺走。朱庇特作为雷神可能是后来受外来崇拜影响的结果。

伸出张开的手掌接受人们丢给他的零钱[①]。

XCII. 他把某些占卜和预兆看成是确实可靠的。如果他早上
穿错了鞋子，把左脚的穿到了右脚上，他会认为这是个不祥之兆。
如果在他正要出发作海上或陆地上的长途旅行时碰巧下起了小
雨，他会认为这是个吉兆，预示他将迅速地成功而回。但他特别易
受奇迹怪事的感动。有一次他屋前人行道上的罅隙中长出一棵棕
2 榈树来，他把它移植到内庭家神旁边，并煞费苦心地培植它成长。
又有一次，他在卡普里埃岛上看到一棵老橡树低垂到地上，开始枯
萎的枝条在他到达该岛时重新长得茂盛起来，他感到非常高兴，以
致他与那布勒斯人协商，用埃那里亚换这个岛。他还重视某些日
子，一向拒绝在集市日[②]第二天登程旅行或在诺奈日[③]办理要事，
虽然在后一场合，如他在给提比略的信上所说的，他只是怕听这个
日子名称的不吉祥的读音。

XCIII. 他一方面极为尊重异邦的那些古老而完备的礼神仪式，但另一方面对其他的习俗则采取轻视态度。例如，他曾在雅典参加过秘仪[④]，因此后来在罗马出席审判一宗涉及阿提卡谷神祭司特权的案子时，由于审讯过程中暴露了仪式的某些保密内容，他支走了法官和旁听的人群，自己单独听取双方辩论。但与此相

① 这是一种以自贱行为祈求复仇女神宽恕的做法。

② 罗马人以 8 天为一周，照他们的说法是从第 1 天到第 9 天，第 9 天为“集市日”(nundinae)。——英译者

③ 罗马历法，诺奈日(Nonae)在 3，5，7，10 月为第 7 日，其余月份为第 5 日。“诺奈日”发音中有 Non(“不”、“无”)，故不吉利。

④ 他在雅典加入过崇拜谷神德墨忒耳(罗马人称刻瑞斯 Ceres) 的厄流息斯秘教团体。

反,不仅自己没有在埃及旅行途中稍微绕点路去参拜一次神牛(Apis)①,而且还高度称赞他的孙子盖乌斯在途经犹太国时未到耶路撒冷去做祈祷。

XCIV. 叙述到这里,补充一些有关他出生之前,出生的当天以及出生之后所出现的征兆是适宜的,因为通过这些征兆可以预见和推测他后来的伟大和不间断的好运。

在古时候,当维利特雷的一部分城墙被雷电击开时,预言说, 2
该城居民中将有一个人有朝一日会统治世界。维利特雷的人民由于相信这一预测,于是立即发动了对罗马人民的战争,并在此后还和罗马人民打了好多次仗,直到几乎完全灭亡。但是很久之后,事实终于证明,早已有征兆预告了奥古斯都的统治。

据朱里乌斯·马拉图斯说,奥古斯都出生前几个月,在罗马, 3
人们普遍地观察到一种奇迹,预示大自然正为罗马人孕育着一个国王。因此,元老院在惊恐中颁布法令,不许养育那一年出生的男孩;但是,那些家里有妻子怀孕的男人都设法使这个法令不存档于国库②,每个人都希望这一预言能降临于自己的家庭。 4

我在门德斯城阿斯克勒庇阿得斯③的题为《论神》的书中读到过如下的故事:当阿提娅在午夜来参加敬奉阿波罗的神圣仪式时,他把自己的床榻④放在神庙里,睡着了,这时其余的贵妇们也睡

---

① 埃及人崇拜神牛的中心在孟斐斯。

② 在没这样做之前,立法程序是不完全的。参见《神圣的朱里乌斯传》XXVIII. 3。——英译者

③ 埃及尼罗河三角洲的一城市门德斯的一位哲学家。

④ lectica(肩舆)如中国轿,里面人是躺着的,故如床榻。

了。突然,一条巨蛇[1]悄悄地爬向阿提娅,一会儿走了。他醒来时,像和丈夫同过床之后一样净洗了自己的身体[2];突然,在她身上出现了一个像蛇一样的彩色印记,这个印记她一直没能弄掉。因此,她再不去公共浴场了。自那以后的第十个月,奥古斯都诞生了,并因此被看作是阿波罗之子。又,其母阿提娅临产前梦见自己的腑脏被提升上了星空,并扩展到天边,覆盖了整个大地,其父屋大维则梦见太阳从阿提娅的子宫升起。

5 他出生的这一天正值元老院处理喀提林阴谋事件,屋大维因
妻子分娩来迟了。如所周知,当普布里乌斯·尼吉底乌斯获悉他
迟到的原因以及奥古斯都出生的时辰时,宣布世界的统治者已经
降生。后来,当屋大维率领一支军队通过色雷斯的一些偏僻地方
时,在酒神利柏尔的圣林,用蛮族人的礼拜式就他的儿子之事向祭
司请教,祭司们作出了同样的预言。因为,当他在祭坛上献祭时,
浇在祭坛上的酒弹出一团火焰,火焰飞到神庙的屋顶之上,一直上
升到高高的天穹;这样的征兆从未降临过其他任何人,除了亚历山
6 大大帝(他曾在这同一祭坛上献祭过)外。此外,就在第二天夜里,
他梦见他的儿子以威严超凡的姿态出现在他面前,手持雷电、君主
权杖,佩戴着至大至善的朱庇特的标志,头戴金光四射的王冠、驾
着由 12 匹雪白的马拉着的饰有花环的战车。正如盖乌斯·德鲁
苏斯记叙的,当奥古斯都还是婴儿时,有一天晚上被保姆放在底楼
的摇篮里,第二天早晨不见了;经过长时间寻找,最后发现他躺在

① 罗马人常以蛇为精灵,庞培城壁画上有以两蛇为一夫一妻之精灵者。——英译者

② 为避免亵渎祭神仪式。——英译者

一座高塔上，脸朝着初升的太阳。

他刚一开始学说话时，碰巧青蛙在他祖父农庄里大声鼓噪，他 7
命令它们安静。据说从那以后，便再没有青蛙在那里叫了。当他在坎佩尼亚大道[①]第四里程碑处的一个小树林里午餐时，发生了一件使他惊奇的事情：一只鹰从他的手里衔走了面包；然后又发生了一件同样使他惊奇的事情：这只鹰高高飞起之后又缓缓地落下，把面包还给了他。[②]

克文图斯·卡图鲁斯奉献卡庇托尔神庙之后，连续两夜做梦。 8
第一天夜里他梦见至大至善的朱庇特从几个正在祭坛周围玩耍的贵族男孩中叫出了一个，然后把手里拿着的一个象征罗马国家的塑像放到这个少年的托加袍兜里；第二天夜里他梦见同一个男孩坐在卡庇托尔的朱庇特的膝上，而且当卡图鲁斯叫他把这孩子抱下时，朱庇特警告他不要这样做，并向他宣布，这个男孩将被抚育成他的国家的救星。当卡图鲁斯第二天遇见他从未见过的奥古斯都时，他非常惊奇地望着他，并且说他非常像自己梦里见过的那个男孩。关于卡图鲁斯的第一个梦，有人有另一种说法：当一大群贵族出身的孩子向朱庇特要求一个保护人时，朱庇特在他们当中点了一个他们将来应该指望依靠的人，然后用手指轻轻地触了一下这个孩子的嘴，又把手指放到自己的嘴唇上[③]。

当马尔库斯·西塞罗正陪同盖乌斯·恺撒去卡庇托尔神庙 9

① 阿庇亚大道的别名。——英译者

② 鹰兆预示国王的权力（参见李维第 1 卷之 34）。

③ 代替直接吻他。

时[①],他偶然对他的朋友们谈起他前一天晚上做的一个梦。他说他梦见一个外表高贵的少年被用一条金链从天上吊下来,站在卡庇托尔神庙门口,挨了朱庇特一鞭子。说到这里,他突然发现了奥古斯都(他是跟他舅父恺撒前来参加仪式的,这时还为在场的大多数人所陌生),他说自己梦里看见的那个孩子正是这个模样。

10 正当奥古斯都接受成年袍的时候,他的元老袍两边的镶边被撕开,落在他的脚边。对此,人们解释说,这是一个肯定的信号,预示长袍镶边所代表的那个等级有朝一日会拜倒在他的足下。

11 当神圣的朱里乌斯在孟达砍伐森林准备一块宿营地时,看见一棵棕榈树,他把它保留了下来作为胜利的征兆。突然这棵树上长出一根嫩枝,没几天就长得和母树一样高大,甚至把母树覆盖住了。不仅如此,而且还有许多鸽子在上面筑起了巢,尽管这种鸟特别畏避粗硬的树叶。的确,人们说,特别是这个新树的征兆使得恺撒希望把自己姐姐的孙子作为自己的继承人,而非其他任何人。

12 隐居阿波罗尼亚期间,奥古斯都与阿格里巴一起骑马来到占星术家提奥根尼斯的住处。阿格里巴先问运气,他得到的预言说他将有一番伟大得不可思议的事业。这时奥古斯都坚持不肯说出自己的出生时间,因为他缺乏自信,担心自己被预言为一个不起眼的人物。当他受到多次劝说催促,终于勉强而犹豫地说出了生日时,提奥根尼斯跳起来扑在他的脚下。从那时起,奥古斯都对自己的命运有了坚定的信心,以致公开了自己算命的星宫图,并发行了铸有他出生时的摩羯宫星图的银币。

---

① 见《神圣的朱里乌斯传》,XV 节注。

XCV. 恺撒死后，他从阿波罗尼亚返回。在他进城时，天空晴朗无云，但在日轮周围突然出现了一个像雨后彩虹一样的光环。紧接着，恺撒的女儿朱里娅的墓被闪电击中；又，在他第一任执政官期间，有一次正在进行占卜时，像罗慕路斯遇到过的那样，有12只兀鹰出现在他面前。当他宰杀牺牲时，发现所有牺牲的肝脏下端都向内折叠。所有精通占卜术的行家一致认为，这是一个前途伟大而幸运的征兆。

XCVI. 他甚至事先卜知了他进行的所有战争的结果。当三头的兵力在波诺尼亚集结时，一只落在他帐篷上的鹰冲向两只从两面夹攻它的乌鸦，将它们击落在地。全军上下据此推断，这三个人有朝一日会发生不和。后来事实果然如此。他们还据此预言了三头内战的结果。在他前往菲力比的路上，一个色萨利人得到神圣的恺撒授权，通知他将获得胜利。因为这个色萨利人曾在一个
山僻小路上遇上了恺撒的阴魂。 2

当他在佩鲁西亚献祭未获吉兆，因而吩咐再拿来牺牲时，敌人发起了突然袭击，拿走了所有献祭器具。占卜师们由此一致预言，所有威胁着献牲者的危险和灾难将落在那些取走内脏的人身上。结果果然如此。西西里海战前一天他在海边散步，一条鱼跃出海面落在他的脚边。在阿克兴，当他正准备出海作战时，遇上了一头名叫尼康的驴子和一个名叫优图霍斯的赶驴人①。他于是把营地移到了这里。这战役胜利之后，他把这个地方圈为圣地，在这里建

① “尼康”希腊文 νικῶν 意为“胜利者”；“优图霍斯”希腊文 εὐτυχής，意为“幸运者”。

立了一头驴子和一个赶驴人的青铜雕像。

XCVII. 关于我下面要谈的他的死及死后人们对他的神化，也通过一些准确无误的迹象被提前得知。当他将要在马尔斯广场人民大众面前结束祓除仪式[①]时，一只鹰在他头上盘旋了几圈，然后直飞向附近一神庙，落在阿格里巴名字[②]的第一个字母上方。奥古斯都注意到这一迹象，便吩咐由同僚提比略宣读传统的祈求下五年国运的祝词，因为他尽管已将祝词准备好并已写在书板上，但他宣称他不能承担自己大概已不能履行的许愿。几乎在这同时，一道闪电把他名字[③]的第一个字母从他的一尊雕像的铭文上熔化掉了。人们解释说，这意味着从那时起他只能再活 100 天，由字母 C 可以知道这个天数[④]；这还意味着他将被尊为神，因为在伊特拉里亚语中，神这个词就是 aesar（即 Caesar 一词被雷火熔掉字母 C 之后剩下的部分）。

3 故此，当他正要派提比略去伊利里库姆，并打算一直陪送他到贝尼温图姆时，向他呈来的诉讼案一件又一件，使他无法离开法官席。他这时大呼，即使一切事情都一起来阻留他，他也不愿再待在罗马了。——这在事后也被看作是他将死的征兆之一。这次行程开始之后，他一直行至阿斯图拉，并因为正巧有一股不大的顺风，他便一反自己习惯，从阿斯图拉乘船夜间出发航行。从此，他便患

---

① 祓除（Lustrum）是一种涤罪献祭，每 5 年（实为 4 年）举行一次，在公民调查结束后由监察官主持在战神广场进行。以一只公牛、一只羊，一只猪祭神，一位监察官祈祷，读祝词，在祝词中祈求下一个五年国家好运，并为此许愿立誓。

② 这庙是阿格里巴建造的，正面刻着他的名字。

③ 指他的家族名 Caesar。

④ 拉丁文字母 C 代表数字 100。

上了一种病，开始是腹泻。

XCVIII. 当时他沿着坎佩尼亚海岸和邻近岛屿航行一遭之后，又在卡普里埃的自己别墅里待了 4 天，在这里他得到全身心的休息和轻松的娱乐。

当他的船航行经过普特俄利湾时，一艘刚刚抵达那里的亚历 2
山大里亚的船上乘客及船员全都身着白衣，头戴花环，焚着香，对
他表示良好的祝愿和最高的赞誉；说正是由于他，他们才得以生
存，能够航海，享受到自由，交了好运。他对此非常高兴，于是赐给
自己的随从每人 40 个金币，要他们大家都发誓保证把这笔钱全部
用来购买亚历山大里亚来的货物。除此之外，在他逗留的其余几 3
天里，除各种小件礼物外，他还赏赐了托加袍和希腊斗篷[①]，规定
罗马人使用希腊人的装束和语言，希腊人使用罗马人的服装和语
言。他常去观看厄腓比的操练[②]，在卡普里埃仍有许多保持着古
风的厄腓比。他还为这种青年举行宴会，并亲自参加，而且，不仅
允许他们，甚至有意逗他们尽情地玩笑，争抢他抛给他们的水果、
美食和各种东西。简言之，他纵情于一切形式的玩乐。

他把卡普里埃岛上一个附近的地方称作阿普拉戈波利斯[③]， 4
这是由于待在那里的他的随从们成天地玩乐的缘故。此外，他还
常把他的一个名叫马斯加巴的宠信者称作克提斯忒斯[④]，仿佛马

---

① Pallium 是希腊人特有的服装，有如托加袍（toga）之于罗马人。——英译者

② 厄腓比（ephebi）是希腊人对自己的正在接受军事训练的 18—20 岁的青年的称呼。卡普里埃岛早就是希腊人的殖民地。希腊人的这一习惯当时在这里还流行。

③ 意思是："天天是节日的地方"或"无所事事之地"。

④ 希腊文 Κτίστης 用于称一个城市或殖民地的创建人。

斯加巴是这个地方的开拓者似的。当他从餐厅里看到一大群人举着许多火把参观这个去年去世的马斯加巴的坟墓时，即兴创作并高声朗诵出这样的诗句：

我看见开拓者的坟墓火光通明

然后转向提比略的一个随从塞拉西鲁斯(后者当时正在他的对面斜倚在榻上，对此事一无所知)，问他这是哪个诗人的作品。在塞拉西鲁斯犹豫之际，他又加上了一句诗：

借着光明，你可曾看见，马斯加巴现在受到尊敬？

并问塞拉西鲁斯这句诗又是谁作的。当塞拉西鲁斯说这两行诗无论为谁所作都作得非常好，但除此而外什么也说不上来时，他迸发出一阵大笑，并将此当作一件趣事。

5 他尽管由于肠道间歇地发病仍然虚弱，但不久还是航行去那布勒斯了。不仅如此，他还观看了五年一度的为他创办的体操竞赛。随后，他和提比略向目的地[1]进发。但在归途中他的病情恶化，终于在诺拉卧床不起。他召回正前往伊利里库姆的提比略，并和他进行了长时间的个人谈话。此后，他不再过问要事了。

XCIX. 在他生命的最后一天，他不时地询问外边是否有因他而产生的骚乱。然后他要来一面镜子，吩咐把他的头发梳好，把他的下颌合上[2]。这以后，他召进自己的朋友们，问他们是否觉得他已成功地演出了一出生活的喜剧，接着补了一句终场词：

既然我已经出色地扮演了我的角色，

① 贝尼温图姆。——英译者

② 因衰弱无力，嘴巴合不上了。——英译者

你们就鼓掌吧，

让掌声伴送我退出这舞台。

然后他让朋友们离去。正当他一边向一些刚从罗马来的人打听德
鲁苏斯生病的女儿一边吻别利维亚时，突然去世。他最后的话是：
“利维亚，记住我们的婚姻，活下去，别了。”他就这样有福地安然死
去，像他渴望的那样。他生前每当听说某人毫无痛苦地说死就一
下子死了时，他祈祷自己和自己的亲人也能有个类似的“安乐死” 2
（这是他生前惯用的一个希腊词）。他临咽气之前人们看到的唯一
神志不清的迹象是，他突然惊恐地叫喊起来，说有 40 个青年要把
他抬走。这与其说是个错觉，不如说是个预兆，因为抬他的遗体出
去让人瞻仰的禁卫军士兵正好是这个人数。

C. 他死在他父亲屋大维去世的同一房间里，时值塞克斯都·庞培和塞克斯都·阿普利乌斯执政年，九月的卡伦德日前第 14 天的第 9 点钟，距他 76 岁生日正好还有 35 天(8 月 19 日，14 A. D.)。

他的遗体由自治市和殖民地的元老们从诺拉一路抬到布维 2
利。由于夏季天热，他们只好在夜间行走，白天把尸体安放在他们
所到城镇的议事会堂或该城的主要神庙里。从布维利起，由骑士
等级的人接着把遗体抬到罗马，安放在他自家的前厅里。

元老们争论着要求为他举行一次隆重的葬礼和高规格的悼
念。于是除了许多其他的建议外，有些人建议送葬队伍通过凯旋
门，以立在元老院前的胜利女神像作为前导，由首脑人物家的男女
儿童唱挽歌。另一些人则建议举行葬礼的这一天不戴金戒指，戴
铁制的。还有一些人建议把“奥古斯都”这个月份名称由“8 月”改 3

用为“9 月”，因为奥古斯都生于 9 月而死于 8 月。另一个人建议
把他出生之日直到死亡这段时间称为奥古斯都时代，并将此载入
历书。尽管对他的赞誉被定了个限度，但对他的颂词被宣读了两
4 次：一次在神圣的朱里乌斯庙由提比略宣读，另一次由提比略的儿
子德鲁苏斯在老的船首讲坛[①]宣读。他的遗体由元老们肩扛到马
尔斯广场火化。甚至，有一位前大法官发誓说在尸体化为灰烬后，
他看见这位皇帝的身影冉冉地升上天空。他的骨灰由骑士等级的
头面人物赤着双脚衣不束带地收集起来放入他的陵墓中，就是他
第六次出任执政官时在弗拉米尼大道和第伯河岸之间建造的那个
陵墓(28 B. C.)。与此同时，对公众开放了环绕陵墓的圣林和甬
道。

CI. 奥古斯都在鲁基乌斯・普兰库斯和盖乌斯・西利乌斯执
政年的 4 月诺奈日前的第三天，即他死前的 1 年又 4 个月(4 月 3
日，13 A. D.)，立了遗嘱。遗嘱分两个小本子，一部分是他亲自写
的，一部分是由他的释奴波里比乌斯和希拉里奥代笔的，由维斯塔
贞女负责保存。现在，她们出示他的遗嘱，同时还有以同一方式密
2 封的三个书卷，所有这些文件都在元老院被启封宣读。他指定提
比略和利维亚为他的主要继承人，提比略得三分之二财产，利维亚
得三分之一。他还吩咐这两人袭用他的称号[②]。第二顺序继承人
是提比略的儿子德鲁苏斯，得三分之一财产，其余由日耳曼尼库斯

① rostra，以所俘敌船船首为饰的讲坛。新讲坛是奥古斯都所建，阿克兴战后以安东尼舰队的船首为饰。

② 提比略用“奥古斯都”称号，利维亚用“奥古斯塔”称号。但提比略直到元老院授予他这个称号时才接受。——英译者

及其三个儿子继承。作为第三顺序继承人他提到了许多亲戚和朋
友。他留给罗马人民 4 000 万塞斯特尔提乌斯；留给部落[①] 350
万；给禁卫军士兵每人 1 000，给驻守罗马的步兵队每人 500，给军
团士兵每人 300 塞斯特尔提乌斯。这笔钱奥古斯都吩咐马上支
付，因为他把这笔钱一直留在手头上以备此用。他还把另外的遗
产赠给各种各样的个人，总数约 2 万塞斯特尔提乌斯；规定这笔钱
一年后支付，推迟的理由他说是因为他的财产不多。他声称继承 3
人所能得到的财产不会超过一亿五千万。因为虽然在最后 20 年
间他从朋友们的遗嘱中得到了 14 亿的馈赠，但他说，在此期间为
了国家的利益他已差不多花光了他从自己生父和养父两方面所继
承的财产，其他的继承所得情形也一样。奥古斯都还吩咐他的女
儿和孙女朱里娅，一旦发生什么事[②]不得葬入他的墓地。在三个
书卷中，一个是他对自己葬礼的安排；另一个是他对自己所创建业 4
绩的叙述，要求把它们刻在纪念牌的铜板上并立于陵墓入口处；第
三卷里是关于整个帝国情况的汇总：全国各地有多少现役士兵，国
库和皇室内库有多少钱，有多少税银还被拖欠着。此外，他还列出
了能够提供详情的释奴和奴隶的名单。

① 大概指他自己出生的部落和恺撒所属的部落。

② 这是一种委婉的措辞，意即“死后”。——英译者

第三卷　提比略传

I. 属于贵族的克劳狄家族(因为另外还有一支拥有同样大权
势和声望的属于平民的克劳狄家族)发祥于萨宾人的勒吉里城[①]。
这个家族是在与罗慕洛斯共享王权的提图斯、塔提乌斯的发起下,
带着大批依附者从这里迁到刚建城不久的罗马来的,或按更通行
的说法,是在诸王废逐后第六年[②],由该家族的族长阿达·克劳狄
的发起迁来罗马的。在罗马该家族被接纳为贵族,还为自己的依
附者从国家在阿尼奥河[③]彼岸地区领得一份公地,为自己家族在
2 卡庇托尔山冈下领得一块墓地[④]。尔后,随着时光的流逝,这个家
族荣任过 28 次执政官、5 次独裁官、7 次监察官、荣获 6 次大凯旋
式和 2 次小凯旋式。该家族成员用过各种不同的名字和称号,但
他们在发现该家族两个名叫鲁基乌斯的成员犯了罪——一个抢
劫;另一个凶杀——之后,一致同意废弃鲁基乌斯这个名字,同时
在他们原有的名字里加上了一个“尼禄”的称号,“尼禄”这个词在
萨宾语里是“骁勇、健壮”的意思。

II. 众所周知,克劳狄家族有许多人曾为国家作出过卓越的贡

---

① 亦称勒吉鲁斯或勒吉鲁姆,地点不详。

② 约公元前 505 年或前 504 年。

③ 第伯河支流,在罗马以北不远处汇入第伯河。

④ 罗马城中的墓地是氏族时代的特权。十二铜表法禁止在城里火化和埋葬死人。

献，但也有不少人有过劣迹或罪行。下面我只举几个最重要的例子。盲者阿比乌斯曾力阻罗马人与皮洛斯王订立有害的和约（280 B. C.）[①]。克劳狄·卡德克斯第一个率领一支舰队渡过海峡，并把迦太基人赶出西西里[②]（264 B. C.）。提比略·尼禄在哈斯杜鲁巴率大军从西班牙进到意大利时把他击溃了（207 B. C.），没有让他和他的兄弟汉尼拔会师。与上述事情相反，编纂法典的十人委员 2
会成员之一的克劳狄·勒吉里阿努斯情欲冲动，曾企图迫使一个有自由人身份的少女沦为奴隶，这引起了平民反对贵族的第二次分离运动。[③] 克劳狄·鲁苏斯在阿比福卢姆日[④]给自己塑了一尊头戴王冠的塑像，企图通过依附者统治意大利。克劳狄·普尔赫尔不顾凶兆在西西里附近发动了一次海战（249 B. C.）——在他占卜时，献牲的鸡不肯吃食，他把它们扔进海里，说它们既然不肯吃食，就让它们去喝水吧。结果海战失败了。当元老院为此命令他任命一名独裁官时，他任命自己的信差格利奇阿斯担任此职，仿佛又拿国家危亡开了一次玩笑。

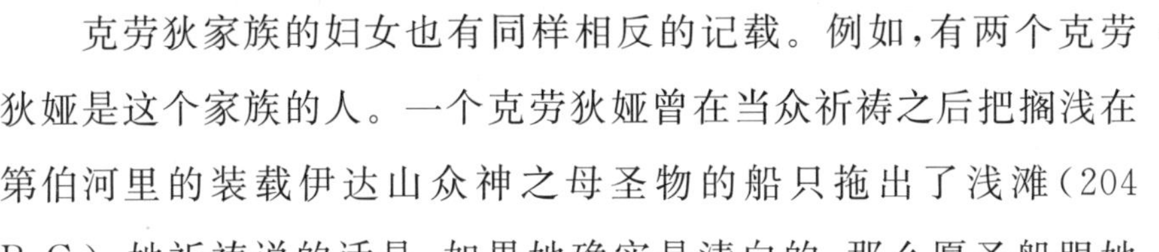

克劳狄家族的妇女也有同样相反的记载。例如，有两个克劳 3
狄娅是这个家族的人。一个克劳狄娅曾在当众祈祷之后把搁浅在第伯河里的装载伊达山众神之母圣物的船只拖出了浅滩（204 B. C.）。她祈祷说的话是：如果她确实是清白的，那么愿圣船跟她

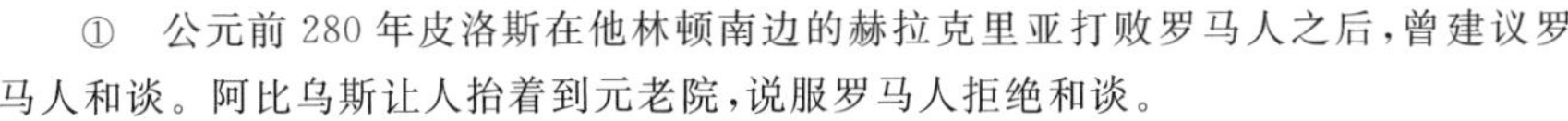

① 公元前 280 年皮洛斯在他林顿南边的赫拉克里亚打败罗马人之后，曾建议罗马人和谈。阿比乌斯让人抬着到元老院，说服罗马人拒绝和谈。

② 公元前 264 年把迦太基人赶出西西里岛。

③ 按传统年表，当在公元前 449 年。

④ 拉丁姆的一小城镇。

走。[1] 另一个克劳狄娅是妇女中第一个在人民面前被判犯有侮辱尊严罪的(246 B. C.);因为她曾因自己的马车在密集的人群中走不快而大声埋怨,说但愿她的哥哥普尔赫尔复活,再次失去舰队,以缓和罗马城的拥挤。

4 此外,众所周知,所有克劳狄家族成员都是贵族派,都是贵族优越感和贵族权势的坚定维护者;只有普布里乌斯·克洛狄乌斯一人例外,他为了把西塞罗逐出罗马,让一个比他自己还年轻的平民把他收为养子[2](60 B. C.)。这个家族的成员对待人民都态度强硬而傲慢,即使控其死罪,他们也不会有人低声下气穿上丧服,乞求人民宽恕;有些人甚至在争吵和纠纷中殴打平民保民官。甚至有一位维斯塔贞女,在其兄未得人民许可即举行凯旋式时[3](143 B. C.),登上他的战车陪送他直到卡庇托尔,以使任何一位保民官的拦阻或禁止都成为亵渎行为。

III. 这就是提比略·恺撒家族的根,并且父母双方都出于这个根,父系出于提比略·尼禄,母系出于阿比乌斯·普尔赫尔,而提比略·尼禄和阿比乌斯·普尔赫尔都是盲者阿比乌斯的儿子。提比略·恺撒由于外祖父曾被李维家族收养,故又属于李维家族。这个家族虽源于平民,可是也很有名望,曾 8 次荣任执政官,两次

[1] 对“大神母”库柏勒的崇拜中心原在小亚伊达山一带。前三世纪末传入罗马,公元前 204 年罗马人派专船从东方装载圣物来罗马。参见奥维德:《岁时记》,IV. 305 行以下。

[2] 参见第 1 卷 XX. 4。

[3] 此维斯塔贞女的兄弟(西塞罗和瓦勒留·玛克西姆说是她的父亲)是阿比乌斯·克劳狄·普尔赫尔,前 143 年执政官。他在对阿尔卑斯的沙拉西人(Salassi)战争胜利后,擅自举行凯旋式。

荣任监察官，得到过 3 次凯旋式，甚至荣任过独裁官和骑兵长官。这个家族之所以有名，还由于它出过一些有名的人物，其中尤其是
萨里那托尔和德鲁苏斯。前者在任监察官期间（204 B. C.）曾给所 2
有对他反复无常的部落做上暗记[①]，因为他们曾在他一次任执政官期满后指控过他并科以罚金，可是又再次把他选为执政官和监察官[②]。德鲁苏斯由于在一次和敌将德拉乌苏斯的单独决斗中杀死了他，因而为自己和后代赢得了那个名号。又据说，在他以代行大法官衔出任高卢总督时，从这个行省取回了很久以前塞诺尼人[③]在围攻卡庇托尔时索去的黄金（390 B. C.）；与传统说法相反，这笔黄金卡米路斯并未能从塞诺尼人那里夺回。他孙子的孙子〔曾在反对革拉古兄弟的斗争中（122 B. C.），由于有卓越贡献而得到“元老院监护人”的称号〕留下一子，当他在类似的内战中正忙于进行诸多筹划时，此子被他的反对派奸诈地杀死（91 B. C.）。

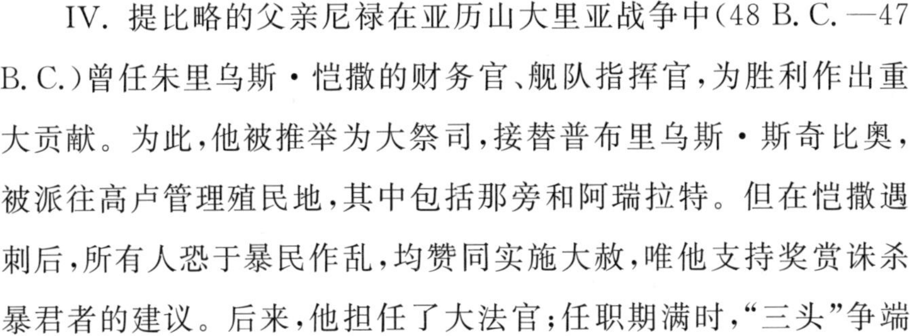

IV. 提比略的父亲尼禄在亚历山大里亚战争中（48 B. C.—47 B. C.）曾任朱里乌斯·恺撒的财务官、舰队指挥官，为胜利作出重大贡献。为此，他被推举为大祭司，接替普布里乌斯·斯奇比奥，被派往高卢管理殖民地，其中包括那旁和阿瑞拉特。但在恺撒遇刺后，所有人恐于暴民作乱，均赞同实施大赦，唯他支持奖赏诛杀
暴君者的建议。后来，他担任了大法官；任职期满时，“三头”争端 2

① 即在户籍调查册子上登记他们名字的地方做上污迹。——英译者

② 萨里那托尔在公元前 219 年任期后受到指控，在前 207 年重新当选执政官，于前 204 年当选监察官。

③ 塞诺尼人是一个高卢部落，他们在公元前 390 年攻占罗马，并从罗马人手中取得大笔赎金。据传统说法（李维：《罗马史》V 卷，46—49）这笔赎金被卡米路斯夺回。

出现。他在法定期限之后继续保留其官徽并追随“三头”之一的安东尼的兄弟（41 B. C.）当时的执政官鲁基乌斯·安东尼去了佩鲁西亚。别人投降后，只有他仍效忠于他，并离开这里先到普赖尼斯特，然后去那布勒斯。在许诺自由以试图征募奴隶充军计划失败
3 后，他避难西西里。但是，塞克斯都·庞培没有立即接见他；使用法西斯的手段也遭拒绝[①]。一气之下，他穿越亚该亚参加了马尔库斯·安东尼的队伍。不久，他与安东尼重返罗马，重建普遍和平。并且在奥古斯都的请求下，他将妻子利维娅·德鲁西拉出让给奥古斯都。[②] 当时德鲁西拉已有身孕，并且以前曾给他生过一个儿子。不久，尼禄去世，留下两个儿子——提比略·尼禄与德鲁苏斯·尼禄。

V. 一些人说提比略出生于丰迪（这是一个不可信的猜测，这只不过是因为其外祖母是那地方的人而已），并且说后来按元老院命令，在那里立了一尊幸运女神菲利克塔斯的塑像。但按流传最广、最令人信服的说法，提比略出生在罗马的巴拉丁区，马尔库斯·艾米利乌斯·雷必达和鲁基乌斯·穆那提乌斯·普拉库斯任执政官之年11月16日[③]（11月16日，42 B. C.），前者是第二次任职，当时菲力比战争正在进行。事实上，年代记[④]与政府公报都是这样记载的。尽管如此但还是有人认为他出生于前一年，即希尔

① 因为他的大法官任期已满。

② 见《神圣的奥古斯都传》，LXII. 2。

③ 罗马人计日用三个专有名称，即卡伦德日（初一）、诺奈日（初五或初七）和伊都斯日（第15或第13日）为基日，向前或向后数，如这里应译为“十二月卡伦德日前第16天”。折算成公历要除去起止两日比较麻烦，不如直接译成公历方便读者。

④ 编年史的一种初级形式，按年月日的大事记。

提乌斯和潘萨执政之年；另有一些人则认为他出生于后一年，即塞
维利乌斯·伊索里库斯和鲁基乌斯·安东尼任执政官之年。

VI. 提比略在困苦和忧患中度过幼年与童年。他跟着父母四
处逃亡。在那布勒斯，因他哭叫两次险些暴露其父母；当敌人追上
来时，他们正在偷偷地逃往一条船上去。一些同行者想在这紧急
关头帮助两位妇人解除重负，一次从奶娘哺乳中，一次从他母亲的 2
怀里把他夺了过去。他和他们一起踏遍了西西里、亚该亚，在亚该
亚受到了拉希蒂梦人的关照，因为拉希蒂梦人是克劳狄家族的依
附民。夜间离开那里时，提比略险些丧命，因为树林突然起火，他
们周围都是火，团团火焰围住他们，使得利维娅的部分衣服和头发
被烤焦。在西西里，塞克斯都·庞培的姐妹庞培娅送他的礼物是 3
一件斗篷和环扣及一些金饰钉。这些东西至今还保存着，并陈列
在贝亚。由于提比略按马尔库斯·盖利乌斯的遗嘱被收为养子，
故回到罗马后，继承了他的遗产。但不久，他放弃了盖利乌斯这个
名字，因盖利乌斯曾属于反奥古斯都派。

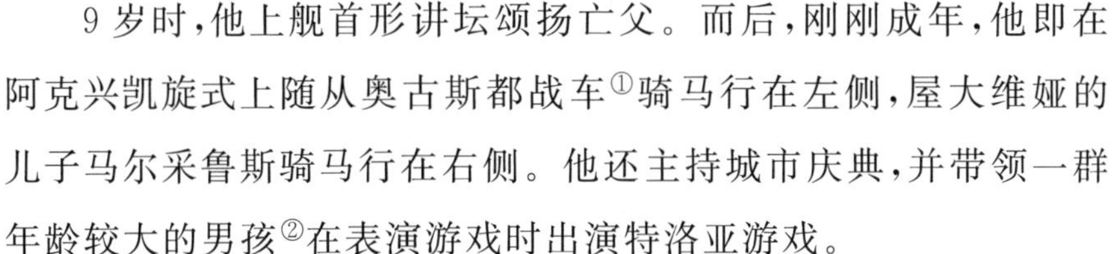

9 岁时，他上舰首形讲坛颂扬亡父。而后，刚刚成年，他即在 4
阿克兴凯旋式上随从奥古斯都战车[①]骑马行在左侧，屋大维娅的
儿子马尔采鲁斯骑马行在右侧。他还主持城市庆典，并带领一群
年龄较大的男孩[②]在表演游戏时出演特洛亚游戏。

VII. 提比略青年时期以及往后——从穿上成年人托迦至统治开始这一段——主要事迹如下：为纪念亡父，他曾举办过一次斗

---

① 见《神圣的奥古斯都传》，XXII。

② 见《神圣的朱里乌斯传》，XXXIX. 2。

剑表演，在不同地点、不同时间他又举行过第二次斗剑表演以纪念其祖父德鲁苏斯。第一次在罗马市心广场，第二次在圆形剧场。[1]他甚至邀请了一些退休的有功角斗士[2]参加，给每人发 10 万塞斯特尔提乌斯的酬金。他还举办舞台表演，但不亲自出场。所有这些演出都规模巨大，花的是他母亲和继父的钱。

2 提比略娶阿格里皮娜为妻，她是马尔库斯·阿格里巴之女，罗马骑士凯基利乌斯·阿提库斯（西塞罗和他有书信往来[3]）之孙女。阿格里皮娜生下德鲁苏斯之后，尽管和他情深意笃，而且阿格里皮娜再次怀孕（11 B. C.），但他被迫与她离了婚，并且，不久就和奥古斯都之女朱里娅结了婚。这使他内心非常痛苦，因为他对阿格里皮娜十分眷恋，而讨厌朱里娅的性格，尽管他知道朱里娅甚至在前夫在世时就对他有意，事实上人们到处这么说。离婚后，他依旧感伤地思念阿格里皮娜。在他唯一的一次与她邂逅时，他恋恋不舍，含泪目送阿格里皮娜远去，以致人们采取了措施，不让他们再有机会见面。他与朱里娅最初相处融洽，并报之以爱，但不久便对她冷漠起来。当维系他们关系的那个生于阿奎亚的孩子夭折之后，他们关系破裂了，他甚至不再与她住在一起。他哥哥德鲁苏斯死在日耳曼了（9 B. C.），他把他的遗体运回罗马，一路步行在前。

VIII. 提比略开始自己的公民活动，是当着奥古斯都的面几

① 斯塔提里乌斯·托鲁斯所建的那个圆形剧场。

② rudiarii 是一种因有功而获得自由的退休剑斗士。他们佩戴粗糙的木剑作为荣誉标志。——英译者

③ 西塞罗给他的信编在一起，有专集：《致阿提库斯》。

次在法庭上为阿凯拉斯国王、特拉利斯人以及巴萨利人辩护。他支持蒙受地震灾害的劳底开亚人、提亚底拉人和开俄斯人的城市向元老院提出的援助恳求。他指控法尼乌斯·卡皮欧与瓦罗·穆勒那犯有密谋反对奥古斯都的侮辱尊严罪，并使前者判了刑（23B. C.）。其间，他两次执理公务：一次是恰逢粮荒，他主持粮食供应；另一次是调查全意大利奴隶禁闭所。禁闭所的主人声名狼藉，他们被控不仅长期监禁行人，而且还窝藏因害怕服兵役而到此躲避的人。

IX. 提比略开始戎马生涯是作为军团长官与坎塔布里亚人作战（25 B. C.）。而后，他统领军队到东方，恢复提格拉尼斯在亚美尼亚的王位，并在中军帐前为他加了冕。此外，他索回了帕提亚[①]人当初夺取的马尔库斯·克拉苏的军旗。约一年之后，他统治山外高卢，当时此地正因蛮人入侵与首领分裂而处于动乱之秋。此后，他与里提亚人以及文得里西人进行了战争，再和潘诺尼亚人，最后和日耳曼人进行了战争。他在里提亚战争中征服了阿尔卑斯山部落，在潘诺尼亚战争中征服了布琉西人与达尔马提亚人。在 2
日耳曼战争中，他把 4 万俘虏带至高卢并在莱茵河流域为他们安家。由于这些战绩，他得到小凯旋式，加乘战车入城[②]（7 B. C. 和 9 B. C.）。一些人认为，这是一种新的殊荣，以前还从未授予任何人，以前只授凯旋勋章。

他任财务官、大法官以及执政官时年龄比一般人小，且几乎不 3

① 中国史书上称安息人。

② 小凯旋式上将军是步行入城，而不是乘战车。

间断地担任这些职务[①]。稍后,他再度出任执政官(6 B.C.),同时获得 5 年保民官的权力。

X. 正当提比略功成名就、且年富力强之时,他却突然决定隐退,尽可能地远离公众。这可能是出于对妻子的厌恶,虽然他不堪再忍受下去,但又不敢谴责或遗弃她;或许是为了避免熟而生厌,不然就是为了以隐退增进自己的威望,期待国家一旦再需要他。有人认为,因为奥古斯都的孙子们业已成年,所以他主动退出政界,放弃长期占据的一人之下万人之上的地位,效仿马尔库斯·阿格里巴的做法[②]。阿格里巴在马尔采鲁斯从政伊始即隐退至米提
2 勒纳,以免人们觉得他的存在妨碍了马尔采鲁斯或缩小了马尔采
鲁斯的影响。后来提比略自己也这样解释。在请求退隐的当时,他提出的理由是感到公务太累,想要休息一下。无论是母亲求他留下来,还是继父在元老院公开抱怨他抛弃自己,都动摇不了他的决定。相反,当他们作更大的努力阻留他时,他绝食 4 天。当他最终被允许离去时,他把妻儿留在罗马,匆匆去了奥斯提亚,动身时未对任何送行的人说一句话,只吻了少许几个人。

XI. 提比略从奥斯提亚沿坎佩尼亚海岸航行时得知奥古斯都身体不爽后,他稍事停留,但传闻说他这是在伺机实现其最大志向。因此,尽管前行风浪可怕,他还是直航罗德斯。当初他从亚美尼亚返回时曾在此逗留过,从那时起他便被小岛的美丽和宜于健康所吸引。他开始在这里过起一个普通公民的生活。他对那里简

---

① 他公元前 23 年任财务官,公元前 13 年第一次任执政官,相隔 10 年。可见所谓“不间断”是一般泛指不顾各种官职的年龄要求和规定的时间间隔。——英译者

② 参见《神圣的奥古斯都传》,LXVI. 3。

朴的房舍以及郊外并不过于宽敞的别墅心满意足。有时不带卫兵或传令兵，独自在运动场散步，并与当地希腊人以一种几乎平等的态度互致问候。

一天早晨，在安排当日日程时，他说想去看望城里的所有病 2
人。他的随从误解了他的意思，传令把所有的病人都集中到城市的柱廊，并按病类排列。当提比略看到这一意外的情形时惊呆了，有好一阵子不知所措。最后，他走到每个人面前，一一为此致歉，即使是最卑微、最普通的人也不例外。

只有一次人们明白地看到他行使保民官的权力。他常常光临 3
哲学学校谛听教授的讲演。一次，当对立的两派诡辩学者激烈争论时，他也介入了，并似乎支持一方，一个家伙为此恶语攻击他。他于是缓步回到家中，旋即突然带着卫兵和随从走出来，吩咐传令兵把那个出言不逊的家伙带上法庭，并把他投入监狱。

此后不久，他得知妻子朱里娅因不道德与通奸被逐，便依照奥 4
古斯都的旨意，以他的名义寄给朱里娅一纸休书。虽然这于他是个好消息，但他还是认为自己有责任尽可能地多写信劝他们父女和解。他还允许她保留他在任何时候送她的任何礼物，虽然这已不是她应该得到的了。同时，他的保民官任期已满，他终于承认隐退的唯一目的是避免与盖乌斯和鲁基乌斯争权的嫌疑。他说如今这种嫌疑已成过去，盖乌斯和鲁基乌斯已长大成人，没有什么再威胁他们一人之下万人之上的地位了。最后他请求允许他探望自己所思念的亲人，但遭到拒绝。另外，他也被劝告放弃任何对自己亲人的思念，因为他曾如此强烈地想要抛撇他们。

XII. 于是他不得不仍然待在罗德斯，靠母亲的帮忙好不容易得到允许：当他不在罗马期间，可以用奥古斯都特使的头衔[①]，以掩盖其耻辱。

2 这时，他事实上已经不只是一个老百姓，而且是在危险与恐惧中度日。他远离海岸退居到该岛的内地，避开路过这里而顺便拜望他的人们，而这种人又总是那么多，因为无论哪个将军、哪个高级长官，不论去哪个行省都要路过罗德斯。此外，他的不安还有更重大的理由，因为当他渡海去萨摩斯看望已出任东方总督的继子盖乌斯时，发现盖乌斯由于受到自己的亲随兼卫士的马尔库斯·罗利乌斯对提比略的诽谤的影响，已对提比略有一定程度的疏远。
3 他还被怀疑通过拥护他的几名百夫长（那时正休假后回军营），给几个人捎去措辞暧昧的信，显然是想煽动他们造反。当奥古斯都把这个疑虑通知他时，他一再请求派一个无论什么级别的人来监视他的言行。

XIII. 他也放弃了日常骑马练武。他不穿罗马人的服装，而穿起希腊人的斗篷和搭鞋[②]，就这个样子过了两年多，一天天愈来愈受到歧视和憎恨。涅马苏斯城的市民甚至捣碎了他的塑像和半身像[③]。在一次私人午宴上，当有人提到他的名字时，另一人起身向盖乌斯保证只要他下个命令，他将立即乘船去罗德斯将这个“流
2 放者”（他当时就是被这样称呼的）的首级取来。这使他的处境已不再只是可怕而是实在危险了。正是这一情况迫使提比略，还有

---

① 皇帝代表（legatus）的头衔可以掩盖他被迫离开罗马的事实。——英译者

② 用绳带绑扎在脚腿上的、有皮底或软木底的、形状像现在夏天穿的凉鞋。

③ 涅马苏斯是披发高卢的一城市。提比略在那里立有塑像是因为他曾任高卢总督。见本卷 IX.1。——英译者

他的母亲，以最迫切的祈求要求召他回国。他得到了许可，不过这也是由于一个机遇。奥古斯都这时已决心在这件事情上不做任何违反其长子[①]意愿的决定，而这时其长子正巧与马尔库斯·罗利乌斯不和也愿意听听继父的意见。于是经盖乌斯同意，提比略应召回国，条件是他不得再参与或关心国事。

XIV. 就这样他在隐退后的第八年回到了罗马（2A. D.）。展望未来，他充满信心——从早年的预兆和预言而形成的信心。

利维娅在怀他时，试图用各种占卜预测能否生男孩，她从孵蛋 2
的母鸡身下取出一枚鸡蛋，鸡蛋在她手里捂热以后，轮流传给她仆
人用手捂，结果一只长有美丽雏冠的小公鸡出壳了。在提比略还
是个婴儿时，占星家斯克里皮尼乌斯预言他将来会大有作为，甚至
有一天可成为国王，但无王冠，须知那个时候人们还不知道恺撒式
统治也是一种王权。另外，在他第一次出征率领军队途经马其顿 3
去叙利亚时（42 B. C.），曾发生这样一件事：在菲力比胜利纪念地，
当年胜利军团建造的祭坛突然自行起火。后来，在去伊利里库姆
的途中，他去巴达维乌姆城附近的革律翁神谕所，抽出的签要他往
阿波努斯泉水里扔金骰子以求答案，结果他所扔的金骰子跳出了
最大的数，那些金骰子至今在水中还可见到。在他被召回国的前 4
几天，一只罗德斯从未见过的鹰落在他的房顶。在他得到可以回
国通知的前一天，换衣服时他的上衣发出闪光。因长于占卜被提
比略接来身边的占星家塞拉西鲁斯，这次一见到船，便断言这将带
来好消息。这次他说中了，提比略第一次信服了他的占卜能力。

① 指盖乌斯。——英译者

也正是这一次(当时他们正在一起散步),提比略真想把他推下海去,因为他认为他是个伪预言家,真不该让他知道自己的机密,因为所有往事都证明事实总是与他的预言相反。

XV. 提比略回到罗马,把他的儿子德鲁苏斯引荐给公众之后,便马上搬离卡利那的庞培老屋[①],迁至位于艾斯奎林的玛塞纳斯花园。在那儿,他过上了完全隐居的生活,只管自己私人的事情,几乎不涉足政界。

2 三年中,盖乌斯和鲁基乌斯相继死去,提比略和死者们的兄弟马尔库斯·阿格里巴一同被奥古斯都收为养子,他自己则按义务先收养了自己的侄儿日耳曼尼库斯。从那时起,他不再做任何作为一家之长所做的事情,也不再保有他已丧失的任何权利[②]:他不能赠送礼物或解放奴隶,也不能接受遗产或钱物,除非作为父权支配下的私房钱。[③] 从这时起,他不放过做任何事以增加其声望。尤其在阿格里巴被抛弃、放逐之后,显而易见,继位的希望落在他一人头上。

XVI. 他再次被授予为期 5 年的保民官职,被指定负责平定日耳曼。帕提亚的使者在罗马向奥古斯都说明了自己的来意后也被派往日耳曼行省去见他。当伊利里库姆的叛乱被通报上来后,他又被指派到那里去指挥一场新的战争,这是从迦太基战争以来所有对外战争中最严峻的一次。这场战争历时 3 年,他统率 15 个

① 提比略的家在贵族住宅区卡利那(艾斯奎林山的南坡西头)原属庞培的老屋,现在他把它交给德鲁苏斯。

② 转到奥古斯都的父权下,提比略正式丧失了法律上的独立地位。

③ 父权制下,儿子和奴隶只许可有这种私人积蓄。

军团和一支相应的辅助部队在供给极度匮乏、困难重重之中作战。虽然他常被召撤军，但还是继续战斗，以防近在咫尺的强大敌人乘罗马人退兵而发起反攻。他坚持不退，结果立下了巨大的战功。他完全征服并控制了整个伊利里库姆，该地与意大利、诺利库姆王国、色雷斯、马其顿接壤，濒临多瑙河、亚德里亚海。

XVII. 当时的环境使他的这一战绩荣誉上加荣誉；因为正好在这同时克文提里乌斯·瓦鲁斯和他的3个军团在日耳曼全军覆没。毋庸置疑，假如不是伊利里库姆先已被降服，获胜的日耳曼人就会和潘诺尼亚人联合起来。因此他被授予凯旋式并获得了许多崇高的荣誉。一些人甚至建议赠与他“潘诺尼库斯”的称号，另一 2
些人建议赠与“英维克图斯”称号，又有一些人建议赠与“庇乌斯”称号[①]。奥古斯都否决了这种建议，重申提比略将满足于在其父去世后继承而得的尊号。提比略主动推迟了凯旋式，因为全罗马正在哭悼瓦鲁斯的阵亡战士。但他在进城时身着镶红托加袍，头戴桂冠，登上塞普塔[②]的高台，元老们站在两侧，他站在两名执政官之间奥古斯都身旁。他在这一位置上向人民致意，随后在众人陪伴下前往各处神庙。[③]

XVIII. 次年，他回到日耳曼。当得知瓦鲁斯的惨败是由于这位将军的鲁莽与粗心时，他决定从此不经讨论，不采取什么行动。他从前本来一贯独断专行，自以为是，现在一反常态，在制订战役

---

① “英维克图斯”意为“不可战胜的”，“庇乌斯”意为“尊荣的”。

② 马尔斯广场上围起的一块地方，供人民大会投票用。恺撒把这地方围以带柱廊的墙壁。这里的建筑物公元前26年由阿格里巴完成。

③ 为胜利谢神。

计划时总要与众多的顾问进行商讨。他也更严格认真。在渡莱茵河时，他严格限制只能携带必不可少的东西，摆渡时他站在岸边检查上船的每一辆马车，看船上装的是否都是规定的必不可少的东
2 西。过了莱茵河之后他采取了如下的生活方式：坐在户外草地上进餐，经常露宿过夜，在发布次日的所有指令以及关于应付突发事变的注意事项时都用书面形式并口头叮嘱：假如有人对什么事有疑问，任何时候，甚至晚上，都可以来问他本人。

XIX. 他在军中施行最严格的纪律，恢复旧时的惩罚与羞辱手段。一个军团司令派几个士兵跟他的释放奴过河去打猎，为此他给以降职处置。在战斗中他从不指望运气和侥幸。如果他夜间工作时，碰巧跟前的油灯突然自行打翻熄灭了，他会仍然怀着很大的信心投入战斗。他说，他的先人在所有战争中都见到过这种预兆，他信赖它。然而，就在胜利之际，他险些遭到一个布鲁克特利人[①]的谋杀，这个人夹杂在他的仆人中得以接近他，但由于神情紧张而被识破。经过严刑审讯，他承认了自己的罪恶意图。

XX. 两年后，提比略从日耳曼回到罗马(12 A. D.)，举行了推迟的凯旋式，他的副将们陪伴着他，由于他的坚决请求，他们也获得了胜利勋章。在到卡庇托尔之前，他从战车上下来，匍匐在主持庆典的父亲膝前。他厚赠潘诺尼亚人首领巴托，并把他送往拉文那，以表示对他的感激。因为当提比略和自己的军队被困处于险境时，是巴托让他逃脱的。然后，他设 1 000 桌宴席款待人民，又给每人 300 塞斯特尔提乌斯。他用战利品的收入，以他和他兄弟

① 他们是罗马人的劲敌。瓦鲁斯就是在布鲁克特利人地区被击溃的。

的名义重修和奉献了和谐女神庙，以及波吕克斯和卡斯托尔神庙。

XXI. 执政官们此后不久提出并通过了一个法案，要求他与奥古斯都共同统治行省和进行户籍调查，因此他一结束祓除仪式[①]便动身前往伊利里库姆。但他又被立即中途召回，提比略发现患病的奥古斯都已生命垂危，他与奥古斯都单独度过了整整一天。

我知道有一个流行的说法：提比略在和奥古斯都进行了私下 2
谈话离开房间后，奥古斯都的内侍听见奥古斯都说："可怜的罗马人民啊，你们将落入虎口被慢慢地嚼碎了。"我也看到有人记载说：奥古斯都曾十分公开和坦诚地批评提比略性情残酷，以至不止一次当提比略到来时，中断自己比较自由轻松的谈话；他同意收他为养子也完全是因妻子的一再恳求，或者，也许是暗自思忖的结果，认为有这样一个继承人，有朝一日他本人会因此得到更大的同情。3
但是尽管如此，我依旧怀疑一个如此谨慎而又远见的元首会行而不思，特别是在这样重大的事情上。我认为他是在权衡了提比略的优缺点之后，觉得提比略优点更多才这样做的。我持这种看法尤其是因为奥古斯都是在人民面前宣誓为了国家利益收养提比略的，他还在几封信中评价了提比略，说他是最有能力的统帅和罗马人民唯一的保护人；为证明我的上述观点，我从这些信中摘录了几段附在下面：

您好，最最亲爱的提比略，愿你幸福地为我为缪斯而 4

① 参见《神圣的奥古斯都传》，XCVII. 1。

战[①],您好,最最亲爱的,以我的幸福发誓,你是最勇敢的男儿、最谨慎的统帅。

5 亲爱的提比略,我对你夏季战役的指挥有的只能是赞扬;我很清楚,在如此多的困难中、在士兵如此轻敌的情况下,没人能行动得比你更明智果断的了。所有和你共过事的人都会赞同,下面这句诗可以适用你:

“此人凭其警觉,独力回天,为我们重新办好了事情。”[②]

6 假如有什么事要我仔细思考,或者,有什么事使我恼火,凭朱庇特起誓,我会非常想念我亲爱的提比略,并且记起荷马的如下诗句:

“只要他跟我同行,
即使四面火焰如海,
我们也能闯出来、双双返回,
因为他有丰富的智慧,无尽的主意。”[③]

7 当我听到读到你由于日夜操劳而消瘦了的消息时,假如我没为你而全身战栗的话,就让诸神惩罚我,我恳请你保重,一旦我和你的母亲看到你病了,这会要了我们的命的,这也会危及罗马人民的最高权力。

假如你身体欠安,我是否安康是无所谓的事。

我乞求诸神为我们保佑你并赐予你健康的身体,在现在

① 提比略爱好文艺。比读贺拉斯《颂歌》,3,4,37以下;《信札》,1,3。——英译者

② 比读恩尼乌斯《年代记》,370 V2,原为“以慎重”,这里改了一个字,改成了“以警觉(不眠)”。——英译者

③ 《伊利亚特》第10卷,246—247行,狄俄墨得斯称赞奥德修斯的话。

和永远的将来，假若他们不是十分怀恨罗马人的话。

XXII. 提比略直到除掉了小阿格里巴后才公布了奥古斯都的死讯。小阿格里巴为一个奉命保护他的军团长官所杀；这个人接到一封命令他这样做的信。不知道这是奥古斯都为根除将来不和的遗患，临死时留下这封信的呢，还是利维娅以她丈夫的名义伪造了这封信？若是后者，也不知是否得到过提比略的默许。无论哪种情况，当这位军团长官报告他已执行了命令时，提比略否认他曾下过如此命令，要那人接受元老院审讯。提比略这样做显然是为了避免当时引起的公愤，后来他不再提起此事，便使事情渐渐被遗忘了。

XXIII. 尽管如此，当他根据保民官的权力召集元老院会议并开始致辞时，似乎因为不胜悲痛之至，他突然大声呻吟起来，并且不仅希望能不说话，而且希望能死了才好，他把讲稿递给儿子德鲁苏斯，请他代读。然后，拿过奥古斯都遗嘱，他吩咐一个被释奴宣读，在遗嘱上签字的证人中，他只让元老等级的人进入库里亚会场，其他等级的人只能在会场外确认自己的签名。遗嘱开头的话是这样的："由于残酷的命运使我失去了两个儿子盖乌斯和鲁基乌斯，提比略·恺撒可继承我三分之二的遗产"。这些话本身使那些相信奥古斯都指定提比略为其继承人是出于不得已，因为没有其他可供选择的人更相信自己的看法了，既然他让自己写下了这样一个开场白。

XXIV. 虽然提比略毫不犹豫立即接受并行使起元首的权力，让一队卫兵站在自己周围，这就意味他已在实际上掌握了权力并拥有统治者的外部标志，但他在很长一段时间里仍拒绝这一头衔，并以无耻的虚伪一会儿谴责那些劝他接受这一头衔的朋友，说他们不知道帝权像怪物一样可怕，一会儿当元老们跪在他面前乞求

他不要再固执拒绝时，他以含糊的答复和佯作犹豫而使元老们心
神不定。终于，一些人失去了耐心，有一个人竟在混乱中喊道："不
干就让他走开！"另有一人当面对他说，别人是拖延做允诺过的事，
2 而提比略则是拖延允诺已经开始做了的事。最后，他装作似乎迫
于无奈，且抱怨这是把沉重的奴役强加于他，还是接受了帝国的权
力。他以此种方式暗示希望有一天能摆脱它，他的原话是这样的：
"我希望有一天你们会认为，给一个老人一些休息是公正的。"

XXV. 他犹豫的原因是出于对各方面来的危险的恐惧。这使
他常说他是"牵着狼耳朵"[①]。事实是，阿格里巴的一个名叫克勒
蒙斯的奴隶已集合了一支不小的队伍要为其主人报仇；贵族鲁基
乌斯·斯克里波尼乌斯·利波密谋叛乱；在伊利里库姆和日耳曼
2 的军队里一下子发生两起叛乱，两支军队都要求许多特权，首先是
他们要求与禁卫军享有同样的薪金。日耳曼的军队甚至不愿意承
认一个不是自己拥立的皇帝，他们全力吁请他们的统帅日耳曼尼
库斯继位，尽管后者一再拒绝。特别是由于对这种可能性的恐惧，
提比略请求元老院再任命一个人和他一起执政，他说如果没有一
3 个或几个同僚合作，谁也承担不了整个国家的管理任务。他也佯
称自己身体欠佳而使日耳曼尼库斯耐心等待，希望不久即可继位，
至少可以参与统治。叛乱被平息后，他用诡计骗过克勒蒙斯把他
俘虏了，他由于不敢在权力还不稳固时采取严厉措施，直至第二
年，他才在元老院传讯利波，此前，他满足于暗中提防他。例如，当
利波在祭司团中与他一起献牲时，他吩咐给利波一把铅刀而不是

① 这是一句希腊谚语。

一把常用的祭祀刀。[①] 当利波要求与他单独密谈时，他只同意由他的儿子德鲁苏斯陪着他在散步时与利波交谈，并在整个交谈过程中他一直握着利波右臂，佯作倚在他身上似的。

XXVI. 威胁既已解除，起初他待人接物完全像一个普通公
民，甚至比一个普通公民更谦逊。在众多的最高荣誉中，他只接受
了几项一般的荣誉。如果他的生日适逢平民竞技会，他也只勉强
同意在赛马活动中外加一部马车以示为他祝寿，他禁止给他建造
神庙，设置佛拉门祭司和普通祭司，立塑像和半身像必须得到他本
人许可，并且不得与神像并立在一起，只能放在神庙的装饰品之 2
间。他不许对他起誓效忠[②]，也不许用他的名字称呼 9 月，只用利
维娅的名字称呼 10 月。他也拒绝“英白拉多”、“国父”的尊称以及
在他的门上挂公民花冠[③]。虽则他继承了“奥古斯都”头衔，但他
只是在给别国国君或公侯的信中才使用这个称号。继位之后，他
只三次出任执政官，第一次只几天，第二次三个月，第三次他不在
罗马，直到 5 月 15 日[④](18，21，31 A. D.)。

XXVII. 他对阿谀逢迎深恶痛绝，不允许任何元老接近其肩舆，不论是为了向他致意还是为了公务。当一个前执政官向他致

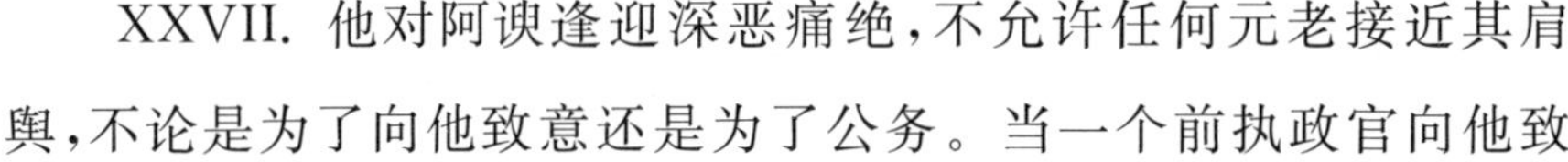

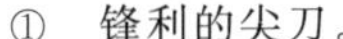

① 锋利的尖刀。

② 奥古斯都时每年新年都举行宣誓仪式，宣誓效忠于元首过去、将来所做的一切。

③ 关于公民花冠，见《神圣的朱里乌斯传》，II. 注。这里指的是名誉性的，像当年授予奥古斯都的那样。——英译者

④ 这三次出任执政官，依次为公元 18 年和日耳曼尼库斯共任，公元 21 年与德鲁苏斯共任，公元 31 年与塞雅努斯共任到 5 月 15 日。这第三次，在 LXV 节被称为第五次，因为，在奥古斯都在世时，提比略已两次出任过执政官。

歉并想拥抱他双膝时，他匆忙后退，以致仰面跌倒。事实上，如果有人在与他交谈时或在事先准备好的讲话中使用恭维的语言，他就毫不犹豫地打断他，申斥他，并立即予以纠正。有一次，有人称他为“君主”，他警告对方不要再使用这一激怒他的称谓。当另一个人称他的工作为“神圣的”工作，说他以“主宰的姿态”在元老院发表讲话，他迫使他换用别的词，把“主宰的姿态”换成“顾问的姿态”，把“神圣的”换成“烦劳的”。

XXVIII. 更有甚者，他能对冒犯、毁谤和侮辱他本人和他家人的话语保持自制和忍耐，常常宣称，在一个自由的国家里应该有思想和言论的自由。有一次，元老院提议追究冒犯、污辱他的事和人时，他说：“我们没有空暇时间把自己纠缠到这些没有尽头的琐事里去，假如你开了这个头，你就只好无暇再去做别的事了，大家一遇到这种情况就都会把自己无谓的争吵拿到你的面前来了。”他在元老院中像这种完全配得上公民身份的讲话是有记载的：“假若有人批评我，我将努力向他解释我的言行；假若他固执己见，我也将对他不友好。”

XXIX. 这方面他一切都做得出色，因为当他本人对元老院讲话，或对元老院或元老个人致意时，他几乎超出了礼貌的要求。有一次他在元老院与克文图斯·哈特利乌斯发生争执后，对后者说：“我作为一名元老倘若对你批评时用词过激，我请求你原谅。”然后转而对所有与会者补充说：“元老们，我过去说过，现在还是这么说：一个多亏你们的支持才拥有如此广泛权力的善良勤政的国家元首，应当永远是元老院的仆人，是全体公民乃至每一公民的仆人。我不后悔我所说过的话，我曾把你们视为仁慈、公正和勤勉的

主人，现在也还是这样看待你们。”

XXX. 他甚至造成一个自由政府的外观：保留元老院和高级长官的昔日尊严和权力，事无巨细或公或私他都呈报元老院，例如：税收及垄断问题，公共设施的建造和修理问题，关于军队的征集和遣散，军团和辅助部队的布防，延长谁的军队指挥权和任命军事指挥官等问题，甚至给外国国王们回信的格式与内容之类问题等，都征求元老院意见。当一个骑兵大队长被指控犯有暴力和掠夺罪行时，他迫使他到元老院去申辩。他总是只身来到元老院；有一次，他因病被人用肩舆抬到元老院后，也遣散了待从。

XXXI. 当一些与他的观点相悖的政令通过后，他甚至连怨言也没有。尽管他曾宣布当选的职官应留在罗马，随时准备履行职责，但有一当选大法官仍获准外出旅行并享受大使特权。[①] 另一次他建议把遗赠给特利比亚城建造一家新剧场的钱移作修路之用，他的这一违背遗嘱人愿望的建议未能实现。又有一次，元老院通过一项法令时分成了两派，他站到少数派一边，但没有一个人跟随他过来。

他处理别的一些事情也总是通过高级长官和正常的法律程 2
序，这时执政官享有多大的权威由下列事实可见一斑：有一次，一些从非洲派回来的使者向执政官抱怨，提比略本人对他们奉派来办理的事情迟迟不作决定。这也不足为怪，须知大家都看见过，他见到执政官时从自己座位上站起来，在街上遇到时还给让路。

XXXII. 他斥责过一些指挥军队的前执政官，因为他们未给

① 这里指私人出外旅行。作为使节外出旅行，有沿途使用公家驿站马车的特权。

元老院写报告，并请他给自己的士兵颁奖，似乎他们自己没有这种权力似的。他高度赞扬一位大法官，因为后者在就职时恢复了在人民面前赞美祖先的习惯。他给一些要人送葬，甚至直送到火葬场。

2 他对待小人物和小事情同样谦和。有一次罗德斯的城市统治者们给他的公函未落款[①]，他召见了这些人，但未说一句责备的话，只是让他们把落款补上就打发他们回去了。语法学家第奥根尼在罗德斯惯常每逢星期六（安息日）[②]讲演，有一次提比略不是在这一天去听他讲演，第奥根尼将他拒之门外，让自己的一个奴隶出来告诉他第七天再来。后来第奥根尼到了罗马，一次在提比略门前等候进去向他致敬时，提比略告诉他七年后再来，也只是如此报复而已。对那些建议在他的行省征收重税的统治者，他写信回复说，一个好的牧人只剪羊毛而不剥羊皮。

XXXIII. 他是一点一点地露出一个元首的本来面目的。虽则有一段时间他的行为变化不定，但他依然比较经常地表现出仁慈和对公共福利的关心。他的干预起初也限于阻止弊端。例如，他取消了元老院的某些政令；法庭审理案件时他不时地向法官提出忠告，法官坐在木板台上，他坐在他的并排或对面。如果有传闻说某一被告通过说情而被开释，他会突然从座位上或法官旁站出来，提醒陪审员注意法律、他们的誓言以及所审案件的性质。此外，如果公共道德受到懒惰或不良习惯的影响，他便采取措施

① 信末的落款包含有对皇帝的颂词。

② 参见《神圣的奥古斯都传》，LXXVI. 2。

加以变革。

XXXIV. 他削减演员的酬金，限制使用角斗士的对数，以此，压缩娱乐与演出开支。他强烈抱怨科林斯的青铜器皿价格太贵，而有一次三尾鲻鱼[①]售价竟达 3 万塞斯特尔提乌斯，因此他建议限制家具开支，市场价格由元老院斟酌每年调整一次。他指示营造官限制酒馆、饭店做点心陈列出卖。[②] 另外，为了以身作则鼓励节约，他经常在正式宴席上上前一天吃剩的肉，例如半只公猪，并说半只公猪和一只整的公猪味道一样。

他颁布公告禁止亲吻礼[③]，只准新年互换礼物[④]。赠送给他本人的礼物，他都立即亲自还赠一份四倍价值的礼物。但由于要花整整一个月的时间接待那些在节日未能给他赠礼的人，他感到厌烦，因此没有继续这样做下去。

XXXV. 他恢复了我们祖先的一条习惯法，即对犯有淫荡罪
的贵妇，若无社会起诉人，则依其亲属的决定判罪。他解除了一个
罗马骑士的誓言，允许他休妻，因为，尽管他曾发过誓永远不休弃
她，但他的妻子与女婿通奸。这时，有两个高等级中最放荡不羁的 2
年轻人自愿被贬逐出自己的等级，以免受元老院法令约束，不能在
剧场和竞技场参加演出；与此同时，一些无耻的女人，为避免法律

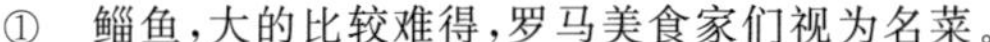

① 鲻鱼，大的比较难得，罗马美食家们视为名菜。

② 罗马皇帝提倡恢复古风(古时食品只在家里做)，迫害出卖烤煮熟食的商业活动。也许更重要的原因是，酒馆饭店常常是不安分子聚会的场所。

③ 接吻不仅有害于道德，也有害于卫生。普林尼认为，接吻传播从东方传来的斑疹病。

④ 新年互赠礼物起初意在祝福，但很快便被利用来贿赂和谋取一份大的回礼的手段。

制裁，也放弃特权及贵妇地位，公开宣布自己为妓女[①]。提比略对所有这些男女处以流放，以防止任何人以为这样可以得逞。当他得知一个元老在7月1日之前搬进自己的花园，以图在7月1日[②]之后按较低价在城里租一住房时，他剥夺了这位元老托加袍上的边饰。一个财务官在抽签前一日与一女子结婚[③]，抽签后一日就与她离了婚，提比略为此撤销了他的官职。

XXXVI. 他取消了外来祭仪，特别是埃及人和犹太人的祭仪。他强令所有陷于迷信的人烧掉他们的宗教衣服和所有的宗教用具。他把凡是符合从军年龄的犹太人分派到气候不太利于健康的行省去，表面上是去服军役，把其他的犹太人或信仰犹太教的人逐出罗马城。假如他们不服从，将终身受奴役之苦。他也放逐了占星术家，但宽恕那些乞求赦罪并许诺放弃占星术的人。

XXXVII. 他特别注意社会治安，剿灭流窜的土匪和镇压非法暴动。在整个意大利，他使军队驻地比以往集中些；在罗马，他建立了禁卫军步兵大队营房，他们以前是分散住在各处民房里的。

他力求事先防止民众骚动，一旦发生了，他就严厉镇压。有一
2 次，在剧院里，一场争吵导致了流血事件，他放逐了肇事的戏迷们
和他们所支持的演员，人民的任何请求都没能使他召回他们。当
3 波伦提亚平民不让一个百夫长[④]尸体抬出广场，以期用暴力从百

① 塔西佗在《编年史》II. 85解释：古代法律认为，淫妇公开承认自己的罪行就够了。但奥古斯都规定了严厉的惩罚。

② 7月1日作为年中的日子，习惯上是契约重新开始的期限。

③ 显然是因为和这女子结婚对他的任职有某种好处。

④ Primipilaris是指挥步兵第一中队(manipulus)精兵的百夫长。

夫长继承人的手中得到一笔钱用以举行一次角斗表演，提比略从城中和科提乌斯的王国各调一个步兵大队，不说明这次调动的原因，派他们从不同城门入城，突然举起武器，吹响号角，然后把大部分平民及地方元老院元老们终身监禁起来。他在帝国各地取消了到神庙避难的习惯权利①。由于西泽库斯人以暴力欺侮了罗马公民，他取消了他们早在与米特拉达悌王战争中获得的自由。

即位之后，他没有用过兵，只任命副将军镇压敌人的叛乱；即 4
使这样，他也只是在必要时不得已而为之。对于那些不忠的国王
以及他怀疑的人物，他通过威胁和规劝，而不是诉诸武力制服他
们。有的他则通过诱人的许诺把他们诱至罗马并扣压在那儿，如
日耳曼的马罗波多斯、色雷斯的拉斯库波里斯以及卡巴多西亚的
阿凯拉斯，他们的王国则被降为行省。

XXXVIII. 即位之后整整两年，他没有出过罗马城；两年后也只到过邻近的几个城市，最远到过安提乌姆。即使这样的外出也是极少几次，每次也只是去几天。但他常常表明自己想要遍访所有行省和驻军，几乎每年他都要集结车辆，在自治城市和殖民地储备粮食以备旅行。最后，他还曾允诺为出巡和回返顺利而许愿，以致终于被戏称为“卡利庇德斯”②，这人名在希腊谚语中意为“奔跑而不前行一步的人”。

XXXIX. 提比略失去两个儿子——日耳曼尼库斯死在叙利亚，德鲁苏斯死在罗马——后，他隐居到坎佩尼亚。几乎每个人都

---

① 这时犯了罪的人逃到神庙或圣地以避免受罚，这是滥用神庙避难权。见塔西佗：《编年史》，3，60。——英译者

② 著名的雅典演员。这谚语亦见于西塞罗：《致阿提库斯书》，XIII. 12，3。

坚信[1]并公认他再也不会回罗马来了，并且不久就会死在那里。这两个预言差一点应验了。他没有再回到罗马。几天后，又发生了一件偶然事故。当他去塔拉奇那附近的一个被称作“岩洞”的别墅进餐时，从天花板上掉下很多大石块，砸死很多宾客和仆人，而他却意外地得以幸免。[2]

XL. 他遍游坎佩尼亚，在加普亚建造了卡庇托尔庙献神[3]，在诺拉建造了一座神庙献给奥古斯都——这些都是他旅游的借口——之后，动身去卡普里埃。提比略特别喜爱这个小岛，因为只有一片小沙滩可通往这个小岛，别处都被高耸的悬崖和深水所环抱。但他被人民坚持的请愿立即召回，因为费德那两万多观众在观看斗剑表演时因圆形剧场坍塌而丧生。他回到陆上，准许大家来见他，这尤其是因为他在当初离开罗马时，曾下令不许任何人打扰他，沿途也不许任何人来见他。

XLI. 而后，他又回到小岛，全然不理国事了。从那时起，他没有再补充骑士十人团的空缺，也没再任命新的军团长官、骑兵长官或更换行省总督。一连几年他没向西班牙和叙利亚派出执政官衔的元首代表，让帕提亚人占领着亚美尼亚，达西亚人和萨尔马提亚人占领着美西亚，任日耳曼人践踏着高卢。这是帝国的一大耻辱，也是帝国不小的祸患。

XLII. 此外，在这里由于隐居的自由，由于公众监督所不及，

---

① 根据星象学术士的预言。

② 据塔西佗(《编年史》,IV. 59)，塞雅努斯用自己的身体挡住石块，救护了提比略。

③ 即建造了一座神庙献给卡庇托尔的朱庇特神。

他以某种方式掩饰起来的自己所有恶习一下子全都放纵起来。关
于这些我要从头叙述。他从军伊始，由于嗜酒如命，人们以绰号称
他“毕比略”，以代提比略，称他“克尔狄”，以代克劳狄，称他“米禄”
以代尼禄[①]。后来即位了，他在忙于整治公共道德时，有一次与庞
波尼乌斯·弗拉库斯以及鲁基乌斯·庇索宴饮了两天一夜，而后
立即任命一人为叙利亚行省总督，另一人为罗马市长，[②]并且在给
他们授职时甚至说他们是最知心可靠的朋友。淫荡、奢侈、年迈的 2
克斯提乌斯·盖路斯曾受到奥古斯都的降职处分，提比略本人几
天前也曾在元老院指责过他。但在克斯提乌斯为提比略设的晚宴
上，提比略要求他别改变或革掉自己的习惯，让裸体女郎伺候他们
进餐。在任命一名财务官时，他没有考虑出身高贵的候选人，而挑
选了一个无名之辈，仅因为此人在宴会上接受皇帝的挑战喝下整
整一坛酒。他付给阿塞里乌斯·萨宾努斯 20 万塞斯特尔提乌斯
以奖励此人表演了一个由蘑菇、鹟鸟、蛎蠔和画眉鸟进行争吵的对
话。后来他增设了一个新官职——皇家娱乐总管，并把此职授予
一名罗马骑士提图斯·卡桑尼乌斯·普里斯库斯。

VLIII. 他在卡普里埃过上幽居生活后，开始经营起猥亵的特
别密室，一度保密的淫窟。从各地成群搜集来的少女少男——其
中包括那些被称作“斯姘特里”的骇人听闻的性行为发明者，当着
他的面三人一组争先恐后地交媾，用这种情景重新唤起他自己已
渐熄灭的性欲。在散布各处的卧室里，他饰以最猥亵的绘画、塑 2

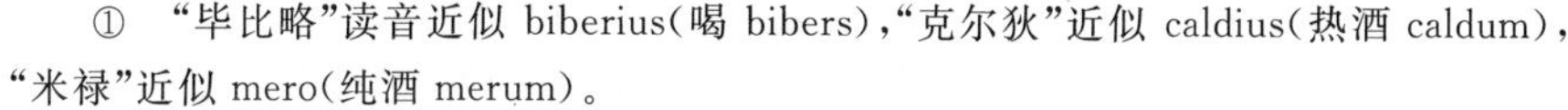

① “毕比略”读音近似 biberius(喝 bibers)，“克尔狄”近似 caldius(热酒 caldum)，“米禄”近似 mero(纯酒 merum)。

② 弗拉库斯为叙利亚总督，庇索为罗马市长 。

像，分置厄勒芳迪斯[①]的书籍，以便每一个人在自己进行交媾时可随手得到指定的榜样。他甚至在森林树木丛中到处安排了维纳斯的去处，男女青年便在这里的山洞或岩壁间当众表演潘神诸子和自然神女们，为此人们开始到处用一岛屿名称公开地称他为“老公羊”[②]。

XLIV. 他还有更为丑恶可耻的放荡行为，说起来不堪入耳，
难以启齿，更难以置信。他开始养育很年幼的男童，称他们为自己
2 的“小鱼”。他在床上玩他们，既因天性也因年老，他喜爱这种性生
活。因此，一幅按遗嘱赠给他的巴尔哈西俄斯[③]的画——表现墨
勒阿格罗斯和阿特兰塔[④]性交的——他不仅接受了，而且还把它
放在自己的卧室里，虽然他也可以不取这幅画而挑选接受 100 万
塞斯特尔提乌斯，如果画的内容使他不好意思接受的话。据说，甚
至有一次他在献祭时看到一个捧香炉的男孩貌美而激动不已，以
致站立不住了。仪式完毕，提比略几乎立即把他带到一边去强奸，
顺便还强奸了这孩子的兄弟，一个吹长笛的男孩；但是，当这两个
男孩事后开始相互责骂对方可耻时，他命令打断了他们的小腿。

XLV. 他惯于玩弄妇女，甚至上层社会的妇女，其粗暴程度可以从一个名叫马洛尼娅的妇女之死看得一清二楚。当她被带到他床前，并奋力反抗、拒绝服从其淫欲时，他把她交给了告密人。审

---

① 一希腊作家，写色情主题。生卒不详。

② “老公羊”(Caprineus)与一岛名发音相同。

③ 古希腊著名画家 Parrhasius，爱菲斯人，公元前 400 年左右生活在雅典。老普林尼《自然史》(XXXV. 65)记载他和同样著名的画家 Zenxis 的绘画比赛。

④ 希腊神话卡吕冬的狩猎中有关于他们相爱的故事，但无色情描述。

讯她时，提比略还不停地问她："是否后悔。"以致最后她大骂他是一个丑陋、老朽的色鬼，并离开法庭奔回家中自杀了。因此，在此后的第一次娱乐活动中，一出滑稽剧中受到热烈鼓掌欢迎的"老山羊舔小母羊"这句台词便广泛流传开了。

XLVI. 至于金钱，他节俭且吝啬。伴他旅行和出征的人他只给饮食，不给薪水，只有一次对他们表现出慷慨，还是用继父的钱，按身份把他们分成三等，给第一等每人 60 万塞斯特尔提乌斯，给第二等每人 40 万，给第三等每人 20 万塞斯特尔提乌斯，对第三等的人他甚至不称他们为"朋友"而称他们为"希腊人"[①]。

XLVII. 在位期间，他从未建成任何大型建筑物。仅有的两项工程——建造奥古斯都神庙和修复庞培剧院，也是动工多年未能竣工[②]。他从不举行公演，也几乎从不参加他人组织的这类活动，因担心有人在这种场合向他提出什么请求，就像有一次人们迫使他恢复了一个名叫阿克提乌斯的喜剧演员自由那样。在帮助几个元老摆脱贫困后，为避免再帮助别的人，他声明，谁要想得到他的帮助必须能向元老院证明其困境是有正当理由的。此后，许多人由于胆怯和羞耻便不敢向他提出请求了，其中包括演说家克文图斯·霍腾西乌斯的孙子霍尔塔鲁斯，此人为了讨好奥古斯都，在收入十分微薄的条件下生了 4 个孩子。[③]

XLVIII. 提比略只有两次对人民表现出乐善好施：一次是提

① 关于提比略的侍从中的希腊人参见 LVI。有的校勘者在修补阙文时认为这里的"希腊人"(Graecorum)应为"可爱的人"(gratorum)。——英译者

② 见《神圣的克劳狄传》，XXI。

③ 这个霍尔塔鲁斯的父亲曾从自己父亲手里得到大笔财产，但被三头没收了。

供了1亿塞斯特尔提乌斯的为期3年的无息贷款；另一次是补助
在火灾中被烧毁的卡利乌斯山上一些营利房的业主的损失。前一
次是在银根特紧，人民要求帮助时，在元老院用一项法令——债权
人必须将其财产的三分之二投资于土地，债务人必须立即还清三
分之二的债务——也未能缓和局势时，被迫实施的。后一次也是
为了缓和极端贫困而实施的。他认为这次好事做得如此慷慨，以
致叫人把卡利乌斯山改称奥古斯都[①]山。他在把奥古斯都遗嘱中
2 规定赠给士兵的钱加倍分发后，再未对士兵有过慷慨的施予，仅有
的例外是给不支持塞雅努斯的禁卫军每人发了1 000第纳里乌
斯[②]，给在叙利亚的军团赠送了一些礼物，因为只有他们未在军旗
上挂塞雅努斯的头像。他很少允许老兵退伍，等他们老死营中以
便节省一笔退伍金。他也从未给过行省任何慷慨资助，只亚细亚
行省例外，因为那里的一些城市遭到地震破坏。

XLIX. 随着时间的推移，不久，他甚至转向强取豪夺。众所
周知，他用威胁和恐吓使一个名叫格涅乌斯·兰图乌斯·奥古尔
的巨富自杀，并使皇帝成为他遗产的唯一继承人。他判决一个出
身高贵的妇女列必达有罪，以讨好富有而无后的前执政官奎里尼
乌斯。奎里尼乌斯和列必达结婚20年后离了婚，指控她曾经企图
2 毒死他。除此而外，在西班牙和高卢，在叙利亚和希腊，他以最荒
谬最无耻的诬告没收这些行省要人的财产，一些人遭到控告只不
过因为他财产的一部分是现金。许多城市和个人被剥夺了自古以

① 这时“奥古斯都”和以后的“恺撒”一样，是给皇帝（元首）的尊号，不是作为人名了。这里实为提比略。

② 罗马银币，初为10（后为16）阿司。

来的特权，以及采矿收入和征税权。帕提亚国王沃洛尼斯，被臣民废黜后，带着大量金银财宝在安条克避难，满以为自己是在罗马人民的保护之下了，但他却被提比略背信弃义地掠走了财产，并处死了。

L. 他对亲属忌恨的矛头最先投向他的兄弟德鲁苏斯，披露了德鲁苏斯给他的一封信；在那封信中，德鲁苏斯提出了迫使奥古斯都恢复共和的问题。而后，他也仇视其他人。他的妻子米里娅流放后，他没有对她表现出任何的同情和帮助，哪怕是一个人在不幸中所能期待的那么一点点。她父亲的命令只是不准她离开作为流放地的那个城市，而提比略甚至还要外加不让她离开所住的房子，禁止她与别人交往。不仅如此，他还借口奥古斯都在遗嘱中没有提到，因而援引通行的法律，剥夺了她父亲已分给她的财产和每年的生活费用。他为其母利维娅所烦恼，因为她要求与他共治。他 2
避免与她频繁会面和长时间单独谈话，以免给人一种印象，似乎他是在她的指导下活动，虽然他实际上也需要并时常遵照她的建议办事。当元老院建议他不仅用“奥古斯都之子”还用“利维娅之子”作为自己名字的一部分时，他以之为耻。因为这个缘故，他不许人们称她为“国母”，不许国家给她以任何官方的荣誉。相反，他常常 3
提醒她不要插手不是妇女应该插手的国家大事，尤其是因为他听说，维斯塔神庙附近失火时，她亲临火场，像她丈夫在世时那样，鼓励人民和士兵努力干。

LI. 后来，他对她达到了公开敌视的程度。据说其原因如下：利维娅一次又一次地要求他把一个刚取得公民权的人任命为十人团法官。他声明只有在一个条件下才能同意那么做，即在名单上

注明，这是他母亲强迫他这样做的。利维娅气愤之余从一秘密地
方拿出并宣读了一些奥古斯都从前写给她的信，信中有关于提比
略性格冷酷而且顽固的话。这些信保存如此长久，并被如此恶毒
地用来反对他，这使他极其气愤，以致有些人认为这正是他隐退的
2 最重要原因。无论如何，反正从他离开罗马时起，她活在人世的这
3 年之中，他只去看望过她一次，仅一天，且不过几小时。不久她
病了，他也没去探望她。她死了，他也没去，但又不说不去，让尸体
白摆了好几天，最后不能再放了才下了葬。他禁止神化她，并声言
这是她自己的意愿。但他又无视她的遗嘱，很快惩治了所有她的
朋友和亲信，甚至包括那些在她弥留之际被托附葬礼事宜的人；其
中一人，一个罗马骑士阶层的人被罚去戽水[①]。

LII. 提比略无论对自己的亲生儿子德鲁苏斯还是对养子日
耳曼尼库斯都没有父爱，并气恼于德鲁苏斯的道德败坏。事实上，
德鲁苏斯过着放荡不羁的生活。所以，甚至他的死也没有在提比
略心上引起一个父亲应有的悲伤，葬礼后他几乎是马上就回到他
2 的日常工作中去了，而且不许把哀悼活动延长下去。不仅如此，当
从伊利乌姆来的代表向他表达迟到的吊唁时，他好似已经忘记失
去亲人的痛苦似的，笑答他这方面也对伊利乌姆城邦失去自己的
杰出公民赫克托尔表示同情[②]。至于日耳曼尼库斯，他一直在竭
力贬低他，把他最杰出的业绩说成是无益的，把他最辉煌的胜利说
成是有害于国家的。当日耳曼尼库斯由于突然发生的严重饥荒而

① 到灌溉站戽水灌溉农田，是一种沉重的苦役。

② 用这样的风趣话表明他没有悲哀。荷马史诗《伊利亚特》故事以特洛亚城（即伊利乌姆）主将赫克托尔战死结束。对于提比略已是千多年前的事了。

去了亚历山大里亚，没有为此先向他请示，他在元老院对他深表不
满。人们甚至认为日耳曼尼库斯的死是他借叙利亚副将格涅乌 3
斯·庇索之手造成的。有人认为庇索在出席法庭受审时，本来很
可能会交出提比略的指令，要不是证据已先被提比略单独见面时
要去，而庇索本人又已被处死的话。因此许多地方出现了“还我日
耳曼尼库斯”的标语，晚上城中也到处都有人高喊“还我日耳曼尼
库斯”的口号。后来，提比略虐待日耳曼尼库斯的妻子和孩子，更
加深了人们的这种猜疑。

LIII. 当他的儿媳阿格里皮娜在丈夫死后，为某一件事过于
直率地道出她的不满时[①]，提比略携起她的手，引用一句希腊诗对
她说“亲爱的孩子，你没当上女皇，你对此感到委屈吗？”此后，他再
未屈尊同她交谈过。的确有一次，饭后他递给她一个苹果，她表现
出不敢吃，此后他便再不邀她和自己一起用餐，声称他已被指控有
毒死她的企图。但事实上，整个事情是事先有预谋的：他给她水果
以试探她，她会由于害怕有毒而拒绝。最后，提比略诬陷她有时想 2
在奥古斯都像前，有时想在军中寻求避难，因而把她流放到潘达达
里亚岛上。当她谴责他时，他让一百夫长打她，直至打瞎了她的一
只眼睛，又，当她绝食以求一死时，他让人撬开她的嘴，往里灌食，
更恶劣的是，在她坚持绝食而死之后，他还继续卑劣地诽谤她，说
服元老院把她生日那天定为不吉利的日子。他还自诩好心没有把
她绞死，抛尸格马尼埃[②]。他甚至允许元老院为此通过一项决议，

① 对迫害阿格里皮娜的堂姊妹克劳狄娅·普尔赫拉事见塔西佗：《编年史》，IV.52。

② 卡庇托尔山丘的斜坡，人们抛弃罪犯尸体的地方。

以感谢他的仁慈，并把一黄金礼物奉献给卡庇托尔的朱庇特神庙。

LIV. 在日耳曼尼库斯方面，他有3个孙子，尼禄，小德鲁苏斯和盖乌斯。在德鲁苏斯方面，他有一个孙子也名叫提比略。两个儿子死后，他推荐日耳曼尼库斯的两个年长的儿子——尼禄和德鲁苏斯——进元老院，并在他们每人达到成年时向平民慷慨施与，以庆祝成年日。但当他得知年初元老院也要为他这两个孙子的健
2 康公开宣誓许愿时，他向元老院指出，这样的荣誉只能授予那些有经历的成年人。从那时起，他暴露了对他们的真实感情，使他们受到各方面的指责，采取各种手段刺激他们抱怨他，然后控告他们背叛他，最后亲自写信对他们进行了恶毒的指控，当他们被宣布为人民公敌时，他使他们饿死。尼禄死在庞地亚岛，德鲁苏斯死在巴拉丁皇宫地下室里。据说，尼禄是被迫自杀的：一个刽子手佯称奉元老院旨意而来，给他出示了绞索及铁钩[①]。而德鲁苏斯受饥饿的折磨，甚至吃床垫充饥。两人的尸体被分割丢在各处，后来好不容易才得以收集起来。

LV. 提比略除了老朋友和亲信外，还任用了罗马的二十个要人作为他的顾问，处理国务。后来，所有这些人除两三个幸免外，其他人都被他以各种借口处死，其中包括埃里乌斯·塞雅努斯，他的被杀牵累了许多其他人死亡。他曾把塞雅努斯擢升到至高的权位，这与其说是出于善意，倒不如说是为了通过塞雅努斯出面狡诈地迫害日耳曼尼库斯的孩子们，确保他的亲孙子——他的亲儿子德鲁苏斯的儿子——可以继承权力。

---

① 逼人自杀。铁钩是拖尸体用的。

LVI. 他对自己周围的希腊侍从也一点不比对别人温和些，虽然他们特别讨他喜欢。当一个名叫克塞诺[1]的人用牵强的措辞夸夸其谈时，他问他说的是什么方言，怎么如此不自然，克塞诺回答是多利亚方言。他把他流放到西那利亚岛，认为克塞诺是在嘲笑他从前的流放，因为罗德斯人讲多利亚方言。他爱在餐桌上提问每天读书时想到的问题。语法学家塞琉古斯向他的仆人打听他在读哪位作者的作品，以便去吃饭时心里有底，但他得知此事后，先是把他赶出侍从团，后来甚至迫使他自杀了。

LVII. 提比略冷酷无情的性格少年时代就已有所显露。他的修辞学老师，盖塔拉的提奥多鲁斯第一个对此有所洞察，并且非常准确地表达出来：老师在骂他时，常称他“πηλὸν αἵματι πεφυραμενον”，意即“掺和着血的污泥”。称帝后，这种性格变得愈加明显。即使起初，当他还在努力伪装温和以争取民众好感时，也是如此。一次，出 2
殡的行列走过，一个小丑大声疾呼要死者转告奥古斯都：他在遗嘱中留给人民的遗产还未支付。提比略听了，让人把这小丑拖到面前，吩咐给他“应得的”[2]，并把他处死，让他可以亲自告诉奥古斯都，说他全数收到了。此后不久，当一个名叫庞培的罗马骑士在元老院坚持反对某项议题时，提比略以坐牢威胁他，说他的名字“庞培”很快就要成为“庞培党人”，就这么冷酷地讥笑一个人的名字与一个旧党的遭遇。

LVIII. 大约就在这同时，一个大法官问他，冒犯君威是否要

① 一般译为“泽诺”。

② 双关语：既可理解为应得的惩罚，又可理解为应得的遗产。

起诉，他答道，法律一定要执行，并且最严厉地执行起来。有一个人把奥古斯都雕像的头取下，并换了另一个，这桩案件交元老院审理，因有疑点，案中人受到酷刑拷问。被告被判有罪后[①]，此类指控逐渐越来越扩大化，以至有下列行为也被视为应处以死罪：在奥古斯都雕像附近殴打奴隶，或在那儿换衣服，或带着印有奥古斯都肖像的戒指或钱币去厕所或妓院，或是不加颂扬地评论他的某一句话，一个举动，均被视为死罪。最后，一个人只要是在授予奥古斯都荣誉的同一日子[②]允许本城邦授予自己荣誉，就得被处死刑。

LIX. 他还做了许多别的残酷无情的事情，表面说是为了严肃和改良公共道德，实际上只是为了满足他的天性要求；有些人用诗的形式痛斥了他当时的罪恶，并且预言了未来的前景：

冷酷无情的人啊，
我可以扼要地把我的心里话统统说出来吗？
要是你的母亲能够爱你，
那么，就让我死去。[③]
你不是骑士，为什么？
——你没有十万塞斯特尔提乌斯。[④]
如果还要再问个“为什么”，
——你在罗德斯流放过。

① 据塔西佗记载(《编年史》I. 74)，取下奥古斯都头像是为了换上提比略头像，故法庭宣判无罪。

② 以前某一年的同一天。

③ 这是罗马人常用的一句口头禅，指前述事情“绝对不会发生”。

④ 骑士的财产资格是40万塞斯特尔提乌斯。

元首啊，你结束了萨图尔努斯的黄金时代。
因为，只要你活着，这时代就永远是黑铁的。[①]
罗马人民啊，
他已不再关心酒，因为他如今渴求的是血；
他如今那样嗜血，就如以前嗜酒。
罗马人民啊， 2
请回想一下苏拉，
幸福的[②]是他自己，不是你们；
再回想一下马略，他回到罗马之后的所作所为；
再看看安东尼，那双挑起内战的手，
沾满鲜血，一次又一次。
于是你会说，“罗马完了！”
从流放中回来的人当了皇帝，
没有不让人民流血的。

最初，提比略希望这是不喜欢他的严厉措施的那部分人的作品，表达的与其说是他们的真实想法，不如说是他们的恼怒。他不时地说：“让他们恨我吧，只要他们不妨碍我的措施。”后来，他自己让人看到，这些非难分明是公正的有道理的。

LX. 他到达卡普里埃几天之后，当只身一人时，一个渔夫意外地出现在他面前并献给他一条大鲻鱼。他感到害怕：这个人竟从小岛后面爬过崎岖不平、无路可通的岩石走到了他身边。他命

① 赫西俄德：《工作与时日》174 行以下，列数黑铁时代的种种罪恶。是历史倒退论的最早表述。

② 独裁者苏拉有“幸福的苏拉”的雅号。

令用鱼在这可怜人的脸上乱擦。这人在受折磨时,庆幸自己没献给皇帝一只捕到的螃蟹,而提比略又让人用螃蟹划破他的脸。一个近卫军士兵从他的花园里偷走了一只孔雀,被他处了死刑。有一次他出游所坐的肩舆被荆棘挡住,他把近卫军大队的一个百夫长按在地上打至半死,因为这人曾受命先行扫清道路。

LXI. 不久,他的残忍变得无所不及,从不放过任何机会,甚至发泄在他的朋友和熟人身上。开始是他母亲,然后是孙子和儿媳,最后是塞雅努斯。塞雅努斯死后,他变得空前残忍,这再清楚不过地表明塞雅努斯不是怂恿了他,正相反塞雅努斯是迎合了他的愿望。然而,他在匆匆写就的简短的自传性笔记中,自信地说,他惩罚塞雅努斯是因为发现他迫害他的儿子日耳曼尼库斯的孩子们。事实上两个孙子都是死在他自己手上的,一个死在塞雅努斯失宠之后,另一个死在塞雅努斯被处死之后。

2 详细历数他的残忍行为颇费笔墨。只需叙述他采取的做法就足够了。他没有一天不惩罚人,即使在圣日也如此。甚至元旦也处死人。许多人被控告并连同他们的孩子一起被判罪,有的人甚至遭到自己孩子的指控而被判罪。他不允许死者的家属为死者志
3 哀。他施与原告,有时甚至施与证人以优厚的报酬。他不怀疑告密者的任何一句话。任何罪过都处以死刑,哪怕是为了几句简单的话。一个诗人被指控在一出悲剧中诽谤阿加门农,一位历史学家被指控在著作中称布鲁图和卡西乌斯为最后的罗马人,这些作家立即被处死,他们的作品被焚毁,尽管几年前这些作品在奥古斯
4 都面前还被准许公开朗诵。一些被投监入狱的人不但没有读书的安慰,而且还被剥夺了说话交谈的权利。那些被传唤受审的人,有

的因想到一定会被判罪，因而为免遭折磨和羞辱，在家割断血管，有的在法院里服毒。那些割断血管的人被包扎好后，半死不活地还在颤抖着，就被投入监狱。那些遭处死的人无一不被抛置格马尼埃，并被用钩子拖至第伯河中。每天被处死的总有 20 人，其中包括妇女儿童。由于先人遗俗，禁止绞死处女，所以未成年的姑 5
娘①先被刽子手蹂躏后再被绞死。而想死的人他又迫使他们活下去；因为他认为死的惩罚还太轻了，以致当他听到报告说一个被判了死刑的人——卡尔努鲁斯——执行前死去，他喊道："卡尔努
鲁斯（乘我不备）溜走啦！"一次当他巡视监狱时，一个犯人求他快 6
些处死时，他回答道："我还未报你以友好呢！"一位前执政官在其编年纪中记载：在一次作者本人也参加的盛大宴会上，在提比略桌旁，小丑中一侏儒突然大声问他为什么让被控有冒犯君威罪的帕哥尼乌斯还活着；提比略由于他出言不逊当场责骂了他。几天后，他函告元老院，要求尽快宣判帕哥尼乌斯死刑。

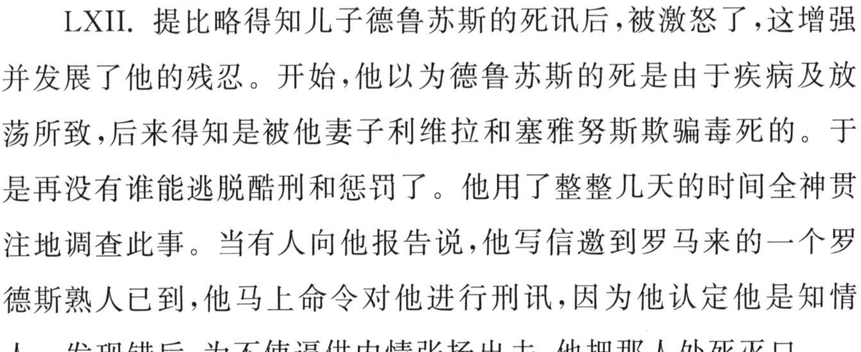

LXII. 提比略得知儿子德鲁苏斯的死讯后，被激怒了，这增强并发展了他的残忍。开始，他以为德鲁苏斯的死是由于疾病及放荡所致，后来得知是被他妻子利维拉和塞雅努斯欺骗毒死的。于是再没有谁能逃脱酷刑和惩罚了。他用了整整几天的时间全神贯注地调查此事。当有人向他报告说，他写信邀到罗马来的一个罗德斯熟人已到，他马上命令对他进行刑讯，因为他认定他是知情人。发现错后，为不使逼供内情张扬出去，他把那人处死灭口。

① 指塞雅努斯的年幼的女儿。塔西佗（V.9）和狄奥（58,II）都记述了关于她的死刑。

2 卡普里埃至今还有人能指出他进行大屠杀的地方，他曾经在那儿命令把那些受了长期刁钻刑罚并已被判死刑的人，当他的面头朝下扔到海里。由水兵等在下面用带钩的篙和桨砸碎犯人的身躯，以防其中有人幸存。在各种刑讯方法中他想出了种种新花样：哄骗人喝下大量的酒，然后突然绑住他们的生殖器，用细绳扎紧了阻止排尿。他用这办法折磨他们。要不是死神阻止了他，要不是
3 特拉西鲁斯（据说是故意地）劝他为活得长些暂缓实行一些措施的话，据信还会有更多的人丧生，甚至剩下的那两个孙子他也不会放过。因为他已经对盖乌斯产生疑心，他憎恶小提比略，视他为通奸之恶果。他常说普列阿摩斯[①]是幸福的，因他比自己所有亲人都长寿——这是非常可能的。

LXIII. 许多事情可以表明由于作恶多端他受到人们的仇恨和厌恶，他不仅每天都在忧心忡忡中度日，甚至还受到公开的冒犯。他禁止任何人秘密地或在没有证人的情况下去询问预言者，事实上，他甚至试图废除罗马城邦的神谕宣示所，但慑于普赖尼斯特神谕的奇异而唯独容忍了它。因为他虽然把神谕封在一只箱里运到了罗马，但发现箱子是空的，只有把箱子拿到神庙里才能找得
2 到神谕。他曾委任了一两个执政官去管理行省，但始终不敢让他们成行，一直把他们扣留在罗马，直到指定了他们的继任者。其间，他让他们保持着自己的官衔，甚至分派给他们任务，但这些任务都交由他们的代表和助手去执行。

① 据特洛亚战争故事，普里阿摩斯是特洛亚老王，赫克托尔的父亲。应是所有的儿子都死在他之先。

LXIV. 儿媳及孙子们遭到放逐后，他无论把他们迁徙到哪儿去都让他们带着镣铐坐在密封的肩舆里，一队士兵跟着，不许任何遇到的人看他们，甚或不许停下来。

LXV. 塞雅努斯策划革命时，提比略虽然注意到此人让全民
公开庆祝其生日，到处尊奉着此人的金像，但他忍耐着，绝不是立
即使用自己至高无上的权力，而是用阴谋诡计最终把此人搞垮了。
为了把他从自己身边除掉，提比略在尊敬他的幌子下把他选为自
己第五次执政官(31 A. D.)的同僚(提比略已多年不担任执政官，
他虽不在罗马城，但为此目的他接受了执政官职务)，然后以同皇
族结亲和保民官的权力来诱骗他，并趁其不备突然发表了一篇措
辞含羞可怜的控告词。其中除了别的话外，提比略请求元老们派
来一名执政官，在一支军队保卫下把他这个孤独的老人接到元老
院去。提比略即使这样还是不放心，害怕发生暴动，他下令释放仍 2
监禁在罗马的孙子德鲁苏斯，必要时任命他为司令官。他还准备
好船只准备逃到某一个军团去，他总是在一高崖上观察远处的信
号，他曾吩咐有什么事用信号通知他，以免由信使传递耽误时间。
就是在塞雅努斯的密谋被镇压之后，他也还是缺乏信心和不敢安
心。这之后的几个月里，他没有走出过一个名叫伊昂的别墅。

LXVI. 来自各方面的各种谴责刺痛着他充满忧虑的心灵。因为每个被判刑的人都谴责他，或者当面侮辱，或者暗中在剧场的元老席位上散发揭露信件。他对这些做法有各种不同反应：有时碍于羞耻，他极力遮盖，有时表示轻蔑，他亲自公之于众。甚至帕提亚王阿尔特巴努斯也在一封信中指责提比略谋害自己的亲人和其他人，以及他那无耻放荡的生活，要他最好自杀，以谢公民同胞

对他刻骨而正义的仇恨。

LXVII. 最后，他自己也厌恶自己，几乎承认了自己的痛苦程度，有一封信(32 A.D.)是这样开头的："元老们，如果说我心里明白该给你们写什么，又怎样来写，或者，暂时还有什么不该写，我真希望男女诸神能把我毁灭掉而不是让我每天这样忍受折磨。"有人
2 认为他预先知道自己的这种前途，也早已预见到，有怎样的坏名声、怎样的憎恨在等待着他。正因为这样，所以即位后，由于担心以后被发现不配"祖国之父"的荣誉而遭受更大的耻辱，他坚决反
3 对给他这个称号，反对元老宣誓支持他的所作所为。实际上，从他关于这两个问题的讲演也可以得到这一结论，例如他说："只要我理智还健全，我是会始终如一的，我的性格是不会改变的。但为了不开坏的先例，元老院终究最好还是不要承诺忠于任何个人的所
4 作所为。"他还说："因为个人是会因情况改变而改变的，如果你们有朝一日怀疑我的性格和我对你们的忠诚，我祈祷在你们的想法发生这样的变化之前死掉，那么'国父'的称号对我来说也不会给我带来任何荣誉，对你们来说，它也只会成为你们遭人谴责的把柄，人们会据此谴责你们轻率地赠与我这一称号，或者谴责你们对我性格的估计前后矛盾。"

LXVIII. 提比略身体粗壮，身材比常人高大，胸脯宽阔，臂膀粗圆，从头到脚都很匀称。他左手比右手灵活有力，骨节有力，手指能钻透一只鲜苹果，轻轻一弹便可弹伤一个孩子、甚至青年人的
2 脑袋。他皮肤白皙，头发微长，披在颈后，这也许是他家族的特点。他面貌英俊，但有时也会突然布满许多疙瘩。他眼睛很大，视力很强，能在夜晚和暗处看清东西，但只是在醒后刚睁开眼睛的不久或

刹那间，然后视力很快就会变弱。走路时，他总是直挺着脖子，头 3
向前伸[①]，面部表情严峻，通常沉默寡言，甚至与他周围的同伴也
很少交谈，说话很慢，且常弹手指头[②]。所有这些让人不愉快的傲
慢习惯，早已被奥古斯都看出了。奥古斯都曾不止一次在元老院 4
和人民面前为他辩解，说这些习惯属于人的自然缺点，不是道德问
题。他身体健壮，虽然在30岁之后，他也是自己照料自己，而不用
医生指导，整个在位期间他几乎没生过病。

LXIX. 他对神和宗教活动不大注意，但醉心于占星术并坚信命运决定一切。但是他极怕打雷，每当乌云翻滚时，他就要戴上月桂花环，因为据说闪电不打这种树叶。

LXX. 他曾经努力地学习两种语言的文艺。在拉丁语修辞方
面他模仿麦撒拉·科尔维努斯；年轻时，他就尊敬那时已年迈的科
尔维努斯。但他的过分矫揉造作和卖弄学问使他的文体大为失
色；人们认为他的即席讲演比有准备的讲演要好得多。他还写了
一篇抒情诗，题为《哀悼鲁基乌斯·恺撒之死》，他还写了希腊诗， 2
模仿尤福利翁·李雅努斯和巴尔特尼乌斯。他非常喜爱这些诗
人，把他们的作品和肖像与其他著名的古代作家的作品和肖像一
起放在公共图书馆里。因此，许多学者竞相对他们的作品发表评
论文章，并奉献给皇帝。但他特别感兴趣的是神话传说，几乎到了 3
非常傻气和可笑的地步。他常问一些语法学家（如我说过的，他特
别感兴趣的一类人）如下的一些问题："谁是赫古巴的母亲？""被藏
在少女中的阿克琉斯用的是什么名字？""塞壬女妖们唱的是什么

① 有的理解为"头向后仰"。
② 一种被认为不雅观的动作。

歌?”[①]此外,奥古斯都死后,他第一次走进元老院时,为了立即表示孝道和虔诚,他仿效米诺斯[②]以香与酒献祭,只是没有像古时米诺斯在儿子死后那样用长笛手吹奏。

LXXI. 虽然他能自如流利地讲希腊语,但不是到处讲,特别避免在元老院讲,以至当他需要说“垄断”一词时,他请求原谅不得不使用一个外来词。又一次,元老院的一项决议上用了“ἔμβλημα”一词,他建议换一个拉丁词,若找不到相应的词,可用几个词描述这个概念。还有一次,在法庭上有人用希腊语要求一个士兵作证,他命令这个士兵只用拉丁语回答问题。

LXXII. 整个隐退期间,他仅有两次想返回罗马。一次,他沿
第伯河岸设岗哨挡住出城来迎接他的人,自己坐三层桨船一直驶
到人工湖附近的花园;另一次他沿阿皮亚大道走到了第七个里程
碑处,但他只是远远地看了一眼城墙便返回了,没有走近。第一次
2 不知什么原因,第二次是因为看到了不祥的征兆:在他所喜爱的动
物中有一条大蟒蛇。当他像平常一样亲自去喂食时,发现它被蚂
蚁吃掉了。有人警告他要提防多数人的力量,于是他急忙回到坎
佩尼亚,病倒在阿斯图拉;稍好后,接着去了西尔塞。为避免别人
看到他身体不佳,他不仅观看士兵们的游戏,而且从高处座位上往
3 下向放进角斗场的野猪投掷标枪。他立即感到肋部痛,又由于发
烧时着了风,他病情加重,持续了几天。虽然他继续他的旅行直至

① 都是与特洛亚战争有关的人物。赫古巴是特洛亚城老皇后。阿克琉斯是希腊军中主要战将,他母亲不让他参加战争,把他化装成女郎,夹杂在少女中。塞壬是某海岛上女妖,用歌声迷杀航海者,奥德修斯是唯一听到她们歌声而未被害的英雄。

② 米诺斯是克里特古代著名国王。

米塞努姆，并未改变什么习惯，甚至没有放弃在宴会上获得快乐的机会。这样做一半是因为他缺乏自我克制，一半是为了不让人们知道他的病情。有一次医生卡里克勒斯想离开宴会，握住他的手要吻别，提比略以为医生是在为他号脉，请求他不要走。他让医生回到宴席，继续饮宴到很晚的时候。然后，一如既往，在客人告辞时，他由一警卫陪着站在宴会厅中间，向他们一一致意。

LXXIII. 与此同时，他翻阅元老院的档案时得知，一些被他指控的人——关于他们，他已在某个时候简要地通知元老院，说他们受到指控——未经审问就给开释了，他气得大叫，认为元老们根本不把他放在眼里。由于他除了在自己的隐居处[①]，就不敢采取任何行动，故他决定无论如何回卡普里埃。但是由于天气不好和病情恶化，未能成行，不久他便死在鲁库路斯别墅。时为格涅乌斯·阿凯罗尼乌斯·普罗库路斯和盖乌斯·庞提乌斯·尼格里努斯执政年的3月16日（3月16日，37 A. D.），终年78岁，在位23年。

有人认为盖乌斯给他吃了慢性毒药，有人认为是在他发热病 2
后恢复健康期间，当他想吃东西时，没人给而饿死的。又有人说，他是被人用一只枕头闷死的：在一阵昏厥之后突然清醒过来时发现自己手上的宝石戒指不见了，他要求还给他。塞内加[②]记载：他意识到自己快要死了，取下戒指，好像要给谁，拿了一会儿，然后重又戴上自己手指，攥紧左手，静静地躺了好长时间；突然他叫侍从，

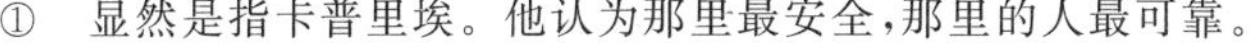

① 显然是指卡普里埃。他认为那里最安全，那里的人最可靠。

② 或许指鲁基乌斯·阿奈乌斯·塞内加的父亲。

没人答应，他起来，但由于无力倒在卧榻附近死了。

LXXIV. 在他最后的一个生日，他梦见特美诺斯的阿波罗，一个他从叙拉古带回，并放在一个新庙附设藏书室里的大而精美的雕像在梦里对他说，他不能供奉他了。他死前不几天，卡普里埃的灯塔毁于地震。在米塞努姆，被拿进餐厅取暖的、燃煤早已熄灭而冷却的余烬，在入夜不久时突然又燃烧起来，并一直烧到深夜。

LXXV. 听到他的死讯，人民是如此高兴，以致有的人奔走大
呼，“把提比略丢进第伯河！”另一些人则向地母神和冥界神祇祈
祷，让这个人下地狱。还有一些人威胁着要用钩子对付他，把他拖
2 到格马尼埃去暴尸，这些人对他的暴政既有旧恨又有新仇。元老
院法令规定(21 A. D.)处死刑的到第十天执行，现在有些犯人的
执行日期正好和他的死日相合，这些人请求公众保护，但由于盖乌
斯不在，无人出面说情。狱官怕违法，只好还是把他们绞死了，暴
尸格马尼埃。这事激起了人们对暴君更强烈的仇恨。人们觉得，
3 似乎他的残暴并没有跟着他的死亡而中止。当他的遗体被抬出米
塞努姆时，许多人叫喊说要把他的尸体抬到阿特拉，并在圆形剧场
烤熟[①]。但士兵们把他的尸体抬到了罗马，举行了公众悼念仪式，
烧化成灰。

LXXVI. 提比略在死前两年就拟好一式两份遗嘱，一份在他自己手里，另一份在一个被释奴手里，内容相同，并已让庶民签名封存。在遗嘱中他指定他的两个孙子——日耳曼尼库斯的儿子盖

① 阿特拉城居民被认为是粗野的傻子。选择圆形剧场是为了让傻子们拿提比略的尸体开心。烤焦而不完全烧掉，显然是侮辱尸体(参见《盖乌斯·卡里古拉传》，XXVII. 4，LIX)。

乌斯和德鲁苏斯的儿子小提比略——平分他的财产，若其中一人死了，则归另一人独享。除此之外，他还给其他一些人以遗赠，包括维斯塔贞女、全体士兵、全体罗马平民，还另外给守城卫队头目以遗赠。

第四卷　盖乌斯·卡里古拉传

I. 盖乌斯·恺撒①之父日耳曼尼库斯是德鲁苏斯和小安东尼娅之子。他被叔父提比略收养之后(4 A. D.),未达法定年龄便做了 5 年的财务官(7 A. D.),继而直接升任②执政官。(12 A. D.)在他被派往日耳曼军中之后,当奥古斯都驾崩的消息传来时(14 A. D.),所有的军团都坚决拒不承认提比略为帝,而拥戴他接管最高权力,但他抚平了他们,表现得不仅忠诚而且坚定。后来他指挥
2 这些军团赢得了一次对敌作战的胜利,举行了一次凯旋式(17 A. D.)。然后他第二次当选执政官(18 A. D.)。在就职之前,他被派匆匆前往东方恢复秩序;打败了亚美尼亚国王、把卡巴多西亚降为罗马的一个行省之后,长期患病,最后死于安条克,享年 34 岁。有人怀疑他是被毒死的,因为他死后尸体上到处是黑色斑点,嘴角流着泡沫,火化后心脏没有烧掉——据认为这是心脏的特性,即中毒的心脏火烧不了。

II. 但是据信,他死于提比略的诡计及格涅乌斯·庇索的鬼点子和为虎作伥。格涅乌斯·庇索那时是叙利亚总督,自认为不得

① 指卡里古拉。
② 按惯例,在升任执政官之前还得经过营造官和大法官阶段。

不冒犯他们父子中的一人，似乎除此而外没有别的选择；因而，他言语和行动上都一直和日耳曼尼库斯无情地作对，甚至在日耳曼尼库斯患病后也是如此。为此，庇索在返回罗马时差点被罗马人民撕碎，后来被元老院判了死刑[①]。

III. 一般公认，日耳曼尼库斯身心两方面素质都特别好，任
何人都不能与之相媲美。他外貌英俊、勇敢无比、口才超群、精通
希腊罗马文化、极其善良、强烈追求且善于赢得人们的尊敬和爱
戴。他双腿瘦细，与身体其他部位很不相称，但由于他坚持饭后骑
马，后来双腿渐渐长得与身体协调起来。他经常在近战中杀戮敌 2
人。他甚至在接受胜利勋章后，还去参加法庭辩护。除其他研究
成果外，他还写了几部希腊喜剧[②]。无论身在罗马还是外出，他从
不摆架子；无论进入自由城市还是联盟城市，他从不用棍斧扈从为
其开道。无论在哪儿，只要遇到名人的坟墓，他总要献祭坟头。他
打算把在瓦鲁斯战败中阵亡战士的散失遗骨收埋在一座坟里，并
且第一个亲手收集那些尸骨。他待人温和宽容，甚至对自己的诽 3
谤者也是如此，不论他们是谁，怀着什么样的动机；以致在庇索取
消他的命令、恶待他的被保护人时，他还未下决心与他绝交，直至
发现庇索对他本人使用咒语和毒药谋杀未遂时止。甚至这时，他
也只不过按前人的做法正式废除与庇索的友谊[③]，并且吩咐家人，
一旦他遭遇不测时为他报仇。

① 自杀而死。

② 日耳曼尼库斯的作品保存下来的仅有一首描述星空的诗和若干希腊碑铭。

③ 古罗马个人间的友谊也像国家间的联盟一样，是一件社会的大事，因此废除友谊也有正式的契约。

IV. 由于有如此多的德行，他赢得了大量荣誉。他的家族十分尊敬和重视他，以致奥古斯都（且不说其他亲属）曾在长时间里考虑是否选定他为自己的继承人，终于决定让提比略收他为养子。人民十分爱戴他，许多作家记载，不论他来到或离开什么地方，迎接者或送行者都是人山人海，有时拥挤得使他的生命都受到威胁。他在平息日耳曼骚乱后返回罗马时，尽管命令仅派两个大队近卫军去接他，但结果是所有的近卫军大队都去迎接他，而罗马人民则不论男女老少，不分贵贱，潮水般地涌出罗马城，列队 20 里欢迎他凯旋归来。

V. 人们对他的爱戴程度可以从他去世时及稍后一段时间内找到强有力的依据。他去世的那天①，庙宇遭乱石砸打，圣坛被推倒，有些人把他们的家神扔到大街上②，把刚出生的婴儿抛弃了③。甚至连那些与我们作战的或他们彼此相互交战的蛮族人据说都一致同意休战，仿佛大家同样在国内遭受了一次不幸似的；据说，他们的一些王公剃掉了胡须，剪掉了妻子的头发，以示莫大的悲伤，甚至连王中之王④本人也停止了狩猎和与显贵们的宴饮活动，这在帕提亚是国殇的标志。

VI. 在罗马，第一次听到他患病的消息时，全体居民都为之愕然和悲伤；当他们正在等待进一步的消息时，夜幕下不知从哪里突

① 公元 19 年 10 月 10 日。

② 痛恨神灵没有保佑日耳曼尼库斯长生不死。

③ 因为他们出生在这个不幸的日子里。

④ “王中之王”本为波斯王的称号，后变成帕提亚王的称号，当时帕提亚国王是阿塔班三世。

然传出一则消息，说他已病愈。于是，大家高举火炬带着牺牲从四面八方涌向卡庇托尔，庙门差点被挤倒，没有什么能阻挡这些急于还愿的人群。欢腾的歌声把提比略从睡梦中惊醒，人们到处在唱：

“罗马是安全的，我们的国家是安全的，因为日耳曼尼库斯平安无事。”

但是，当最终得知日耳曼尼库斯已不在人世时，任何规劝和命 2
令都无法阻止公众对他的哀思，哀悼活动甚至持续到 12 月的节日期间。

死者的声誉及人们对他的怀念，随着恐怖时代的到来而有增无减，因为大家有足够的理由相信，正是对日耳曼尼库斯的尊重和敬畏使提比略一直不敢残酷行事，而他的残酷在日耳曼尼库斯死后很快就暴露出来了。

VII. 他的妻子阿格里皮娜是马尔库斯·阿格里巴和朱里娅之女。阿格里皮娜生了 9 个子女，其中两个在婴儿时便病死了，另一个在童年时是个可爱的孩子，利维娅把他扮成丘庇特的一个雕像[①]献给卡庇托尔的维纳斯神庙，而奥古斯都则把这孩子的另一个雕像放在自己的卧室里，通常不论什么时候进入房间都要吻吻。其余的孩子在日耳曼尼库斯死时都还活着，他们是一年一个相继出生的三个女儿：小阿格里皮娜、德鲁西拉和李维拉，还有三个儿子：尼禄、德鲁苏斯和盖乌斯·恺撒。尼禄和德鲁苏斯后来受到提比略的指控，被元老院宣布为公敌。

① 小爱神，裸体童像，两肩有翅，手持弓箭。

VIII. 盖乌斯·恺撒[①]生于他父亲和盖乌斯·冯特乌斯·卡庇托任执政官那一年的8月31日(12 A.D.)。由于记载不同,他的出生地无法确定。格涅乌斯·兰图鲁斯·盖图里库斯说他出生于提布尔,普林尼·塞古都斯说他出生于特勒维里部落康富伦特城[②]的一个被叫作安必塔维乌姆的村庄。普林尼还证明说,那儿可以看到一个圣坛[③],上面镌刻着"纪念阿格里皮娜的生育"。他做了皇帝后不久就流行起来的诗歌说他出生在军团的冬季营房内:

他,在军营里诞生,在国家的武装中长大成人,
这不已经有了预兆:他命中注定要做元首。

我在一份公报[④]上发现他生于安提乌姆。普林尼认为盖图里库斯
2 的说法是为了奉承而编造出来的谎言,是为了用赫库利斯圣地的
名气给这个爱虚荣的年轻人增加声誉[⑤];普林尼还指出,他的谎言
3 比较迷惑人,因为日耳曼尼库斯确有一个儿子出生于提布尔,名字
也叫盖乌斯·恺撒,是个极可爱的孩子,我在前面说到过他的夭
折[⑥]。普林尼的编年有错误,因为所有记述奥古斯都事迹的史家
们一致认为,日耳曼尼库斯直到执政官任期结束后才被派往日耳
曼,而那时盖乌斯已经出生了。此外,圣坛上的铭文并不能证明普
林尼的观点,因为阿格里皮娜先后在那地方生了两个女儿,而且不

---

① 即卡里古拉。

② 麦瑟勒河流入莱茵河的汇合处,即今天的科布伦茨市。

③ 这类圣坛是纪念性的,不是用于献祭的。

④ 公报是一种报纸,内容包括政府的决定,元老院议事录的摘要,建设的消息和皇帝家事的信息。

⑤ 提布尔有献给赫库利斯的大庙。

⑥ 见VII。

论生男生女，“生孩子”都被称作 puerperium，因为古时的人曾称女孩为 puerae，称男孩为 puelli[①]。另外，我们有一封奥古斯都在 4
临死前几个月写给孙女阿格里皮娜的信，内容是关于这个盖乌斯的（因为那时已没有别的名叫盖乌斯的孩子还活着了），具体内容如下：“昨天，我与塔拉里乌斯和阿西利乌斯商量好了，由他们在 5 月 18 日（14 A. D.）带来你的儿子盖乌斯，如果诸神高兴的话。此外，我还派我的一个奴隶医生陪他一起去。我已给日耳曼尼库斯写了信，如果他想要的话，就把医生留下来。再见了，我亲爱的阿格里皮娜，一路保重，愿你身体好好地到达你的日耳曼尼库斯身
边。”我认为，盖乌斯很显然不可能出生在他将近 2 岁时才第一次 5
被从罗马带去的那个地方。这封信也削弱了我们对那几行诗的信任，又因为这诗没有署名作者，因而更令我们怀疑。因此，我们必须接受公报提供的唯一现存的证据，尤其因为盖乌斯特别喜爱安提乌姆，好像这里是他的出生地似的，总是喜欢用这个地方而不是其他地方作他的退隐地，据说，由于讨厌罗马，他甚至想把帝国的首都和皇宫迁到这儿。

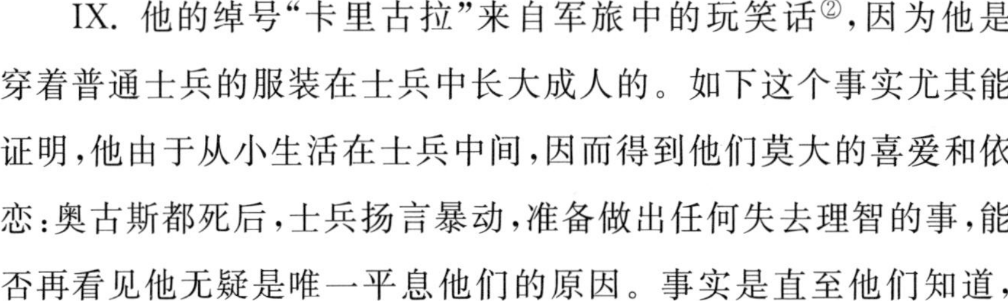

IX. 他的绰号“卡里古拉”来自军旅中的玩笑话[②]，因为他是穿着普通士兵的服装在士兵中长大成人的。如下这个事实尤其能证明，他由于从小生活在士兵中间，因而得到他们莫大的喜爱和依恋：奥古斯都死后，士兵扬言暴动，准备做出任何失去理智的事，能否再看见他无疑是唯一平息他们的原因。事实是直至他们知道，

① 后来标准拉丁文中，“男孩们”为 pueri，“女孩们”为 puellae。

② Caligula（卡里古拉）源于 Caliga（士兵穿的军靴），意为“小军靴”。

由于面临暴动的危险，他正要被送走，送到最近的一个城市去保护起来，这时他们才平静下来。他们终于忏悔，并抓住他的马车，挡住他，请求原谅他们的无礼。

X. 他还跟随其父出征过叙利亚。从叙利亚回国后，他起初与
母亲一起生活。母亲被放逐后，他和曾祖母利维娅·奥古斯塔生
活在一起。利维娅去世时(29 A.D.)，尽管尚未成年，他却站在讲
坛上发表演说，为她歌功颂德。其后，他由祖母安东尼娅照管。19
岁那年，他被提比略召去卡普里埃；同一天，他穿上了成人长袍，第
一次刮了胡须，但没有举行任何类似他哥哥们的成人仪式。在卡
2 普里埃，尽管有些人采用各种手段企图引诱或强迫他表示不满，但
他从未上过他们的当。他从未提起过自己亲人的不幸，似乎根本
就没有发生过什么事，同时以惊人的伪装冷漠来应付自己遭受的
虐待。他对祖父和祖父一家人百依百顺，以致人们谈到他时都恰
当地说，没有见过比他更好的奴仆或更糟的主人了。

XI. 然而即使在那个时期，他也未能控制自己的残酷和罪恶的天性。他极喜欢观看拷打和处决受罚者的场面，嗜好夜间游逛下等酒吧和妓院。此外，他还喜欢戴着假发、穿着长袍到剧院里去，沉迷于唱歌跳舞活动中，提比略非常愿意他这样，希望借此驯化他的残暴天性。这位精明的老人看透了他，不止一次地预言过，盖乌斯活着将意味着他自己和大家的毁灭，他正在替罗马人民豢养一个厄喀德那，替世界豢养一个法厄同①。

① 据希腊神话，厄喀德那是地狱和大地女神的女儿，身体一半是女人一半是蛇，她又生了许多著名的怪物。法厄同是太阳神赫利俄斯之子，他任性执拗，硬要驾驶太阳车，但由于控制不住，结果烧毁了地上的一切。

XII. 不久之后，盖乌斯娶最著名的贵族马尔库斯·希拉努斯之女朱里娅·克劳狄拉为妻。后来，他被任命为占卜官，取代他的兄弟德鲁苏斯；在被授予此职之前，他被提升为高级祭司[①]，这意味着他的虔诚和总的禀赋受到了承认。在塞雅努斯被怀疑搞阴谋并且很快被作为公敌处死后，提比略已失去任何别的依靠，因而盖乌斯便愈来愈有希望继承皇位。为使这一目标的实现更为可靠， 2
在朱里娅因生孩子死了之后，他便勾引当时的近卫军长官马克罗之妻恩尼娅·那维娅，向她许诺，如果自己做了皇帝将娶她为妻；为保证实现这一诺言，他既发誓又立书面契约。在她的帮助下，他渐渐获得了马克罗的信任。据一些人认为，就在这个时期他毒死了提比略，在提比略还未停止呼吸时就下令取下他的戒指；由于怀疑提比略试图抓住戒指不放，他因而把枕头压在他的脸上，亲手扼死了这位老人，并下令把一个目击这个可怕场面而惊呼起来的释放奴隶立即钉死在十字架上。这很有可能是事实。据一些作家记 3
载，后来卡里古拉本人承认，如果说他没有在事实上犯过弑父之罪，但至少有一次这么想过。一些作家记载说，在谈到他的孝道时，他经常夸耀自己曾带着匕首潜入熟睡的提比略的卧室，想为死去的母亲和兄弟报仇，但由于顿生慈悲之心，扔下匕首离开了。他吹嘘说，尽管提比略知道这事，但他既不敢追查也不敢控告他。

XIII. 他就这样获得了皇位（37 A. D.），实现了罗马人民，或者更恰当地说，实现了整个人类的最大希望，因为他是大多数行省居民和士兵所希望的元首，他们中许多人都了解他的幼儿时代，整

① 见《神圣的朱里乌斯传》，XL 节注。

个罗马市民也都希望他成为元首，因为他们都怀念他的父亲日耳曼尼库斯，同情他的几乎灭绝的家族。因此，在他从米塞努姆起程来罗马时，一路上都设了圣坛，摆列着牺牲，燃着火炬，尽管那时他还穿着丧服，护送着提比略的遗体。每到一处，都有不计其数的群众欢呼迎接他，除其他一些祝福的名字外，他们称他为“星星”、“鸡雏”、“宝宝”、“婴儿”。

XIV. 进入罗马城之后，元老院以及强行涌进元老议事大厅的群众一致同意立即将最高权力全部交给他，根本不考虑提比略的遗嘱——提比略在遗嘱中还指定自己的一个尚未成年的孙子与卡里古拉一起为共同继承人。人民是如此地高兴，以致据说在不到 3 个月的时间里竟宰杀了 16 万头牲畜献祭。

2 当他几天后离开罗马去坎佩尼亚的 3 个岛屿[①]时，人们都为他的安全返回而祈祷许愿，利用一切哪怕是最小的机会以示为他的安全而担心和焦虑。他生病时，人们接连几夜群集于宫殿周围，甚至有些人发誓愿意充当角斗士参加决斗表演，另一些人用书面

3 誓约[②]，表示愿意献出生命，只要元首能恢复健康。除罗马公民的这种无限爱戴之外，他还获得了外国人的忠诚。例如帕提亚国王阿塔班，过去一直公开表示憎恶和蔑视提比略，现在却主动寻求卡里古拉的友谊，亲自来参加与执政官衔的行省总督举行的谈判，而后渡过幼发拉底河，来向罗马的鹰旗和军旗、向恺撒们的雕像致敬。

---

① 卡普里埃、爱那里亚、普洛西达三岛。

② 一种古代魔术，写在书板上，送进神庙里。

XV. 盖乌斯还亲自想方设法博取人们对他的忠诚。他声泪
俱下地对集合的群众发表演说颂扬提比略，并给以厚葬。之后，他
旋即动身去潘达达里亚岛和庞地亚诸岛，把母亲及兄弟们的骨灰
移往罗马。在一个暴风雨天气中航行，使他的孝道更加引人注目。
他十分虔敬地走近骨灰，并亲自将骨灰放进坟墓中。具有同样戏
剧效果的是，他用双排桨海船、船尾插着军旗，把骨灰运到奥斯提
亚，再从那儿上溯第伯河运到罗马，然后由骑士等级的最著名人物
用两乘肩舆在中午街上人最多的时候把它们抬到陵墓[①]。他规定
以后每年举行一定的仪式祭奠死者，为了对母亲表示崇敬，还每年
在圆形竞技场举行竞技会，用马车载着她的遗像游行。为了对父
亲表示崇敬，他用日耳曼尼库斯的名字来命名 9 月份。这以后，他 2
借一项元老院决议授予祖母安东尼娅以利维娅·奥古斯塔曾经享
有的一切荣誉；让那时还是罗马骑士的叔父克劳狄与他一起共任
执政官(37 A. D.)；在他弟弟提比略穿上成人长袍的那天收养了
他，并授予他青年领袖的头衔[②]。为了对他的姊妹们表示敬意，他 3
规定任何誓言中都要加上一句话：“让我热爱盖乌斯及其姊妹们胜
过爱我自己和我的孩子们”，在执政官的提议[③]中都加上一句话：
“祝盖乌斯·恺撒及其姊妹们幸福如意！”

同样为了追求人民的爱戴，他赦免了被判有罪和已被流放的

① 奥古斯都墓地，在马尔斯广场北部，靠近第伯河。见《神圣的奥古斯都传》C. 4。

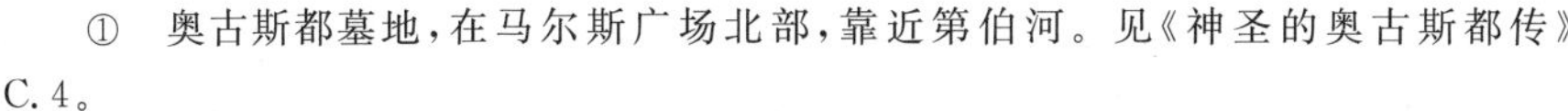

② 本为骑兵(45 岁以下的现役骑兵)司令的头衔，奥古斯都把它授予 C. 恺撒和 L. 恺撒后，它就成了皇位继承人的称号，后来又被皇帝本人所僭用。——英译者

③ 执政官在向元老院提出建议时使用一定的套语开头，早先是：祝国家昌盛，后来是：祝皇帝幸运。——英译者

人，对以前遗留下来的所有控告他宣布免予追究；有关他母亲和兄弟们案件的卷宗，他拿到市心广场去焚烧[①]，为了清除告发者和见证人今后的恐惧，他指神名发誓，说自己从未看过这些案卷，甚至碰都没碰过；对于有人要谋杀他的一次告发，他甚至不予受理，宣称他没有什么可引起什么人对他仇恨的，说他不愿听取告密。

XVI. 他把被叫做“斯姘特里”的古怪的性行为发明者[②]赶出
罗马，勉强听劝没把他们沉入大海。过去元老院命令禁止的提图
斯·拉赛努斯、克里莫提乌斯·科尔都斯[③]和卡西乌斯·塞维鲁
斯的著作，他允许搜求、保存和阅读，他说他最感兴趣的是让一切
出现过的东西都能流传给后人。他重新命令公布帝国国情汇报
（过去奥古斯都曾定期公布，后来提比略中止了）。他允许主管职

2 官自由审理案件，不必征询他的意见。他审查了骑士的名单，做得
严格、仔细，但不苛刻。对那些道德败坏名誉扫地的人，他当众收
回了他们的马匹；对过失较小的人，他只在宣布名单时勾销他们的
名字。为了减轻陪审员的工作量，他在原有四个陪审团之外又增
设了一个新的即第五个陪审团[④]。他甚至企图恢复人民大会，把
3 选举国家官员的权力归还给它[⑤]。他立即诚实彻底地支付了提比

① 这是副本，原件仍留着（30 节），克劳狄销毁了它们。

② 见《提比略传》，XLIII. 1。

③ 克里莫提乌斯·科尔都斯，《神圣的奥古斯都传》，XXXV. 2 提到过。

④ 比读《神圣的奥古斯都传》，XXXII。

⑤ 公元 14 年提比略当政时把选举国家官员的权力最后由人民大会转归了元老院。卡里古拉想恢复从前的程序，但没有结果。

略遗嘱里开列的赠款数目(虽然它已被宣布无效)和朱里娅·奥古
斯塔遗嘱[①]里开列的赠款数目(过去被提比略压制未付)。他在意
大利境内免除0.5%的拍卖税[②];他给许多遭受火灾损失的人以
补偿。每当把王国归还给国王们时,他也把过去那段时间里[③]的
赋税和收入的全部余额付清给他们。例如,把已没收入国库的1
亿塞斯特尔提乌斯归还了科马根尼[④]国王安条奥库斯。为了表明 4
他鼓励一切好的榜样,他奖给一个女释放奴80万塞斯特尔提乌
斯,因为她在严刑拷打之下没有供出自己保护人的罪行。由于这
些措施,因而除别的荣誉外,元老院还通过决议向他奉献金盾[⑤],
即每年在一定的日子里由祭司团把金盾送上卡庇托尔,元老院元
老们担任护卫,贵族出生的童男童女齐唱颂歌赞扬他的美德。元
老院还通过一项决议,把他即位的那天称作柏勒里亚节[⑥],仿佛为
了纪念罗马第二次建城。

XVII. 他四次出任执政官:第一次从7月1日起(37 A.D.),在任两个月;第二次从1月1日起(39 A.D.),在任30天;第三次到1月13日止(40 A.D.),第四次到1月7日止(41 A.D.)。其

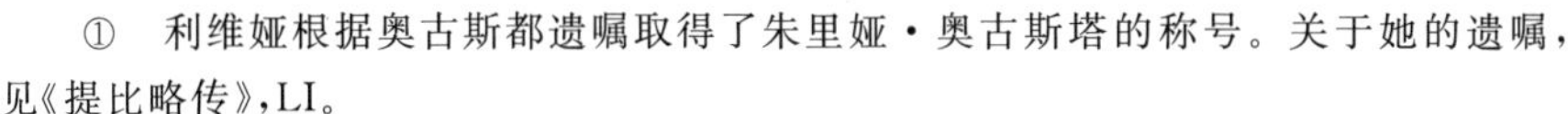

① 利维娅根据奥古斯都遗嘱取得了朱里娅·奥古斯塔的称号。关于她的遗嘱,见《提比略传》,LI。

② 拍卖税是奥古斯都为充实军费财库而开征的税项。见《神圣的奥古斯都传》,XLIX.2及注。税率在0.5%—1%之间。

③ 被囚在罗马当人质期间。

④ 叙利亚北部的一个地区,靠近幼发拉底河。

⑤ 把一面镂有受奖人肖像的金盾奉献给神。据传,此种风俗源于公元前495年执政官阿比乌斯·克劳狄。

⑥ 古代意大利人崇祀牧人和牲畜保护女神柏勒斯的节日,时在4月21日,这是传说中罗马建城的日子。

中仅最后二次是连任[①]。第三次他是在卢格都努姆单独就职的，
没有同僚。这不是(像有些人所认为的)由于傲慢和藐视惯例，而
是由于卢格都努姆离罗马较远，他没能及时得到另一执政官在元
2 旦前死去的消息。他两次慷慨施予人民，分发给每人300塞斯特
尔提乌斯；两次给元老和骑士等级的人连同他们的妻子儿女举办
丰盛的宴席。在第二次宴会上，他给每个男人分发托加袍，给每个
妇女和孩子分发红的和深红的围巾。此外，为了延长以后公众的
娱乐时间，他给萨图尔那里亚节增加了一天时间，并把这一天称作
尤文尼斯日[②]。

XVIII. 他不止一次举办角斗比赛，有的在托鲁斯大圆形剧
场[③]，有的在塞普塔举行。在这种比赛中，除了一对一的较量之
外，他还加进阿非利加队和坎佩尼亚队的拳击队比赛，两队队员由
两地区精选出来的高手组成。这种比赛并不是每次都由他本人主
持，有时他把这种荣誉让给自己的朋友或高级长官。他还经常举
2 办舞台演出，在各种不同的地方举办各种不同的演出，有时甚至在
夜间举行，全城点起火把。他还抛撒各种礼物，给每个人分发食
篮。有一个罗马骑士在一次这样的宴请时坐在他的对面吃得特别
津津有味，他干脆把自己的一份也送给了这个骑士。在另一次类
似的场合中，他不顾程序指示任命一个元老为大法官。他也举办
3 过许多次马车比赛，从清晨开始一直持续到夜晚，在比赛的间歇里
还不时地穿插“非洲”狩猎和“特洛亚”游戏；其中特别豪华的几次，

---

① 应该说最后三次连任。

② 意译“青少年日”。比读《尼禄传》，XI. 1。

③ 见《神圣的奥古斯都传》，XXIX. 5。

赛场披红挂绿[①]，驭者[②]都是元老等级的人。他甚至还举办过一次即兴的马车比赛；当他正从革洛提安那大屋[③]察看大赛车场的设施时，有几个人从邻屋的阳台上请求他这样做。

XIX. 此外，他还设计了一种新颖别致、前所未闻的舞台演
出，即在贝亚和普特俄利防波堤之间全长 3 600 步[④]的海峡上搭起
浮桥，为此，他把从各地调集来的商船抛锚排成两行，然后往船上
装土，垒起一道土堤，并把它做成阿庇亚大道的样子。他连续两天
骑马在这座桥上来回游逛。第一天骑的马披着华丽的马衣，他自 2
己头戴橡树枝叶编的花冠，手持圆盾和刀剑，身穿金披风；第二天
他穿战车战士的服装，乘一辆由两匹名马拉的战车，带着一名帕提
亚人质——一个名叫大流士的男孩走在前面，近卫军大队和他的
一帮乘着战车的朋友跟随左右。我知道，许多人认为盖乌斯设计 3
建造这种桥梁是为了与泽尔士一比高低，泽尔士曾因在狭窄得多
的赫勒斯滂海峡架桥[⑤]而获得巨大名声；另一些人则认为他这是
为了借助于建设巨大工程来恐吓日耳曼人和不列颠人，因为他正
想对他们发动战争。但是在我还是孩子时，我常听祖父说，据皇帝
的亲信宠臣们透露，他建造这项工程的真正原因是由于当初提比

① 按两队的颜色标志。

② 即参赛者。

③ 在巴拉丁山丘西南坡上的一处房屋，正对着大赛车场。

④ 两地间的实际距离约 3.6 公里。苏维托尼乌斯说的 3 600 步，约等于 5.3 公里，因而他夸张了数字。

⑤ 公元前 480 年波斯王泽尔士率大军进攻希腊，在赫勒斯滂用船搭起浮桥，让军马辎重从桥上渡过海峡。

略在考虑其继承人、并倾向于嫡孙时[①]，占星学家塞拉西鲁斯曾对他说，盖乌斯当皇帝的可能性不大于骑马游逛在贝亚海峡之上。

XX. 他还在外地举办演出，例如在西西里的叙拉古举办雅典式竞技会、在高卢的卢格都努姆举办复式竞技会。他还在卢格都努姆举办希腊文、拉丁文演讲比赛。据说，演讲失败者提供奖品给获胜者，失败者还被迫撰文颂扬获胜者，而成绩最差的人则被勒令用一块海绵或自己的舌头擦掉他们的作品，如果他们不想接受棒打或被扔进附近的河里的话。

XXI. 他完成了提比略干了一半的几项公共工程，即奥古斯都神庙和庞培剧院。此外，他着手在提布尔附近地区修筑一条引水渠，在塞普塔旁边建造一座圆形剧场。引水渠最终由他的继承人克劳狄筑成，圆形剧场后来停建了。在叙拉古，他修缮了因年久而毁坏的城墙和众多神庙。另外，他还计划在萨摩斯重建波里克拉特[②]宫殿，在米利都建成阿波罗——狄杜玛神庙，在阿尔卑斯山巅建立一座城市，但首先是在亚该亚[③]开凿一条穿过科林斯地峡的运河，他已派一名高级百夫长去勘测这项工程。

XXII. 上面我们讲的是作为皇帝的卡里古拉，下面我们必须讲讲他作为怪人的经历。

他得到很多外号，被称“虔诚者”，“兵营之子”、“军队之父”和“至善至大的恺撒”。有一次他听到两个到罗马来向他致敬的国

---

① 德鲁苏斯之子小提比略。

② 著名的萨摩斯僭主，起初以运气好出名，后被叛徒出卖，公元前522年被钉死在十字架上。

③ 希腊本土在罗马帝国内被称为亚该亚行省。

王[①]在他的筵席间争说自己门第的高贵时，他对他们高声说道：

愿人间只有一个主人、一个王！[②]

他差点就要戴上王冕，立即把元首制的形式改变成专制王权的政
体[③]。但人们使他相信他的地位已在元首或国王之上。从此后， 2
他开始追求神的尊严。他发布命令，把那些在神圣尊严或艺术特
色方面著名的神像，包括奥林匹亚的朱庇特雕像[④]，从希腊运来罗
马，去掉它们的头部，换上自己的头像。他又把巴拉丁宫殿的一个
部分延伸到市中心广场，从而使卡斯托尔和波吕克斯神庙成为皇
宫的前门[⑤]。他常常站在这些兄弟神之间，接受来人的顶礼膜拜；
有些人尊称他为拉丁的朱庇特[⑥]。他还为自己的神像建造了特别
的庙宇，任命了祭司，规定了最讲究的祭品。这座庙里安放着他真 3
人大小的金像，每天都被穿上他本人穿的衣服。最富有的公民运
用各自的一切影响谋取这个祭司职务，为竞争这个职务不惜花大
价钱[⑦]。祭品是火烈鸟、孔雀、黑色琴鸡、雌珍珠鸟和野鸡，每天献
供一种。夜间，每当一轮明月当空时，他常不停地邀请明月进入他
的怀抱，登上他的床褥；白天，他则和卡庇托尔的朱庇特密谈，有时 4
凑到神的身边窃窃私语，或把自己的耳朵凑到神的嘴边，有时高声

① 犹太国王阿格里巴和科马根尼国王安条奥库斯。卡里古拉把他们留在自己身边，“让他们教他做国王”(狄奥 59,24)。

② 《伊里亚特》，II. 204。

③ 卡拉古里统治时期，所谓的元首制已经变成绝对专制。这里说他想僭用东方国王的仪仗。——英译者

④ 即奥林匹亚的宙斯坐像，伟大的雕塑艺术家菲迪亚斯的作品。——英译者

⑤ 卡里古拉称卡斯托尔和波吕克斯两神为自己的守门人(狄奥 59,28)。

⑥ 作为拉丁同盟的保护神。

⑦ 为了祭司职务的荣誉，每个富人要付出 1 000 万塞斯特尔提乌斯。

说话，甚至怒气冲冲，因为有一次有人听到他说：

要么你把我举起来，否则我就要把你举起来了。[①]

最后，据他自己告诉人，他得到恩允，甚至受邀和神生活在一起，因此他建造一座桥梁，架在神圣的奥古斯都神庙上空，把他的宫殿和卡庇托尔的神殿联结起来。不久，为了靠得更近些，他又在卡庇托尔山丘上打地基，准备盖一座新皇宫。

XXIII. 他不希望被看作或被称作阿格里巴的孙子，因为阿格里巴出生微贱，如果有人在演说或诗歌里把阿格里巴置于恺撒的祖先之列，他会大发雷霆。他甚至夸耀说他的母亲是奥古斯都与女儿朱里娅乱伦结合所生。他不满足于对奥古斯都的这一毁谤，还禁止作为一年一度的节日庆祝奥古斯都在阿克兴[②]和西西里的
2 胜利，因为这些胜利对罗马人民来说是灾难和毁灭。他常称曾祖母利维娅·奥古斯塔为“穿裙子的尤利西斯”[③]，在给元老院的一封信中，他竟敢指控她出生微贱，说她的外祖父奥菲底乌斯·卢尔科不过是个丰迪城的十人长，但官方记录证实奥菲底乌斯·卢尔科曾在罗马担任高级官职。他的祖母安东尼娅要求和他单独谈话时，他只是在近卫军长官马克罗在场的情况下接见了她。这次及类似于此的怠慢和污辱把他的祖母气死了，但也有人认为她是被他毒死的。安东尼娅死后，他没给她任何荣誉，而是从他自己的餐

① 见《伊利亚特》，XXIII. 724。这是阿雅克斯在单独决斗时对奥德修斯说的话。“举起”一词无疑是双关语。卡里古拉说的“把我举起来”意谓“把我举到天上去”。——英译者

② 因为卡里古拉不仅和奥古斯都有亲缘关系，也和安东尼有亲缘关系，他的祖母是安东尼和屋大维娅的女儿。

③ 尤利西斯，罗马神祇，即希腊神话中的奥德修斯。

室里观赏她的火葬。他冷不防地处死自己的弟弟小提比略，突然 3
派一名军团司令官去执行。此外，他还逼迫他的岳父希拉努斯用
剃刀割断喉管、自杀身亡。他指控希拉努斯在那次暴风雨天气中
未随他出海[①]，似乎希望在他死于暴风雨之后占有罗马城。他指
控提比略身上有药味，似乎他怕提比略要毒死他。然而事实是，希
拉努斯在海上易患病，因而希望避免不舒服的海上航行，提比略是
不断咳嗽，且越来越严重，因而在服药治疗。至于他的叔父克劳
狄，他让他活着仅仅是因为后者可以供他取笑。

XXIV. 他经常与其姊妹们乱伦[②]，在一次盛大宴会上，他与她
们轮流发生肉体关系，而其妻就在他身旁。在这些姊妹中，据说他
还是孩子时就对和他生活在一起的德鲁西拉施暴，甚至曾被祖母、
他们俩的抚养者安东尼娅当场抓获过。后来，尽管她做了前执政
官鲁基乌斯·卡西乌斯·龙吉努斯[③]之妻，但他还是把她夺了过
来，公开当作自己的合法妻子。他患病时曾立遗嘱指定她为他的 2
皇位和财产继承人。她去世时，他下令举行一个季度的公众哀悼
活动；在这期间，说笑、洗澡以及和父母、妻子儿女一起进餐都是死
罪。他悲伤得几乎发狂了，以致突然星夜离开罗马，越过坎佩尼亚
去叙拉古，然后又匆忙返回罗马，不理发、不剃胡须。以后关于最为
重大的问题，甚至面对集会的人民或当着士兵们的面，他也总是指

① 见本卷 XV。

② 为了说明和姊妹们乱伦有理，卡里古拉援引朱庇特为例，他视自己为朱庇特；但实际上他效仿了东方帝王之家的做法，这种婚姻在东方是常见的。

③ 公元 30 年的执政官。另见本卷 LVII. 3。

3 德鲁西拉的名字发誓[①]。对于其他姊妹，他爱得没这么深厚，也没给过这么高的荣誉，甚至常常把她们供给自己的宠臣玩弄。因此，他甘心在审理艾米利乌斯·雷必达[②]案中判处她们犯有淫荡罪和参与阴谋反对他的罪行[③]。他不仅公布被他用诡计和引诱骗出来的她们的亲笔信，而且还给“报复者马尔斯”神庙奉献了附带相应铭文的3把计划用以刺杀他的短剑。

XXV. 关于他的婚姻很难判断，结婚、离婚和做丈夫，三者中究竟哪一种更下流无耻。在利维娅·奥瑞斯提拉嫁给盖乌斯·庇索时，他亲自参加了他们的婚礼，并当即命令把新娘带到他家里，但过几天就把她休弃了。两年后，由于怀疑她在这段时间里重新和庇索同居，因而把她放逐了。据另一些作家记载，他受邀参加庇索的婚宴时坐在庇索的对面，他派人捎话给庇索：“不要碰我的妻子！”宴会结束后，他立即把新娘带到自己家里，并在第二天声明，

2 他按罗慕洛斯和奥古斯都的方式娶了个妻子[④]。当他听说执政官衔的军队司令官盖乌斯·莫密乌斯的妻子罗利娅·保利娜的祖母曾经是一位绝代美人时，他突然从行省召回罗利娅，让她和丈夫离婚再嫁给他，但不久又抛弃了她，并命令她不得再和任何男人发生

3 两性关系。尽管卡桑尼娅既不漂亮也不年轻，且已和前夫生有3

① 罗马人习惯上指神名发誓。卡里古拉曾下令所有城市都尊奉德鲁西拉为神。在罗马，有20个男女祭司供奉她的神像，一个元老发誓说自己看见德鲁西拉升了天，因此受到重赏。

② 德鲁西拉的丈夫。另见本卷LVI.1和注释。

③ 雷必达被处死后，阿格里皮娜和利维拉被流放到庞地亚诸岛，克劳狄即位后才被召回罗马。

④ 罗慕洛斯娶厄西利娅为妻，奥古斯都娶利维娅为妻，她们俩都已出嫁。

个女儿，但由于她极端奢侈和放荡不羁，他爱她胜过其他女人，且
时间也更久长，经常让她身披斗篷、佩戴头盔和盾牌，与他一起骑
马出现在士兵们面前，甚至赤身裸体地来到他的朋友们中间。直
到她为他生了一个孩子，他才正式称呼她为妻子，并在同一天宣布
他们俩结婚了，他是她孩子的父亲。他给这个孩子取名为朱里 4
娅·德鲁西拉，带她去过各女神的庙宇，最后把她放在米涅尔娃的
怀抱中，委托这位女神抚养和训练她。使他确信她是他的孩子的
最好证据就是她的残暴秉性，她甚至在那么小的时候就要抓破与
她一起戏闹的小孩的脸面和眼睛。

XXVI. 说到这里再叙述他如何对待自己的亲戚和朋友就显得没有什么意义和价值了，这些人如朱巴国王之子和他的表弟托勒密（因为托勒密是马尔库斯·安东尼的外孙安东尼之女塞勒涅的儿子），还有马克罗本人，甚至还包括恩尼娅，他们曾帮助他登上皇位。所有这些人或和他有亲戚，关系或曾为他忠实效力过，结果都被他处死了。

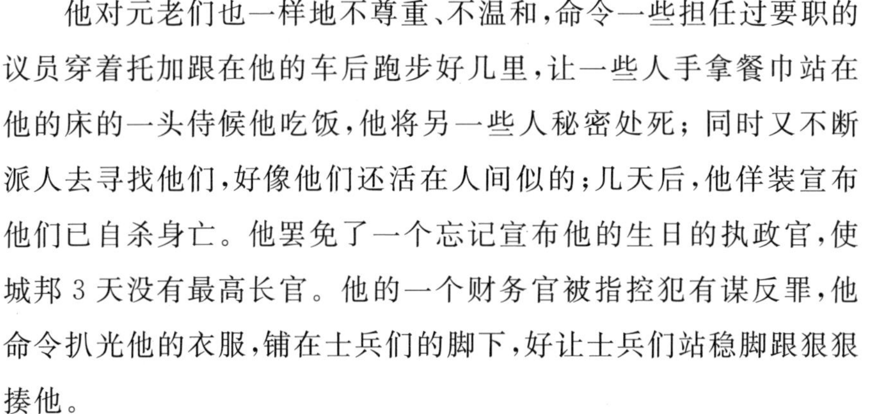

他对元老们也一样地不尊重、不温和，命令一些担任过要职的 2
议员穿着托加跟在他的车后跑步好几里，让一些人手拿餐巾站在
他的床的一头侍候他吃饭，他将另一些人秘密处死；同时又不断
派人去寻找他们，好像他们还活在人间似的；几天后，他佯装宣布
他们已自杀身亡。他罢免了一个忘记宣布他的生日的执政官，使 3
城邦 3 天没有最高长官。他的一个财务官被指控犯有谋反罪，他
命令扒光他的衣服，铺在士兵们的脚下，好让士兵们站稳脚跟狠狠
揍他。

他同样粗暴残忍地对待其他阶层的人。有一次为了看赛马， 4

许多人午夜即来赛马场抢座位，吵闹声打扰了他，他下令使用棍棒赶走他们；在混乱中，20多名罗马骑士、20多名已婚妇女及无数的平民被挤死了。剧院上演戏剧期间，他提前分发赠券，让贱民在开
5 演前占了骑士等级的座位，以此挑动平民和骑士在剧场上殴斗。在角斗赛会上，他有时在烈日当空时撤掉凉棚，又不让任何人离开座位；有时突然一反奢侈的常态，用年老体弱的角斗士去斗瘦弱的野兽，或让有好名誉但身体有某种残疾而显得样子难看的一家之长作为战士，用非致命性武器进行娱乐性的战斗。他有时还突然关闭谷仓，让人民挨饿。

XXVII. 下面这几个例子可以最清楚地说明他的残暴天性。当角斗场喂养野兽用的牛涨价时，他便挑选罪犯作野兽的食物；当罪犯排列成行时，他也不考虑他们各人犯的是什么罪[①]，自己站在
2 大门口，直接命令把“从秃头到秃头”的一行人带走[②]。如逢皇帝病愈，他便要求那些曾为他的康复许愿参加角斗的人履行诺言，他亲自观看此人角斗的结果，直至他战胜了对手，且又经过长时间的哀求，他才放走他。他把另一个因同样原因发誓愿意献出生命但还没有自杀的人交给他的奴隶，命令给此人头上带着神圣花冠和
3 彩带，赶着游街[③]，最后把他从斜坡上推下去[④]，以实现他自己的誓言。许多第一等级的人被用烧红的烙铁烙上印记后遣送去挖煤、

① 直译：“不看记录犯人罪状的书板”。

② 大概碰巧有这么一行人，两头的人都是秃头。以后“从秃头到秃头”便成了一句谚语。

③ 像赶着牲畜去祭神时的做法一样。

④ 大概是指科林门的“塔克文墙”，那个地方是专门活埋犯了罪的维斯塔贞女的。

筑路，或者被抛给野兽；此外，他还把一些人像野兽一样爬着关在笼子里，或锯成几段。受到如此惩罚的也不一定是犯了重罪的人，常常只因为他们批评了他举办的某场竞技会或没有凭他的保护神[①]发誓而已。他强迫父亲们赴刑场观看处死他们儿子的场面[②]， 4
当一个父亲以身体不好为由推托不去时，他派一乘肩舆抬他去；对另一个父亲，在看过行刑之后他立即邀他去赴宴[③]，并以各种殷勤的招待迫使他说笑行乐。他命令连续几天当着自己的面用链条鞭打监管角斗比赛和饵兽的监工，直至他的头部化脓，让他闻到恶臭时，他才杀死他。他在大圆形剧场竞技场当中活活烧死了一位阿特拉笑剧的作家，因为他有一行诗在笑话之外还隐藏着其他含义。一位罗马骑士在被抛给野兽时大叫无罪，他把他带回来，割断他的舌头后再抛给野兽。

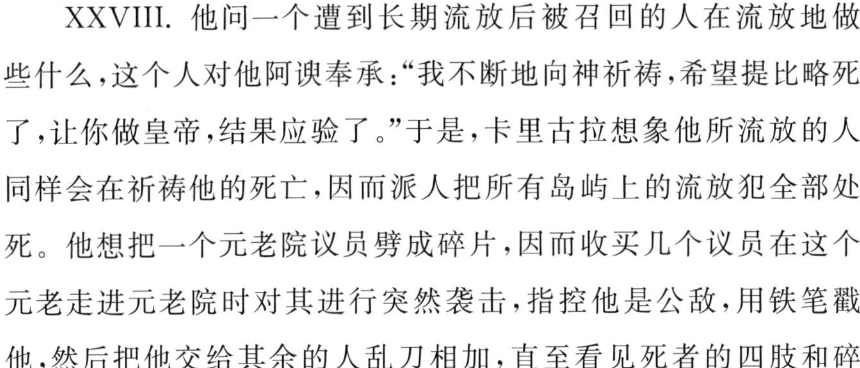

XXVIII. 他问一个遭到长期流放后被召回的人在流放地做些什么，这个人对他阿谀奉承："我不断地向神祈祷，希望提比略死了，让你做皇帝，结果应验了。"于是，卡里古拉想象他所流放的人同样会在祈祷他的死亡，因而派人把所有岛屿上的流放犯全部处死。他想把一个元老院议员劈成碎片，因而收买几个议员在这个元老走进元老院时对其进行突然袭击，指控他是公敌，用铁笔戳他，然后把他交给其余的人乱刀相加，直至看见死者的四肢和碎

① 罗马公民信奉的个人人身保护神。

② 比读狄奥 59,25："他下令处死卡西乌斯·斯特里努斯时，强迫犯人的父亲卡庇托努斯去刑场观看……，当后者问他能否闭起眼睛时，他命令连他也处死。"

③ 塞内加《论忿怒》，II. 33 详细记载了邀请一个父亲赴宴的事，此人是骑士巴斯托尔，他的儿子因脸庞好看、发式入时引起卡里古拉的忌恨。

块、内脏被拖过大街小巷，最后堆到他面前时，他的残酷兽心才感到满足。

XXIX. 他不但行为凶残，而且言语恶毒。他常说自己的秉性中没有什么比他称之为“无动于衷”[①]的东西，也就是说他的厚颜无耻，更值得赞赏的。他对祖母安东尼娅的规劝非但不听，反而回敬道：“记住，我有权对任何人采取任何行动。”他在将要加害他弟弟时，怀疑其弟已经服用了预防中毒的药物，因而高叫：“什么！吃了解毒药，吃了反恺撒的药？”他流放了他的姐妹之后，还威胁她们
2 说，他不仅拥有荒岛，还拥有利剑。一位请假去安提库拉[②]治病的大法官多次请求延长假期，卡里古拉判他死刑，并解释说，一个长期用药治疗无效的人应该放血。每隔 9 天在签署将要处死的罪犯名单时，他说正在清账。在同时处死几个高卢人和希腊人时，他吹嘘说他征服了“高卢希腊”。

XXX. 他处人死刑前几乎总是不断地致人轻伤，总是下达这样的命令，以致不久便妇孺皆知，这就是：“揍他，让他觉得行将死亡。”有一次他想处死一个人，但错杀了另一个名字相同的人时，他说这个牺牲品也该得到同样的下场。他常常吟诵一位悲剧诗人的如下诗句[③]：

让他们恨我吧，这样他们可以怕我。

① “无动于衷”（希腊文ἀδιατρεψία）是斯多噶哲学的美德，应用在卡里古拉身上就成了厚颜无耻（对舆论漠然视之）。——英译者

② 科林斯海湾的一城市或爱琴海的一岛屿，两地都出产一种可医治疯病的药，名藜芦。

③ 阿西乌斯（Accius）：《悲剧》，203。——英译者

他经常痛骂所有的元老院议员，骂他们是塞雅努斯的走狗和密探，2
是他母亲及兄弟的叛徒。他拿出以前佯装销毁的告密材料，并对提比略表示谅解，说提比略的残酷行径也是不由自主的，因为一个人怎能不相信如此多的谣言呢。他经常严厉谴责骑士阶层热衷于戏剧和竞技。当平民大众支持他所反对的一个赛车队时，他勃然大怒，高声号叫："但愿罗马人仅长有一个脖子"[①]，当有人向他请求赦免特特里尼乌斯时，他说请求赦免特特里尼乌斯的人也都是
特特里尼乌斯。5 个穿便服的渔网角斗士在与 5 个全副武装的追 3
击角斗士决斗时不战而降；但是，当他下令处死他们时，其中的一个渔网角斗士拿起三齿渔叉，刺死了所有的 5 个获胜者。卡里古拉在一项公告中悲叹，这是一起最残酷的谋杀，说他害怕那些忍心目睹此场面的人们。

XXXI. 他甚至常常公开表示遗憾：他那个时代不曾有任何全国性重大不幸事件。他说，奥古斯都统治时期以瓦鲁斯战败而闻名[②]，提比略统治时期以费德那的大圆形剧场的坍塌[③]而知名于世，可他自己的时期则由于普遍的富裕而受到人们淡忘。他时常希望自己的军队被击溃或出现饥荒、瘟疫、火灾甚或地震。

XXXII. 他的言谈举止甚至在休息、娱乐及宴饮时也不能免于残忍，他常在用餐或狂饮时亲自督办拷打审问重大案件，旁边站着一个充当刽子手的士兵，随时可以砍掉从监狱里提出的那些犯

① 暗示可以砍掉的。

② 见《神圣的奥古斯都传》，XXIII. 1。

③ 见本卷 XIX。

人的头颅。在普特俄利为庆祝前面说过的[①]他所设计的那座桥梁的建成仪式上,他把许多人从岸上叫到自己跟前来,突然将他们抛进海里;一些人抓住船帮不放,他就用船篙和舶桨把他们推进水
2 里。在罗马的一次公众宴会上,他当场把一个偷了他躺椅上的一根银贴边的奴隶交给了刽子手,下令砍掉他的双手,挂在他的胸前,在他脖子上挂一块招牌,注明他受罚的原因,把他带着在宾客中间走过去。角斗学校的一位姆尔米洛[②]用木剑和他格斗并故意倒在他脚下时,他却用真剑刺死了他,然后像获胜者那样,手持棕
3 榈枝绕场奔跑一圈。一次献牲时他穿着屠宰者助手[③]的服装站在圣坛旁,一头牺牲被牵来时,他高举起木槌,击杀了屠宰者本人。在一次非常丰盛的宴会上,他突然哈哈大笑,坐在他身旁的两位执政官谄媚地问他为何而笑,他回答道:"因为只要我一点头,你们两人的喉咙就能被割断!"

XXXIII. 试举几个他开玩笑的例子。有一次他站在朱庇特塑像旁问悲剧家阿贝莱,他和朱庇特哪一个更伟大;当阿贝莱犹豫时,卡里古拉便下令用皮鞭抽打他,当阿贝莱乞求怜悯时,他一边打一边说:阿贝莱的嗓音甚至在呻吟时也特别好听。他在吻其妻或情妇的脖子时常常说:"多好的颈脖子呀!但是只要我一声令下,它就要搬家。"他甚至时常威吓说,如果需要,他将诉诸拷打,从他亲爱的卡桑尼娅嘴里弄清楚,他为何如此深情地爱着她。

XXXIV. 他几乎仇视一切世代的人类,这中间表现出来的忌

---

①② 见本卷 LV. 2 及注。

③ 献牲时屠宰者的助手用木槌或斧背击倒牺牲,然后由屠宰者割断牺牲的喉管。——英译者

妒和憎恨不差于他的傲慢和残暴。奥古斯都曾因卡庇托尔放不下
而把一部分名人塑像转移到马尔斯郊原。卡里古拉现在把这些塑
像推倒并彻底毁了，致使后人无法把它们连同上面的铭文一起复
原。他禁止以后为任何活人塑像，除非经他许可或建议。他甚至 2
想焚毁荷马史诗。他说，为什么柏拉图可以把荷马驱逐出他所建
立的理想国，而他卡里古拉就不可以这样做呢？此外，他几乎把维
吉尔和提图斯·李维的作品及半身像排除出所有的图书馆，他骂
维吉尔没有天才缺少学识，攻击李维是个啰啰唆唆言不足信的史
家。他似乎也想废除法学家的研究工作。他经常恐吓说，老天作
证，他要留心不让法学家的任何解释违背他的意志。

XXXV. 他剥夺罗马所有最高贵家族的古老的高贵标志：托
夸图斯家族的项圈，辛辛那图斯家族的一卷头发，格涅乌斯·庞培
家族的古来就有的“伟大的”称号。他邀请了我前面提到过的那个
托勒密[①]从其王国来到罗马，给予隆重的接待，但又把他处死了。
而事情也仅仅因为在他举办的一次角斗竞赛会上，他看到托勒密
进入剧场时因穿着一件耀眼的鲜红色披风而引起全场观众的注
目。每当遇见长着秀发的美男子，他都下令剪掉他们后脑勺上的 2
头发[②]，使他们变得难看。有一个名叫埃西乌斯·普罗库路斯的
人，是一个高级百人队队长的儿子，因其身材魁伟、容貌漂亮，故又
名科洛斯厄罗斯[③]；在观看竞技时他突然下令把此人从大竞技场

---

① 见本卷 XXVI. 1。

② 他自己秃顶。见本卷 L. 1。——英译者

③ 科洛斯(巨大的，κολοσσο’s)、厄罗斯(可爱的，ἔρωs)，两词合成。——英译者

观众席上拉出来，送到竞技场上，先让他跟一个色雷斯[①]人决斗，
然后又让他跟一个重武装的角斗士角斗；普罗库路斯虽然两场比
赛都赢了，卡里古拉还是下令把他捆绑起来，给他穿上破烂衣服，
押着他沿街示众，让妇女们观看之后，将他处死了。事实上对于地
3 位低下的男人，他也妒忌他们得到的仅有的一点点好处。例如对
“涅姆王”就是这样。这人已担任祭司多年，他雇佣一个力气更大
的人去攻击他[②]。又如一个名叫波利乌斯的战车角斗士在某一天
的竞赛会上把一个自己的获胜奴隶解放了，人民为此报以暴风雨
般的掌声。卡里古拉急不可耐地冲出大竞技场，以致踩着了自己
的托加袍边，一头栽下台阶，他怒不可遏地吼道：“一个统治世界的
人民给一个闹着玩的角斗士的荣誉比给神圣的皇帝们或现在还与
他们坐在一起的他——卡里古拉本人的荣誉还要高。”

XXXVI. 他既不珍惜自己的贞操，也不珍惜别人的贞操。据
说他与马尔库斯·雷必达、哑剧演员麦尼斯特及某些人质都有不
正常的关系。一位执政官家庭出身的年轻人瓦列利乌斯·卡图鲁
斯公开说，他曾奸污过皇帝，并在同性恋中搞坏了自己的身体。且
不说他与姐妹们的乱伦以及众所周知的和荡妇皮拉利斯打得火热
2 的关系，他几乎亲近过所有有身份的妇女。他通常邀请那些妇女
和她们的丈夫一起来进餐；当她们从他的餐榻跟前走过时，他像
购买奴隶一样，仔细地盯着，从头到脚审视她们，如果有谁害羞低
着头，他就用手托起她的脸蛋来看；然后一产生欲念他便走出餐室

---

① 轻武装的角斗士。

② “涅姆王”是涅姆的狄安娜神庙的祭司。按古老的习惯，只有逃亡奴隶在单独决斗中打死前任祭司后才能得到这个职位。——英译者

并召来他最喜欢的一个；过了一会儿回到餐室时，脸上还挂着满足的神情，并当众称赞或批评她，细述她肉体的优缺点和床上行为。有些丈夫没来的，他便以这些丈夫的名义亲自给这些妇女送上一纸休书，并吩咐把这载入官方记录。

XXXVII. 在奢侈方面，他花钱比最无节制的浪费者还要浪
费，他想出了一种新的洗澡方法和各种稀奇古怪的美食与饮
料——用热的或冷的香油洗澡，饮用溶解于醋中的珍珠，给客人分
发金子做的面包和肉块，并且说，人应该要么过一个穷人的俭朴生
活，要么就过帝王的生活。他甚至一连好几天从朱里乌斯长方形
会堂[①]的屋顶上向平民抛撒大量的钱币。他还建造十排桨的利布 2
尔尼快船[②]，船尾饰以宝石，帆是彩色的，船上附设巨大的浴池、游
廊、宴会榻，甚至种植各种各样的果树和葡萄；他可以白天坐着这
些船，斜倚宴榻，在歌舞声中游弋于坎佩尼亚海岸。他建造别墅和
乡间住宅，不论花多少钱，一心想的只是做人们认为不可能做到的
事。因此他把防波堤一直筑到风急浪高的深海里去，在最坚硬的 3
燧石山岩上开凿隧道，在高山上造平原，把山丘铲为平地；一切都
要求惊人地快速办理，怠慢了就要处死。总之，大量的钱财，包括
提比略·恺撒积聚的27亿塞斯特尔提乌斯，都被他在不到一年的
时间里挥霍殆尽。

XXXVIII. 他因这样耗费而变穷了，于是把注意力转向掠夺，

---

① basilica Julia（音译“巴西利卡”）罗马广场上的建筑。可作法院、商场等用途。恺撒时动工，奥古斯都时竣工。另见《神圣的奥古斯都传》，XXIX. 4。

② 利布尔尼快船，见《尼禄传》，XXXIV. 2注。这种船一般只有两排桨。别的文本作“用雪松造的”（de cedris）而不是“十排桨的”（deceris）。

采用复杂的最精心设计出来的诬告、拍卖和征税办法。凡祖先为
自己和后代取得罗马公民权的，除了儿子一代外，他拒不承认其他
任何后代享有这种公民权，他认为“后代”只指第二代；当人们把神
圣朱里乌斯和神圣奥古斯都所发的证件拿给他看时，他将它们扔
2 在一旁，说它们是过时的、失效的东西。有些人的财产后来因某种
原因增加了，他指控这些人当初申报财产不实。如果有任何高级
百夫长[①]从提比略即位时起，从未把提比略和他卡里古拉本人列
于遗产受赠人之列，他就以忘恩负义为由宣布遗嘱无效；而对所有
别的人，如果有谁表示，已经打算在自己死后让皇帝做遗产受赠
人，他也宣布这人的遗嘱无效或作废[②]。他的这些所作所为引起
了很大的恐怖，以致甚至有陌生人当众宣布指定他跟自己的亲友
一起继承自己的遗产，做父母的指令他[③]和自己的子女共同继承
3 他们的遗产。在这种场合，他认为他们在作了这种宣布之后继续
活着是在戏弄他，于是给其中的许多人送去了毒药。他还亲自审
理这种案子，并且预先规定一个他打算传审的人数，在没审完这么
多人数之前不离开座位。他不能容忍任何最短的拖延时间：有一
次他用一份判决书判决了 40 多个因不同原因受到指控的被告，并
在卡桑尼娅[④]午睡醒后对她吹嘘说自己仅用她午休的这点时间就
做了许多事情。

4 他举行拍卖会，把所有演出中剩下的东西都拿出来卖，还亲自

① 他们常常因战争掳获而致富，但无家室和子女继承遗产。
② 宣布遗嘱无效，接着自然就是财产没收。
③ 卡里古拉。
④ 他的妻。

规定价钱，并且把价码哄抬得很高，致使有些人在被迫买了东西之后倾家荡产，最后割断血管自杀。有一件事很有名，即有一次阿波尼乌斯·萨图宁坐在购买人的凳子上打起盹来，盖乌斯提醒公告人注意这位对他不时点头的前大法官，直到 13 个角斗士以 900 万塞维特尔提乌斯的价钱拍板卖给这个稀里糊涂的人时拍卖才最后收盘。

XXXIX. 他在高卢也曾举行拍卖会。他的姊妹们被判罪后，他把她们的衣服首饰、家用器具、奴隶甚至释放奴，都以高价拍卖掉了；他发现这种生意如此有利可图，于是写信到罗马去，叫把故宫[①]中的摆设全部送到他那里。为了运送这些东西，他征用出租马车和磨坊的牲口，致使罗马时常面包供应不足，法院里许多人因不能及时赶来出庭而败诉。为了卖掉这些家具，他不惜采用各种欺诈和哄骗的手段，有时责怪投标人吝啬，责怪他们比皇帝还富有而不以为耻，一会儿又佯装后悔竟容许平民百姓取得了皇家的用物。他听说一个外省出生的富人为了混进来参加皇帝的一次宴会，付给了分发请柬的人 20 万塞斯特尔提乌斯，他对此一点没生气，因为和他共同用餐的荣誉是如此地值钱；第二天这个富人参加了他的拍卖会，他派人送给这人一件小东西要他付给 20 万塞斯特尔提乌斯，并以皇帝本人的名义邀他共进午餐。

XL. 他征收前所未闻的新税。起初通过包税人，后来，因为这是个有油水的差使，改由近卫军百夫长和近卫军队长征收。没有哪一种商品、没有哪一个人可以不纳税。食品不论在城里什么

① 奥古斯都和提比略时的宫室。除此而外卡里古拉另有增建。——英译者

地方出售，一律征收固定的税；诉讼和审判，不论在哪里开庭，都征收有关钱数的1/40，如果有人不经法庭审判而私下让步或达成妥协，就要受罚；搬运工人交纳日工资的1/8，妓女交纳一次接客的价钱；这条法律还有一款补充规定：过去做过妓女或老鸨的，也得交这种税，即使后来正式结婚也不得免交。

XLI. 这种税法被宣布后（由于是口头宣布而不是书面公布的），很多人因不知道具体条文而触犯了它。最后在人民的坚决要求下，他书面公布了条文，但是字写得很小，挂在拥挤的地方，使人们无法抄下来[①]。他不择手段敛取不义之财，在宫中开妓馆；他拨出许多房间，摆设出宫廷的豪华气派，把一些已婚妇女和自由出身的青年陈列在那里。然后派出传令官去市场和长方形大会堂[②]邀请年轻人和老年人来寻欢作乐，给来人提供贷款收取利息，并让侍者当众记下他们的名字，把他们视为对皇帝收入作出贡献的有功
2 者。他甚至不嫌弃从赌博中挣钱，通过弄虚作假和设伪誓的手段。
有一次他把自己轮到掷骰子的权利让给了下一家赌者，自己走到
天井里去；当他得知有两个富有的罗马骑士打从旁边走过时，立即
吩咐把他们逮捕起来，没收了他们的财产，然后回到赌场上来，吹
嘘说他从没赢过这么多。

XLII. 他的女儿出生后，他借口自己现在已不再是仅有作为皇帝的负担，而且又有了作为父亲的负担，开始要求人们向他捐献，为他的女儿筹集哺养费和嫁妆。他还宣布要接受新年礼物，元

① 卡里古拉希望人们违犯条文规定，以便取得罚款。

② 即“巴西利卡”，见XXXVII节注。

旦这一天他站在皇宫大门口，抓取各阶层人群满把满兜地撒给他的金币。最后他被一阵狂热所支配，想要体验一下接触金钱的快感。他在一块宽敞的地方放上大堆的金币，光着脚板在上面走动，或全身长时间地在里面打滚。

XLIII. 他只有一次军事的或战争的经历，而且还是凭一时的冲动；因为当他去麦瓦尼亚城游览克里图姆努斯河源及其圣林时，有人提醒他必须补充他的巴达维人的卫队，因此他突然产生了远征日耳曼的念头。于是他立即从各地集结军团和辅助卫队，极严格地在各地征税，并且以前所未有的规模筹集各种军需供应品。接着便开始进军。行军有时是如此急促，以致近卫军大队为了赶上他不得不一反惯例，把军旗放在骡马背上。可有时他又慢吞吞地走，乘坐 8 人抬的肩舆，所过城镇要求居民先打扫道路，洒水压歇尘土。

XLIV. 一到营地，为了表示自己作为统帅的警觉和严格，他撤除了那些从各地带领辅助部队迟到的将军的职务，以示贬斥；在检阅部队时，他又裁撤了许多年老的高级百夫长，其中有的甚至距离退休只有几天时间，理由是他们年老体弱；他又申斥了另一些人的贪婪，把他们因军功而挣得的薪水削减到 6 000 塞斯特尔提乌
斯。[①] 他在这次出征中建立的唯一功绩不过是接受阿得米尼乌斯 2
的投降。后者是不列颠人国王昔偌贝里努斯[②]的儿子，被父亲放逐，带着一小支军队逃到罗马人这里来；仿佛整个不列颠岛已向他

---

① 奥古斯都所规定的数目的一半。见狄奥 55,23。——英译者

② 统治着不列颠南部的一个不列颠人的国王，首都在卡姆洛东，今之科尔切斯特。

投降了似的，他往罗马发出一封夸大其事的信，命令信使中途不得下车[①]，要一直把信送到市心广场和元老会议厅，以便在复仇者马尔斯神庙[②]当着全体元老的面把信交到执政官手里。

XLV. 很快，由于找不到敌人打仗，他命令自己卫队中的几个日耳曼人渡过莱茵河去，隐蔽在那里，到午后慌慌张张地跑来大呼小叫地说，敌人逼近了，于是他带着自己最亲密的战友和一队近卫军骑兵扑到附近的树林，把树上的枝丫砍掉，把它们装饰成胜利纪念柱[③]，到天快黑时才回营。他大骂没有跟他去的人是懦夫、胆小鬼，对跟他去的人，即所谓胜利战斗的参加者们，则奖以一种新的饰有太阳、月亮和星星图形的花冠，他给这种花冠取名为“侦探
2 奖”[④]。又有一次，他命令把一些人质从学校里带出来[⑤]，悄悄地让
他们在前头先走，然后他自己突然离开宴会，带领骑兵从后面追上去，仿佛人质逃跑了。他把他们抓住，用镣铐锁着带回来。这一幕笑剧也表明了他胡闹、不知节制。回到宴席上时，有人向他报告队伍集合起来了，他建议他们就这样穿着盔甲入席饮宴。他还用维吉尔著名的诗句来鼓励他们：

坚强些，为了日后的好日子珍重自己。[⑥]

3 同时，他以一项愤怒的敕令斥责没有跟他一起出征的元老和人民，罪名是正当元首冒着这样大的危险厮杀时，他们却正在罗马

① 通常只有在日出前和白天的最后两个小时允许马车通过城市。——英译者

② 见《神圣的奥古斯都传》，XXIX. 2。

③ trophaeum 或 tropaeum 系把缴获来的敌人的武器挂在战场上或树上而成。

④ exploratoriae 源于 exploratores(侦察兵)。

⑤ 日耳曼人领袖们的儿子在罗马人的学校里接受罗马式教育。

⑥ 《埃涅阿斯纪》，I. 207。

狂欢饮宴，举办马戏和戏剧演出，在漂亮的别墅里享清福。

XLVI. 最后他似乎打算结束战争了，他把军队排布在大洋岸上，排上弩炮和其他机械，正当谁也不知道、谁也想象不出他想干什么时，他突然命令大家收集贝壳，把它们放在头盔和衣褶里。他把这些东西叫做“他要献给卡庇托尔和巴拉丁的[①]海上战利品”。他建造一座高塔作为他的胜利纪念碑，让它像法洛斯灯塔[②]一样，夜间用灯光给船只指引航向。他许诺赠给士兵每人 100 第纳里乌斯，似乎他已经表现出空前的慷慨，他高呼：“出发吧，快乐的人们！出发吧，富有的人们！”

XLVII. 然后，他把注意力转向凯旋式。除了一些蛮族人的俘虏和逃犯外，他还从高卢人中挑选了一些身材特别高大的以及一些（用他自己的话来说）“配得上凯旋式的人”，还有若干酋长。他预定把他们用于游行队伍之中，不仅强使他们把头发染成红色，而且还要求他们蓄长发，教他们说日耳曼语言，取蛮族人的名字。他还把过去入海时乘坐的那些三列桨战船，大部分路程走陆路弄到罗马。此外，他还写信给自己的财务代理人，要求他们在准备凯旋式时尽量少花钱[③]，但规格又要空前的隆重，反正全体居民的财产都在他的那些代理人支配之下。

XLVIII. 在离开行省之前，他想出了一个不可言状的凶残计划：消灭所有在奥古斯都死后哗变的军团，因为他们曾围攻过还幼小的他和他的父亲——作为他们统帅的日耳曼尼库斯。人们好不

① 即卡庇托尔的朱庇特和巴拉丁的阿波罗。

② 建在埃及亚历山大里亚海港入口处，被誉为古代七大奇观之一。

③ 自然是指少花皇家财库的钱。

容易劝说阻止了他实现这个疯狂的计划，但没有任何办法阻止他
用什一抽杀法惩治这些军团士兵的坚决要求。现在他把军团士兵
集合起来，不允许带武器、甚至不准佩戴短剑，然后用武装的骑兵
2 把他们包围起来。但是他发觉许多士兵猜到了他的意图，正悄悄
地去拿武器准备抵抗。于是他逃离会场，匆匆出发去罗马。现在
他把自己的全部残忍转到元老院头上。为了制止使他受到很大屈
辱的流言，他甚至对元老院进行公开的威胁，除了别的，他还埋怨
似乎不曾给他以应得的凯旋式。其实不久前他还亲自禁止授予他
荣誉[①]，并声明违者处死。

XLIX. 当他在途中受到元老和骑士等级代表的迎接，他们请
求他快点赶回罗马时，他暴跳如雷地说："我要回罗马的，并且是带
着这个回来的"，他拍拍腰间佩剑的剑柄。他还宣布：他这次回来
仅仅是回到希望他回来的那些人身边，即骑士阶层和人民的身边，
至于元老院，他将不再是它的一个公民和元首了。他甚至禁止任
2 何元老来迎接他。因此他放弃或推迟了凯旋式，在他生日这天举
行了一个小凯旋式进了城。他在作了 4 个月的恶，并且还在继续
谋划着更大的罪恶时，突然离开了人世。例如，他已打算在首先杀
死两个等级中的最优秀分子之后迁都安提乌姆，以后再迁到亚历
3 山大里亚。这是任何人都不应该怀疑的事实：在他的私人文件里
发现了两个小笔记本，各有一个标题，一个叫做"短剑"，另一个叫
做"匕首"，两个本子里都有他要处死的人的名字和记号；此外还发
现了一个大木柜，里面装满了各种各样的毒药，据说后来克劳狄把

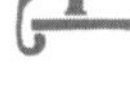

① 这意味着提高元老院的权力，他自己处于从属地位。

它们扔进了大海，毒性造成海鱼的死亡，这些鱼被潮水冲到附近的海岸上。

L. 他身材高大，脸色苍白，体形不匀称，颈项和双腿干瘦，眼睛和太阳穴凹陷，额宽眉蹙，头发稀疏、秃顶，体表多毛。因此，当他从跟前走过时，如果你从高处看他或者无意中说到“山羊”的，都被认为是犯了死罪。他的面部本已天生的难看和令人反感，他还有意使它变得更凶残，对着镜子做着各种令人望而生畏的可怕表情。

他在身心两方面都不算健康，童年时患过癫痫病，少年时虽然 2
还算能吃苦耐劳，但不时地由于突然晕眩而几乎不能走路、不能起
立、不能集中思想和不能抬头。他自己感觉到头脑错乱，有时想退
休，以便清醒脑子。人们认为，他妻子卡桑尼娅给他吃了媚药，本
意是激起他心中的爱情，但结果却使他失去了理性。特别使他痛 3
苦的是失眠，每夜睡眠的连续时间不超过 3 小时，而且睡得不实，
奇怪的梦境使他惊恐万状，比如有一次梦见一个海怪和他说话。
他夜里大部分时间都睁开眼睛躺着，因此心情非常烦躁，一会儿坐
起来，一会儿沿着长长的柱廊徘徊，一次又一次地呼唤着黎明，盼
望着它的来临。

LI. 我有理由认为他身上存在着完全相反的两种缺点——极端的自信同时又过分的胆小——也是由于头脑有毛病的缘故。例如，他一方面非常藐视神灵，另一方面遇到一点点雷声和闪电就闭起眼睛、缩着脑袋，要是雷电声大一点，他就会从床上跳起来躲到床底下去。在西西里旅行时，他虽曾以各种方式嘲笑过各地的神

迹,但当听到埃特纳火山[①]喷火发出隆隆声、看到烟尘喷流而出
2 时,立即连夜逃出麦西拿城。他心里充满对蛮族人的恐惧。有一次他在莱茵河对岸乘坐马车穿过一个峡谷,周围是密密扎扎的士兵队伍,当听到有人说要是什么地方来了敌人就会引起恐慌时,他立即跳上马背,拼命奔回桥头。当发现桥上挤满行李辎重和随军奴仆时,他没有耐心等待,命令人们用手把他举起来从他们头上递到河对岸去。不久后,他听到了日耳曼人起义的消息。他准备逃
3 跑,并备好了逃跑用的船舰,希望这样可以使自己宽心;一旦敌人打胜了,像当初钦布里人那样占领了阿尔卑斯,或者甚至像当初塞诺尼人那样[②]占领了罗马,他自己能以海外行省作为避难所。大概也正是由于这个缘故,后来他的凶手们才想起用谎言平息士兵的骚动[③],佯称他在听到打败的消息时因害怕而自杀了。

LII. 他在穿衣着鞋以及其他服饰方面不仅不像一个罗马人或一个罗马公民,而且常常不像一个男子汉、甚至不像一个凡人。他常常披着缀有珠宝的绣花斗篷、穿着紧身长袖上衣[④]、戴着手镯出现在人民面前;有时穿着丝绸[⑤]女袍;一阵子穿拖鞋或厚底鞋[⑥],一阵子又穿近卫军士兵穿的那种长筒靴,有时又穿妇女穿的便鞋。他多次蓄着金色的胡须,手持闪电、三齿叉、节杖——这些神的标

① 在西西里西部地区。
② 见《提比略传》,III. 2 及注。
③ 拥护皇帝的士兵因听说皇帝被杀而发生骚动。
④ 这种衣服的正常款式是短袖。
⑤ 提比略当政时男人是禁止穿丝绸的。
⑥ 悲剧演员穿的。

志[①]，甚至穿着维纳斯的神衣出现。他常常穿凯旋服，甚至在还没打过一次仗之前就如此；有时还穿亚历山大大帝的胸甲，这是他从他的石棺中取来的。

LIII. 在文化学习方面他最少注意知识，较多注重雄辩。他
随时准备演说，特别是如果他有机会指控什么人的话。因为在愤
怒时，他的思想和语汇特别丰富，还有他的嗓音和表情。由于非常
兴奋他不能老站在一个地方，而他的话连站在最远处的听众也能
听得很清楚。在要开始演说时，他威胁说要拔出夜间磨利的剑[②]。
他鄙视纤巧雅致的风格，他批评塞内加——那时名气很大——的 2
作品“只是些学究气的习作”和“没有石灰的沙子”[③]。他也习惯于
对演说家的成功的演说词写答词；他也为在元老院受审的要人写
控告词或辩护词，并且根据自己的控告词或辩护词哪一种写得比
较好而决定毁灭被告还是救护被告[④]，这时他甚至会发出公告邀
请骑士等级的公民进来听他演说。

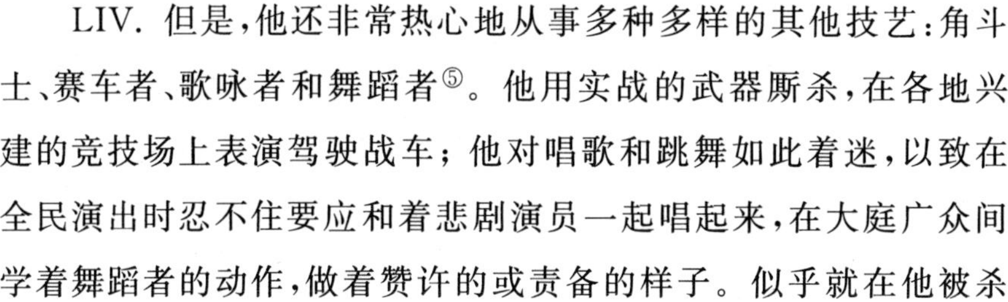

LIV. 但是，他还非常热心地从事多种多样的其他技艺：角斗
士、赛车者、歌咏者和舞蹈者[⑤]。他用实战的武器厮杀，在各地兴
建的竞技场上表演驾驶战车；他对唱歌和跳舞如此着迷，以致在
全民演出时忍不住要应和着悲剧演员一起唱起来，在大庭广众间
学着舞蹈者的动作，做着赞许的或责备的样子。似乎就在他被杀 2

① 闪电是朱庇特的标志，三齿叉是海神尼普顿的标志，节杖是神使墨邱利的标志。卡里古拉手持这些标志意在自比于神。

② 意即夜间构思好的演说辞。

③ 一些内容不连贯的教谕。

④ 即不管被告事实上是否有罪。

⑤ 悲剧演出中的歌唱者和舞蹈者。

的那一天，他曾命令举行通宵达旦的庆典[①]，其唯一目的就在于利用它的方便：在这种庆祝活动中允许从未登过台的人上场表演。他有时甚至夜间也跳舞。有一次，他在二更将尽之时[②]把 3 个执政官衔的元老召进宫来，使他们害怕得发抖，到达后他把他们安顿在舞台上，然后自己突然伴着响亮的笛声和踏板[③]的响声奔了出来，穿着女袍和长到脚跟的内衣，舞了几圈之后走了。他虽然多才多艺，但不会游泳[④]。

LV. 他无论偏爱谁、偏爱什么都会爱得发狂。他甚至在剧场里亲吻舞剧演员麦尼斯特。在麦尼斯特舞蹈时，如果有谁、哪怕发出最轻微的响声，他就会让人把他拖出去并亲手鞭笞他。一个罗马骑士发出了响声，他派一个百夫长命令这个骑士立即出发去奥斯提亚，乘船替他送一封信到毛里塔尼亚给国王托勒密去。信中写着："请你对我派来的这个人既勿施恩也勿施恶。"他任命一些色
2 雷斯人角斗士指挥自己的日耳曼人卫队。他减少姆尔米洛角斗士的武器[⑤]，当其中的一个绰号叫"鸽子"角斗士取得胜利而只带了点轻伤时，他在他的伤处涂上了毒药，并从此称此毒药为"鸽药"——至少他在自己的毒药单上是这么写的。他十分热心地支

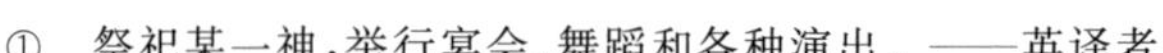

① 祭祀某一神，举行宴会、舞蹈和各种演出。——英译者

② 半夜前后。罗马人把一夜分成 4 个更次。——英译者

③ 踏板（scabellum）系在舞蹈者的脚上，随着他们的舞蹈动作发出达达的响声。——英译者

④ 古代人们（尤其是希腊人），认为游泳是任何人都必须会的。

⑤ 可见他偏爱色雷斯人，不喜欢作为色雷斯人对手的姆尔米洛（鱼盔角斗士）。——英译者

持绿队[①]，常常在他们的马房里饮食和过夜[②]，在一次欢宴上他赠给一个名叫尤图霍斯的赛车手 200 万塞斯特尔提乌斯。他十分
爱惜自己的一匹名叫“疾足者”的好马，每逢比赛前夕，为了使它的 3
休息不受干扰，他派出士兵保持周围安静。他不仅为它造了大理石马厩，象牙食槽、给它披上紫色马被和戴珠宝项链，甚至还拨给它一处宫室，连同奴仆和家具，以便更讲究地以它的名义邀请和招待宾客。还听说，他打算任命它做执政官。

LVI. 在他这样癫狂和掠夺时，许多人想要他的命。在一个或两个密谋[③]败露后，其他的密谋因未能找到良机而正在延迟之中。有两个人[④]联合起来把事情办成功了，在皇帝的最有权势的释放奴和近卫军军官的默许下。这两种人[⑤]曾被指控暗中参与上述一个密谋，虽然这是诬告，但他们感觉到卡里古拉猜疑和仇视他们。因为当时他曾立刻把他们叫到一旁，拔出宝剑向他们宣布，如果他们也认为他该死的话，他就自杀，因而使他们遭到强烈的公愤。又，从那时起，他没停止过在这个人面前骂那个人的做法，从而造成他们的不和。

他们决定在巴拉丁竞技会上，在他中午出去时取他的性命。 2
近卫军大队长卡西乌斯·卡瑞亚承担了主要角色。卡瑞亚已渐入

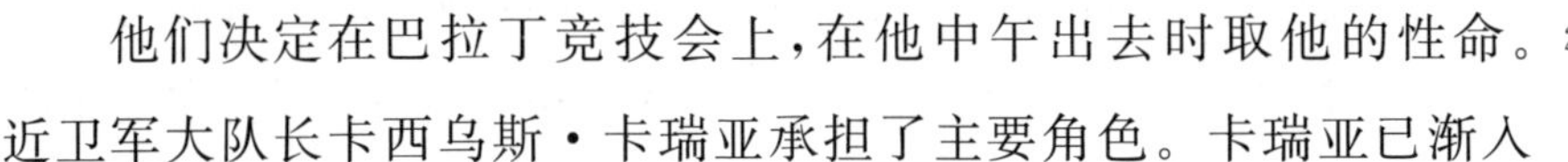

① 参加赛车的驾车人分为 4 队，分别以红、白、蓝、绿 4 种颜色作为标志。——英译者

② 马房事实上像是一个俱乐部，包括赛车手的住房和马厩。——英译者

③ 公元 39 年雷必达和盖图里库斯的密谋。以及接着在公元 40 年的几次密谋。

④ 卡西乌斯·卡瑞亚和科涅利乌斯·萨宾努斯。他们背后还有以 46 年执政官瓦列利乌斯·阿西阿提库斯为首的一些重要元老。

⑤ 卡里古拉身边的被释奴和近卫军军官。

老年，可是盖乌斯还是以各种方式侮辱他，嘲弄他女人气和娇气。当他向盖乌斯请示口令时，盖乌斯告以“普里阿普斯”[①]或“维纳斯”；而当他为了什么事向盖乌斯致谢时，盖乌斯伸出手来让他吻，手上做出猥亵的样子和动作。

LVII. 有许多迹象显示了他死期临近。奥林匹亚的朱庇特神
像——他已命令把它拆开运到罗马来——突然发出非常洪亮的一
串大笑声，以致脚手架都被震坍了，工人们都逃散了；立刻一个名
叫卡西乌斯的人出现了，说他在梦中被吩咐向朱庇特献祭一头公
2 牛。3 月 15 日卡普亚的卡庇托尔神庙遭到雷击，在罗马，宫廷门
卫的住房也遭到雷击。找来了一些预言者，他们解释说，后一征兆
预示危险来自警卫，危及主人，前一征兆预示将在从前的一次大谋
杀的同一日子[②]又一个大人物将被谋害。占星者苏拉在盖乌斯向
3 他询问自己的星相时也宣布，不可避免的死亡正在逼近。安提乌
姆的幸运女神神谕也告诫他提防卡西乌斯。因此他命令处死了卡
西乌斯·龙吉努斯，此人那时正任亚细亚总督。他忘了卡瑞亚的
家族名也是卡西乌斯。他在被杀的前一天，梦见自己站在天上朱
庇特的宝座旁，朱庇特用右脚尖踢他，把他踢倒在地。就在他被杀
4 的当天，被杀前不多时发生的一些事情也被认为是预兆：在他献牲
时，火烈鸟的血溅了他一身；哑剧演员麦尼斯特演了一出悲剧——
从前悲剧演员奈奥普托勒姆斯在马其顿国王菲力浦被刺杀的那次
竞技会上演过的那出悲剧；在一个叫做“洛勒奥鲁斯”[③]的喜剧里，

① 果园之神，形象污秽。

② 朱里乌斯·恺撒被刺也是 3 月 15 日。

③ 剧名取自戏中主角，一个著名的强盗首领。参见朱维纳尔 8，186。

因为主要演员在演逃跑时跌倒吐了血，几个候补演员争着表现自己精通此道，以致吐得舞台上到处是血；此外，还在排演一出由埃及人和埃塞俄比亚人表演冥间场景的夜戏。

LVIII. 1月24日第7小时左右(41 A. D.)，他犹豫是否该去
用午餐，因为前一天东西吃多了胃还不舒服。但最后在朋友的劝
说之下还是出来了。一些从亚细亚行省召来的参加舞台演出的贵
族男孩，还在他出来时必须经过的那条隧道里排练，他走过时停下
来看了排练，并且鼓励了他们。要不是第一演员说自己着凉感冒
了，他或许已经回来并让演员重新开始。往后的经过细节有两种
不同的说法。有的人说，在他和孩子们交谈时，卡瑞亚从背后向他 2
走过来，用剑深深地砍进他的后脑勺，并大呼“动手吧！”[①]接着阴
谋的第二个参与者，近卫军队长科涅利乌斯·萨宾努斯从前面刺
入他的胸膛。另一些人说，在参加阴谋的百夫长们赶走了群众后，
萨宾努斯像士兵惯做的那样向皇帝请示口令，当盖乌斯答以“朱庇
特”时，卡瑞亚大呼“让你的预言实现吧！”[②]当盖乌斯转过身来时，
他用剑砍向盖乌斯的下巴颏。他倒下了，肢体痉挛着呼叫：“我还 3
没死！”于是其余的人给了他30刀，结果了他的性命。因为大家都
叫：“再给他一刀！”有的人甚至把刀戳进他的裤裆里。他的轿夫们
最先听到喧嚷声拿着轿棍跑来援救，接着来的是他卫队中的日耳
曼人，他们打死了若干凶手以及一些无辜的元老。

LIX. 他活了29岁，在位3年10个月零8天。他的尸体被

① 这是献牲仪式的一个组成部分。屠宰者举起斧子问：“我可以动手吗？”祭司答曰：“动手吧！”这里是卡瑞亚对自己说。——英译者

② 朱庇特是雷击和暴死之神。这句话意思是：“让你得到暴死。”

悄悄地运到拉米亚家的花园[1]，在仓促准备的火葬堆上烧了一半便埋了，上面盖了一层薄薄的草土。后来他的姊妹们从流放地回来，把他掘出来，重新火化，安葬了。众所周知，在重新安葬之前，花园的看守人常常受到他鬼魂的惊吓，而在他被刺杀的那个屋里也没有一夜能让人睡稳而不闹鬼的，直到这屋在一场大火中被烧光为止。和他一起被杀的还有他的妻子卡桑尼娅和他的女儿，前者是被一个百夫长杀死的，后者是头被撞到墙上脑浆迸出而死的。

LX. 盖乌斯死后的时局，人们从下述事实可见一斑。甚至在他被杀的消息传出之后，人们还不能立刻相信他真的死了。人们疑心这消息是盖乌斯自己编造散布出来的，为的是试探人们对他的看法。密谋者也没能就继位者人选达成一致意见。元老院则一致企图恢复共和，执政官召集第一次会议不是在元老院会堂(因为它名叫朱里乌斯会堂)，而是在卡庇托尔，有些元老发表意见时要求拆除"恺撒"们的纪念物，毁掉他们的庙宇[2]。但是人们首先注意到，并且指出，所有名叫盖乌斯的恺撒都是死在剑下的，从那个被杀于秦那时代的盖乌斯·恺撒起[3]。

① 在阿皮亚大道上靠近阿里西亚的地方。

② 朱里乌斯·恺撒和奥古斯都·屋大维的庙宇。

③ 盖乌斯·朱里乌斯·恺撒·斯特拉波，公元前 87 年被刺身死。

朱里乌斯—克劳狄家族谱系

A 表

盖乌斯·朱里乌斯·恺撒=奥列里娅

科涅科娅=神圣的朱里乌斯

朱里娅（3）=Cn. 庞培（伟大的）

朱里娅（1）=马尔库斯·阿提乌斯·巴尔布斯

阿提娅=C. 屋大维=安卡利娅

大屋大维娅

朱里娅（2）

小屋大维娅=
C. 马尔采鲁斯
和M. 安乐尼

神圣的奥古斯都=斯克里波尼娅=利维娅·德鲁西拉
（见 B 表）

M. 马尔采鲁斯

大马尔采拉
=M. 阿格里巴
和朱里乌斯·安东尼

小马尔采拉

大安东尼娅=
L. 多密提乌斯

小安东尼娅=
德鲁苏斯（1）
（见 B 表）

朱里娅（4）=M. 阿格里巴

阿格里皮娜（3）=Cn. 多密提乌斯
（日耳曼尼库斯之女）

波贝娅·萨宾娜=尼禄（2）

克劳狄娅·奥古斯塔

多密提娅·列比达
=M. 瓦列利乌斯

瓦列利娅·美撒里娜
=神圣的克劳狄
（见 B 表）

多密提娅

C. 恺撒

L. 恺撒

朱里娅（5）
=L. 艾米利乌斯·保路斯

阿格里皮娜（2）
=日耳曼尼库斯
（见 B 表）

阿格里巴·波斯杜姆斯

德鲁西拉=M. 艾米利乌斯·雷必达
（日耳曼尼库斯之女）

艾米利娅·列比达=阿比乌斯·优尼乌斯·希拉努斯

M. 优尼乌斯·希拉努斯

L. 优尼乌斯·希拉努斯

优尼娅·卡尔维娜

B 表

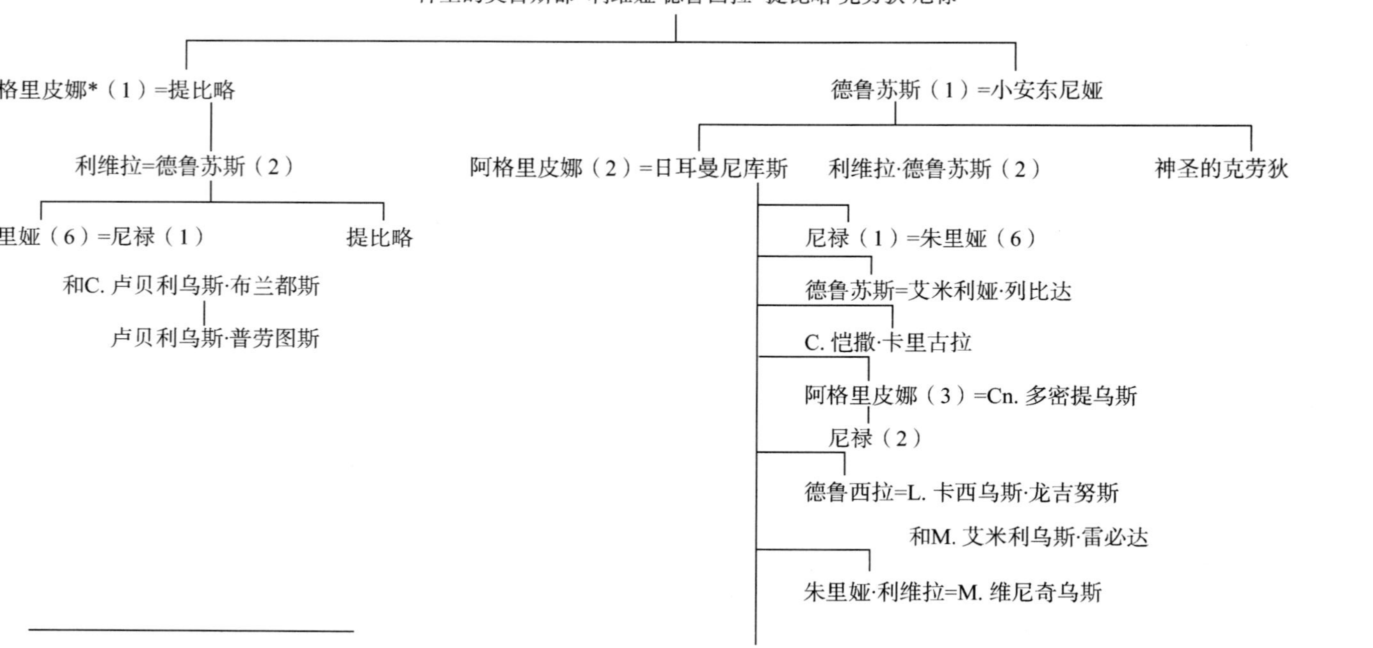

* 维普萨尼娅·阿格里皮娜是M.阿格里巴和第一个妻子庞波尼娅之女。提比略按奥古斯都之命，休弃了她。奥古斯都要提比略和朱里娅结婚。

第五卷　神圣的克劳狄传

I. 克劳狄·恺撒的父亲德鲁苏斯，起初名叫德基姆斯，后来改为尼禄，利维娅与奥古斯都结婚不到三个月（38 B. C.）就生下了他（因为结婚时她已有了身孕）。因此人们怀疑德鲁苏斯就是奥古斯都与利维娅私情的产物。无疑，下面这行诗在当时确是很快传开了：

幸运的人三个月就生得孩子。

德鲁苏斯在担任财务官和大法官职务期间，负责指挥里提亚 2
战争，后来又指挥日耳曼战争。他是第一个游弋北方海洋的罗马
将军（15 B. C.）。他动用大量人力在莱茵河那边开凿了几条至今
仍以他的名字命名的大运河（12 B. C.—11 B. C.）。他甚至在屡战
屡捷，已经把敌人远远地赶进荒凉的内地后还追逐不舍，直至看见
一位比常人高大、操拉丁语的蛮族妇女的幽灵阻止他继续推进胜 3
利时，才停止了追击。由于这些军功，他获得了佩戴胜利勋章举行
一次小凯旋式的荣誉。大法官任期一满，紧接着他就当上了执政
官，并重开战事，但死于自己的夏季营地（9 B. C.）。为此，这个营
地被人们叫作“不幸的”营地。他的遗体由一些自由城市和殖民地
的首领运到罗马，在那儿受到财务处会计官们的迎接，并被安葬于
马尔斯广场。军队立一块碑纪念他，规定士兵们此后每年在一个

固定的日子围着纪念碑举行一次纪念性赛跑活动，高卢地区的城
市则对纪念碑祷告和献祭。除了许多其他荣誉外，元老院决定在
阿皮亚大道上为他建造一座饰有战利品的大理石凯旋门，授予他
4 及其后代以“日耳曼尼库斯”的称号。人们普遍认为，他既是一个
天生的民主派又是一个渴求荣誉的人；除了战败敌人，他还渴望获
得“高贵的战利品”，因而经常满战场地，冒着极大的个人危险追逐
日耳曼人的首领。他不隐晦自己一旦执掌大权想恢复过去共和政
体的意愿。我认为，正是因为这个缘故，才有人敢于记载说他是奥
古斯都的怀疑对象，说皇帝把他从行省召回，由于他没有立刻服从
5 命令，便把他毒死了。我记载这个说法主要是为了不致遗漏，并不
意味着我相信这是真的或有这个可能。因为事实上，在他活着的
时候，奥古斯都非常爱他，一直把他和自己的儿子们一起定为自己
的共同继承人，这一点奥古斯都曾在元老院宣布过。德鲁苏斯死
后，奥古斯都对人民热情洋溢地赞扬他，祈求诸神使他的皇位继承
人都能像德鲁苏斯一样，祈求诸神在他死时也让他能死得像德鲁
苏斯那样光荣。奥古斯都不满足于把自己写的一首诗作为墓志铭
刻在他的墓碑上颂扬他，而且还写了一篇散文回忆他的生平。

6 德鲁苏斯与年轻的安东尼娅生有好几个孩子，但仅有日耳曼
尼库斯、李维拉和克劳狄三人活着。

II. 克劳狄于优鲁斯·安东尼和费边（阿非利加的）[①]任执政官那一年的8月1日（8月1日，10 B. C.），即那个城市第一次为奥

① 或译“阿非利加努斯”。

古斯都奉献一个圣坛的日子①，生于卢格都努姆，取名提比略·克劳狄·德鲁苏斯。后来，他哥哥被朱里乌斯家族收为养子，故而由他承袭“日耳曼尼库斯”的称号。当他还是婴儿时，父亲就去世了。他几乎整个童年和少年时代因各种各样无法解决的混乱而受到严重的伤害，以致身心两个方面都缺乏活力，甚至在他达到独立年龄时，人们还认为他没有处理任何公务或私人事务的能力；在很长一
段时间里，甚至在达到自立之年后，他还处在受指导状态，处在监 2
护人的监护之下；他在自己的一本书中抱怨自己这位监护人粗野，说他以前是个赶骡人的领班，监护的明显目标就是不论什么原因都尽可能严厉地惩罚他。也由于他体质虚弱，所以他违反先例，穿着斗篷主持自己与兄弟为纪念父亲而举办的剑斗比赛。在接受成人长袍这一天午夜时分，他被一乘肩舆抬到卡庇托尔，没有惯常的亲友护送。

III. 但是，从少年起，克劳狄就注重研读典籍，甚至不止一次地出版了这个或那个方面的著作。但即使这样，他还无法获得任何名誉，感到自己前途渺茫。

他母亲安东尼娅常称他为“只被自然开始而未被自然完成的 2
怪人”；②如果她责骂某人呆笨，常常说这人“比她的儿子克劳狄还要愚蠢”。他祖母奥古斯塔最看不起他，几乎不和他讲话；要训诫他时也只用简短刻薄的几个字或通过别人口头转达。当他妹妹利维拉听说他有朝一日会做皇帝时，就公开大声祈祷说，罗马人民或

---

① 指公元前12年8月1日。克劳狄生于公元前10年8月1日。

② 古罗马人流行的一句话：“人由自然始，智慧完成之”（Natura hominem inchoat，sapientia perficit）。

许要遭遇一个不该得到的悲惨命运了。最后，为了再说明他叔祖父奥古斯都对他的看法，包括褒扬的和批评的，我从奥古斯都本人的信函中摘录了如下几段。

IV. “亲爱的利维娅，根据你的请求，我和提比略[①]谈论了有
关在战神竞技会上对你的孙子提比略[②]该怎么办的问题。现在我
们俩都同意必须根据他的情况从根本上决定该对他采取什么态
度。如果他是‘完善的’，或如所说的，是身心‘健全的’，那么我们
有什么理由怀疑他应该像他哥哥那样的一步步一级级受到提拔
2 呢？然而，如果我们清楚地知道他身心发展不健全，我们就不该给
惯于嘲弄和挖苦这类事物的人们提供既伤害他本人又污辱我们的
把柄。如果我们只是走一步算一步，而不及早决定能否让他担任
执政官的问题，那么我们一定将永远处在烦恼之中。至于你问我
3 对当前这个问题的意见，那么我说，只要他同意听从他的亲戚西尔
法努斯之子[③]的忠告，不至于做出使自己惹人注目和惹人笑话的
事来，我就不反对让他主持战神竞技会上的祭司宴会。我反对他
坐在圆形竞技场的皇家包厢里观看比赛，因为如果他坐在最前排
必定完全暴露在观众面前惹人注目。我也反对他在拉丁节里去阿
尔班山或总的说待在罗马，因为，如果他可以与其兄长一起去那地
4 方，为什么不该选他做罗马市长呢？亲爱的利维娅，我对你要说
的，就是我们应该就整个这问题从根本上作出某种决定，以便从希
望和担心之间的不断摇摆中解脱出来。如果你愿意，你可以将我

① 皇帝提比略。

② 指皇帝克劳狄。

③ 指克劳狄的妻子普劳提娅·乌姑兰尼拉的兄弟。

信中的这一部分送给我们的女亲戚安东尼娅一阅。”在另一封信中他写道：

“你不在时，我将每天邀请小提比略①进餐，以免他单独与其 5
朋友苏尔比基乌斯和雅典诺多洛斯进餐。我真希望他比较认真慎重地选择一个人作为自己举止、衣着、走路的榜样。这个可怜的家伙不幸运。须知，在重要问题上他思想集中的时候才能充分显示他性格中的高贵之处。”在第三封信里他这样写道：

“如果你的孙儿提比略的演说能以雄辩使我感到满意而不使 6
我感到惊奇的话，亲爱的利维娅，就让我死了吧！我不明白，一个平常说话不清楚的人，怎能够在演说时清楚地说出自己想说的一切呢？”

这之后，奥古斯都做出了如下决定，就没有什么不可理解的 7
了。没有给他任何公职，只派给他一个占卜师的职务，在遗嘱中甚至把他作为第三顺序继承人，放在旅外人之列，只分给他六分之一的遗产，留给他的遗赠也不超过 80 万塞斯特尔提乌斯。

V. 克劳狄伸手要官时，他叔父提比略授予他执政官装饰；当他固执地要求实际职位时，提比略仅用一纸便条答复道：“我已派人给你送去了 40 个金币过农神节和小雕像节”。此后，克劳狄终于打消了一切发迹的念头，整日无所事事，隐居到城外自己的家中和花园里，有时住在坎佩尼亚的一座别墅里。于是，由于终日生活在最底层的人中间，除了以前的蠢笨名声外，又因酗酒和赌博受到指责。然而整个这一时期，尽管品行如此，他还是得到了一些个人

① 也是指克劳狄。

对他的注目和公众对他的敬重。

VI. 骑士阶层两次选他为代表团的团长去见执政官。一次是
请求执政官允许他们把奥古斯都的遗体抬到罗马，另一次是在塞
雅努斯倒台后被派前来向执政官致贺。他在剧场露面时，骑士们
2 常常起立并脱掉斗篷。元老院也决定在抽签选举的奥古斯都祭司
之外，增选他为奥古斯都的特别祭司。后来，他的房屋毁于火灾，
元老院决定用公款为他重建一所房屋，还决定授予他以执政官的
表决权①。提比略以克劳狄身体虚弱为由，取消了第二项决定，但
许诺从自己的个人财产中弥补他的这一损失。但是，提比略去世
时反把克劳狄列为第三顺序继承人，分给他三分之一的财产，给他
约 200 万塞斯特尔提乌斯的遗赠；此外，在自己遗嘱中向军队、元
老院和罗马人民列数自己的亲属时，特别点到了他的名字。

VII. 只是他侄儿盖乌斯执政之初，正在想方设法博取良好声誉时，克劳狄才被许可获得高级职务，作为侄儿的同僚当了两个月的执政官。当他第一次带着执政官权标走进罗马市中心广场时，碰巧一只鹰飞过来落在他的右肩上。三年后，他抽签第二次被授予执政官职务，并几次代替盖乌斯主持节日竞技会，人民向他欢呼致敬：“祝皇帝的叔父幸福！”或“祝日耳曼尼库斯的弟弟幸福！”

VIII. 但是，所有这一切也没能使他免于受辱。例如，当他略迟于规定时刻来就餐时，就很难找到座位，要绕餐厅转一阵子才能找着。每当饭后就地睡着时（这是他的习惯），总有人向他抛橄榄核和枣核，有时候扮演小丑的人用皮鞭或木棒弄醒他。当他睡着

① 元老院表决时总是先询问有执政官衔的元老的意见。

打鼾时，人们常常把拖鞋套在他手上，让他被突然弄醒时用拖鞋擦脸。

IX. 他也遭遇过真实的危险。第一次就在他当执政官期间，
那一次他差点被撤职，因为在筹划和建立皇帝弟兄尼禄和德鲁苏
斯塑像时慢了一点。后来，他接连不断地遭到各种指控。指控他
的不仅有外人，甚至还有他的家庭成员。最后一次，当雷必达和盖
图里库斯的密谋破产，他作为使节之一被派到日耳曼去向皇帝盖
乌斯祝贺时，他真的遭到生命危险。因为盖乌斯很气愤派他的叔
父作使节，好像他是一个需要监督的孩子似的。他的怒气的确很
大，据一些作家记载，克劳狄一到，还没来得及脱下旅行服就被扔 2
进了河里。此外，从那时起，在元老院作决议时，他总是执政官中
最后一个发表意见，因为人们总是在所有其他人之后才征询他的
意见以示轻视。一份有他签名的遗嘱被指控是伪造的。最后，为
了谋得新的祭司职位，他被迫支付 800 万塞斯特尔提乌斯；这样
一来，他的经济状况陷入紧张，无法归还所欠国库的债务。因此，
根据没收法，他的财产按国库司库的指令被拍卖来填补亏空。

X. 克劳狄在以上所述的境况中度过了大半生。50 岁那年，
由于一个意外的好运，他做了皇帝(41 A. D.)。当刺杀盖乌斯的
人托辞说盖乌斯喜欢独处，不让群众接近他时，克劳狄与其他一些
人一起被撵，躲在一个名叫赫尔迈乌姆的公寓。不多一会儿，由于
听到谋杀的消息而感到十分恐怖，他偷偷离开这里溜到旁边一座
坚固的阳台上，躲进门帘里。当他卷缩那儿时，一个普通士兵从这 2
里走过看到了他的脚，想知道那是谁，于是把他拖出来而认出了
他。当克劳狄恐惧万分地跪在士兵的脚下时，这个士兵却高呼他

为新皇帝。然后，这个士兵把克劳狄带到自己的伙伴那里，那些人当时正在那里瞎闹，却不知下一步该怎么办好。由于克劳狄的轿夫逃散了，士兵们只好让他坐在肩舆里轮流抬着他，嘻嘻哈哈地把他抬到营房里。克劳狄本人则怕得发抖，群众看到他时都可怜他，
3 以为他是一个被拉去处死的无辜者。在壁垒里，他在士兵的保卫中度过了一个夜晚，虽然生命安全已可放心，但当皇帝的愿望却觉得渺茫，因为执政官、元老院和罗马城的步兵大队已经占据了罗马市中心广场和卡庇托尔，决心宣布普遍的自由。[①] 当库里亚会议让保民官召唤他去发表对时局的主张时，他捎去一句话："我被武
4 力和强制截留住了。"第二天，由于持不同政见的人互相争吵，元老院延迟了计划的实行，而聚集在会场周围的老百姓又要求个人统治，并明确地点了克劳狄的名字。这时，他才允许武装的士兵集会宣誓效忠他，并答应发给每人 15 000 塞斯特尔提乌斯。因而，他是第一个花钱收买士兵忠诚的皇帝。

XI. 克劳狄一俟权力巩固下来，首先关心的就是消除人们对这两天的记忆。因为在这两天里，人们认为统治的形式已经改变。因此，他发布敕令，宽恕和永远忘却这段时间里人们所做和所说的一切，他也确实履行了自己的诺言，在参加密谋反对盖乌斯的人之中仅几个保民官和百人队队长被处死。这既是为了杀一儆百，也
2 是因为据揭发他们也曾要求杀死克劳狄。然后，他注意起履行家族义务，把"凭奥古斯都的名义起誓"作为自己常用的最神圣的设誓用语。他决定授予祖母利维娅以神的荣誉，在竞技场的游行中

① 即恢复共和制，取消帝制。——英译者

让她的塑像像奥古斯都的一样坐大象拉的战车。他还给自己的父
母献上国祭。此外，每年他父亲生日那天，他都在大竞技场举行赛
会，给母亲的塑像以乘车通过大竞技场的敬意，授予她以“奥古斯
塔”的尊名，虽然她生前曾拒不接受。为了纪念他的兄长，他借一
切可能的场合赞誉他，在那不勒斯赛会上甚至上演一出希腊喜
剧[①]以纪念他，并根据评判员的决定，授予该剧桂冠。他也没忘了 3
尊敬和感激地提到马尔库斯·安东尼。[②] 他曾在一项公告里宣
布，他尤其想要隆重地纪念他父亲德鲁苏斯的生日，因为这一天也
是他祖父安东尼的生日。他使庞培剧场附近为提比略建造的大理
石凯旋门落成了，这项工程是早些时候由元老院决定兴修的，但没
有完工。即使对盖乌斯也不例外，虽然他废除了盖乌斯颁布的一
切法令，但是禁止将盖乌斯的死亡之日作为节日庆祝，尽管这一天
也是他即帝位之日。

XII. 为了提高自己的声望，他谦逊、不摆架子，不使用“英白
拉多”（“皇帝”）作自己的头衔[③]，拒绝接受过多的荣誉；他女儿订
婚和孙儿生日时都不大操大办，仅仅家里人举行个仪式。除元老
院同意外，他没有自作主张召回一个流放者。他从元老院获得了
作为恩典的皇帝的特权——随身带近卫军队长或步兵队长进入库
里亚会场，批准皇帝在各行省的代理人所作的司法判决。他在自 2
己的私人田庄里举办集市也先向执政官申请。在高级长官审理案

① 可能是他的兄长日耳曼尼库斯自己创作的作品之一。

② 他的祖父。

③ 奥古斯都最先使用“英白拉多”代替自己的原名“盖乌斯”，后来尼禄也这样做，从韦伯芗起，所有的皇帝都这样做了。

件时，他常常作为一个普通的陪审员坐在法庭上；在高级长官举办竞技演出时，他也与其他观众一道起立，用喝彩和鼓掌表示他的敬意。有一次当他坐在法官席上，平民保民官向他走来时，他向他们抱歉说，因为距离所隔听不到他们说话，所以请他们站起来说。

3 由于如此举止，他在短期内获得了人民的爱戴和忠诚。当消息传出说他在去奥斯提亚途中遭到伏击和伤害时，人民悲痛万分，且怀着极大的愤恨不断袭击士兵和元老院，认为他们是叛徒和谋害者。直到最后，一个、二个信使，后来是几个信使被高级长官带到船首形讲坛上向人民证实，克劳狄安然无恙，正在去那个城市的路上时，人民才平静下来。

XIII. 他一生遭受过多次陷害，诸如报私仇，密谋杀害，最后是内乱。一天午夜时分，一个手持匕首的平民在他的寝室附近被抓获；一次逮住了两名正在公共场所等着他的骑士等级的刺客；一
2 个准备在他走出剧院时用杖形刀刺死他，另一个准备当他在战神庙献祭时用猎刀杀死他。演说家波里奥和麦撒拉的孙子阿西尼乌斯·盖路斯和斯塔提里乌斯·科尔维努斯密谋倚靠皇帝自己的许多奴隶和释放奴隶推翻他。达尔马提亚副将富里乌斯·卡米路斯·斯克里波尼亚努斯发动了内战，但在 5 天内被平定下去，因为参加叛乱的军团在迷信的恐惧中改变了主意。因为当他们被命令开拔到新的皇帝那儿去时，由于某种说不清楚的凑巧，鹰旗无法装饰[①]，军旗也拨不起来，挪不动地方。

XIV. 除了第一次外，他还担任过 4 次执政官（42A. D.，

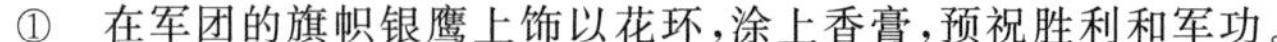

① 在军团的旗帜银鹰上饰以花环，涂上香膏，预祝胜利和军功。

43A. D.，47A. D.，51A. D.）。这 4 次中前两次是连任，其余两次每次间隔 4 年。最后一次任职 6 个月，其他几次皆为两个月。第三次是接替一个死去的执政官，这对一个皇帝而言，是个没有先例的新鲜事儿。不论是在当执政官时还是不当执政官时，不论是在自己的还是在家人的周年纪念日，有时甚至在古老的节日和不利于办事的凶日，他都非常热心地管理司法。他不总是死扣法律条文，在许多案件中，他根据自己对公平和正义的理解来变通法律的宽严，例如，有人在民事法庭上因超过法律规定的要求而败诉，他允许重新诉讼，如果有人被判犯有极为可恨的罪行，他会从重处罚，把他们扔给野兽。

XV. 在听审和判决案件时，他的表现奇特地前后不一，有时
细心机敏，有时蠢笨大意，偶尔还荒唐得像个精神病人。在审查陪
审员名单时，他取消了一个人的陪审员资格。那个人本因多子女
可以享受休假的，但因热心诉讼没提及多子女的事而还是出庭了。
有一个陪审员遭到反对派控告有关他自己的事情，他抱怨说那案
件不应归元首法庭审理，而应归普通法庭审理；克劳狄于是立刻命
令把案件交给这个陪审员本人审理，并说，在影响到自己利益的案
件中，这个陪审员的表现可以表明他在判决他人案件时能公正到
什么程度。一位妇女不认自己的儿子，并且母子双方都提供不出 2
让人信服的证据，克劳狄命令她与那个年轻人结婚，以此使她承认
了自己的儿子。每当诉讼的一方不出庭时，他就毫不犹豫地判缺
席者败诉，不考虑其缺席有无正当的理由。有一次遇到一个伪造
遗嘱的案子，有人大喊应该砍掉伪造者的双手；克劳狄就立即命令
叫一个刽子手带来刀斧和垫板。又一次在一件涉及公民权的案件
中，律师们就被告应该穿罗马托加还是希腊斗篷争论不休，克劳狄

似乎为了自夸公正,命令根据当事人是以原告身份说话还是以被
3 告身份说话而随时更换服装。据说在审理一个案件时,他作了一
个实际上已事先写成书面的决定:“我判决说真话的人胜诉。”所有
这一切大大败坏了他的名望,使他遭到普遍和公开的蔑视。有一
次皇帝从一个行省传呼一个人前来作证,但是这个人没有来,有人
为他辩解,说了很长时间的“不能来”就是不说“为什么”不能来,只
是在被问了一长串问题之后,他才说:“他有正当的理由:他死了。”
另一个人在热情感谢皇帝允许被告辩护时补充道:“其实这也是常
例。”我自己过去常常听老人们说,讼师们往往利用他的耐性,以致
有时当他想要离开法庭时,他们不仅喊他回来,而且常常抓住他托
加的袍边、有时抓住他的脚不让他离开。为了让人们不必对此诧
4 异,我可补充一个事例:一个普通的希腊讼师在一次激烈的法庭辩
论时竟对他说道:“你是一个老糊涂虫。”众所周知,有个罗马骑士
被嫖娼中的对手陷害,犯有调戏妇女罪,当他看见被传作证的人是
些最淫荡的妇女,而她们提供的证据还获得了承认时,他大声辱骂
克劳狄残酷愚蠢,还用力把拿在手里的铁笔和字板砸向皇帝,重伤
了他的面部。

XVI. 克劳狄还做过监察官(48 A. D.),此职在普兰库斯和保路斯之后(22 B. C.)很长时间里没有人出任过。他在担任此职期间暴露出自己的变化无常和动摇不定,理论上和实践上都是如此。在审查骑士资格时,他放过了一个品行恶劣的年轻人,只因为他的父亲担保说:“我对自己的儿子完全满意。”克劳狄便没再对他进行国家审查,而说:“他有自己的监察官。”对另一个因腐化私通而臭名远扬的人,他仅仅忠告他要收敛一点,或无论如何要谨慎点;他

还对他说:“我有什么必要知道谁是你的情妇呢?”当他接受朋友的求情,擦去一个人名字上的审查记号后,他说:“就让痕迹还留着
吧!”他从陪审员名单中勾掉了一个著名人物——希腊行省的首席 2
公民,甚至剥夺了他的罗马公民权,仅由于他不懂拉丁文。因为他只容许用自己的母语,尽自己所能,不靠庇护人的帮助来报告自己的身世。他还取消了许多人的资格,其中一些人是意想不到地因受到新的指控,例如说他们没有向他请假就擅自离开了意大利,还有一个人仅仅因为在行省陪送一个国王时曾说到从前的那个拉毕里乌斯·波斯杜姆斯的案件:这个拉毕里乌斯·波斯杜姆斯曾为收回贷款跟托勒密去过亚历山大里亚;为此他被判了叛国罪。正
当他还想取消更多人的等级资格时,他发现在大多数案件中被告 3
是无罪的;更使他感到羞耻的是,由于他的告密者极端粗心,被他控告为禁欲、无子女或缺乏收入的那些人,被证明恰恰是结过婚、作了父亲或生活富有的人;一个被控告犯有自我摧残罪的人,脱掉
衣服后身体上没有任何伤疤。当监察官期间,他还做了如下这些 4
值得一提的事情:他在希吉拉里亚购买了一辆造价昂贵的银制战车,并看着叫人将之砸成碎片;有一次他在一天内发布了 12 项通告,其中包括如下两项:1.他建议,“当葡萄园果实累累时,要把葡萄酒桶及早准备好”;2.他告知,“紫杉树的酯汁是治蛇咬的最有效药物”。

XVII. 他仅指挥过一次战争,并且是一次无关紧要的小战役。元老院决定授予他胜利勋章,但他认为这个荣誉与帝王尊严不相称,希望取得更大的胜利以获得真正的凯旋式,因而他挑选不列颠作为实现此目的的最佳地点;自神圣的朱里乌斯以来,还没有人再

觊觎过这块土地，而那时，这个地方因罗马人没有把他们的叛徒交
还他们而正处于骚乱状态。他从奥斯提亚渡海去那里，两次几乎
2 被凶猛的西北风翻船淹死；一次在利古里亚海岸，另一次在靠近斯
多卡得斯群岛的海面。因此，他从马西里亚一直走陆路到格索里
阿库姆，再从格索里阿库姆渡过海峡，在没有发生战争或流血事件
的情况下，接受了岛屿一部分地区的臣服（44 A. D.），在离开罗马
城后的 6 个月内返回，并举行了隆重的凯旋式。为了让更多的人
3 目睹这个壮观场面，他不仅允许各行省的总督来到罗马，而且甚至
也让一些流放者来罗马；除了其他胜利纪念物，他还在巴拉丁皇宫
的山墙上紧挨公民花冠的地方，挂上一个海军花冠以示他渡过并
征服了海洋。他妻子美撒里娜乘坐一辆大车跟随在他的战车后
面，跟在他车后的还有那些在这次战争中获得胜利勋章的人，他们
全都步行，穿着紫边托加，只有马尔库斯·克拉苏·弗鲁吉例外，
他身穿绣着棕榈枝的战袍，骑一匹披红挂绿的战马，因为他是第二
次得到这个荣誉。

XVIII. 他总是十分关心城市公用设施和食物供应。当艾米
利安纳[①]发生特大火灾时，他在迪里毕托里乌姆[②]待了两夜。当一
队士兵和他自己的家奴扑不灭大火时，他通过高级长官从该市的
各个区召来了普通市民，把装满钱的布袋放在他们面前，催促他们
2 去救火，并当场付给每人适当的劳务报酬。当因长期干旱而食物
匮乏时，一伙人曾把他挡在罗马市心广场中间斥骂他，向他投掷残

① 罗马城北一郊区，在塞维亚（Servian）城墙外。——英译者

② 战神广场（马尔斯郊原）一所大建筑物，是选举时投票的地方。——英译者

剩面包，他好不容易才得以脱身，走后巷逃进皇宫。这次事件后，他想方设法为罗马筹集粮食，甚至在冬季也是如此。他答应商人们，如果因遭受暴风雨袭击而受到损失由他补偿，并保证他们得到一定的利润，给各种情况的人以建造商船的巨大利益。

XIX. 豁免公民的巴比乌斯——巴贝乌斯法义务，授予拉丁人罗马公民权，授予妇女生育四子特权。所有这些规定至今仍在实施。

XX. 他建成的公共工程虽然为数不多，但都是重要的、巨大规模的，主要有以下这些：由盖乌斯开始建筑的引水渠，富基努斯湖的排水道和奥斯提亚海港。至于后两项，他知道奥古斯都曾拒绝富基努斯排水道工程，尽管马尔西人曾一再请求修建；神圣的朱里乌斯曾不止一次考虑过兴建奥斯提亚港，但终因工程困难而放弃了。他用石拱建筑通过克劳狄引水渠——一处名叫卡鲁琉斯泉，另一处名叫库尔提乌斯泉和阿尔布狄格努斯泉——和“新阿尼奥河”把大量的冷水引进罗马城内，再分配给许多装饰华丽的水
池。他着手兴建富基努斯湖排水工程，不仅是希望获得荣誉，也为 2
了获得实利，因为有那么一些人，他们答应承担排干湖水的费用，
只要在排干后能取得湖区的土地。他修成了长达 3 英里的排水道
工程，所经山地有的要切断了通过去，有的要打隧道钻过去。这项
工程虽然保持三万人不间断地施工，但还用了 11 年时间。他建 3
设奥斯提亚海港时，在港口左右两侧建筑了弧形防波堤；在入口处前面的深水段修筑了一道拦波堤。为了打牢这道拦波堤，他把从埃及装来大方尖碑的那只船沉入了水底，用许多木桩稳固它，最后在其上筑起一座高塔，以亚历山大里亚法洛斯岛上的灯塔为原型，

塔上的灯光夜间指引来往船只。

XXI. 他常常给人民以慷慨捐赠。他还多次举办了盛大的演
出，不仅仅在老地方举办惯常的演出，而且还举办新发明的演出，
恢复古代的演出，并且在前人没有举办过的地方演出。当火灾后
重建的庞培剧场落成，他在剧场楼上的神庙里[①]献祭过后下来，穿
过一排排鸦雀无声的观众座位来到乐队间的主席台上，在这里宣
2 布演出开始。他还举办过百年竞技会[②]，借口奥古斯都没到规定
的百年就曾举办过此类活动，虽然他在自己的《历史》一书中写道：
“百年竞技会在长时间中断之后，经过非常认真地计算过去了多少
年头，奥古斯都恢复了其准时举行的传统。”当他的传令官按惯例
郑重邀请人民参加这个“对于任何人来说都是过去没有见过将来
也不会再见到的”竞技会时，他的话受到不少嘲笑，因为以前看过
的人有一些还健在，以前登台演出过的演员有一些也参加了这次
演出。他还时常在梵蒂冈圆形运动场举办马戏竞技会，有时每 5
场比赛之后穿插一个猎兽表演。他在大圆形运动场安上大理石栏
3 杆和金色终点标杆——从前前者是用凝灰岩、后者是用木材做
的——划出特别的座位给元老们，而他们从前是与其他人混坐在
一起的。除了战车比赛外，他还在这里举办“特洛亚”游戏和“非
洲”狩猎比赛，参加后者的是一队由队长和近卫军长官本人率领的
近卫军，他也举办了帖撒利亚骑兵围绕竞技场追逐野牛的表演，当
野牛跑得筋疲力尽时，他们就跳到牛背上抓住双角将其摔倒在地。

① 胜利女神维纳斯庙建于庞培剧场观众席楼上。

② 见《神圣的奥古斯都传》，XXXI. 4。

他在许多地方举行过许多次的剑斗士格斗表演：一类是为了 4
庆祝他的即位日，每年在近卫军营房里举行的格斗表演，这类没有
野兽和良好的设备。另一类是在赛普塔举行的通常、正规的格斗
表演。在赛普塔也举行特办的表演，时间短，仅持续几天；他是第
一个为这种表演取名为“食篮”的人，因为在第一次演出前他宣称
“邀请人民去参加一个仿佛是临时决定的匆忙准备的聚餐。”那时，
他觉得没有任何比这更熟悉、更自在的娱乐形式了，他甚至像平民 5
群众一样，伸出左手，掰着手指高声念数奖给优胜者金币；他不时
地向观众发表演说，催请他们作乐，称他们为“主人”，并且说出一
些生硬的、不自然的笑话。例如，当观众要求他释放巴鲁姆布斯[1]
时，他答应，“如果能捉到他的话”，他将交出他。但如下这件事他
就处理得既及时又确当了，他应一个战车剑斗士的 4 个儿子的请
求，授予该剑斗士以木剑[2]，人民以雷鸣般的掌声称赞他的这一行
动。然后他立刻贴出布告晓谕人民，多生子女好处多；如他们已看
到的，孩子们甚至可以给一个当角斗士的父亲带来好处和保护。
他在战神郊原作了战争表演，表演如何攻克和洗劫城市，不列颠国 6
王们如何降服，他本人如何穿着将军服装坐着发号施令。在富基
努斯湖排水前，他进行了模拟海战。士兵们向他高呼：“皇帝万岁！
将死的人向你致敬！”他答道：“不。”所有士兵认为这句话含有赦免
之意，所以都拒绝打仗。他考虑了好一会，要不要用武力惩罚他
们。但最后他离开皇帝宝座，一拐一拐地、难看地沿着湖岸快步奔

① 一个剑斗士的名字，与“野鸽”一词谐音。

② 让他光荣退休。

跑着，一边劝说一边威吓，直到迫使他们出战。参加这次演习的一边是西西里舰队，一边是罗得斯舰队，各用 12 艘三列舰。一个银制的海神特里同，借助机械装置从水中升起，发出战斗的号角。

XXII. 在宗教仪式及平时和战时的习俗方面，以及关于罗马的和行省的所有阶层的地位方面，他都作了许多改革，恢复了一些古老的习俗，甚至树立了一些新的习俗。在接纳祭司进入各种祭司团时，他要他们先发誓才予以提名。他密切注意实行一种习俗：每当罗马发生地震时，他都要大法官召集大会，宣布放假。每当在卡庇托尔看到鸟的凶兆时，他都遵循进行祈祷的风俗。在命令所有的仆人和奴隶退出后，他以大祭司的身份站在船首形讲台上面向人民亲自主持这种祈祷仪式。

XXIII. 开庭理讼，过去分为冬季庭期和夏季庭期，他现在改为常年审理。信托案审理权过去惯常以一年为期授予罗马的高级长官，他开始长期授予，并扩大到行省当局。他废除了提比略在巴
2 比乌斯——波贝乌斯法中增加的一个条款，这个条款规定 60 岁的人不能生孩子。他制定了一条法律：执政官可以在正常程序之外为孤儿任命保护人；被高级长官流放出行省的人，也不得进入罗马和意大利。他自己还给一些人增加了一种新的惩罚，即禁止他们出城超过 3 里。

当他在库里亚会议厅准备处理特别重要的事情时，他坐在两个执政官之间，或保民官的长凳上。他给自己保留了批准请假出外的权力，以前这个权力属于元老院。

XXIV. 他甚至授予二级代理人[1]以执政官装饰。如果有人拒
绝接受元老头衔[2]，他就也取消他们的骑士身份。尽管他曾在即
位之初宣布，只有五代之上的祖先[3]就已是罗马公民的人才准被
选为元老，但他却让一个释放奴的儿子当选，只凭他先已被一个罗
马骑士收为养子。后来，由于害怕批评，他声称监察官盲者阿比乌
斯——他家族的奠基者——已经开了推选释放奴之子作为元老之
先例；但他不知道在阿比乌斯时代以及后来一段时期内，Libertini
这个字指的不是被释放者本人，而是他们的出生自由的儿子。他 2
委任财务官举办角斗表演而不是主管铺路事务，在解除了他们在
奥斯提亚和高卢的职务[4]之后，让他们重新负责管理农神庙的国
库——这事曾一度归大法官或（如现今）前大法官主管。

他授予他女儿的未婚夫希拉努斯以凯旋装饰，而后者还是个 3
孩子[5]。他非常轻易、非常广泛地给年龄大一点的人授予此类装
饰，以至于人们以军团名义集体请愿，请求在授予军队指挥权的同
时将凯旋装饰授予拥有执政官衔的副将，以免他们寻找理由发动
战争。他还为奥鲁斯·普劳提乌斯举行小凯旋式。当普劳提乌斯
入城时，他走出去迎接他；在后者去卡庇托尔和从卡庇托尔返回的
路上，他一直陪着他，并让他走在路中间。他让盖比尼乌斯·塞古

① procuratores 是皇帝的代理人，在帝国范围内履行各种行政职务。他们由骑士等级的人充任，按年薪 30 万、20 万、10 万和 6 万塞斯特尔提乌斯，分别定为一级、二级、三级和四级代理人。——英译者

② 因为不准元老做生意。

③ 法律通常规定三代。他即位之初规定得更严。

④ 罗马的供应仰赖于奥斯提亚港和山南高卢，故委任财务官管理。

⑤ 希拉努斯当时 18 岁。

都斯用“卡赫乌斯”这个称号，因为他曾征服卡赫人——一个日耳曼人的部落。

XXV. 他按下列顺序擢升骑士的军职：先任步兵大队长，后任骑兵大队长，最后当军团长官。他还设置了一系列的军职和一种预备性军职，这种军职被称为“编外的”，仅在遇有缺勤时兑现或仅为名义上的，他甚至让元老院通过一项法令，禁止士兵进入元老的住宅向元老们致敬。他没收了那些冒充罗马骑士的被释奴的财产；把那些因无礼而受到保护人怨恨的被释奴重新降为奴隶，并向他们的辩护人宣称，他这是为了以后他们可以不再来向他控告自己的被释奴。

2 当一些人因不愿花钱为自己奴隶中的老弱病残治病而将其弃于埃斯库拉庇乌斯岛[①]时，克劳狄发布命令，给所有这类奴隶以自由；如果他们病愈返回，不受其主人的控制；如果有人宁愿杀死这样的奴隶而不释放他的话，就要被控告犯有谋害罪。他发布公告，规定旅行者穿过意大利各城镇只能步行、坐轿子或坐肩舆。他在普特俄利和奥斯提亚各派驻一个步兵大队以防止火灾。

3 他禁止外地出身的人使用罗马人的名字，至少是部落的名字[②]。他把那些冒充罗马公民的人斩首于埃斯奎林郊原[③]，他把亚该亚和马其顿两个行省重新交给元老院管辖——提比略曾把它们划给元首自己管辖。他取消了吕西亚人的独立，因为他们内部发

① 在罗马的第伯河中，因岛上有医神埃斯库拉庇乌斯庙而得名。——英译者

② 如克劳狄乌斯、科涅利乌斯等。

③ 埃斯奎林山丘在罗马城塞维亚墙两边，部分被玛塞纳斯花园所占用，处死人的地方似乎在埃斯奎林门外。——英译者

生严重纠纷；他恢复了罗得斯人的自由[①]，因为他们已悔改了以前
的过错；他永远免除了特洛亚人的贡赋，因为特洛亚人是罗马种族
的奠基者。他宣读了一封罗马元老院和罗马人民用希腊文写给塞
琉古斯[②]国王的古代信件，他们在信中允诺和塞琉古斯国王结盟，
只要国王能免除他们的亲族特洛亚人的一切苛捐杂税。犹太人由 4
于在耶稣基督[③]的蛊惑下不断地制造骚乱，因而被他逐出罗马。
他由于喜欢日耳曼人的天真自信，让他们的使节坐在舞台前的贵
宾席上——这些使节原被领到普通群众的座位上，看到帕提亚人
和亚美尼亚人的使节与元老们坐在一起时，他们便自己移动位置
坐到剧院的贵宾座区，并抗议说他们的品格和地位一点也不低于
别的种族。他彻底废除了高卢人中流行的残酷的、不人道的得鲁
伊得伊仪式——奥古斯都统治时期就已禁止这种仪式在罗马公民 5
中传播[④]；另一方面，他甚至试图把厄琉息斯秘仪从阿提卡引进罗
马，还由罗马国库支付在西西里重建了因年久失修而已成废墟的
维纳斯——厄里西那[⑤]神庙。他在罗马市心广场与外国国王签订
条约时，用猪作祭物，诵读作证祭司的古代信用判词。但是，在上
述这些事情上，还有别的事情上，甚至他统治时期的一切所作所为

---

① 公元 44 年罗得斯人由于迫害几个罗马公民而被剥夺了自由。公元 51 年由尼禄说情恢复了他们的自由。

② 叙利亚国王。

③ 不知是苏维托尼乌斯搞错了时间，还是指另一个名叫基督的犹太人。塔西佗《编年史》，15，44，说到耶稣基督被处死于提比略统治时期。——英译者

④ 用活人作牺牲献神的风俗，这种祭仪被提比略禁止，但其残余一直流传到以后。

⑤ 从该庙宇所在地，西西里西部的厄里克斯山而得名。深受罗马人尊崇，提比略就曾答应重建(塔西佗:《编年史》，IV. 43)。

上，起决定作用的不是他自己，而是他的妻妾和释放奴的意志，他差不多总是并且在一切方面都根据他们的利益和愿望行事。

XXVI. 克劳狄早在未成年时就订过两次婚，第一次是与奥古斯都的曾孙女艾米利娅·雷必达，另一次是与利维娅·米杜里娜，她也姓卡米拉，是古代独裁官卡米路斯[①]家族的后裔，因为艾米利娅·雷必达的双亲是奥古斯都的政敌，故尚未结婚克劳狄就放弃了这门婚事。利维娅·米杜里娜由于身体欠佳，在选定举行婚礼的那天去世了。后来他与普劳提娅·乌姑兰尼拉结了婚，她的父
2 亲曾因战功获得过凯旋式的荣誉。再后来他与埃利娅·培提娜——一个前执政官之女结了婚。但是，他先后离弃了这两个妻子；与培提娜离婚是因为一些琐事上的争吵，与乌姑兰尼拉离婚是因为她的丑事和有谋杀嫌疑。以后，他与表哥麦撒拉·巴尔巴图斯的女儿瓦列利娅·美撒里娜结了婚。但当他得知她除了有其他一些可耻和邪恶的行为外，她实际上已与盖乌斯·西利乌斯结过婚，并且当着证人签订过正式婚约，因而他处死了她，并且在集会时对近卫军宣布：他的每次婚姻结果都是失败的，因此，今后他将
3 过独立生活，如果他说话不算数，情愿死在他们手里。然而，他并没能抑制自己立即另找新欢，甚至与以前被他抛弃过的培提拉或元首盖乌斯的未亡人罗利娅·保利娜同居。他受到阿格里皮娜的蛊惑挑逗——她是克劳狄之兄日耳曼尼库斯之女，和克劳狄有亲属关系，有权和皇帝接吻。——她利用这种机会和他亲近。在此后的第一次元老院会议上，他请一些元老出面提议，为了国家的利

① 卡米路斯公元前396年被任命为独裁官，事见李维：《罗马史》V. 46—49。

益要他与阿格里皮娜结婚，同时也允许其他人缔结类似的婚约——此前这种婚姻一直被认为是乱伦犯罪。几乎只隔了一天，他便与阿格里皮娜结了婚。像他这样，一个释放奴和一个百人队队长也缔结了类似的婚姻，他还和阿格里皮娜一起参加了他们的婚礼。但是，除此而外，再没有发现别的人学他的榜样。

XXVII. 克劳狄与其中的三个妻子生有孩子，与乌姑兰尼拉生了德鲁苏斯和克劳狄娅，与培提拉生了安东尼娅，与美撒里娜生了屋大维娅和一个儿子，这个儿子起初取名日耳曼尼库斯，后来改为不列塔尼库斯。德鲁苏斯在即将成年时死于一次游戏：他把一个梨子抛上天，然后张口去接，不料梨子塞住喉咙使他窒息而死；而几天前，克劳狄才为他同塞雅努斯之女订了婚。这使我越发怀疑一些人的说法：德鲁苏斯是被塞雅努斯谋杀的。克劳狄娅是他的释放奴包特尔和乌姑兰尼拉所生之女，是在克劳狄和乌姑兰尼拉离婚后 5 个月内出生的（20 A. D.）。尽管克劳狄已开始抚养她，但仍然命令让她赤身裸体地待在其母的门槛上，并否认她是自己的女儿。他把安东尼娅嫁给伟大的格涅乌斯·庞培，后来改嫁 2
给福斯图斯·苏拉，这两个年轻人都是贵族出生。屋大维娅先和希拉努斯订过婚，但后来克劳狄把她嫁给了自己的养子尼禄。不列塔尼库斯出生于克劳狄即位后第二十天和担任第二任执政官期间。（42 A. D.）在他还年幼时，克劳狄常抱着他，在集合时把他介绍给士兵，在竞技会上介绍给人民。他让他站在自己的膝盖上，或托在伸出的双手上，祝福他吉星高照，群众也鼓掌表示祝福。在他的女婿中，他收纳尼禄为养子，但拒不收养庞培和希拉努斯，还把他们处死了。

XXVIII. 在他的释放奴中，他特别关心阉人波西得斯，甚至把他和参战士兵一样看待，在不列颠凯旋式上赠给他无锋尖的长矛。他同样喜欢菲利克斯，让他在犹太行省指挥步兵大队和骑兵大队。他成了三位女王的丈夫。他也喜欢哈帕克拉斯，授予他坐肩舆出入罗马城和举办公共娱乐活动的特权。他更喜欢波里比乌斯——他的文学顾问，常给他走路时夹在两位执政官之间的荣誉。但是，他最喜欢的还是他的秘书那尔奇苏斯和财政大臣巴拉斯，乐意通过元老院法令授予他们荣誉，不仅赠与他们大量钱财，而且授予他们财务官和大法官装饰。此外，他允许他们用劫掠的办法敛集大量财富，以致有一次，当他抱怨国库空虚时得到一个俏皮的答复：只要他加入他的两个释放奴隶的团伙，他就会有足够的钱财。

XXIX. 如上所述，由于处在这些人及他的妻妾们的控制下，所以他所扮演的角色不像是一个国家元首而像是一名仆人，他根据他们任何一个人的利益、愿望甚或兴致授予荣誉、任命军事指挥官，给予赦免或施加惩罚，他本人对此大都甚至什么都不知道。不必逐一细说不太重要的小事（诸如不履行他承诺的奖励、取消他的决议、公然假冒他的任命指令，甚或公开篡改他已发布的命令等），只说重大的就有：他根据莫须有的控告处死了他的岳父阿庇乌斯·希拉努斯以及德鲁苏斯的女儿朱里娅和日耳曼尼库斯的女儿朱里娅，并且不给他们以辩护的机会。他还处决了大女儿的丈夫格涅乌斯·庞培和小女儿的未婚夫鲁基乌斯·希拉努斯。在这些
2 人中，庞培是在娈童的怀抱中被刺死的，而希拉努斯被迫在1月1日前4天辞去了大法官职务，在这一年之始，也就是克劳狄和阿格里皮娜举行婚礼的那一天，结束了他的生命。克劳狄处死了35名

元老、300 多名罗马骑士。他如此草菅人命，以致有一次一个百人
队长报告他一个前任执政官已被处死，他的命令已被执行，他却回
答说没有下达任何命令。但是，他还是追认了这个行动，因为他的
释放奴称士兵们在没有得到指示的情况下，为了急于替皇帝报仇
而履行了自己的职责。如下这件事是完全不可信的：在美撒里娜 3
与其情夫西利乌斯结婚时，他作为证人之一亲自在他们的婚约上
签了名；他之所以做出此举是因为他被劝说，似乎这个婚姻只是一
场假戏，目的在于避免和转嫁由某些迹象表明正威胁着皇帝本人
的危险。

XXX. 他在站着或坐着、特别在躺着时，具有庄重高贵的外貌，因为他身材魁伟结实，面孔迷人，头发花白，脖颈很粗。但是，他走起路来瘦弱的双膝支撑不住他的上身。他无论在工作还是休息时，许多动作都显得不像样，他笑的模样相当难看，动怒的神态更令人生厌，常常口吐泡沫，流鼻涕，说话结巴，脑袋不停地摇动，特别在他不尽力控制的时候。

XXXI. 尽管他以前的健康状况不佳，但当上皇帝后身体一直很好，除了他说的几乎逼他自杀的几次胃痛外。

XXXII. 他惯常在十分宽敞的地方频繁地举行盛大的宴会，因为常常要同时招待 600 名宾客。他甚至在紧靠富基努斯湖出水道的地方举行宴会，有一次由于湖水泛滥淹没了这个地方，他差点儿被淹死。每次宴会他都邀请自己的孩子与显贵人家的子女一道进餐，根据古时的习俗，让他们就餐时坐在躺椅靠背上。有一次他怀疑一个宾客偷走了一只金碗，第二天再邀请他时，他把一只黏土烧制的茶杯放在了他的面前。据说他甚至想过发布一项特别的通

告，允许宴会上放屁，因为他知道有人由于不好意思忍得生了病。

XXXIII. 他时时处处贪吃贪喝。有一次他在奥古斯都广场主
持审判，嗅到战神庙里为萨利祭司们准备的饭菜香味时，他离开法
官席，径直朝祭司们的地方走去，在他们的餐桌旁坐下来。吃饱喝
足后很快就仰面躺下睡起觉来，张着嘴巴，嘴里插上一根羽毛以助
2 消化，睡足醒来后才离开餐桌。他每次的睡眠时间很短，通常在午
夜前醒来；因此有时他白天主持庭讯时也打瞌睡，律师有意提高嗓
门才好不容易使他醒来。他对女人好色无度，对男色绝对无动于
衷。他极喜欢赌博，甚至写过一本有关赌博艺术方面的书；他还坐
在车上一边走一边赌博，并在车上安上了一块牌板以防止别人干
扰他的赌博。

XXXIV. 他残酷、嗜血好杀的本性在大大小小的事情上都可
以看得出来。对于杀父罪他总是要求当着他的面立即对犯人进行
拷问和惩罚。有一次在提布尔时他想亲眼看看用古代方式处死犯
人的情景，但在犯人已被捆绑到行刑桩上时却找不到刽子手；于
是，他派人到罗马城里去找刽子手，耐心地一直等到夜幕降临。在
格斗表演中——不论是他自己主办的或别人主办的——偶尔摔倒
在地的角斗士，尤其是渔网角斗士[①]，他都下令杀死他们，因为他
2 想看看他们临死时的面部表情。当一对角斗士相互杀伤致死时，
他立刻命令用他们的剑为他做几把小刀[②]。他非常喜欢狩猎戏和
午间的角斗。为此，他常常一大早就去竞技场，到中午人们散去吃

① 他们脸上没有头盔遮盖。

② 据老普林尼：《自然史》28，34，用杀死过人的刀子杀死的猎物是治疗羊痫疯的特效药。——英译者

午餐了，他还坐在那儿。除事先选好的角斗士外，他还由于一些不足道的或偶然的原因而把一些别的人，如木匠、操作工或诸如此类的人——如果机械装置、梯子或别的诸如此类的东西出了问题的话——派上场角斗。有一次他甚至强迫自己的一个侍从连衣服也不换就穿着托加袍上场进行决斗。

XXXV. 他最为胆怯和缺乏自信。即使在当政之初，正如我
们说过的，他极力表现出平易近人，但出去参加宴会时也总是由手
持长矛的士兵围护着，由士兵侍候而不用仆人侍候。每逢看望一
个病人，总要事先搜查病房、枕头和床单，总要抖了又抖，搜了又
搜。后来，甚至早晨来向他请安的人也一个不漏地都要接受最严
格的搜身。事实是，直到后来他才勉强放弃粗暴地对妇女和男女 2
儿童搜身，不再禁止侍从或书吏携带装有书写用笔或刻字用笔的
盒子。卡米路斯[①]开始革命时，确信对克劳狄可以用恐吓而不必
用武力达到目的。结果真的，当他给皇帝写了一封傲慢无礼的恐
吓信，命令皇帝退位去过隐居生活时，克劳狄真的把一些重要人物
召集起来，讨论是否应该照办。

XXXVI. 一些关于密谋的传闻竟使他如此惊恐，以致想到退位。像我前面提及的，在他祭奠时，在他附近抓到了一个手持匕首的人，他便匆忙地差传令官召集元老院会议，痛哭流涕地哀叹自己的命运，说自己没有一片安全之地。之后，他很长时间没有在公共场合露面。他对美撒里娜的热烈爱情也变冷了，这倒不是因为她的不守妇道使他丢脸，而主要是害怕危险，他以为她的情夫西利乌

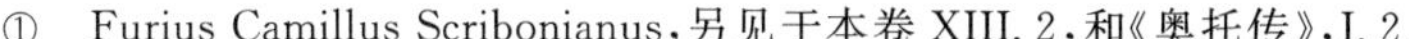

① Furius Camillus Scribonianus，另见于本卷 XIII. 2，和《奥托传》，I. 2。

斯在觊觎皇位。为此，他做了一次胆小鬼的可耻逃跑，躲到兵营里去，在去兵营的路上他所做的唯一的事情就是询问皇位是否还安全。

XXXVII. 无论告密的根据多么不足，也不论告密人多么不可
信，只要有一点点疑心，他都急于自卫和复仇。有一次发生了一件
讼案，诉讼的一造早晨去向克劳狄请安时，把克劳狄拉到一边，说
他梦见克劳狄被一个人杀害了；过了一会儿，他假装认出了梦中的
那个杀人者，并把一个走过来送呈文的人，即诉讼的另一造指给克
劳狄。于是，克劳狄立即好像是在现场似的逮捕了那个人，并把他
2 处死了。据说，阿庇乌斯·希拉努斯也是这样被处死的。美撒里
娜和那尔奇苏斯串通了陷害阿庇乌斯，那尔奇苏斯在黎明时假装
惊惶失措地冲入主子的寝室，告知说自己梦到阿庇乌斯袭击皇帝；
美撒里娜故作惊讶，说她也连续好几夜做过同样的梦。一会儿之
后，根据事先安排，有人报告说阿庇乌斯朝皇帝冲来了。其实他是
前一天接到命令要他这个时候来见皇帝的。这下子，似乎那个梦
的真实性是确凿无疑的，因此，皇帝下令立即对他起诉，并处以死
刑。

克劳狄第二天毫不犹豫地向元老院叙述了事件的整个过程，并感激地赞扬自己的这个释放奴[①]在梦中都注意保护他的安全。

XXXVIII. 他意识到自己容易动怒和怨恨，当在一项公告中为之辩解，并对两者作了区分时，他保证前者持续的时间不会很长，且不会有害，而后者不会是无缘无故的。他曾严厉训斥奥斯提

---

① 那尔奇苏斯。——英译者

亚的人民，在他进入第伯河时没有派船迎接他，这简直（如他自己
所说的）等于把他降为普通士兵；然后，他又突然宽恕了他们，并差
点儿为此向他们道歉。他亲手推开公共场合中不合时宜地走近他
的人。他还在不经法庭审讯的情况下，流放过一名财务官的书吏 2
和一名大法官衔的元老，虽然他们是无罪的。前者，只是因为在克
劳狄即位之前在法庭辩论中反对克劳狄走得太远了；而后者，即那
位元老，只是因为在当营造官时，处罚了克劳狄田庄的房产承租人
（因为他们违反了禁止出卖熟食的法律），并责打了出面袒护他们
的田庄管家。克劳狄甚至为此剥夺了营造官监督饮食店的权力。

他也不隐瞒自己的愚蠢，在一些简短的演说中，说自己在盖乌 3
斯统治时期故意装傻，否则他就不能活下来而有目前的地位。但
是这话没能令任何人信服，可以证明这一点的是，不久便出版了一
本题为《愚人的发迹》的书，内容是说没有人会假装傻瓜。

XXXIX. 除此而外，人们对他的走神和发呆或用两个希腊词，
即 μετωρία 和 ’αβλεφία——感到吃惊。例如，在处死美撒里娜之
后，有一次他坐到桌旁不久便问道，为什么皇后没有来。他判了许
多人死罪，但就在第一天，他召集他们商讨问题，或与他们游戏；当
他们没有及时到场时，他派信使责怪他们贪睡。当他正准备不顾
习俗地娶阿格里皮娜为妻时，他却在每一篇演说中都称她为自己 2
的女儿和他养大的孩子，说她是在他的怀抱中出生和抚养成人的。
而当他正打算收养尼禄时，似乎他在已有一个成年儿子的情况下
再收一个养子，为此受到的谴责还不够多，他还不止一次地大声
说，还不曾有过人通过收养关系进入克劳狄家族。

XL. 简言之，他经常说话做事心不在焉，使人觉得他不知道

或不明白自己是谁，正在和谁说话，以及他是在什么时间、什么地
点说话。当关于卖肉者和卖酒人的辩论正在库里亚会场进行时，
他大声喊叫："请问，没有牛肉谁还能生存。"接着描绘了早年他常
2 去买酒的那些老酒馆的许多好处。他支持一个人做财务官的候选
人，他的理由之一是此人的父亲曾在他生病需要冷水时给了他冷
水。一次，关于一个被招来元老院的证人，他说："这是我母亲的释
放女奴，一个侍女，但她一直把我看作她的保护人；我之所以提这
事，是因为现在我家里还有一些人不把我看作他们的保护人。"奥
3 斯提亚的人民向他请愿时，他在法庭上勃然大怒，大声叫道，他没
有必要答应他们的请求，如果大家都有自由，他当然也应该有。事
实上，他每天并且几乎是每时每刻说话时都要加上这一类的话：
"怎么！你把我看成特勒革纽斯[①]了？""尽管胡扯吧，可是别动
手"，以及许多其他诸如此类的话。这样的话即使一个普通老百姓
也是不成体统的，更何况是一个既不缺乏文才又不缺乏口才的元
首，一个总是在潜心研读典籍的人呢。

XLI. 在提图斯·李维[②]的指导下，在苏尔比基乌斯·弗拉乌
斯的直接帮助下，克劳狄还在少年时代就开始撰写历史。当他第
一次面对大量听众朗读自己的作品时，由于他自己不好，降低了听
众对他作品的兴趣，故而他没能把作品读完。问题在于朗读刚开
始，一个肥胖的家伙坐断了几张长椅，引起哄堂大笑；笑声虽然平
2 静下去了，但克劳狄自己还不时地想起这件事，并情不自禁地发

① 显然是一个笨得出了名的人物，但关于他的生平一无所知。

② 著名历史作家 Titus Livius（59 B. C. —17 A. D. ），《罗马建城以来的历史》（简称《罗马史》）的作者。

笑。在位时他也写了许多东西，经常请职业朗读者朗读。他以独
裁者恺撒之死作为自己所写历史的开端，但后来推迟了时间，改为
以内战结束作为所写历史的起点，因为他看到不能自由真实地叙
述此前[①]的历史事件，他的母亲和祖母都责怪他这样写。他叙述
前一时期历史的书仅留下 2 卷，记叙后一时期历史的书留下 41
卷。他还撰写了一部 8 卷的自传，写得不是不雅而主要是条理不
清。此外，他还写了《为西塞罗反对阿西尼乌斯·盖路斯之辩护 3
词》，这是一篇很有学术价值的著作。此外，他创造了 3 个新字母，
把它们加到字母表中，主张这 3 个字母是必不可少的。他即位之
前，就发表了一本有关这 3 个字母的论著；即位之后，他轻而易举
地在实际应用中将之推广。这些字母或许至今仍然可以见于许多
书籍，公报和公共建筑物上的铭文中。

XLII. 他一样注重研究希腊语，在任何场合都声称自己重视
希腊语及其优势。他对一个既会希腊语又懂拉丁语的蛮族人说：
“因为你掌握了我们的两种语言。”为提请元老院元老们重视亚该
亚行省，他宣布由于学术上的联系这个行省在他心目中特别亲切。
在元老院答复希腊使节时，他常常全篇地使用希腊语。事实上，他
爱在法庭上引用荷马的诗句。每逢他惩办了一个敌人或密谋者
时，如果近卫军队长来向他请示口令，他一般都答以如下一句诗：

击退先袭击你的人。[②]

最后，他甚至用希腊语写历史著作，有 20 卷本的《伊特拉里亚 2

① 大概指内战结束前的那段历史，因为涉及对恺撒和一些当代人物的评价。

② 《伊利亚特》24 卷，369 行；《奥德修纪》21 卷，133 行。

史》和 8 卷本的《迦太基史》。因为这些作品的缘故，一个以他的名字命名的新博物馆被并入老的亚历山大里亚博物馆；并规定，每年在一个馆里朗读他的《伊特拉里亚史》，在另一个馆里朗读他的《迦太基史》，由专门的诵读者轮流采用公开朗读的方式从头至尾地朗读。

XLIII. 晚年，他对与阿格里皮娜结婚及收养尼禄为子表现出明显的后悔。有一次当他的释放奴们称赞他在前一天审判一名犯通奸罪的妇女时惩办了她，他说自己也命中注定妻子都是不正经的，也都受到了惩罚。以后不久，他看到不列塔尼库斯时紧紧抱住他，希望他快快长大成人，接受父亲对自己一生所作所为的解释，并用希腊语对他说："治伤还需伤害人"。他在表示打算授予不列塔尼库斯成人长袍（尽管他还很年轻，但其身高证明他已有资格穿成人长袍）时还说："罗马人民终于获得了一个真正的恺撒。"

XLIV. 此后不久，他立下遗嘱，加盖所有高级长官的印章密封起来。在他得以采取进一步的行动之前，阿格里皮娜终止了他。因为这时阿格里皮娜不仅自己心里有数，而且还有许多告密人揭露了她的不少罪行，使她心神不安。

2 普遍认为克劳狄是被毒死的，但是是谁、在什么时间投毒的？
对此，人们的说法不同。有些人说投毒者是他的试食员——阉人
哈洛图斯，时间是他在城堡上与祭司一起进餐的时候；另一些人
说，是在一次家庭晚餐上，阿格里皮娜在他特别爱吃的一盘蘑菇中
放了毒药，然后亲手送给他。至于吃下毒药后怎么样，说法也各不
相同。许多人说，他一吞下毒药就变成哑巴，受了整整一夜的折
3 磨，天亮时一命呜呼。一些人说，他先是人事不省，然后把装得太

多的胃里的东西通通吐了出来，而后投毒者再次下了毒，或许是放在稀饭里，伪称吐空之后必须吃点东西才有精神；或许是灌肠时喂进去的，似乎他饮食过量，需要排泄以减轻肠胃负担。

XLV. 有关继承人的一切事项安排妥当后，他死亡的消息才公布于众。因此，为祝他平安而许愿的活动照旧进行，似乎他还在病中；喜剧演员仍被召入宫，似乎元首要看喜剧解闷。他驾崩于阿西尼乌斯·马尔采鲁斯和阿奇利乌斯·阿维奥拉执政年的10月13日(10月13日54A.D.)，享年64岁，在位14年。他享受了王者的葬礼，名字被列为神灵。尼禄当政后忽视并最终取消了这个荣誉，但后来韦伯芗又恢复了他“神圣的”荣誉称号。

XLVI. 他死亡前的主要征兆如下：天空中出现一颗通常叫做彗星的长尾扫帚星，他父亲德鲁苏斯的坟墓遭到雷击，那一年有许多大小长官先他而死。而且，他本人似乎也意识到自己行将归天，并且对此毫不隐瞒。可以证明这一点的是，他在临终的那个月份才任命了执政官，而在此之前，他本应宣布任命但没有这样做。在最后一次出席元老院会议时，他在谆谆告诫两个儿子要和睦相处之后，恳求元老们关心这两个年幼的孩子。最后一次出席法庭时，尽管所有听众都祝愿他化凶为吉，但他仍一再说自己的寿命已到尽头。

第六卷　尼禄传

I. 多密提乌斯氏族分出两个很有名的家族：卡尔维尼和阿赫诺巴尔比。阿赫诺巴尔比家族认为自己的出身和绰号均来自于鲁基乌斯·多密提乌斯。据说，有一天，当多密提乌斯从乡下返回罗马时，在他面前出现两名面孔像神的孪生青年。他们命令他把胜利的消息带给元老院和人民，因为迄今无人知道这个消息。为了证明自己神通广大，他们抚摸他的脸颊，于是，他的黑胡须变成了棕色，颇似青铜的颜色。[①] 他的后代也都保留了这种特征，其中绝
2 大多数人的胡须是棕色。后来，这个家族历任七次执政官（261 B. C.，122B. C.，96B. C.，94B. C.，54B. C.，32B. C.，32A. D.），举行一次凯旋式（122B. C.），担任两次监察官（115B. C.，92B. C.），并被列为贵族。所有的人都继续使用同一绰号，至于个人名字他们只用格涅乌斯和鲁基乌斯两个名字，不用其他的名字，而用那两个名字，也有明显的不同用法，有时家族的连续三个成员都叫同一个名字，有时交替使用两个名字。例如，阿赫诺巴尔比家族的第一、第二、第三代都叫鲁基乌斯，接下来的三代改名为格涅乌斯，再往

① 阿赫诺巴尔比（Ahenobarbi），就字面看，有“青铜色胡须”之意；两名孪生青年指的是卡斯托尔和波吕克斯（参见《神圣的朱里乌斯传》第 X 节注）；所说的胜利是指公元前 498 年在勒吉鲁斯湖打败拉丁人的胜利。

下轮流叫鲁基乌斯和格涅乌斯。我认为，有必要把这个家族的几名成员介绍一下，因为那时便会一目了然，尼禄把自己祖先的美德败坏到了何种程度，可以说他再现了他们每个人的劣行，仿佛他们的劣行遗传给了他。

II. 那么，让我们从遥远的过去谈起吧。尼禄的曾祖父的祖父
格涅乌斯·多密提乌斯在担任保民官时，对高级祭司团所作所为
十分生气，因为高级祭司团没有把他，而是把另一个人选到他父亲
空留下的高级祭司位置上。因此，他把增补祭司的权利从高级祭
司团手中转给人民。在任执政官期间，他战胜了阿洛布罗吉人和
阿尔维尔尼人，他为此乘一只大象走过这个行省(122 B.C.)，一群
士兵尾随其后，活像凯旋式的大游行。[1] 演说家李锡尼乌斯·克 2
拉苏斯谈论过他，说他有青铜色的大胡子是不足为怪的，因为他长
一副铁面和一颗铅心。他的儿子在任大法官时，曾在盖乌斯·恺
撒执政期满时要求元老院调查他在任职期间的行为，他认为恺撒
的行为是违背天意和法律的。后来，在任执政官时，他试图解除恺
撒对高卢军队的指挥权(54 B.C.)并被自己一派的人任命为恺撒
的继任者。内战开始后，他在科尔菲涅乌姆成了俘虏。[2] 获释后，
他前去援助被围困的马西里亚人，但是突然又离开他们，最后，在 3
法萨卢战役中阵亡。他缺乏决断，但脾气暴躁。有一次，由于绝望
和恐惧，他企图自杀，然而他是那样地怕死，以致由于后悔竟把吞
下的毒药吐了出来。他释放了自己的内科医生，因为后者非常熟

① 苏维托尼乌斯记载有误。阿洛布罗吉人和阿尔维尔尼人的战胜者是这位保民官的父亲。——英译者

② 参见《神圣的朱里乌斯传》，XXXIV.1。

悉自己的主人，故意给他配制毒性较小的毒药。当格涅乌斯·庞培询问如何对待中立者时，只有他一个人认为，坚持中间派立场的人应被视为敌人。

III. 他留下一个儿子，毫无疑义，这个儿子胜过了本氏族的其
他人。由于受到谋杀恺撒的株连，尽管无罪，仍被佩狄尤斯法[①]判
处死刑。因此，他倒向自己的近亲卡西乌斯和布鲁图。当他们两
人死后，他保存了交给他指挥的舰队[②]，并加以扩充。只是在他各
处的同党被击溃之后，他才主动地把舰队交给了马尔库斯·安东
2 尼[③]，仿佛那是立了一大功劳。在被同一法律[④]判刑的所有人中，
只有他一人被允许返回祖国并担任了最高官职[⑤]。后来，内战再
度爆发，他被任命为安东尼的副将，而当那些为克里奥帕特拉感到
害羞的人愿意把最高指挥权交给他时，他由于突然病倒，没有贸然
接受这种权力，但也没有坚决拒绝。最后他倒向了奥古斯都，没过
几天，便死了。但是，连他也没有逃脱可耻的名声，因为安东尼公
开宣布，他是因为思念自己的情人塞维丽娅·娜伊丝而投敌的。

IV. 他的儿子是奥古斯都在遗嘱中指定为自己的不动产和动产的购买人[⑥]，并因此而闻名的那位多密提乌斯。年轻时他以驾

① 该法是由恺撒的共治者，执政官佩狄尤斯提出的。——英译者

② 在腓力比战争期间，多密提乌斯的舰队控制了爱奥尼亚海，屡败三头的舰队(参见狄奥·卡西乌斯，48，7)。

③ 多密提乌斯归顺安东尼当在培路西战争期间。

④ 佩狄尤斯法。——英译者

⑤ 公元前32年执政官。

⑥ 即遗嘱执行人。遗嘱人选定一个人，当着证人的面，通过象征性的出售手续，(参见《神圣的奥古斯都传》，LXIV. 1)将自己的全部财产“卖”给他。遗嘱人死后，购买人按照遗嘱把财产交付给继承人。——英译者

车技巧而获得名声，后来在日耳曼战争中获得凯旋徽章[①]的名声。但是，他为人专横跋扈、纵欲无度、残酷无情。当他还只是一个营造官时，就曾强迫监察官鲁基乌斯·普兰库斯给他让路；担任大法官和执政官时，竟然拉一些罗马骑士和贵妇人登台表演滑稽剧；他还在斗兽场和罗马的所有街区举行猎兽表演，他所举办的斗剑比赛是那样的惨不忍睹，以致奥古斯都在私下劝告无效的情况下只好通过一道敕令不准他再这样做。

V. 大安东尼娅给他生了一个儿子，也就是未来尼禄的父亲，
这是一个从生到死都令人深恶痛绝的人。在伴随年轻的盖乌斯·
恺撒[②]前往东方时，他杀死了自己的获释奴，原因是这位获释奴拒
绝喝下他命令喝的那么多酒。后来，被清除出侍从队伍之后，他的
野性也没有稍为驯服一点，相反，在阿庇乌斯大道旁的一个村庄
中，他故意催马赶车疾驰，结果压死了一名小孩。在罗马广场中
心，他挖出了一名大胆谴责他的罗马骑士的眼睛。他背信弃义，不 2
仅在购买商品的价格上欺骗银钱兑换商，而且还在任大法官期间
骗取赛车优胜者们的奖品。当他的姊妹[③]以此为把柄取笑他，赛
车班主也口出怨言时，他发出命令规定，以后奖品当场颁发。提比
略快要去世前，他被指控犯有叛国罪、通奸罪和同自己的姊妹列比
达乱伦罪，但是由于时局的变化，他逃脱了惩罚，最后在皮尔吉死
于水肿。[④] 他留下一个儿子，这便是日耳曼尼库斯的女儿阿格里

---

① 公元前7年，他是第一个渡海夺取埃尔巴岛的罗马统帅，因而荣获凯旋徽章。

② 阿格里巴和朱里娅所生，参见《神圣的奥古斯都传》，LXIV 和 LXV。

③ 多密提娅·列必达，美撒里娜的母亲。

④ 这个多密提乌斯死于公元39年。

皮娜生的尼禄。

VI. 尼禄出生于安提乌姆，提比略死后 9 个月的一月卡伦德
日前第 18 天[①]，旭日刚刚从东方升起，因此，当他坠地之前，太阳
的光辉差不多已经照射在他的身上了[②]。关于尼禄的星象，许多
人立即提出大量可怕的猜测，甚至连他父亲多密提乌斯的话也成
了先见之明的预言。在接受朋友们的祝贺时，多密提乌斯喊道，除
了人类的憎恶和痛苦之外，从他自己身上和阿格里皮娜身上不会
2 降生任何东西。他未来不幸的另一个明显迹象在净化日[③]中显示
出来，因为当盖乌斯的姊妹请求他给这个孩子起一个中意的名字
时，盖乌斯·恺撒注视着自己的叔父克劳狄(后来克劳狄成了皇
帝，并收尼禄为养子)说道：“就叫他的名字[④]吧！”他说这话时并非
郑重其事，而是在开玩笑。阿格里皮娜对于这一建议很不在意，因
为克劳狄在宫中乃是一个被嘲笑的对象。

3 尼禄 3 岁时失去父亲。根据遗嘱，他理应得到三分之一的财产，可是他没完全得到这些财产，因为全部财产被共享继承权的盖乌斯夺走了。后来，他的母亲也被流放。尼禄几乎到了一贫如洗，分文皆无的地步。他是在姑母列比达家被抚养长大的，由两名教

① 尼禄出生于公元 37 年 12 月 15 日。

② 狄奥写道，此后占星术士说，这个婴儿将成为国王，可是他将杀死自己的母亲，于是，阿格里皮娜喊道：“只要他称王，那就让他杀死我好了！”(参见狄奥·卡西乌斯，61,2)。

③ 罗马人的男婴出生后第九天，女婴出生后第八天，净化，起名字。这一天称净化日。——英译者

④ 克劳狄名叫提比略。阿格里皮娜没有采纳这个名字，于是给尼禄起名鲁基乌斯。

仆，一名舞蹈师和一名理发师照管。可是，当克劳狄取得政权后，
尼禄不仅收回了他父亲的财产，而且还得到了他的继父帕西安努
斯·克里斯普斯的遗产。当他的母亲从流放地返回罗马并恢复权 4
利之后，他通过她的影响和势力，成为令人瞩目的人物。人们甚至
谣传，克劳狄的妻子美撒里娜认为他是不列塔尼库斯的竞争对手，
在他午睡时派凶手把他勒死了。有人给这一传闻添油加醋，说什
么从他枕头底下钻出的蟒蛇把这些不速之客给吓跑了。之所以出
现这样的故事，是因为在他床上的枕头边发现了蛇的蜕皮。[①] 按
照他母亲的想法，尼禄应该把这些蛇皮包在金质的臂环上，并且永
远戴在自己的右臂上。后来，他把臂环扔了，因为他讨厌回忆自己
的母亲。当他的处境极端困难时，曾再次寻找过这个臂环，但未找
到。

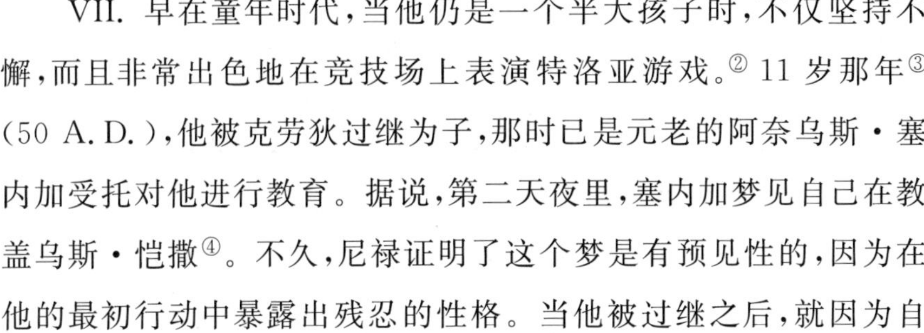

VII. 早在童年时代，当他仍是一个半大孩子时，不仅坚持不懈，而且非常出色地在竞技场上表演特洛亚游戏。[②] 11 岁那年[③]（50 A. D.），他被克劳狄过继为子，那时已是元老的阿奈乌斯·塞内加受托对他进行教育。据说，第二天夜里，塞内加梦见自己在教盖乌斯·恺撒[④]。不久，尼禄证明了这个梦是有预见性的，因为在他的最初行动中暴露出残忍的性格。当他被过继之后，就因为自

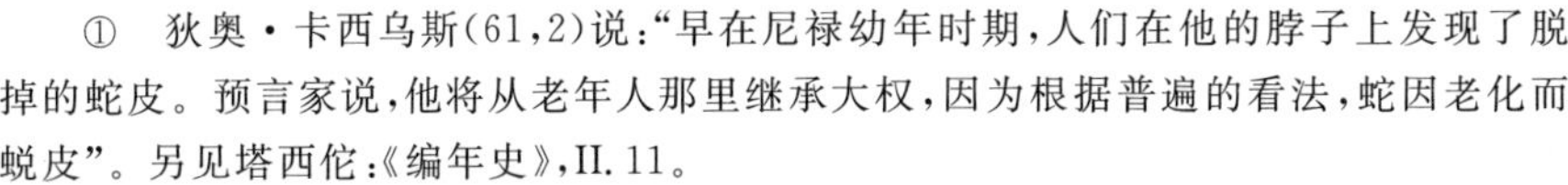

① 狄奥·卡西乌斯(61,2)说："早在尼禄幼年时期，人们在他的脖子上发现了脱掉的蛇皮。预言家说，他将从老年人那里继承大权，因为根据普遍的看法，蛇因老化而蜕皮"。另见塔西佗：《编年史》，II. 11。

② 关于特洛耶游戏起源见维吉尔：《埃涅阿斯记》，5，545—603；比读本书《神圣的朱里乌斯传》，XXXIX. 2。

③ 那一年是公元 50 年，尼禄应为 13 岁，11 岁之说有误。

④ 即卡里古拉。

己的兄弟不列塔尼库斯在向他问候时照旧把他当作阿赫诺巴尔布斯[①],他便企图在父亲[②]面前证明不列塔尼库斯是非婚生子。为了使自己的母亲感到满意,他在法庭上公开出示证据,反对自己的姑母列比达[③],当时他母亲正千方百计压迫列比达。

2 刚刚步入政界,他便一边安抚人民,一边犒赏自己的士兵。在召集练兵时,他手持大盾,跑在近卫军的前面。[④] 然后,在元老院发表感谢父亲的演说。当克劳狄任执政官时,尼禄曾在他面前用拉丁语为波诺尼亚人辩护,用希腊语为罗德斯人和伊利乌姆人辩护。尼禄第一次主持法庭诉讼是在拉丁节日期间,他担任市长官;这时一些著名的律师一反常规,不是向他提出一些不紧要的小案,而是相互争着向他提出许多极重要的大案,虽然克劳狄曾禁止过这样做。不久,他娶屋大维娅为妻,为了祈求克劳狄的健康,他在竞技场举办赛会和斗兽表演。

VIII. 关于克劳狄之死的讣告发布时,尼禄 17 岁(54A. D.)。6 点和 7 点之间[⑤],他来到卫兵身边,因为全天都被认为是不吉利的,只有这个时间即位似乎比较合适。在宫殿的台阶上,他被欢呼为皇帝,然后人们用肩舆把他抬到军营。他向士兵发表了简短演说,然后,他从那里立即被抬到元老院。直到黄昏才从那里出来,出来时他已取得无数的头衔,只拒绝“祖国之父”的头衔,因为还太年轻。

① 不列塔尼库斯似乎不承认克劳狄收尼禄为养子。

② 即养父克劳狄。——英译者

③ 关于列比达,参见塔西佗:《编年史》12,64。

④ 自奥古斯都时代起,士兵每月进行 3 次军事训练。

⑤ 下午 1 点钟。

IX. 他开始统治时，力图显示自己对亲人是虔敬的。他为克劳狄举办了极其盛大的葬礼，发表了葬礼颂词[①]，并尊死者为神。他还沉痛地追悼了先父多密提乌斯。他把一切国事和私事的管理委托给自己的母亲。即位第一天，他向卫队长发布的口令便是“良母”。此后他经常同她一起乘坐她的肩舆出现在大街上。他在安提乌姆建立殖民地(61 A. D.)，把近卫军老兵登记到那里去，并把最富有的高级百夫长强制迁移到那里加入老兵队伍。在这个殖民地，他还兴建了工程特别浩大的港口。

X. 为了更加明确地表白自己的意图，尼禄宣布，他将按奥古
斯都的原则进行统治。他不放过显示自己慷慨、仁慈和善良的任
何机会。他豁免或减轻比较繁重的赋税[②]。他把检举违反巴比乌
斯法[③]的告密者的赏银压缩四分之一。他向人民分发赏钱，每人
400 塞斯特尔提乌斯。他给破落的知名元老规定了年薪[④]，给其中
有的人多至 50 万塞斯特尔提乌斯，给近卫军大队每月发放免费粮
食。当有人建议他按照惯例给判处死刑的罪犯签字时，他说：“如 2
果我不会写字那该有多好哇！”他能无需提醒[⑤]不假思索地向各个
阶层的人士致意。当元老院向他表示感谢时，他说“到我才配得上

① 这篇颂扬克劳狄的葬礼演辞是尼禄的老师塞内加起草的。塔西佗(《编年史》，13,3)说：“在掌权的皇帝中，尼禄是第一个需要别人写演辞的皇帝。”

② 尼禄取消了拖欠的税款和包税人的非法的苛捐杂税，取消了百分之四的卖奴税。塔西佗说：“购买奴隶时应缴纳的百分之四的税被取消了，不过这与其说是真正的取消，毋宁说是一种姿态：因为这时卖者需要缴税了，于是这笔税金就被加到卖价上面，结果还是由买者来负担。”(《编年史》，13,31)。

③ 参见《神圣的克劳狄传》，XIX。

④ 比读《神圣的韦伯芗传》，XVII。

⑤ 比读《神圣的奥古斯都传》，LIII. 3。

的时候"。他甚至允许平民到校场观看他练兵。他经常当众演讲。他还不仅在自己家里，而且在剧场里朗诵自己的诗作，这使众人十分满意，以至于因其朗诵有功而规定举行感恩祈祷[1]，他的部分诗句[2]铸成金字，献给卡庇托尔的朱庇特神。

XI. 他举办许多种类不同的游艺：少年游艺[3]、竞技场赛车舞台表演、斗剑。在青年人的游戏中，他甚至让老年元老和老年贵妇们登台表演。在竞技场的游戏中，他给骑士辟出专门坐席，以别其他观众。[4] 他还举办了四匹骆驼牵引的战车比赛。在为祈祷帝国
2 永恒而举办的被称作"伟大的盛会"的表演中，有由头两个等级的男子和女人扮演的喜剧，有由一位著名的罗马骑士骑着大象走绳索，在上演阿符拉尼乌斯的名为《火灾》的托加喜剧[5]时，演员们被允许从失火的房屋中把家具抢出来拿回自己家去；他天天向人民抛掷各种赠品[6]：每天一千只不同种类的鸟、各种食品、粮票、衣服、金子、银子、宝石、珍珠、绘画、奴隶、役畜、甚至驯服的野兽，最后还有船只、住房和农田。

---

① 迄今为止，只是为了祝贺取得重大胜利归来的将军，才举行感恩祈祷，比读《神圣的朱里乌斯传》，XXIV. 3。——英译者

② 也就是他朗诵过的诗句。——英译者

③ 为纪念青年人第一次刮胡须而举行的表演。表演者不是职业演员，而是爱好者。举办这种游戏可以使皇帝的首次舞台演出感到轻松。

④ 从前只有在剧场中有开辟特殊坐席之事（见《神圣的朱里乌斯传》，XXXIX. 2）。克劳狄首创在竞技场中为元老划定特殊坐席（见《神圣的克劳狄传》，XXI. 3），但是《神圣的奥古斯都传》，XLIV. 1，已有关于奥古斯都为元老保留前排座位的记载。——英译者

⑤ 演员身穿托加表演罗马日常生活的喜剧。公元前二世纪的托加喜剧最为有名，此后长期深受罗马人的欢迎。

⑥ 参见狄奥·卡西乌斯，62，18。

XII. 尼禄从舞台前部的高处[①]观看这些表演。在马尔斯广场
区有一个一年之内建成的木结构的圆形剧场(58A. D.)。在这个
剧场举办的角斗比赛中，他没有让任何角斗士被杀死，甚至连犯罪
的角斗士也没有被杀死。但是他强迫400名元老和600名罗马
骑士——其中许多人财产没有受到损失，名誉没有损坏——在舞
台上进行搏斗，甚至挑这些等级的人充任斗兽者和各种舞台杂
役[②]。他还在有海洋动物的海水中表演海战[③]。他让厄腓比表演
作战舞。[④] 演出结束后，尼禄给他们每个人颁发罗马公民身份证。
在一场舞蹈中，一头公牛趴在帕西法娅[⑤]的身上，她藏在一头小母 2
牛的木像中，至少给观众的印象是这样。在另一场舞蹈中，伊卡鲁
斯第一次飞行便掉在尼禄的卧榻旁边，鲜血溅在他的身上和榻上。
尼禄虽然很少主持赛会，但却惯常倚榻观看表演，起初通过包厢的
小窗口，最后在完全无遮掩的阳台[⑥]上观看。

他首次在罗马举办五年赛会(60 A. D.)，按照希腊人的方式， 3
赛会包括三部分：音乐[⑦]、体操和赛马。他把这一赛会称作“尼禄

① 从舞台前部的上方伸出的包厢

② 乐师、机械师，等等，比读《神圣的克劳狄传》，XXXIV. 2。——英译者

③ 参见狄奥·卡西乌斯，61，9。

④ 厄腓比指希腊青年。作战舞，即皮利赫舞。参见《神圣的朱里乌斯传》，XXXIX. 1和《神圣的奥古斯都传》，XCVIII. 3注。

⑤ 帕西法娅是传说的克里特米诺斯国王的妻子，她对公牛产生爱情，生下了半人半牛状的“米诺牛”。

⑥ 大圆形剧场中的高起的平台(podium)同中心竞技场地隔开，皇帝家属，高级长官、维斯塔贞女坐在平台上的象牙椅上。尼禄斜倚在卧榻上。

⑦ 广义上，还包括诗歌和演说。

尼亚”。同时他还奉献浴场和体育场[①]，并向元老和骑士等级的成员供应擦身油。他通过抽签办法指定离任执政官主持全部比赛并担任裁判员，让他坐在大法官的席位上。然后，尼禄来到乐队和元老们中间，接受拉丁演说和诗歌的桂冠。虽然所有的杰出人物都企图赢得这顶桂冠，但是大家一致同意把这顶桂冠授予他。可是，当裁判员将竖琴桂冠授给他时，他跪倒在它的前面，命令将它放在
4 奥古斯都的塑像脚下。在塞普塔举行的体操比赛中，尼禄向神敬献了一头阉牛，第一次刮掉了自己的胡须[②]，并把它放入饰有贵重珍珠的金匣子里，献给卡庇托尔的朱庇特。他还邀请维斯塔贞女观看运动员的比赛[③]，因为在奥林匹亚，克瑞斯神的女祭司也被允许拥有同样的特权。

XIII. 在尼禄举办的表演中，我把提里达提斯[④]进入罗马也列入其内，这并非过分。提里达提斯是亚美尼亚国王，尼禄用慷慨的许诺将他诱人罗马城。尼禄通告规定了让他同人民见面的日子，但是由于天气不佳，见面的日期被推迟。后来，尼禄一有机会便将其领到人民面前。在广场神庙的四周，全副武装的近卫军大队列好阵容，尼禄本人坐在船首讲坛的象牙椅上，身穿凯旋服装，左右
2 是军徽和军旗。当这位国王沿着有斜度的讲台走到他面前时，尼

① 浴场，即尼禄浴场(Thermae Neronianae)在马尔斯广场，万神殿附近；体育场是罗马第一个永久性的建筑，同浴场连在一起。——英译者

② 尼禄首次刮胡须不是在“尼禄尼亚”赛会，而是在青年节。

③ 马尔斯广场的一个投票区。

④ 为了争夺对亚美尼亚的保护权，罗马和帕提亚之间进行长期斗争，终以帕提亚人的胜利而告终：帕提亚王子提里达提斯成为亚美尼亚的国王，只是为了满足罗马人的民族自尊，条约规定，提里达提斯要在罗马从尼禄手中接受王权。

禄先让他跪在自己的脚下，然后用右手将他扶起，同他接吻。最后，按照提里达提斯的恳求，尼禄从他头上取下缠头巾（tiara），给他戴上王冠（diadema），一名大法官级的译员将这位恳求者的话翻译过来，并向人民宣布。这位国王从那里被带到剧场[①]，在提出新的恳求之后，尼禄让他肩并肩地坐在其右侧。由于这一切，尼禄被欢呼为"统帅。"[②]把月桂花冠存入卡庇托尔[③]之后，他关闭了亚努斯神的庙门[④]，以示天下已经没有任何战争。

XIV. 尼禄 4 次任执政官（55 A.D.，57 A.D.，58 A.D.，60 A.D.）：第一次任期 2 个月，第二次和最后一次各 6 个月，第三次 4 个月，中间两次是连任的，其他两次都有一年的间隔期。[⑤]

XV. 在司法管理方面，他绝不贸然行事，总是等到第二天通过书面形式答复诉讼人。他坚持自己的审判程序，不是一味地让一方连续控诉，而是让双方轮流辩论。此外，当他退堂征求意见时，他不在大庭广众之中公开讨论任何问题，而是让他们每个人以书面形式陈述自己的见解，他个人则不动声色地审查这些意见。然后，按他自己的倾向作出判决，好像这是多数人的意志。

有很长一段时间尼禄不准获释奴之子进入元老院[⑥]。他不允 2
许被他的先辈接受进入元老院的获释奴之子担任高级官职。他任

① 庞培剧场。为了迎接提里达提斯，剧院上下全部镀金，参见普林尼，33，16，54。

② "imperator"一词这里用于得胜的将军。比读《神圣的奥古斯都传》，XIII. 2，关于尊安东尼为统帅。

③ 通常在凯旋式之后。

④ 参见《神圣的奥古斯都传》，XXII 注。

⑤ 68 年尼禄第五次任执政官，参见本传 XLIII。

⑥ 关于获释奴之子，比读《神圣的克劳狄传》，XXIV。

命落选的竞选人为军团司令官以弥补他们延缓和耽误任职的损失。他通常让执政官任职6个月。如果执政官在新年前夕死了，他不再指定接班人。他不赞成卡尼乌斯·莱比鲁斯的一日执政官的古老先例[①]。他甚至把凯旋服赐给财务官级别的人和骑士等级的某些成员，有时还是为了非军事方面的原因。他时常越过财务官，让一名执政官宣读他交给元老院的有关国事的某些报告；本来这是财务官的职责[②]。

XVI. 他发明了城市建筑的新式样，在房屋和公寓的前面设立回廊，从回廊的凉台上可以扑灭火灾[③]。他建筑这些回廊用的是自己的资金。他还决定把城墙扩展到奥斯提亚，并通过一条运河[④]将海水引向古老的罗马城。

2 在他统治时期，许多弊端受到严厉制裁，同时他还颁布了不少新的规定：限制奢侈，公宴以分发食篮[⑤]为限；除豆类和蔬菜之外，禁止在饭店出售熟食，因为以前各种小吃为了出卖全部陈列在外面；惩罚基督徒[⑥]，他们是新的和为非作歹的宗教信徒；禁止驷马车夫寻欢作乐，古时候曾有一个习惯，允许他们到处游逛，为了自己开心，他们甚至有权欺骗和勒索行人；流放哑剧演员[⑦]和他们的

① 恺撒曾指定卡尼乌斯·莱比鲁斯取代新年前夕突然死去的执政官的职务。参见《神圣的朱里乌斯传》，LXXVI.2。但是那里没有指出执政官们的名字。

② 参见《神圣的奥古斯都传》，LXV.2。

③ 设立回廊无疑是在64年罗马大火之后，参见本传XXXVIII。——英译者

④ 参见本传XXXI.3。

⑤ sportulae本为保护人给被保护人分发装有食品的小食篮的宴请方式。

⑥ 64年罗马大火之后，基督徒受到指控。有关尼禄迫害基督徒的详情，参见塔西佗：《编年史》，15，44。

⑦ 流放哑剧演员的决定是56年宣布的，但是不久便取消了，参见本传XXVI.2。

追随者。

XVII. 在他统治时期，首次发明对付伪造遗嘱的办法，即在证书上打孔，用线三穿其孔，然后密封。规定遗嘱的头两页为空白页，在交给见证人[①]时，上面只有遗嘱者的名字，这也使替别人抄写遗嘱者无法暗做手脚为自己取得一份赠产。他还规定诉讼当事人给辩护律师固定的和合理的报酬[②]，法庭长凳座位不收费，这些坐凳由国库免费提供。涉及国库的全部诉讼案件，转交市心广场的审判委员会[③]审理，来自法官的全部诉讼案件，都转交元老院。

XVIII. 任何增强和扩大帝国的意图和愿望都丝毫不能使他动心，他甚至打算从不列颠撤回军队，但是似乎因为羞于损伤父亲的荣誉，故而放弃了这种企图。他只把波列蒙放弃的本都王国和科提乌斯死后的阿尔卑斯王国变为行省。

XIX. 尼禄两次打算外出旅行：一到亚历山大里亚，二到亚该亚，但是，就在即将动身的那天，他放弃了亚历山大里亚旅行，征兆和危险使他惶恐不安，因为当他围绕一些神庙漫步完毕，并在维斯

---

① 当见证人在空白页上签字后，遗嘱人填上继承人的名字，不让见证人知道这些名字。

② 给辩护律师的报酬被公元前 204 年的秦奇乌斯法取消了。公元前 17 年，奥古斯都再次承认这项法律(参见狄奥・卡西乌斯，54，18)。可是这项法律也导致一些营私舞弊现象，克劳狄废除这项法律，将报酬限制在 10000 塞斯特尔奇乌斯。(参见塔西佗：《编年史》，11，5—6)。尼禄登基初始，元老院再次禁止收取辩护报酬(参见塔西佗：《编年史》，13，5)。但是，尼禄显然又重申了克劳狄的法律，并附以规定：不准增加诉讼费。——英译者

③ 由所有等级的被任命为大法官的几个人组成审判委员会在短期内审理各种案件，大多是行省人的起诉。

塔神殿[1]坐下来之后，他想站起来，却被衣角挂住了，后来眼前一
2 片昏暗，什么也看不清楚。在亚该亚，他打算开凿地峡[2]。他召集近卫军劝说他们开始动工，然后，以喇叭为号，他第一个用鹤嘴锄破土，挑走满满一篮土。他还准备远征卡斯比亚关[3]。为此由意大利出生的身高 6 罗尺[4]的新兵组编了一个新军团，他称这个军团为“亚历山大大帝的方阵”。

3 我把他的这些行为汇总在一起，其中有些行为不应受到谴责，有些行为还应倍加称赞。我之所以这样做，是为了把他的这些表现同他的厚颜无耻和穷凶极恶的劣行分开来。下面让我来介绍他的那些劣行。

XX. 早在孩提时代，尼禄就已受到音乐的熏陶，此外还受到了其他一些教育。即位后，他出人意料地立即召见当时著名竖琴大师特尔普努斯，连续数天午饭后听他弹唱，直至深夜。后来，他渐渐开始自行演练，从不忽视这类艺人为保护和训练嗓子经常采用的任何手段：他经常仰卧，胸置铅板，通过导管和呕吐清洗肠胃，戒吃有核之果和有害嗓子的食物[5]。尽管他声域狭窄，发音沙哑，但是由于演练的进步使他高兴，因而极欲登台表演。尼禄曾对自

① 塔西佗说，在进入维斯塔神殿时，尼禄突然感到恐惧，他放弃了到埃及的旅行，宣布说，他不想让公民们因为他不在罗马而伤心，参见《编年史》15，36。

② 关于开凿科林斯地峡，比较《神圣的朱里乌斯传》，XLIV. 3。——英译者

③ 高加索的达里亚尔隘口；远征的目的是征服阿尔巴尼亚（今之阿塞拜疆）和其他高加索地区。

④ 比 5 英尺 10 英寸略小一点。——英译者

⑤ 为了保护嗓子，尼禄每月都有定期的斋戒日，只吃油拌韭菜，参见普林尼，19，33，108。

己的朋友们重复一句希腊谚语："不闻其声焉能评价。"[①]他在那布 2
勒斯进行了首次演出。虽然剧院因突然地震而震动，但他也没有
停止歌唱，直到把一首曲子唱完。他常常在那布勒斯演唱，并且一
唱就是好几天，然后作短期休息，以恢复自己的嗓子。但即使在这
种日子里，他也不堪孤寂，从浴池中出来，来到剧院，在乐队中和大
家一起用膳，并用希腊语向大家宣称，他只要稍微润润嗓子，就能 3
把任何歌曲唱得铿锵悦耳。他完全被亚历山大里亚人有节奏的掌
声俘虏了（他们是从新近进港的船上刚下来拥进那布勒斯的），因
而又从亚历山大里亚召来了许多客人。他对此仍不满足，选拔了
一些骑士等级的青年，从平民中挑了5 000余名朝气蓬勃的青年，
组成几个拉拉队，让他们学习几种亚历山大里亚风格的鼓掌声（所
谓蜜蜂声、瓦声和砖声）[②]。尼禄演唱时，他们积极予以配合。这
些人浓密的头发和漂亮的服饰十分引人注目，他们白皙的左手不
戴指环。他们的队长得到的报酬是每人40万塞斯特尔提乌斯。

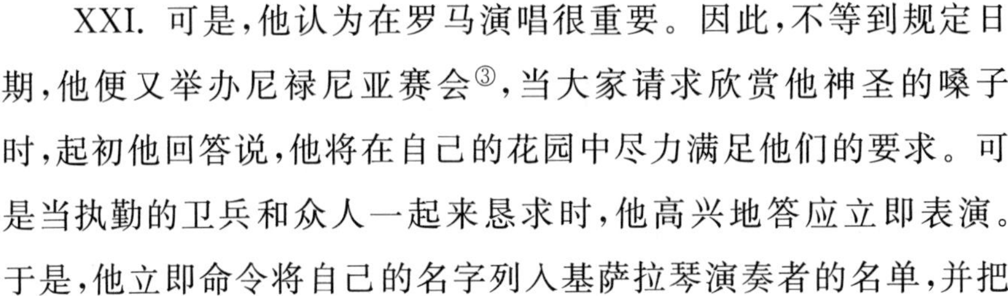

XXI. 可是，他认为在罗马演唱很重要。因此，不等到规定日期，他便又举办尼禄尼亚赛会[③]，当大家请求欣赏他神圣的嗓子时，起初他回答说，他将在自己的花园中尽力满足他们的要求。可是当执勤的卫兵和众人一起来恳求时，他高兴地答应立即表演。于是，他立即命令将自己的名字列入基萨拉琴演奏者的名单，并把

① 对比杰留斯（Gell.），13，31，3。

② 根据英译者J.C.罗尔夫的理解，第一种似乎根据蜜蜂的声音命名，第二种和第三种根据手掌弯曲或平伸的形状命名。

③ 第一次尼禄赛会是在60年，参见本传XII.3。元老院为了避免丑闻未经比赛把一项胜利挂冠授给尼禄，但是尼禄却说，他有天才，不需要这种照顾，参见塔西佗：《编年史》，16，4。

自己的签儿连同其他人的签儿一起投入罐中；当轮到自己演出时，他走了出来，近卫军长官提着他的琴侍候左右，后面跟随着军团司
2 令官，身旁则是他的挚友。当他站到台上，道完开场白之后，由前执政官克鲁维乌斯·卢佛斯宣布，他将演唱《尼俄泊》[①]。他坚持唱到第 10 点钟[②]。他把这次颁奖和比赛的其余部分推迟到下一年，以便有机会再多唱几次。但是，这种等待对他来说似乎时间太长，他一次又一次不断地在观众面前亮相。他甚至对是否参加职业演员的私人演出犹豫不决，因为一名大法官答应提供 100 万塞
3 斯特尔提乌斯的奖赏。他还演唱悲剧[③]，出场时戴着英雄和神的假面具，甚至还戴女英雄和女神的假面具。他让假面具的造型类似自己的面容或他钟爱的女人的面容。在他演唱过的其他悲剧中有《卡娜卡的生育》[④]、《弑母者奥瑞斯特》、《俄狄浦斯的失明》、《精神失常的赫库利斯》。据说，一个正在门口站岗的新兵看见皇帝的打扮和用锁链锁着的样子（正像赫库利斯角色所要求的那样），冲上前去救他。

XXII. 尼禄从小就特别爱马，尽管受到禁止，可还时常谈论竞技场上的各种比赛。有一次，他同自己的小朋友哀叹“绿队”的一个赛车者被马拖着跑的命运时，他的教仆斥责他，他却说谎，假装

① 狄奥·卡西乌斯还点出另外两部作品《阿提卡》和《巴克哈诺克》。

② 日落前 2 点钟。

③ 演唱悲剧和本传 LIV 中的“跳悲剧舞”都是戏剧表演，这种表演在希腊化时代和帝国时代享有盛名。

④ 卡娜卡是风神埃奥尔的女儿，她同自己的兄弟发生乱伦关系生下一个婴儿，后按父命自杀身死。关于奥瑞斯特，俄狄浦斯和在精神失常中杀死自己孩子的赫库利斯的神话也相当有名。

谈论赫克托尔[①]。在他统治之初，他每天都在一块板上玩象牙驷马战车。他甚至从自己的乡间别墅赶来参加一切、甚至很小的比赛，最初是秘密的，后来则公开，以致没有人会怀疑，在那个规定的
日子他一定在罗马。他不掩饰增加比赛奖品数目的意图，于是，赛 2
车场次越来越多，每天比赛持续到很晚的时间，当时，赛车班主们只愿意培训进行全天比赛的赛车手。不久，尼禄也渴望亲自驾驶战车甚至在公众面前露脸。他先在自己的花园中，在奴隶和黎民面前进行了一次排练，然后他让所有的人都有一次机会在大竞技场中看到他驾车，他的一名获释奴从高级长官的座位处投出一块桌布[②]。

他并不满足于在罗马显示他的这些技艺天才。如前所述，他 3
到了亚该亚[③]。此行尤其被下述情况促成：所有常常举行音乐比赛的希腊城市一致规定，把全部基萨拉琴桂冠送给尼禄。尼禄十分高兴地接受了这些桂冠。他不仅首先接见带来桂冠的使者，而且还邀请他们出席自己的家宴。当有些使者请求他午宴后唱歌，并对他的演唱报以热烈掌声时，他称赞说，希腊人是唯一会欣赏音乐的人，只有他们同他的激情合拍。他毫不耽搁地起程了，并且一到卡西俄佩[④]，便立即首先向朱庇特（卡西俄佩的）祭坛献歌，然后

① 赫克托尔是特洛耶的主将，据荷马史诗《伊里亚特》，希腊英雄阿克琉斯将赫克托尔的尸体拖在自己的战车后面。

② 比赛开始的信号。——英译者

③ 参见本传 XIX. 1。

④ 位于科尔库拉（今科孚岛），是从罗马到希腊的海路上的第一座城市。朱庇特（卡西俄佩的）是它的保护神。

跑遍了所有赛场[①]。

XXIII. 为此，他命令把时间相隔太长的那些赛会集中在一年内举行，因此，有些赛会只好一年举行两次[②]。他还一反常规，在奥林匹亚赛会上设立音乐比赛。此外，任何事情都不能妨碍和阻止他忙于这些比赛。他的获释奴赫里乌斯[③]劝他说，罗马城的事务需要他在场，他回答道："你劝我和希望我返回罗马，可你更应当劝我和希望我返回罗马时，不愧为堂堂的尼禄。"

2 他唱歌时，任何人哪怕有燃眉之急的理由也不准离开剧场。据说，因此一些妇女竟将孩子生在剧场里。许多人听腻了，不屑于鼓掌，偷偷跳过院墙[④]，或者装死，让人把他们抬出去，像是送葬的样子，因为大门[⑤]是关着的。他参加比赛时的忐忑和急切心情，对自己对手的嫉妒和对裁判的畏惧心理，几乎是难以令人置信的。假如对手同他旗鼓相当，那他对其表示尊敬、恭维，但背后则诋毁他们，偶尔相遇，则冷嘲热讽。可是，如果对手技高一筹，他甚至对他们行贿。

3 在比赛开始之前，他会对裁判毕恭毕敬地表白，他已经做了他

---

① 对比朱维那尔，VIII. 224 以下。

② 应当在 65 年举行的 211 届奥林匹亚赛会，为了尼禄的缘故推迟到 66 年或在 66 年重复举行。据波舍尼阿斯(10,3,6)的说法，当时的记载没有保存有关这些赛会的情况。

③ 据狄奥・卡西乌斯(63,12 和 19)的说法，赫里乌斯只身去见尼禄，言罗马出现阴谋的传闻，经他一吓，尼禄只好迅速返回罗马。

④ 这里的墙是剧院的墙，关于墙(murus)的类似用法，参见本传 XXXVIII. 1。——英译者

⑤ 原文 oppida 之术语本用于竞技场的塔楼和其他建筑物，这里指剧场的相似建筑部分，故译作大门。——英译者

应做的一切，但是结局操在命运之神的手里；裁判们都是聪明博学之士，应当避免意外的事情发生。裁判们劝他鼓起勇气，他离开他们时信心虽然比较充足，但也并非没有焦虑。他把有些裁判的沉默和谨慎解释为不满和敌视，声言自己对这些人怀有疑心。

XXIV. 在比赛中，他认真遵守规则，从不敢清自己的嗓子，从不用手擦额头上的汗水[①]。有一次，在悲剧演出过程中，他手里的权杖失落了。他迅速将它拾起来，心里十分惊慌，生怕由于这种失误，取消他的比赛资格。当他的同伴发誓说，在观众的欢呼和掌声中没人注意这一点，他才恢复了信心。得了优胜后，他自己宣布自己为优胜者。正因为如此，他常参加宣布人[②]的角逐。为了消除赛会所有其他夺魁者留下的纪念和痕迹，他命令推倒他们的全部塑像和肖像，然后用铁钩将它们拖走，抛进厕所。他也曾在许多地方表演过驾车。虽然在自己的一首诗中他谴责米特拉达悌国王表演十马拉的战车，但在奥林匹亚，他也做了这种表演。他从战车上甩下来，然后又被扶上战车，后来实在坚持不住了，只好中途退场。但尽管如此，桂冠还是授给了他。后来，当他离别时，他把自由[③]授给整个行省，同时把罗马公民权和许多金钱赠给裁判员。他的这些赏赐是在伊斯米亚竞赛会之日[④]，他站在运动场的中间亲口

① 不允许用手绢。另见塔西佗：《编年史》，16，4。

② 或译“传令官”。大型盛会中口头宣布优胜者名字的人，需要声音洪亮，是通过竞争选举出来的。——英译者

③ 这里所说的自由，是指地方自治和免税。后来韦伯芗重新剥夺了希腊人的自由，他挖苦地说，希腊人已经不会做自由人了。

④ 公元前196年弗拉米尼曾在伊斯米亚竞赛会上向希腊人宣布，他们摆脱了马其顿的统治，获得了自由。

宣布的。

XXV. 尼禄从希腊返回那布勒斯——他曾经在那里举行首次演出的地方，按照赛会得胜者的惯例乘白马拉的战车，经过城墙缺口进入城市。他以同样的方式进入安提乌姆，进入阿尔巴努姆[①]，最后进入罗马。但是，在进入罗马时，他乘坐的是奥古斯都凯旋时用过的战车，穿紫红色的衣服，披缀有金星的希腊斗篷，头戴奥林匹亚桂冠，右手则高举皮提亚桂冠；人们在他前面拿着他赢得的其余桂冠，每顶上有题词，写着在何地、对何人以及唱什么歌或演什么戏时赢得了这些优胜。在他的战车后面，像凯旋式一样跟随捧
2 场者，他们高呼，他们是奥古斯都的随从和他的凯旋的士兵。然后，他途经大圆形竞技场被拆除了拱门的地方[②]，穿过维拉布鲁姆和市心广场，来到巴拉丁和阿波罗神殿。一路上，人们到处杀牲献祭，不断地往路上泼洒香水、纷纷向他敬献鸟禽、彩带和糖果。他把自己神圣的桂冠[③]挂在自己寝宫的床头，同时在那里摆上自己
3 弹琴打扮的塑像。他还以同样的形象铸造钱币。此后，他还是丝毫没有放松和忽视自己的艺术实践。为了保护自己的嗓子，他从不向士兵发表演说，只以通信的方式，或找人代读的方式宣布他的讲话。不管他做事还是娱乐，在他身旁总是站着一名声乐教师，提醒他爱护自己的发音器官和用手绢捂着嘴巴呼吸。他对许多人是

① 罗马附近的贵族避暑胜地，公元一世纪，逐渐转归皇帝私人所有。

② 为了让游行队伍顺利通过，大圆形竞技场的拱门被拆除，后来图密善在这里重建新的拱门，以纪念韦伯芗和提图斯。

③ 据狄奥·卡西乌斯(63,21)的说法，尼禄把自己的桂冠钉在罗马竞技场的埃及方尖碑上(参见《神圣的克劳狄传》，XX. 3)，共1808顶。

友好还是痛恨，全凭他们对他赞扬的多少而定。

XXVI. 蛮横、好色、奢侈、贪婪和残忍在他身上起初是逐渐表现出来的，并不明显，很像是少年人的不能自制。但即使在那时，也无人怀疑，那是他的天性所致，而非年龄关系。天一黑他便拿起平民戴的毡帽或绒帽钻进茶楼酒肆，或者在街上逛来逛去。他的恶作剧并非不惹祸。他经常殴打赴宴后回家的人，把敢于抵抗的人打伤，甚至把他们扔进下水道。他还打砸和抢劫商店，在宫中建立小市场[1]，在那里分赃和拍卖，然后把得到的钱财挥霍一空。在
这些殴斗中，他经常冒失去眼睛，乃至生命的危险，例如有一次他 2
险些被一名元老[2]杀死，原因是他猥亵了这名元老的妻子。受了这次惊吓之后，若没有军团长官在不太远处秘密保护的话，他不再在那么晚的时候冒险去公共场所，哪怕大白天，他也要乘坐肩舆偷偷来到剧院，从戏台前部的上方包厢鼓励和观看哑剧演员间纠纷[3]。当纠纷达到动手殴打和用石头与凳子腿解决之时，尼禄也随手将一些东西扔向人群，以致有一次把一名大法官的头打破。

XXVII. 当他的恶习渐渐滋长生根之后，他不再是闹着玩儿，

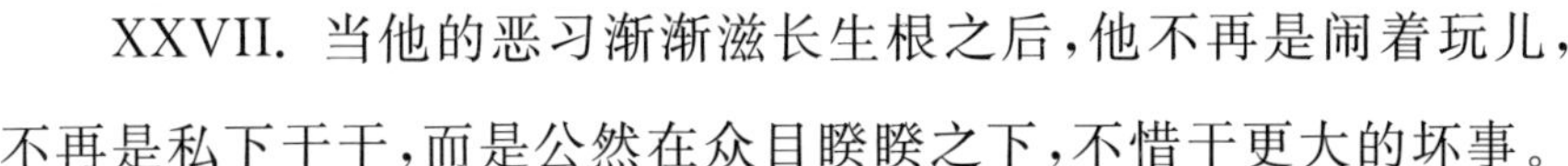

不再是私下干干，而是公然在众目睽睽之下，不惜干更大的坏事。

他把宴会时间拉长，从中午一直吃到子夜，还不时地到浴池去 2
爽爽神，冬天洗个热水澡，夏天洗个冷水澡，有时他也当众饮宴，在

① 原文 Quintana 原为军营市场，根据罗马军营中的一条道路（Quintana via）命名，在这条道上建有正式市场。

② 朱里乌斯·蒙塔努斯。参见塔西佗：《编年史》，13，25。——英译者

③ 包括他们的伙伴。参见本卷 XVI. 2。——英译者

人工湖[①]，在马尔斯郊原，在大圆形竞技场，左右有来自整个罗马城
3 的妓女和舞女侍候。每当尼禄沿第伯河向奥斯提亚畅游，或在巴亚
湾航行时，在河岸和海滨均设有歇脚的酒座以备痛饮，同时贵族主
妇们打扮成小酒座老板娘到处邀他靠岸。他还强迫自己的朋友举
办午宴。他的一个朋友为举办一个分发头巾[②]的宴会花掉400万塞
斯特尔提乌斯。而他的另一个朋友举办玫瑰午宴，破费更大。

XXVIII. 除了与自由清白人家的儿童和已婚妇女同床之外，
他还奸污了维斯塔贞女鲁布里娅。他几乎把获释女奴阿克特变成
自己的合法妻子，因为他收买一些离任执政官提供伪证，说她出身
王族[③]。他阉割了小男孩斯波鲁斯，实际上想把他变成一个女性，
并按照通常的仪式操办婚礼，包括嫁妆和火把[④]，极其殷勤地把他
领进自己家中，待之如妻子一般。有人说了这样一句讽刺玩笑，如
果尼禄的父亲多密提乌斯也有这样一个妻子，世界就有福气了。
2 他把斯波鲁斯打扮成女皇，乘肩舆去希腊参加巡回审判和参观商
业中心，然后在罗马游逛西吉拉里亚大街[⑤]，一路上尼禄频繁同他
亲吻。他甚至想与自己的母亲通奸[⑥]，只是她的敌人阻止了尼禄。
他们担心，那个桀骜不驯、放荡不羁的女人由于这种关系会拥有更

① 用于表演海战。参见《神圣的奥古斯都传》，XLIII. 1 和《提比略传》，LXXII. 1。——英译者

② mitellita 是 mitra 的指小表爱用法，意为“头巾”。分发丝巾是这种宴会的特有的内容。——英译者

③ 似乎指帕加马的阿塔里德氏族。

④ 火把是婚礼队列前面不可少的用品。

⑤ 比读《神圣的克劳狄传》，XVI. 4。

⑥ 有些历史家认为尼禄首先有这种邪念，但也有些历史家认为，阿格里皮娜为了让儿子俯首帖耳听凭自己摆布，首先动了这种念头。

大的权势。特别是当尼禄把一个长相跟阿格里皮娜相似的妓女列为自己妃子之后，对此便再没有谁表示怀疑了。人们甚至相信，以前他同自己的母亲乘坐一个肩舆时，已同她发生了乱伦关系，他衣服上的污痕便是证明。

XXIX. 尼禄淫荡竟达到这种程度，几乎身边所有的人均被他 2
玷污过。最后，他竟发明了一种游戏：他身披兽皮，从兽笼中被放出后，攻击缚在木桩上的男人和女人的阴部。当他的兽欲满足之后，又表演被他的获释奴多律弗路斯所征服[①]。为此，他嫁给了多律弗路斯，就像他当初娶斯波鲁斯一样。他喊叫、痛苦，模仿一个被奸污的少女。我从某些人那里获悉，尼禄深信，没有哪一个人是贞洁的，甚或他身体的哪一部分是洁白无瑕的，人们只是在掩饰自己的恶行，狡猾地给它们盖上遮羞布。因此，凡向他供认自己淫荡的人，他连同他们的一切其他恶行都饶恕了。

XXX. 他认为，利用财富和金钱的唯一方法是挥霍。他称那些精打细算的人为寒酸的守财奴，在他看来，只有那些挥金如土，肆意妄为之徒才是堂而皇之的正人君子。他赞美和欣赏自己的叔
父盖乌斯[②]，因为后者在短期内把提比略留给自己的大量遗产挥 2
霍净光。因此，在施舍和开销方面，尼禄没有节制。令人难以置信的是，他在提里达提斯[③]身上一天就花掉 80 万塞斯特尔提乌斯。

---

① 一语双关。

② 盖乌斯，即卡里古拉。关于他的挥霍情况，参见《盖乌斯·卡里古拉传》，XXXVII. 3。尼禄本人用于士兵的赏赐就花掉 22 亿塞斯特尔提乌斯。参见塔西佗：《历史》，1，20。

③ 参见本传 XIII。

当这位国王离开时，尼禄赠给他 100 余万塞斯特尔提乌斯。他赠给竖琴师梅涅克拉特斯和角斗士斯皮库鲁斯的产业与赠给凯旋者的产业相等。尼禄赠给猴脸高利贷者潘奈罗斯大量城乡地产，使他成
3 为百万富翁，安葬他犹如安葬国王。他从来不重穿同一件衣服。他掷骰子时，一个点就押 40 万塞斯特尔提乌斯。他捕鱼用的是绛色和红色线绳织成的饰金鱼网。据说，他外出旅游从不少于 1000 辆华丽大车，而且骡钉银掌，车夫穿着卡努西乌姆的细绒服[①]，周围是一群戴着臂环和发环的毛里塔尼亚骑兵[②]和跟车仆人。

XXXI. 然而，尼禄在其他方面的挥霍比起在建筑方面的耗资来又可以说是小巫见大巫。他修建了一座从巴拉丁一直扩展到埃斯奎林的宫殿。起初他称这座宫殿为“穿堂”，不久，宫殿被大火烧毁，重建后，他命名为“金屋”。下述细节足以说明它的大小和壮观程度。殿的前厅是那样高大，里面可容一尊 120 罗尺高的尼禄巨像[③]。殿的面积是如此之大，仅三排柱廊就有 1 罗里长。还有一个像海一样的池塘，周围的建筑物宛如一座座城市。旁边是乡村，装点着耕田、葡萄园、牧场和林苑。内有许多各种各样的家畜和野
2 兽。[④] 宫殿的其余部分全部涂金，并用宝石、珍珠贝壳装饰。餐厅装有旋转的象牙天花板，以便撒花，并设有孔隙，以便从上部洒香

① 普林尼也提到了波贝亚的骡子挂金掌和阿普里亚的卡努西乌姆城的细呢绒。

② 原文 Mazaces 系毛里塔尼亚的一个部落名。

③ 尼禄巨像是杰诺多尔设计的，据传说，超过了堪称“世界七大奇观”之一的罗德斯岛的太阳神巨像，其高为 100 英尺。

④ 人们可以把足禄的“金屋”同哈德良在提布尔的别墅加以比较。哈德良的别墅中有“潭碧谷”、“天上明星”和其他景物。塔西佗说，尼禄“金屋”的建筑师是谢维路斯和凯列尔，说他们以自己的智慧，耗掉了一个皇帝的金库；参见《编年史》，15，42。

水。正厅呈圆形，像天空，昼夜不停地旋转[①]。在浴池中，他让海水和黄绿色水长流不息。尼禄以这样的方式建成了宫殿，举行落成典礼时赞叹说：“我终于开始像人一样地生活了！”

此外，他从米塞努姆至阿维尔努斯湖兴建一个带篷的游泳池， 3
四周设游廊，还想把贝亚湾[②]的全部温泉水引进游泳池。他开通一条从阿维尔努斯到奥斯提亚的运河[③]，以便通过它乘船而无需经海路到达那里，运河全长为 160 罗里，其宽足以使五层桨的大船对航。为了实现这些工程，他命令把帝国境内的全部囚犯运到意大利，甚至命令把那些罪大恶极的刑事犯都判处来干这些苦役。

促使尼禄如此疯狂挥霍的原因，不仅有对帝国资源的确信，而 4
且有意外发现无穷秘密宝藏的希望，因为有一名罗马骑士[④]向他发誓证实，在阿非利加的一些巨大洞穴中藏着古代金库的奇珍异宝，是狄多女王逃离推罗时带出来藏在那里的，可以不费吹灰之力地挖掘到它们。

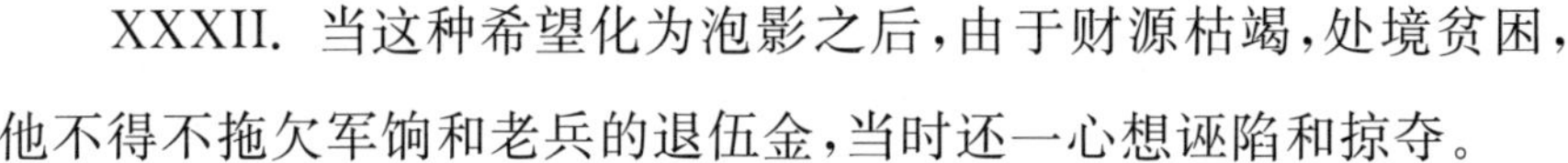

XXXII. 当这种希望化为泡影之后，由于财源枯竭，处境贫困，他不得不拖欠军饷和老兵的退伍金，当时还一心想诬陷和掠夺。

他首先规定，已故的获释奴用皇帝任何亲族的名字[⑤]，如果没 2

① 苏维托尼乌斯的记述过分简略，实际上这是球形的可旋转的天花板。——英译者

② 从米塞努姆至阿维尔努斯湖，距离约 7 公里，在这个距离的一半处是贝亚湾。

③ 参见塔西佗：《编年史》，15，42。

④ 名叫凯谢里乌斯·巴苏斯，来自迦太基。他是一个精神错乱的人。当人们什么也没有发现时，他自杀了；参见塔西佗：《编年史》，16，1。

⑤ 即不能准确查明已故的获释奴所隶属的氏族，即朱里乌斯、屋大维乌斯、克劳狄乌斯、多米提乌斯、列比都斯等同皇帝有亲属关系的氏族。

有充分像样的理由，那么，他们的财产不是一半，而是六分之五由皇帝继承。此外，对皇帝忘恩负义之人[1]的财产应全部收归皇帝内库所有。为这样的人起草和口授遗嘱的诉讼代理人不能不受惩罚。最后，控告人的起诉所依据的全部言行都应受到反对欺君罔
3 法的惩罚。甚至为感谢各个城市在比赛中授予他桂冠所赏赐的礼物他也要求收回。虽然他已禁止使用紫色和绛红色，可是有一次秘密地派人在集市日卖掉几两这类颜料，然后，封闭所有商人的店铺[2]。据说，当他演唱时，一位太太身穿他所禁止的绛紫色服装在观看他的表演，他把她指给自己的随从。于是，这个女人立即被拖到外面，不仅被扒下衣服，而且连钱财也被没收了。

4 在委任某一个人时，他总是补充下列一番话：“你知道我需要什么吗？”“我们要做到不使任何人留下分文。”最后，他夺走许多神庙所存的赠礼，把金银制成的塑像化掉，其中包括潘那特神[3]的塑像。不过，不久之后，伽尔巴重新恢复了它们。

XXXIII. 从谋害克劳狄之日起，尼禄开始了自己的弑父母和谋杀的生涯，因为即使他不是克劳狄之死的祸首，那至少也是一名同谋者，对此他并不掩饰。他后来总是对蘑菇赞不绝口——克劳狄是吃了一种放有毒药的蘑菇死的——称蘑菇为“神的食物”，如希腊俗语的说法。[4] 千真万确，尼禄在言论和行动上，对已故的皇

[1] 也就是在自己的遗嘱中没有给皇帝留下遗产，或者所留遗产数量不足的那些获释奴。

[2] 当然没收他们的财产。——英译者

[3] 罗马的守护神。

[4] 狄奥·卡西乌斯(60,35)认为，这种说法是从尼禄开始的。但是，大概是由于狄奥称之为“一个值得记载的话”才在希腊人中成了俗语的。——英译者

帝竭尽了攻击之能事，他时而指责克劳狄愚不可及，时而揭露他残酷无情，因为他经常开玩笑说，克劳狄已停止在人间“发傻”①，并故意把 mŏrari 一词的第一音节拉长。他蔑视克劳狄的许多敕令和法规，把它们说成是一个疯子和庸人的作品。最后，他对克劳狄的火葬地②也不在意，只用一个简陋的矮墙围起来草草了事。

他企图毒死不列塔尼库斯③，因为嫉妒这个兄弟有一副更动 2
听的嗓子，同时更惧怕的是或许有一天由于人们对他父亲的怀念，
不列塔尼库斯会在人民中赢得更大的好感。他从一个名叫卢库斯
塔的药剂师那里得到一剂毒药，然而药效不像预想的那么快，不列
塔尼库斯仅仅腹泻而已。尼禄把这个女人叫到自己跟前，亲手抽
打她，斥责她配的不是毒药，而是良药。卢库斯塔辩解说，她投毒
的剂量小是为了不暴露皇帝的谋杀罪恶。可是尼禄却反唇相讥：
“你以为我怕朱里乌斯法④吗？”然后，尼禄逼她在自己的寝宫当面
配制尽可能发作得快的烈性毒药。随后用一只小山羊作试验，小
山羊挣扎 5 个小时；然后，尼禄又将毒药反复煎熬，最后放在小猪 3
面前。小猪顿时倒地死亡。于是，他命令将毒药端进餐厅，送给同
他一起就餐的不列塔尼库斯。那孩子刚一品尝，就被毒死了。然
而，尼禄在众宾客面前扯谎，说不列塔尼库斯之死是习惯性癫痫发
作所致。第二天，在倾盆大雨中，尼禄没有举行仪式，立即将死者

① mŏrari 意为“逗留”，mōrari 意为“发傻”，两词仅一长短音符之别。

② 罗马人认为火葬地同骨灰埋葬地一样神圣。

③ 阿格里皮娜发现尼禄总是不太驯服，于是便威胁说，她将把不列塔尼库斯当成更合法的继承人，这便毁了不列塔尼库斯。塔西佗（《编年史》，13，15—17）生动地描写了不列塔尼库斯在阿格里皮娜和屋大维娅面前死亡的情况。

④ 朱里乌斯法规定谋杀罪应判处死刑，其中包括毒杀。

掩埋了。鉴于卢库斯塔服务殷勤，尼禄非但没有惩罚她[①]，反而奖给她大片地产和学生。[②]

XXXIV. 他讨厌自己的母亲，因为她太严格地监视他和指责
他的言行。起初他只是以假装要退位和到罗德斯隐居相威胁，并
设法激起人们对她的憎恨。然后，他剥夺她的全部荣誉和权力，取
消她的士兵和日耳曼人卫队，拒绝同她住在一起，将她逐出宫殿。
此后，他绞尽脑汁折磨她。当她住在罗马时，他指使人告状，让她
不得安宁；当她退居乡里时，他差人由陆路和海路经过她家门口，
2 通过吵闹和嘲笑打扰她的休息。最后，由于受到她准备使用暴力
的恫吓，尼禄决心杀死她。[③] 他三次企图毒死她，但发现她都服了
解毒药，事先有所防备[④]。后来，他在她的卧室安装天花板[⑤]，以便
深夜用机器松动板块，乘她熟睡时砸在她的身上。可是，一些同谋
者把这一计划泄露了出去。于是他又设计了一艘容易散架的大
船[⑥]，只要一撞船或船舱坍塌，就会使她身亡。然后，他假装和解，
通过特别讨人欢心的书信邀请她到贝亚，同他一起共庆大五日
节。[⑦] 当她到达贝亚之后，他命令自己的舰长凿毁她来时乘坐的
利布尔尼快艇[⑧]，并给人以意外事故的假象。宴会使阿格里皮娜

① 以前卢库斯塔曾因放毒而被判罪，参见塔西佗：《编年史》，12，66。

② 参见朱维那尔，1，71 以下。

③ 据狄奥·卡西乌斯(61，12)的说法，塞内加是谋杀阿格里皮娜的倡议者。

④ 塔西佗(《编年史》，14，3)也说，毒杀阿格里皮娜只是一种想法，没有付诸实施。

⑤ 关于用天花板砸死阿格里皮娜一事，塔西佗未曾提及。

⑥ 发明者是他的获释奴阿尼凯图斯，参见塔西佗：《编年史》，14，3。

⑦ 关于大五日节，参见《神圣的奥古斯都传》，LXXI.3。

⑧ 利布尔尼快艇的名字来自伊利里亚海盗部落利布尔尼人。该船以轻便和快速为特点。

迟迟不能动身。当她打算返回包里[①]时，尼禄在毁船的地方把自
己发明的大船送给她，同时满心欢喜地护送她，在分别之际，甚至
吻她的胸脯。那一夜剩下的时间里尼禄心情焦灼，夜不能寐，一直 3
期待着计划的结局。然而，他得知，一切都不随人意。阿格里皮娜
会游泳，结果脱险了[②]。她的获释奴鲁基乌斯·阿格尔姆斯兴高采
烈地向他报告，她还活着，安然无恙。此时，尼禄已经无计可施，于
是命人将一把匕首偷偷放在阿格尔姆斯的身旁，然后吩咐将这个
获释奴逮捕起来，五花大绑，说他是受她收买前来谋害皇帝的刺
客，并下令处死他的母亲，同时制造一种假象，仿佛她以自杀逃避 4
业已败露的罪行。某些值得相信的权威们还补充了一些更加令人
毛骨悚然的细节：尼禄急忙奔出来观看被杀者的躯体[③]，触摸她的
四肢，评头论足，一会儿说好，一会儿说坏。同时，他觉得口渴，于
是饮酒。但是无论当时还是后来，他都无法忍受良心的谴责。虽
然士兵、元老院和人民努力以祝贺鼓舞他，他常常供认，母亲的阴
魂和复仇女神弗里娅的皮鞭与燃烧着的火把在追赶着他，因此，他
让术士举办祭典驱散阴鬼和祈求宽恕。此外，在经过希腊的旅途
中，他不敢冒险参加厄琉息斯秘仪，因为每当这种仪式开始时，司

① 包里是贝亚附近的别墅区，阿格里皮娜打算回到包里后，再从那里前往她的出生地安提乌姆，但是〔据狄奥·卡西乌斯(61,13)的说法〕包里正在过大五日节。

② 阿格里皮娜头上铅制的舱顶塌了，可是床两侧的高高挡板支住了塌顶。船底也没有脱节，大船只是倾斜而已。阿格里皮娜和伴随她的阿凯洛尼娅掉入水中。阿凯洛尼娅吓得魂不附体，大喊救命："我是皇帝的母亲，快救救我！"人们用桨把她打死了。阿格里皮娜却一言没发，她顺利地游开了，然后，登上一只渔船，来到包里。设计脱节大船的阿尼凯图斯把她杀死了，参见塔西佗：《编年史》，14,5—8。

③ 据狄奥·卡西乌斯(61,14)的说法：尼禄看到阿格里皮娜的尸体后说道："我竟然不知道我有一个如此美丽的母亲。"

仪总要宣布，渎神者和罪人必须走开。

5 弑母之后，尼禄继而谋杀姑母[①]。有一次他去看她，那时由于便秘，她正卧床不起。老太婆像平素那样抚摸他那绒毛般的胡须（因为他已长大成人了），并亲切地说：“我一看到这胡须被剪掉[②]，我就是死了也会高兴的。”尼禄转向自己的朋友，像开玩笑一般说道：“我马上把它剪掉！”然后，他命令医生给病人服大剂量的泻药。她还没有咽气，尼禄便霸占了她的财产，还扣押了她的遗嘱，不让任何遗产从他手中溜掉。

XXXV. 除屋大维娅之外，尼禄后来又娶两个妻子。先娶的是波贝娅·萨宾娜。她是离任财务官的女儿，以前曾同一名罗马骑士[③]结过婚。后娶的是斯塔提里娅·美撒里娜，她是两次担任执政官和举行过一次凯旋式的陶路斯的曾孙女。为了得到美撒里娜，尼禄杀死了她的丈夫——当时正在担任执政官的阿提库斯·维斯提努斯[④]。尼禄同屋大维娅同居不久便厌倦了，在回答朋友
2 们的责怪时，他说：“她应当对能有这个称号[⑤]感到满足！”后来，他几次想勒死她，但都没有成功。于是，他借口屋大维娅不生育把她

---

① 多密提娅·列比达，比较本传 VII。

② 即“当我看到你成年”。第一次刮胡须意味着人生进入一个新的阶段，一般都举行仪式。见上文 XII 节 4。按塔西佗《编年史》，14，15 和狄奥 61，19，尼禄首次刮胡须是在公元 59 年，时年 21 岁，举行了少年游艺。见 XI. 1。

③ 波贝娅是提图斯·奥里乌斯的女儿。她的第一个丈夫名叫卢福斯·克里斯宾努斯，是罗马骑士。她的第二个丈夫是撒尔维乌斯·奥托，参见《奥托传》，III。

④ 虽然阿提库斯·维斯提努斯没有参加庇索阴谋，但他仍被尼禄杀死了。

⑤ 这是粗野的双关俏皮话，这同只颁发执政官徽章或服装不担任正式执政官职；只颁发凯旋徽章，不举行凯旋式是一样的。因此，这句话的意思是说：屋大维娅应当对名义上为皇帝妻子感到满意。

遗弃了。当人民对这种离婚表示非议并且公开谴责时，他把她流
放了[①]。最后，他指控她犯有通奸罪把她处死了。指控的手段十分
无耻且无根据。当所有被拷问的人都矢口否认她有这种罪过时，
尼禄竟让自己昔日的教仆阿尼凯图斯[②]作伪证承认自己曾经诱奸 3
过她。尼禄特别爱波贝娅，在同屋大维娅离婚后 12 天，便同她结
了婚。可是，他也把她踢死了，在她正怀孕和生病的时候，因为她
斥责尼禄从赛场回来晚了。她给他生了一个女儿克劳狄娅·奥古
斯塔，可是，当她还是一个婴儿时，便死掉了。

说实在的，在他的罪恶生涯中，没有哪一支亲戚没受过他的迫 4
害。他杀害了克劳狄的女儿安东尼娅[③]，因为波贝娅死后，她拒绝
嫁给他，因而被他诬陷阴谋造反。他以同样的方式对待自己的其
他有血缘关系或婚姻关系的亲戚，其中包括年少的奥路斯·普劳
提乌斯[④]。在处死他之前，尼禄残暴地奸污了他，还说："让我的母
亲现在来亲吻我的这位接班人吧！"他在处死普劳提乌斯时公开指
控阿格里皮娜爱过普劳提乌斯，这使他产生了谋取王位的念头。
他的继子鲁弗里乌斯·克里斯波努斯是他的前妻波贝娅的儿子， 5
当时尚未成年。有一次，当这孩子正在钓鱼时，尼禄命令这孩子的
奴仆将其推下海淹死；据说，原因是这孩子喜欢扮演将军和皇帝。

① 起初屋大维娅被流放到坎佩尼亚，后又被流放到潘达特里亚。

② 阿尼凯图斯当时是米塞努姆的卫戍舰队司令。参见塔西佗，《编年史》，14，62。

③ 参见《神圣的克劳狄传》，XXVII. 1。

④ 关于这个普劳提乌斯其他地方未有提及。苏维托尼乌斯有可能把他同路贝里乌斯·普劳提乌斯混为一人。后者是提比略皇帝的外曾孙。据传说，阿格里皮娜曾打算拿他对抗尼禄，结果被杀死了，但不是在罗马，而是在亚细亚；参见塔西佗：《编年史》，13，19；14，22 和 58—59。

他放逐了自己乳母的儿子图斯库斯，因为在其担任埃及总督时，曾在为尼禄的到来而兴建的浴池里洗澡。当他的老师塞内加①不时请求退休和表示打算放弃自己的财产后，尼禄郑重其事地发誓说，他错误地怀疑了塞内加，同时表示，宁愿自己死也不愿伤害自己的老师。尽管这样，他还是逼迫塞内加自杀了。他答应给自己的近卫军长官布鲁斯咽喉药，可是送去的却是毒药。在他过继和登基问题上曾帮助过他，后来做他顾问的富有的老获释奴们②，也被他毒死了，他在他们的食物或饮料中放毒。

XXXVI. 尼禄对待皇室以外的人也同样残酷。彗星③被人们
普遍认为是至高无上的统治者死亡的预兆，竟然连续数夜在天空
中出现。这使尼禄惶恐不安。他从占星家巴尔比路斯那里听说，
国王们通常用杀死一个名人的办法祛除这种凶象，因为这样可以
把这种凶象转嫁给其他名人。于是他决心处死国家的所有名流。
当两次反对他的密谋被揭露之后，他这样干的信心更加坚定，并且
有了一定借口。第一次、也是最大的一次密谋是在罗马发生的庇
索阴谋(65 A. D.)；第二次则是在贝尼温图姆发动也是在那里被
2 揭露的维尼奇乌斯阴谋④。阴谋者在戴着三重脚镣进行申辩时，
有的人主动承认了自己的罪行，有的人甚至以此居功，说只有死才

① 塞内加62年辞去官职，65年被迫自杀，有关塞内加和尼禄的对话，详见塔西佗：《编年史》，14，53—56。

② 帕拉斯和多律弗路斯；参见塔西佗：《编年史》，14，65。

③ 塔西佗两次提到尼禄时期的彗星，一次在60年，另一次在64年。参见《编年史》，14，22；15，47。

④ 关于维尼奇乌斯阴谋的情况，我们毫无所知。

能帮助一个罪恶深重的人[①]。这些受审者的孩子有的被逐出罗马，有的被毒死或饿死。据说，一些孩子是在同自己的教仆和书童[②]共进仅有的一餐时一道被杀，另一些孩子则是因被禁止供应每天的口粮而饿死的。

XXXVII. 此后，尼禄不分青红皂白，随心所欲地滥杀无辜，随
便找个借口，就可处死任何一个人。只需举几个例子便可说明：萨
尔维狄恩努斯·奥尔菲图斯被判有罪，因为他把市中心广场上自
家连着住房的三个店铺租给一些自由城市的使团作驿馆；双目失
明的法学家卡西乌斯·龙吉努斯被判有罪，因为在他的古老氏族
家谱中，保存着恺撒的谋杀者盖乌斯·卡西乌斯的肖像；培图斯·
特拉塞亚也受到惩罚，因为他长相阴沉，像一个教师爷。他从不给
被赐死的人超过 1 小时的缓期。为了不耽搁时间，他把医生叫到 2
跟前，让他们“关照”那些犹豫不决的人。“关照”这个词是尼禄指
剖血管杀人的做法；有一个埃及出身的贪食者[③]，习惯吞吃生肉和
随便什么食物，很有名，据说尼禄希望把活人交给他撕碎吃掉。
由于成功地做到这些，尼禄趾高气扬地吹嘘说，他不承认有哪一位 3
皇帝知道他拥有什么样的权力。他常常抛出许多明白无疑的暗
示，他不会吝惜留下来还活着的那些元老，而且总有一天，他将把

① 据狄奥·卡西乌斯(62,24)的说法，“他们希望摆脱这些罪恶之害的同时，也使尼禄解除这些罪恶。”死亡对于一个罪恶深重的人是唯一的良药。因此，当他们企图提供这种良药时，他们是在为他做好事。塔西佗还谈到了一名百夫长苏尔比基乌斯·阿司佩尔的辩解：“当尼禄问他，为什么想谋杀皇帝？他简略地回答，只有通过这种办法，才能挽救像他这样一个罪恶累累的人。”参见《编年史》，15，68。

② 原文 capsarii 是伴读生，携书箧之书童。——英译者

③ 希腊文意为饕餮，或贪吃的人。——英译者

这个等级从国家中铲掉，把行省管理和军队的指挥权委任给骑士和获释奴。的确，无论旅行启程，还是旅行归来，他从来不吻任何元老①，对别人的问候也从不还礼。伊斯米亚地峡工程正式开工时，他在大庭广众面前高声祈求，但愿这项工程能够造福于他本人和罗马人民，至于元老院，他只字未提。

XXXVIII. 对人民和罗马城墙，他也一样不予吝惜。当有人
在一般性谈话中说道："我死后，愿大地一片火海"②尼禄打断他的
话说："不，在我还活着的时候！"他果然做到了。他似乎不堪忍受
丑陋的古老建筑物和狭窄弯曲的街道，于是，他公然将罗马城付之
一炬。尼禄贪图"金屋"附近的一些仓库地盘，先用攻城机械撞毁
仓库，然后纵火焚烧，因为它们的墙壁是石头砌的。大火蔓延 6 天
2 7 夜③。人民只好到纪念碑旁和墓地避难。除了数不清的房舍之
外，依然装饰着敌人战利品的古代将军的宅邸也被烧毁了，国王时
期，乃至后来的布匿战争和高卢战争中许愿和奉献的神庙均被化
为灰烬。自古保存下来的令人叹为观止和具有纪念意义的一切东
西亦被烧得干干净净。尼禄从玛塞纳斯塔楼④上观看这场大火，
如他所说，火焰的绚丽景象使他心花怒放，于是他穿上自己的舞台

① 关于皇帝和元老互致问候的接吻，可比较普林尼：《致图拉真的颂词》，23。

② 狄奥·卡西乌斯(58,23)曾借提比略之口吟出这句希腊诗句。人们认为这句诗出自欧里庇得斯的一部散佚剧本《柏勒洛丰》。——英译者

③ 大火从大圆形竞技场附近的店铺烧起，吞没了几乎整个罗马城。据塔西佗(《编年史》,15,40)说，罗马 14 个市区有 3 个市区全部被烧光，7 个市区部分被烧，只剩 4 个市区完好无损。不过，考古学家认为塔西佗的这种说法过分夸大。

④ 玛塞纳斯塔位于尼禄的埃斯奎林花园之内，大概通过"穿堂"与帕拉丁山相连，参见本传 XXXI。

服装，高唱“特洛亚的陷落”[①]。此外，为了从这场火灾中捞好处，他宣布由公家负责运走尸体和垃圾，不许任何人接近自己家的废墟。他不仅收受而且要求行省和个人捐资[②]，这几乎耗尽了行省的财力和榨干了个人的资产。

XXXIX. 除了尼禄所造成的上述灾难和祸害[③]而外，又发生了一些新的灾难和不幸：一个秋天，瘟疫将 30 000 人载进司葬女神利比提娜的花名册[④]；在不列颠，吃了败仗，两座重镇[⑤]被攻陷，许多公民和同盟者被杀死；在东方，也遭到可耻的失败，驻扎在亚美尼亚的一些军团受到轭下遣送之羞辱[⑥]，同时叙利亚险些失守。在所有这一切当中，最令人惊奇的是，他始终能忍受人民的唾骂和斥责，对那些用挖苦话和打油诗攻击他的人尤其宽大为怀。许多 2
斥责和挖苦是用希腊文和拉丁文发表或传播的，例如：

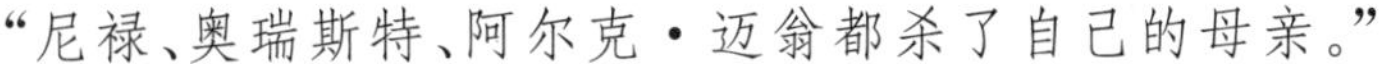

“尼禄、奥瑞斯特、阿尔克·迈翁都杀了自己的母亲。”

“只要数一下，定会发现，尼禄等于弑母者。”[⑦]

“谁能否认尼禄出自埃涅阿斯的伟大后裔？

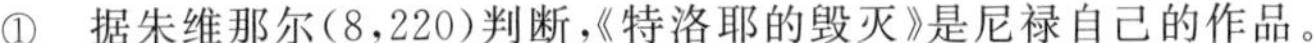

① 据朱维那尔（8，220）判断，《特洛耶的毁灭》是尼禄自己的作品。

② 用以重建罗马。

③ 除了上述灾难外，塔西佗还提到 65 年的飓风。那场飓风摧毁了坎佩尼亚。

④ 死者在维纳斯·利比提娜神庙注册，那里出卖送葬用品；对比贺拉斯：《谈谈》，2，6，19。

⑤ 卡姆洛都努姆和维鲁拉尼乌姆。据西非里努斯（Xiphilinus，61，1）的说法，死 80 000 人。61 年以女王鲍狄卡为首的伊凯尼人起义使罗马人在不列颠遭受失败。

⑥ 62 年，帕提亚人在亚美尼亚包围了凯吉尼乌斯·培图斯，罗马人不得不在侮辱性的条件下放弃边界领土，但罗马军队从轭下钻过的传闻纯属捏造；参见塔西佗：《编年史》，15，15。

⑦ 据英译者罗尔夫的注，尼禄名字中的希腊字母代表的数值（1005）同该句其余部分希腊字母代表的数值相等，因此得出这样一个等式，尼禄＝弑母者。

一个背走了自己老父，另一个送走了自己的母亲。”

“我们的皇帝紧拉琴弦，帕提亚的国王则紧拉弓弦，

我们的皇帝将是歌唱者阿波罗，

而那个国王将是远射者阿波罗。”

“整个罗马正在完全被宫殿吞并；赶快迁到维爱去[①]，公民们！

趁维爱还没有被划归宫殿。”

但是，他没有追查作者。当他们中的某些人被告密者报告给元老
3 院之后，他禁止严惩他们。有一次，当他走过一条大街时，犬儒学派的哲学家伊西多鲁斯当众对他大声嚷嚷，说他能把诺普里乌斯的不幸[②]唱得很好，却把自己的好的东西用得很不幸地糟糕。滑稽剧演员达图斯也在一首歌中唱道：“祝你健康，父亲！祝你健康，母亲！”一面表演饮酒和游泳，暗示克劳狄和阿格里皮娜之死。在最后一句歌词中唱道：“你们的道路通向地狱！”他通过手势[③]，意指元老院。可是，尼禄只把那名哲学家和那名演员逐出了罗马和意大利就算了；这抑或是由于他对一切对他的攻击无动于衷，抑或是顾虑自己的愤怒反会激发人们更大的机智。

XL. 世界容忍这样的统治者近 14 年之久，最后终于把他抛弃了。首先举行起义的是在朱里乌斯·文德克斯领导之下的高卢

---

① 维爱是罗马附近的伊达拉里亚城市，公元前 386 年，被罗马征服。罗马城内谣传，他们将迁到那里去。

② 据特洛亚战争的神话，诺普里乌斯是巴拉美德的父亲。在特洛亚城下，巴拉美德无辜被杀。为了给儿子报仇，他用火把将回归的希腊船引向礁石，结果毁掉了希腊船队。

③ 关于尼禄对元老院的暗示，见本传 XXXVII. 3 中已经提及。

人，那时他正以代大法官衔总督那个行省。

一些占星学家曾向尼禄预言，总有一天他将被推翻。他的下 2
述一句名言就是在这时说的：“小的技艺能养活我们。”①他说这话
无疑是为了证明他练习演奏竖琴是有道理的，在做皇帝时是一种
娱乐，做一个普通人时是一种必需。可是，有些占星学家预言，当
他被废黜之后，他将统治东方，有的人甚至确切地点出了犹太王国
的名字，还有许多人预言，他将恢复昔日的全部幸运。他本人则希
望后一种结局。在丢掉不列颠和亚美尼亚及再度收复两地之
后②，他开始认为命中注定的灾难已成过去。特尔斐神谕警告他 3
要当心第七十三年。他以为自己可以活到73岁，没有想到是指伽
尔巴的年龄。他不仅自信可以活到那么大年纪，而且自信好运不
凡，不会衰败。甚至当他的船只失事，若干珍宝沉入海底之后，他
还毫不犹豫地对自己的朋友说，鱼儿会把这些珍宝归还他的③。

在其弑母之日，他在那布勒斯听到了高卢人暴动的消息。对 4
此他若无其事，无忧无虑。这种态度甚至使人怀疑他幸灾乐祸，因
为这次暴动给他提供了依据战争法掠夺这些非常富庶的行省的机
会。他立即前往体育场，饶有兴致地观看运动员的比赛。吃午饭
时，又传来了更加可怕的消息。虽然他很愤懑，但也只是威胁说，
他将对起义者进行报复。此后，连续8天他不想给任何人复信，也

---

① 如果原文正确的话，那么这个短语必然具有普遍意义，“我们”等于“人类”。狄奥·卡西乌斯(63,27)说，当尼禄打算杀死元老，烧毁罗马，乘船去亚历山大里亚时说道：“即使我们被赶出帝国，我们的人的这种小小的艺术也会在那里养活我们的。”

② 苏维托尼乌斯·保里努斯在公元61年当年镇压了鲍狄卡起义，不列颠重归尼禄统治。亚美尼亚在提里达提斯统治时期，表面上也接受了罗马的保护。

③ 暗指波律克拉铁斯戒指的故事；参见希罗多德，3；41—43。

不任命任何人或向谁发布命令，他不声不响地把这件事抛到九霄云外去了。

XLI. 最后，文德克斯接二连三的污辱性檄文使他恼火。他用一封信敦促元老院为他本人和国家报仇，借口自己的喉咙有病，没有出席元老会议亲自演说。可是，最使他痛心的是檄文骂他为拙劣的竖琴手，[①]不称他为尼禄而称他为阿赫诺巴尔布斯[②]。对此他宣布，他将重新采用遭到人们辱骂的氏族名字，并放弃他的过继名字。他没有用别的证据说明其他谴责是谎言，只用了一个证据，即檄文骂他对艺术一窍不通，可他在艺术上由于不懈努力已经达到尽善尽美的程度；尼禄反反复复地问大家，他们知道有哪一个竖

2 琴手比他更高明？最后，在一个又一个消息的催迫下，他心惊肉跳地返回罗马。路上一个小小征兆使他的精神稍加振奋，即发现一个纪念碑上有一幅画面：一名罗马骑兵正在拖一名被击倒的高卢士兵的头发。见此画面，他高兴得跳了起来，并向苍天致谢[③]。甚至在他到达罗马之后，也没有亲自向元老院或人民发表演说，只是把一些有影响的人物召进宫中作了短时间的商议。在当天的其余时间内，他开始让大家观看当时尚无人知道的新型水利机械，讲解它们各自的特点，讨论每样机械的原理和复杂性。他甚至保证，“如果文德克斯允许的话”，他将把全部机械摆到剧院里去。

---

① 在菲洛斯特拉图斯的著作(5,3)中；阿波洛尼乌斯·提安斯奇乌斯说，尼禄掌握竖琴艺术比掌握其他艺术差，可是他掌握统治艺术比掌握竖琴艺术更差。

② 对比本传 VII.1。

③ 这句话和下面的句子表明尼禄完全没有认识到局势的真正严重性和他惶恐不安与盲目自信之间波动的心理。

XLII. 后来，当他得知伽尔巴和西班牙行省也叛离之后，昏了
过去，长时间躺着不省人事，一声不吭，犹如死人一般。当神志恢
复之后，他撕破自己衣服，捶打自己额头，高声叫道，一切全完了。
他的乳母安慰他，提醒说，以前的皇帝也遭遇过类似的不幸，然而，
他回答说，同其他皇帝的命运相反，他的命运极不寻常，而且闻所 2
未闻，因为在自己的有生之年丧失了最高权力。不过，他依然没有
放弃或改正他的奢侈无度、贪图安逸的习惯，相反，每当有什么好
消息从行省传来时，他不仅举行盛大的宴会，并在宴会上手舞足蹈
地演唱讥笑叛军将领的歌曲，这些歌曲很快传播开来。当他秘密
走进剧场观看演出时，他对一个演出成功的优伶说后者正在从这
位皇帝的忙碌中得到好处[①]。

XLIII. 人们认为，暴动一开始他便制定了许多与其本性并行
不悖的残酷计划：他打算撤换军队的指挥官和行省的总督，借口
是，他们沆瀣一气，阴谋反对他；他想杀死各地的流放者和住在罗
马城的全部高卢人，屠杀前者是为了阻止他们参加暴动，屠杀后者
是因为他们是本族人的同谋者和帮凶；他将把高卢行省交给军队
尽情蹂躏；他想通过宴会毒死全体元老；他还想纵火烧毁首都，并
事先将野兽放入人群，使他们难以自卫。但是，他放弃了这些计 2
划，主要不是因为忏悔，而是因为没有成功的把握。他坚信一场战
争是不可避免的。于是他罢免了两名执政官[②]（他们任期尚未届
满），由他一人包揽两执政官的职位。他解释说，这是因为命运注

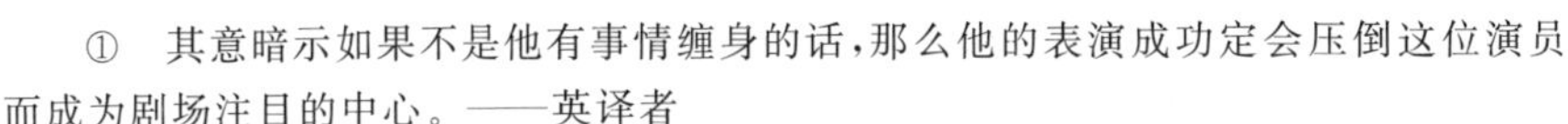

① 其意暗示如果不是他有事情缠身的话，那么他的表演成功定会压倒这位演员而成为剧场注目的中心。——英译者

② 68年两名执政官之一的西利乌斯·意大利库斯是《论布匿战争》一诗的作者。

定只有执政官[①]才能征服高卢行省。当他接受法西斯之后，宴会散了，他偎依在朋友们的肩膀上离开餐厅时宣称，一到高卢行省，他将不带武器走到士兵面前，什么都不做，只是流泪，这样就能使叛乱者追悔莫及，第二天，他就能和欢天喜地的部下一起高唱胜利之歌，这些歌曲他应当事先谱写好。

XLIV. 在准备远征过程中，他首先关心的是挑选装载舞台道
具的大车和将伴随他的情妇剪成男人发式，佩上阿玛宗女战士式
的斧钺和盾牌。然后，他号召城市部落登记，可是没有一个合适的
人选应召，于是他向奴隶主们征集一定数量的奴隶，而且只要每个
2 家庭中的上等奴隶，甚至管家和文书也不排除。他还命令各个等
级献纳自己的一部分收入，要求租用私房和公寓的租户立即向皇
帝金库缴纳一年的租金[②]。他过分苛刻地要求用新铸的纯银和纯
金的硬币缴纳[③]，以致许多人干脆公开拒绝任何献纳，一致要求尼
禄尽可能从告密者那里追回他们得到的奖金。

XLV. 人民对尼禄的憎恨与日俱增，因为他还提高粮价从中渔利。有一次，发生了这样的事，当人民正在挨饿时，传来的消息却是，一艘亚历山大里亚来的船给宫廷角斗士运来了沙子[④]。

2 由于这一切，他激起了所有人的仇恨，受到了各种各样的污

---

① 尼禄自己指挥军队，所以这里所说的执政官是指的他本人。——英译者

② 不是向房东缴纳年金。这些人在财产登记表上没有财产估计，他们的献纳便取这种形式。——英译者

③ 也就是经得起火的试验的金币；参见普林尼：《自然史》，33，59。——英译者

④ 角斗比赛特别残忍，有的角斗士被杀，鲜血溅在舞台上。撒上沙子，另一对角斗士接着比赛，为此，尼罗河的细沙特别受欢迎。

辱。人们在他的塑像头顶系一绺头发[①]，刻上一句希腊铭文："现在有一场真正的比赛[②]，最后你必然投降！"人们在他的另一座塑像的颈部系一个口袋，并刻这样的题词："我做了我所能做到的一切，但你却赢得了这个口袋"。[③] 人们还在圆柱上写道，他用歌声唤起了高卢公鸡[④]的共鸣。每当夜幕降临，许多人假装同自己的奴隶争吵，不停地呼喊救护人[⑤]。

XLVI. 那些新的、旧的、明显不祥的梦境、卜兆和预言使他心惊肉跳。以前他从不做梦，但是自从杀死母亲之后，开始做梦了。他梦见自己驾着一艘船，舵柄从他手中滑掉了；梦见自己的妻子屋大维娅把他拖入黑洞洞的深渊，忽而梦见一群带翅的蚂蚁爬满了全身，忽而梦见装饰庞培剧院的民族雕像把他包围起来[⑥]，使他停住了脚步；他还梦见，他所喜爱的西班牙骏马[⑦]的后半身变成猴形，头部一点没变，而且发出悦耳的嘶鸣；陵墓的大门自动敞开了，
从里面传出呼喊尼禄名字的声音。1月1日拉莱斯神像装饰一 2
新，可是在准备献祭时倒掉了。当他占卜时，斯波鲁斯赠给他一枚

① 尼禄去希腊旅行期间留一头长长的卷发，这里无疑是对他的长发的讽刺，参见本传 LI。——英译者

② "真正的比赛"或"不是舞台上戏剧比赛"，指战争。

③ 也就是把犯了弑亲罪的人缝入其中，沉入海底或河中的那种口袋；参见《神圣的奥古斯都传》，XXX. 1。

④ 这里是双关俏皮话，在拉丁语中，Galli 意为"高卢人"而 galli 则是"公鸡"。——英译者

⑤ 字母小写 vindex 意为"救护人"，大写 Vindex 则是起义领导人"文德克斯"，读音相同。所以 vindex 是双关语。——英译者

⑥ 庞培剧院中有 14 幅雕像，代表庞培所征服的 14 个民族。

⑦ 这种骏马以特种溜蹄走法而著称。

带宝石的指环作礼物，宝石上面刻着强抢普洛塞尔皮娜的场面。[①]
当各等级汇集起来，准备许愿[②]时，却长时间找不到卡庇托尔的钥
3 匙。元老院宣读了尼禄斥责文德克斯的讲话，当读到"大逆不道之
徒将遭受惩罚，而且不久必将死无葬身之地"时，喊声四起："你也
罪责难逃，奥古斯都！"人们还注意到，他在公众面前演唱的最后一
出悲剧叫《流放中的奥狄浦斯》，并以下面一句诗结尾："妻子、父
亲、母亲，催赶我去见阎王！"

XLVII. 当时还传来了其他军队暴动的消息，正在吃午饭的
尼禄把送给他的急件撕得粉碎。他掀翻餐桌，砸碎他最喜欢用的
两只酒杯[③]。他称它们为"荷马杯"，因为上面刻有荷马史诗场景
的浮雕。他从卢库斯塔那里要到一些毒药，盛在一个金匣子里面，
然后动身来到塞维利乌斯花园[④]。在那里，他派最忠实的获释奴
前往奥斯提亚准备船只，同时力图说服近卫军的长官和百夫长同
2 他一起逃走。但是，他们有的人拖延推诿，有的人公开拒绝，有一
个人甚至喊道："死有那么可悲吗？"[⑤]于是，他开始有了不同的考
虑：究竟是到帕提亚人那里或伽尔巴那里作为一个乞求者呢，还是
身穿黑衣到讲坛前去见人民，尽可能装出可怜的样子，乞求人民饶
恕他从前的一切罪恶呢？如果他不能软化他们的心，那么恳请他
们把埃及总督的职务给他也好。后来，在他的书箧中发现了为此

① 冥王普鲁托强抢普洛塞尔皮娜是不祥之兆。

② 1月1日为皇帝长寿和国家繁荣举行宣誓许愿。

③ 尼禄砸碎的酒杯是用白色水晶玻璃制造的；参见普林尼，37，2，29。

④ 位于罗马南郊，通向奥斯提亚港的大路旁边。

⑤ 参见维吉尔：《埃涅阿斯记》，12，646。

所写的发言稿，但是，人们认为他没敢发表这篇讲话，因为他害怕在抵达市中心广场之前，就会被人撕碎。

因此，他决定把事情推迟到第二天再作考虑。半夜醒来他发 3
现卫兵已抛弃他逃之夭夭了。他从床上一跃而起，四处派人叫他的朋友。由于从任何人那里都没有得到回音，于是他亲自带领少数扈从去每个人的房间找[①]，发现所有的房门都关着，没有一个人理他，于是，他返回了自己的卧室。此时，甚至连贴身的仆人也带着他的毯子和毒药匣远走高飞了。他呼叫角斗士斯皮库鲁斯[②]或任何其他杀手[③]，以便由他们利索地结束自己的生命，一个人也没有来。于是，他喊道："难道我既没有朋友，也没有敌人吗？"他奔了出去，仿佛要跳进第伯河。

XLVIII. 但是，他再次打消了自尽的念头。他决定找一个隐居的地方，以便躲在那里静心地想一想。他的获释奴法昂将自己的一处城郊农庄别墅让给他。这所别墅地处萨拉里亚大道和诺曼塔那大道之间，距罗马约 4 里。尼禄当时赤着脚，穿一件内衣和披一件破旧斗篷，蒙着头，面部罩着一块纱巾，骑着马，只有 4 名仆人
伴随[④]，其中之一是斯波鲁斯。突然，他被地震和面前的霹雳闪电 2
吓得魂不附体，还听到了从附近军营传来的士兵呐喊声，都好像在预示他的灭亡和伽尔巴的成功。他还听到一个迎面走来的过路人

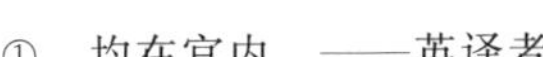

① 均在宫内。——英译者

② 参见本传 XXX. 2。

③ 拉丁词 percussor 意为"刺客"、"凶手"，这里指有经验的刽子手。尼禄希望自己能够死得干脆无痛苦。

④ 据狄奥·卡西乌斯说，只有 3 名仆人伴随：法昂、埃巴夫洛迪图斯和斯波鲁斯。

说:“他们在追赶尼禄”。另一个人问道:“城里有关于尼禄的新闻
吗?”这时他的马嗅到了狼藉在路旁的尸体的味道,吃了一惊。尼
禄的脸露了出来,一个退役卫兵认出了皇帝,并向前施礼问候。他
3 们折向通往别墅的小路后,他弃马步行于树丛和荆棘之间,并沿着
一条穿过芦苇荡的小路,用衣服铺路垫脚,才好不容易逃到别墅的
后墙。在那里,前面提到过的那个法昂劝他在一个掏掉了沙子的
洞中暂时避一避,但是他拒绝在活着时便到地下去,等待通入别墅
的秘密进口被开辟出来。等了一会儿之后,他用手从附近的沟中
4 捧起一捧水喝起来,说道:“这是尼禄的冷饮。”[①]那时,他的斗篷被
荆棘划破了。他拔掉穿进其中的芒刺,匍匐着从挖出来的狭窄通
道通过,进入别墅。他走到第一个下房,躺了下来,躺在一张铺有
普通褥子的榻上,上面还盖着一件旧斗篷。虽然他又饥又渴,想再
喝水,但拒绝送给他的脏面包,不过却喝了一点温吞水。

XLIX. 最后,所有的人一齐劝他尽快摆脱威胁着他的耻辱。他命令在他面前挖一个坑,坑的大小同他的身体高矮相当。他还命令收集所能找到的大理石块,同时储备水和木柴[②],以便马上处理他的尸体。当一切就绪之后,他痛哭流涕,一再说道:“一个多么伟大的艺术家就要死了!”

2 当他正犹豫不决之时,一个信使把一封信交给了法昂,尼禄抢过来便读。信中说,他已被元老院宣布为公敌,现在正在搜捕他,并打算用祖先的习惯处死他。尼禄问,那是一种什么样的处罚方

---

① 原文 decocta 是用雪冷却的开水,尼禄非常喜欢这种饮料;对比普林尼:《自然史》,31,40。——英译者

② 大理石作墓碑用,水用来洗尸体,木柴则用于焚尸。

式。当他明白了这种刑罚是将一个裸体的人的脖子夹在一个木
杈[①]中，然后用皮鞭抽打他的身体，直至打死为止时，他被吓得魂
不附体。他抽出两把随身携带的匕首，试一试每把匕首的锋芒，然
后重新收起来。他辩解说，命定的时刻尚未到来。他时而劝说斯 3
波鲁斯开始号啕痛哭，时而恳求某人带个头帮他迎接死亡。他不
时地用这样一句话责备自己的怯懦：“我活得多么不体面，多么可
耻呀！这和尼禄多不相称呀，多不相称！在这种时候，应当果断。
来吧，鼓起你的勇气！”这时，受命活捉他的骑兵已经临近了。尼禄
听到他们的声音后，颤抖地说：“听，那奔驰的烈马的蹄声在我耳边
轰鸣！”[②]尼禄在自己的秘书埃帕弗洛迪图斯[③]的帮助下，将匕首刺
进了自己的喉咙。这时，一名百夫长冲进来，用大衣堵住他的伤 4
口，装作前来帮助他的样子。已是奄奄一息的尼禄只喘着气说了
这样两句话：“太晚了！”“这才是忠诚！”边说边咽了气。他的眼珠
隆起，突出眼眶之外，使所有见此情景的人都大惊失色。他的第一
个和压倒一切的夙愿是责成他的朋友不要让任何人得到他的头
颅，设法使尸体完整地被火化。伽尔巴的获释奴伊凯鲁斯[④]答应
了这一要求，此人在暴动开始时被投入监狱，才放出来不久。

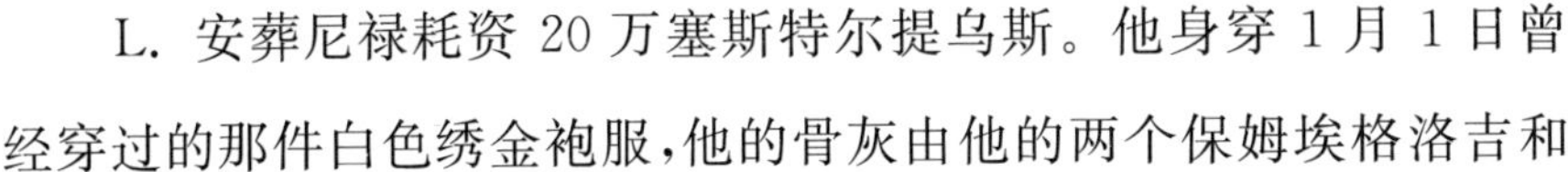

L. 安葬尼禄耗资20万塞斯特尔提乌斯。他身穿1月1日曾经穿过的那件白色绣金袍服，他的骨灰由他的两个保姆埃格洛吉和

① 两根木头架在一起，成V形状。

② 参见《伊利亚特》，10，535。

③ 参见《图密善传》，XIV. 4。

④ 参见《伽尔巴传》，XIV. 2。

亚历山大里娅存放，并同他的情妇阿克特并葬于园林山[1]顶多密提乌斯家族墓地，从马尔斯广场举目可见。墓中骨灰瓮是红色大理石的，上面是卢那大理石[2]的祭坛，四周围以萨索斯石料的栏杆。

LI. 尼禄身材高矮适中，体表有斑纹，散发臭味，头发浅黄，面容与其说风雅，莫如说端正，眼珠浅绿，稍微近视，脖子粗，肚皮大，两腿很细。他的体格健康，尽管他淫逸无度，可是在他统治的 14 年中总共只得过三次病，甚至那时，他也既没有戒酒，也没有改变其他习惯。他的风度和衣着是相当不雅观的：他总是把头发烫成一排排的发卷[3]，在去希腊旅行期间，他甚至把卷发留得长长的，披散在身后。他经常穿丝织膳服[4]，脖系汗巾。他经常不束腰带，赤脚出现在公共场所。

LII. 童年时代，尼禄接触过几乎全部文艺作品，但是他的母亲不准他学习哲学，警告说，哲学不利于培养未来的治国者。他的老师塞涅卡不让他研究古代的演说家，以此使他对自己的崇拜更加持久。因此，尼禄对诗歌颇感兴趣。他喜欢作诗，但不愿动脑筋。不过，不像有些人说的，[5]尼禄剽窃并发表别人的作品。我手中有一些书板和小册子，上面有出自他本人手笔的著名诗句，显而易见，这些诗句不是抄袭来的或由他人口授，而是创作出来的，像是一个人在一边思考一边推敲着写下的，有许多涂抹、删改和增添

---

① 今天的宾齐奥山。——英译者

② 即伊达拉里亚白色大理石，卢那在今之卡拉拉附近。

③ 只有妇女才留这种头发。

④ 原文 synthesina 或 synthesis 是浅色丝织宽松长衫，男人们只在农神节（萨图尔那里亚节）用午餐时穿这种服装。——英译者

⑤ 参见塔西佗：《编年史》，14，16。

之处。同时，他对绘画和雕刻也有不小的兴趣。

LIII. 取悦民众尤其使他陶醉。他嫉妒在任何情况下都能激发人们情绪的人。人们普遍认为，在舞台演出获得优胜后，下一个祓除节[①]他将在奥林匹亚同运动员进行比赛。因为他坚持不懈地练习过格斗，所以他在全希腊观看体操比赛时按照裁判员的姿势坐在运动场的场地上看，如果哪一对比赛者远离了他们的位置，他便亲手把他们拉回原地。因为人们公认，在歌唱方面，他可与阿波罗相媲美，而在驾车方面，他亦可同太阳神相抗衡，所以，他曾打算效法赫库利斯立功。据说，已经特别为他训练了一头狮子，好让他在大圆形竞技场当着观众的面，赤膊登场，用木棒打死或用手臂扼死这个野兽。

LIV. 临死之前，他曾公开发誓，如果能够保住自己的权力，将在庆祝胜利的赛会上表演水琴、长笛和风笛，在赛会的最后一天将登台跳"维吉尔的图尔努斯"舞[②]。某些人断言，他把演员帕里斯当作一名危险的对手处死了。

LV. 他渴望永垂不朽、流芳百世，但做得很冒失。他取消了许多原来的物品和地名，而用自己的名字加以命名。他还称 4 月为尼禄月，打算把罗马城的名字改为尼禄波里斯[③]。

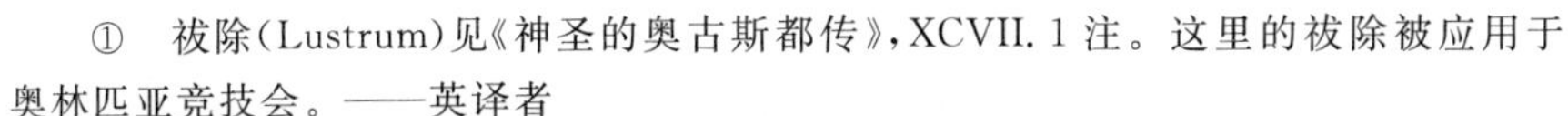

① 祓除(Lustrum)见《神圣的奥古斯都传》，XCVII. 1 注。这里的祓除被应用于奥林匹亚竞技会。——英译者

② 参见本传 XXII。

③ 庇索阴谋被揭露之后，4 月被更名。尼禄改变首都的名字的想法同 64 年大火后城市改建有关(参见塔西佗：《编年史》，15，40)。为了讨好尼禄，提里达提斯称自己的首都阿尔塔克萨塔为尼禄尼亚(参见狄奥·卡西乌斯，63，7)。

LVI. 除崇拜叙利亚女神[1]之外，他蔑视其他一切崇拜。不久对叙利亚女神他也厌恶了，竟至在她的肖像上撒尿。因为这时他爱上了另一种迷信，只把这种迷信放在心上。事情是这样的：他从一个不认识的平民那里得到一个女孩的肖像，是作为防止暗算的护身符送给他的。由于一场阴谋立即得到揭露，因此他继续尊崇她为最高神，一天向她献祭3次。他要人们相信，靠她的劝告，他能预知未来。在死前的几个月里，他留心观察了牺牲的内脏，但未能得到任何吉兆。

LVII. 尼禄死时32岁(68A. D.)，那一天正是屋大维娅被害的周年纪念日[2]。这真是大快人心的一天，人们戴上自由帽[3]，全城上下奔走相告。可是也有一些人，他们在相当长一段时间内用春夏的鲜花装饰他的坟墓，在船首讲坛不但为他树立了身穿镶红边托加的塑像，而且还发布他的敕令，仿佛他还活着，不久将回来和他的敌人算账。此外，帕提亚国王沃洛盖苏斯派使团到罗马元老院来要求复盟时，也竭力恳求能够尊重对尼禄的纪念。甚至20年后，那时我还是一个青年，还冒出一个身份不明的人，声称自己是尼禄[4]。由于"尼禄"这个名字在帕提亚人中间深受爱戴，因此他们都积极支持这个伪尼禄，很不情愿交出他。

---

① 叙利亚北部的主神阿塔尔伽提斯，该神被认为是一切生物之母，与大母神和凯莱斯提斯同一。这个神在铭文中常被提到。阿普列尔(《变形记》,8,25)称之为"万能之神"和"造物之神"。——英译者（叙利亚北部的吉埃拉波里是崇拜她的中心。）

② 尼禄死于68年6月7日。

③ 自由帽(Pilleus)：释放奴隶时，戴在奴隶头上的一种便帽，这是自由的象征，故译为自由帽。

④ 这个伪尼禄出现在88年，真名不详；另一个伪尼禄出现于79年，名叫特兰提乌斯·马克西姆斯；还有一个伪尼禄是69年出现的，参见塔西佗：《历史》,2,8。扎那莱斯11,18；迪奥64,9,3。——英译者

第七卷　伽尔巴传、奥托传和维特里乌斯传

伽　尔　巴　传

I. 恺撒的谱系到尼禄便中止了[①]。对此许多迹象已经显示出来，其中有两个迹象特别明显。当初利维亚同奥古斯都举行婚礼之后很快返回维伊庄园（38 A. D.）。路上一只鹰扑获一只口衔桂树嫩枝[②]的白母鸡迅速掠过，突然那只鹰把这只像要被叼走的鸡丢在她的膝盖上。利维亚决定喂养这只白母鸡和栽活那根桂树枝。那母鸡繁衍了鸡雏，所以今天这个别墅有“鸡场”之称。同样，桂树枝也繁衍成林，皇帝们举行凯旋式，总要从那里采摘桂树枝。此外，凯旋者们习惯地立即在原地插上新枝。人们发现，每当一名皇帝临死，他所栽的树就枯萎了。如今，尼禄最后一年，整个树丛连根腐烂了，同样，那里养的所有母鸡也全都死光了。另外一个紧

① 同恺撒和奥古斯都有亲缘关系，且有恺撒之名的皇帝中尼禄是最后一个，尼禄之后，“恺撒”只是一个头衔。——英译者

② 普林尼也描写了母鸡和桂树枝的奇迹，他指出，别墅的准确地点在弗拉米尼大道第十里程碑处；参见《自然史》，15，40，136—137。狄奥·卡西乌斯在谈到公元前37年的故事时也描写了这一奇迹；参见《罗马史》，48，52。

接着的迹象是，皇帝们的神庙[①]遭到雷击之后，所有塑像的头同时掉了下来，奥古斯都的权杖也从他的手中脱落了。

II. 伽尔巴继承尼禄王位(68 A. D.)。他跟恺撒家族没有任何亲缘关系，可是，毫无疑问，他出身于一个古老的名门望族，是一名显赫的贵族。在塑像的题词中，他经常把自己写成克文图斯·卡图鲁斯·卡庇托林努斯[②]的曾孙。当上皇帝后，他在自己的前宫供着自己的家谱，他把自己的父系祖先追溯到朱庇特，而把母系祖先追溯到米诺斯的妻子帕西法娅。

III. 详述这个氏族的全部著名人物和光荣事迹，那故事就长了，但是我将简要地谈谈他的最直系的那个家族的情况[③]。苏尔比基乌斯氏族中的第一个伽尔巴得到这个绰号，是为什么或因什么事情，说法不一。有些人认为，这是因为在长时间毫无结果地围攻一座西班牙城市后，他用涂有白松香[④]的火把给这个城市放火的缘故。另一些人认为，这是因为他在长期生病时，一直使用绷带[⑤]，也就是使用包在毛织物中的药品的缘故。还有一些人认为，他是一个胖子，高卢人称胖子为“伽尔巴”；或者恰恰相反，他是一个瘦子，像是生活在橡树上被称作“伽尔巴”的昆虫[⑥]。

① 未曾听说有这样的神庙，大概是神圣的朱里乌斯神庙。

② 现存铭文没有证实这种说法。——英译者

③ 也就是苏尔比基乌斯氏族中具有伽尔巴绰号的家族的情况。——英译者

④ 白松香(galbanum)是一种叙利亚植物的香脂；参见普林尼，12，126。——英译者

⑤ 绷带拉丁语为 galbeum。包在毛织物中的药品，参见普林尼，20，14，29。

⑥ 认为伽尔巴之名来自凯尔特语，似乎更可靠些，李维(23，26)曾提到一个凯尔特贝里人的首领，名叫伽尔布。

这个家族是从塞尔维乌斯·伽尔巴起开始有名的（145 B. C.），他当了执政官，无疑是那个时代最雄辩的演说家[①]。据说，同维里阿图斯的战争（150 B. C.—136 B. C.）[②]就是他引起的，因为在他作为总督统治西班牙时，曾经背信弃义地杀死了 30 000 名路西塔尼亚人。他的孙子[③]曾是恺撒在高卢的副将之一，但是由于恺撒使他未能当上执政官，他一气之下参加了布鲁图和卡西 2
乌斯的阴谋，结果依佩迪尤斯法[④]被判处死刑。他的后裔是皇帝 3
伽尔巴的祖父和父亲[⑤]。皇帝伽尔巴的祖父所以闻名，与其说是由于他的官位，还不如说是由于他的学问。因为他的官位没有超过大法官职，却出版了一部篇幅很大、潜心著成的历史书。他的父亲取得了执政官职（22 A. D.），尽管他身材矮小、驼背、演说能力 4
一般，然而他热心于出庭辩护。他起初同穆米娅·阿卡伊卡结婚，她是卡图鲁斯的孙女和科林斯城的摧毁者鲁基乌斯·穆米乌斯的曾孙女。后来又同利维娅·奥奇琳娜结婚，这是一个非常富有，而且十分漂亮的女人。可是据信，她之所以想同他结婚，是因为他的地位显赫。后来，为了回答她的再三追求，他在一个隐蔽的地点脱

① 关于执政官塞尔维乌斯·伽尔巴的演说天才，参见西塞罗：《布鲁图》，22，86—24，94

② 维里阿图斯战争是约公元前 150－140 年路西塔尼亚人反对罗马人的大起义，起义领袖是牧人维里阿图斯。

③ 塞尔维乌斯·苏尔比基乌斯·伽尔巴，公元前 54 年大法官，他希望担任公元前 49 年的执政官，但是由于他是恺撒的将领被元老院否决了。

④ 关于佩迪尤斯法参见《尼禄传》，III. 1。

⑤ 伽尔巴的祖父名叫盖乌斯·苏尔比基乌斯·伽尔巴，在普鲁塔克和普林尼笔下，他是一名历史家。他的父亲也叫盖乌斯·苏尔比基乌斯·伽尔巴，他是公元前 5 年的执政官。

掉自己的衣服给她看了自己身体上的缺陷，以示他不想瞒着让这位痴情人上当受骗。据说她反而更爱他了。他同阿卡伊卡生了两个儿子：盖乌斯和塞维乌斯，长子盖乌斯将财产挥霍大半之后离开了罗马。由于提比略不允许他在其执政年内[①]参加竞选行省总督职位的抽签，因此他自杀了。

IV. 马尔库斯·瓦列里乌斯·麦撒拉和格涅乌斯·兰图鲁斯任执政官之年（3 B.C.）的12月24日，皇帝塞维乌斯·伽尔巴诞生在塔拉奇那附近一座山丘上的一所别墅里，在去丰迪的大路左边。他被自己的继母利维娅收养后，接受了她的家族名和奥凯拉之别号，还改掉了自己的首名，用鲁基乌斯替代塞维乌斯，直到当上皇帝。众所周知，当小伽尔巴同一群孩子向奥古斯都问安时，奥古斯都捏了一下他的脸蛋说："孩子，将来你也会尝到我的权力的滋味。"[②]提比略也这样，当他得知伽尔巴到老年时注定要当皇帝
2 时，说道："好哇，让他活下去吧，那时他同我们已经毫无关系了！"还有一次，当他的祖父正在举行禳除雷劈之灾的祭典时，一只鹰从他手中夺走了牺牲的内脏，把内脏带到了一株结满子实的橡树上。人们对他说，这个迹象预示着他的家族将掌握最高权力，但是要在很晚的时候。他笑道："是呀，那时骡子也会下驹的。"[③]后来，当伽尔巴举行暴动时，果然骡子下驹了，这件事更加坚定了他的信心。

① 也就是在他担任执政官之年，提比略皇帝无疑怀疑他想靠搜括行省居民养肥自己；对比《提比略传》，XXXII. 2。

② 所有其他历史家都把这个预言放在提比略和伽尔巴住执政官之年。

③ "骡子下驹"是一句俗语，意思是永远也不可能，犹如希腊语中没有Kalendae，却说"希腊的Kalendae"是类似的；（参见《神圣的奥古斯都传》，LXXXVII. 1）普林尼（8，69，173）证实，母骡下驹都应当认为是预兆。

当时其他人都感到吃惊，认为这是不祥之兆，唯有伽尔巴本人认为这是最吉利的，因为那次献祭的事和祖父说的话依然历历在目。

他穿上成人托加[①]之后梦见幸运女神说，她在他的门口站累 3
了，若不让她快点进屋，她会成为第一个相遇者的俘虏。当他醒来时，打开门，发现门旁有一个一尺多高的女神青铜像。他把这个青铜像双手抱到图斯库鲁姆，因为他习惯于在那里度夏。他把它供奉在大厅的一角。从那时起，每月都向她敬献牺牲，每年都有为她祈祷之夜。

在他尚年轻时，他仍坚持本国的一个古老习惯(这个习惯已被 4
他人所遗忘，只在他自己家中流传下来)，即让他的全部获释奴和奴隶一天两次到他跟前集合，早晨向他问候，晚上向他一一道别。

V. 伽尔巴关心文艺，尤其擅长法律。他还承担了做丈夫的义务[②]，但是当他失去妻子列比达和她给他生的两个儿子之后，他一直过独身生活，任何建议都不能诱使他再次结婚，甚至阿格里皮娜的建议也无济于事。阿格里皮娜在自己的丈夫多密提乌斯死后不久，挖空心思追求有妇之夫和尚未丧偶的伽尔巴。因此，有一次列比达的母亲当着太太们的面斥责她，甚至动手打了她。

伽尔巴对利维娅·奥古斯塔特别尊敬。当她在世时，他得到过 2
她的许多恩惠。她死后，根据她的遗嘱，他差点成为富翁，因为在她的遗赠者中，他得到了 500 万塞斯特尔提乌斯的特殊赏赐，可是这笔赏赐不是用文字，而是用数字表示的，所以被她的嗣子提比略改

① 伽尔巴公元 14 年 1 月 1 日到成年日，接受成年托加。

② 奥古斯都作出过必须结婚的规定。

为 50 万塞斯特尔提乌斯。后来,伽尔巴甚至连这些钱也没有得到。

VI. 伽尔巴在法定年龄之前,便开始了官职生涯。在担任大法官期间,他在弗洛拉里亚节①的游艺比赛中加进了一种新的节目:大象走绳索②。后来,他统治阿奎塔尼亚近 1 年③,不久,又按例担任执政官④ 6 个月(33 A. D.)。不过,他遇上了这样的事:在担任这一官职时,他接任的是尼禄的父亲鲁基乌斯⑤·多密提乌斯的职务,而皇帝奥托的父亲萨尔维乌斯·奥托则接替了他的职务。这是一种明显的预兆:他将在他们俩人的儿子的统治期中间为帝。

2 盖乌斯·恺撒⑥指定他接替盖图里库斯任上日耳曼总督。他到军团的第二天,当时正在过节,他禁止士兵们鼓掌,并以书面形式命令所有的人将手放在军衣里面。下面的话立即传遍军营:

一个士兵要学会当兵;这是伽尔巴,不是盖图里库斯。

3 他同样严格地禁止休假请求。他训练老兵和新兵长时间的吃苦耐劳能力,他迅速地阻止了已经侵入高卢的蛮族。当盖乌斯到来时⑦,伽尔巴和他的军队表现得那样得好,以致从各行省开来的无数军队中,任何一支军队都没得到比他们更大的赞扬和更多的

---

① 纪念花神(弗洛拉)的节日,从 4 月 28 日起至 5 月 3 日止。

② 对比《尼禄传》,XI. 2。

③ 31 年或 32 年,伽尔巴担任阿奎塔尼亚行省的总督。

④ 正式执政官(ordinarii)不同于候补执政官(suffecti),正式执政官于 1 月 1 日上任,用他们的名字名年,比年中接受执政官职的人更加荣耀。

⑤ 不是苏维托尼乌斯搞错了,就是手抄本有错,实际上,这个名字应是格涅乌斯。

⑥ 即卡里古拉。

⑦ 参见《盖乌斯·卡里古拉传》,XLIII. 和 XLIV. 。

奖赏。伽尔巴本人表现得更出色，他手持盾牌指挥野战演习时，在皇帝的战车旁跑了 20 罗里。[①]

VII. 当盖乌斯被杀的消息传出后，许多人鼓动他利用这一时机，但他选择了安定。因此，他博得了克劳狄的极大好感，成了后者的一名挚友，并得到了他那样的重视关心，以致克劳狄竟因他突然生病——并不太严重——而推迟了对不列颠的远征。他未经抽签便取得了代行执政官总督衔统治阿非利加两年，[②]负责整顿由于内部摩擦和蛮族起义而搞乱了的行省秩序。哪怕在一些小事上，他都严格注意纪律和讲究公正，因而恢复了秩序。远征期间， 2
一名士兵利用粮食匮乏的机会，出售自己的剩余小麦，每斗[③]卖价高达 100 第纳里乌斯，因而受到指控。伽尔巴命令，在这个士兵开始缺粮时，任何人都不得向他提供援助。结果这个士兵被饿死了。有一次，伽尔巴在法庭上解决一头骡子的所有权争端，双方都提出了自己的理由和证据，难解难分。于是，他命令把这头骡子的头蒙起来，牵到平常饮水的池子旁边，在那里将它松开，骡子饮完水后，自动回到谁的身旁，谁就是它的主人。

VIII. 鉴于他在阿非利加的这些成就和从前在日耳曼的业绩，他获得了凯旋服饰和三个祭司职务，其中包括 15 人祭司团成员、提奇乌斯氏族祭司[④]和奥古斯都祭司。从那时起直至尼禄统

---

① 对比《盖乌斯·卡里古拉传》，XXVI. 2。

② 阿非利加是元老院行省之一，该省的代行执政官职是一个荣誉职位，通常从符合条件的人中以抽签方法任命；参见塔西佗：《历史》，1，49。

③ 1 罗马斗(modius)等于 8.75 公升。

④ 提奇乌斯氏族祭司团是罗马最古老的祭司团之一，传说是由萨宾王提图斯·塔提乌斯建立的。

治中期，他的大部分时间都在隐居中度过。如果不在副车上装有
百万塞斯特尔提乌斯的金子[①]，他从来不肯外出哪怕消遣一下。
2 直到最后，当他停留在丰迪城时(60 A. D.)，塔拉科西班牙才被指
定给他。一件怪事发生了：他来到行省之后，在一个公共神庙里献
祭时，一个手持香炉的小奴仆头发突然变白了。有些人把这件事
视为统治者更换的征兆，仿佛一个老年人即将接替一个年轻人，也
就是说伽尔巴即将接替尼禄。此后不久，在坎塔布里亚湖上响起
一声霹雳，在那里发现了 12 把斧头——至高无上权力的不容怀疑
的征兆。

IX. 他以不同的方法断断续续地统治这个行省达 8 年之久。开始时，他严厉、急躁，在处罚罪犯时甚至毫无节制：他砍断了一名见利忘义的高利贷者的双手，然后把这双手钉在此人的账桌上。他把一个保护人钉死在十字架上，因为他毒死了自己的被保护人(他是后者死后遗产的继承人)，当此人要求法律保护和证明自己是一名罗马公民时，伽尔巴装作为了表示慰问和敬意打算减轻此人的刑罚，他命令把这个人竖在一个比其他十字架高得多且漆成白色的十字架上。可是，他逐渐变得怠惰和消极以免引起尼禄的嫉妒，正如他惯常所说的，因为强迫任何人说明自己无所作为的原因是找不到的。

2 当他在新迦太基[②]主持巡回审判时，他听说高卢诸行省发生了暴动，因为阿奎塔尼亚的副将向他请求援助。后来，从文德克斯

① 为的是在任何时间都能漫游。

② 今天的卡塔赫那，西班牙行省的中心城市。

那里传来书信，劝他做人类的解放者和领袖。经过短时间的犹豫之后，恐惧和希望促使他接受了这一建议，因为他截获了尼禄处死他的命令。这命令是秘密寄给其代理人的。一些不吉利的卜兆和征象以及一个贵族少女的预言增强了他的信心，尤其是克鲁尼亚的朱庇特祭司受梦的指引从内殿中发现一些预言，这些预言同 200 年前一个受神启示的小女孩所宣布的预言十分相似。预言诗[①]的意思是，总有一天将从西班牙出现一名领袖和世界的主宰。

X. 于是，他故作即将释放奴隶的姿态登上讲台，在讲台前放上
许多被尼禄定罪处死者的肖像，同时安排一名贵族出身的男孩站在
他身边。这个男孩是专为此目的从附近的巴利阿里岛流放地召来
的。他在讲台上发表了悲叹时局的演说，在他因此被欢呼为皇帝
时，他宣布说，他是罗马元老院和人民的代表。然后宣布闭会。他 2
开始从行省居民中征募军团和辅助军队以补充他原有的军队——
一个军团，两个骑兵大队和三个步兵大队[②]。他从当地贵族中挑选
年尊辈长和见多识广之士组成类似元老院的组织，一旦需要，便同
元老们共商大事。他从骑士等级中选拔一些青年，他们仍不摘掉金 3
戒指，被称作“志愿兵”[③]，担任他的寝宫的卫兵，以代替原来的士兵。
他还晓谕各个行省，号召所有的人士以个人和集体名义参加他的行
动，并尽可能发挥每个人的力量帮助共同的事业。

伽尔巴选择一个城堡作为战争地点，大约就在加固这座城堡的 4

① 这些预言像神谕的答复一样是以诗的形式说出来的。

② 这里指从其他军团和忠于伽尔巴的军团中分出的军队。

③ “志愿兵”(evocati)是对光荣的超期服役的士兵的称呼；不摘掉金指环，也就是保留骑士称号。

同一时间，他发现了一个古代制作的指环，指环上雕刻着胜利女神和战利品。此后不久，一艘亚历山大里亚的船满载武器开入戴尔多萨，船上既没有舵手和海员，也没有乘客。因此，谁都不怀疑，战争是正义的，神圣的，并且受到众神的保护。但是突然间，出人意料地几乎一切都完蛋了。两个骑兵大队之一[1]开始懊悔背叛自己的参军誓言，当伽尔巴正走近他们的军营且又难以阻止时，他们打算脱离他。尼禄的一名获释奴心怀叵测地送给伽尔巴一些奴隶，这些人险些把他杀死在通往浴池的小路上。如果他们不互相鼓励莫失良机，不追问所指的是什么时机的话，他们是会成功的。后来，在拷问之下，他们招供了。

XI. 除了这些危险而外又增加了文德克斯之死。这特别使他震惊，认为一切都完了，他准备自杀。但是，从罗马突然传来消息说，尼禄死了，全体人民都宣誓忠于他，于是，他放弃总督头衔，接受了恺撒的称号，然后开始向罗马进军。他全副武装，挂在脖子上的匕首吊在胸前。当罗马的近卫军长官尼姆菲迪乌斯·萨宾努斯、日耳曼和阿非利加的总督冯特乌斯·卡皮托[2]和克洛迪乌斯·马谢尔发动的反对他的阴谋被镇压后，他才重新穿上托加。

XII. 有关他残暴和贪婪的名声在他还未到来时就传开了。人们传说，西班牙和高卢的一些城市曾迟迟不肯拥戴他。因此，他向这些城市征收了苛税，甚至拆毁了它们的城墙，并将那里的总督和皇帝代办连同他们的妻子、儿女统统处死。此外，还传说，他把

---

① 参见本传 X.1。

② 公元59年执政官。

塔拉克人从他们古代的朱庇特神庙中取来献给他的一顶 15 镑重
的金冠熔化了，还要他们补交短缺的 3 温奇亚①黄金。当他进入 2
罗马城时，这种声名立即得到了证实，并且变大了②。例如，尼禄
曾把一些水手变成了正式士兵，而伽尔巴则强迫他们恢复原来的
地位。当他们表示拒绝和坚持要求鹰旗和队旗③时，他不仅派遣
骑兵驱散要求者，而且对他们采用“十杀一”的刑罚④。以前历届
皇帝都用日耳曼人大队⑤作他们的卫队，而且经过多次考验证明
他们是最忠实可靠的，可是伽尔巴却把这个大队解散了，并毫无报
酬地将他们遣回故土，理由是他们把自己的军营设在格涅乌斯·
多拉贝拉的花园附近，他们对多拉贝拉怀有同情。有一些说法不 3
管真实与否，反正意在嘲笑他：有一次，当一桌丰盛的午餐摆在他
面前时，他高声呻吟起来；另一次，当值班管家将一张简短的开支
账单送给他时，他递给管家一碟子蔬菜作为对他的办事勤快认真
的回报；还有一次，当吹笛手卡努斯的演奏使他特别开心时，他亲
手从自己的钱包里取出 5 个第纳里乌斯赠给这位音乐家。⑥

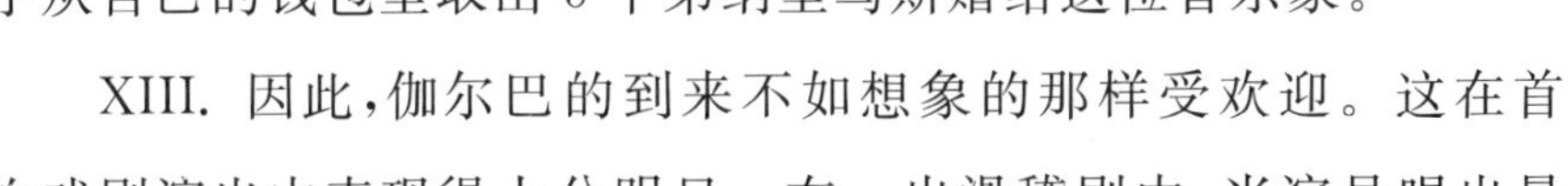

XIII. 因此，伽尔巴的到来不如想象的那样受欢迎。这在首次戏剧演出中表现得十分明显。在一出滑稽剧中，当演员唱出最

① 1 温奇亚(uncia)大约相当于一英两(盎司)。

② 关于伽尔巴进人罗马城及其血腥罪行，参见塔西佗：《历史》，1，6。

③ 鹰旗为军团的标志，队旗为各个大队的标志。

④ 比读《神圣的奥古斯都传》，XXIV. 2 和《盖乌斯·卡里古拉传》，XLVIII. 1。

⑤ 参见《神圣的奥古斯都传》，XLIX. 1 和《盖乌斯·卡里古拉传》，LVlll. 3。

⑥ 据普鲁塔克记载：“伽尔巴还补充说，他给的这些钱不是来自国库，而是来自他的个人财产。”(《伽尔巴传》，XVI)。这里的用意在于说伽尔巴吝啬，普鲁塔克则反映了国库已被尼禄耗空和伽尔巴比较廉洁，节俭。

著名的开场白“从乡下来了奥奈西姆斯”[①]时，全体观众齐声接唱其余的部分，并且做着动作，一再重复这句诗。

XIV. 所以伽尔巴在得到政权之后名声和威望比开始夺权时降低了[②]，尽管他的许多所作所为可以证明他是一个出色的元首，但是他凭这些品质所赢得的热爱远不及他以相反的行为所引起的痛恨。

2 他受三个人的意见所左右，人们一致称他们是皇帝的家庭教师，因为他们同他一起住在宫中，一直同他形影不离。这些人是提图斯·维尼乌斯，他的西班牙副将，一个贪得无厌的人[③]；科涅利乌斯·拉科，从法官助理晋升为近卫军长官，其傲慢和愚蠢令人难以忍受；获释奴伊凯鲁斯，前不久赢得了金指环和马尔奇阿努斯的绰号，还想谋求骑士等级的最高官职[④]。由于对这些恶行不同的顾问百般信任和言听计从，结果他总是自相矛盾，时而过分严厉和吝啬，时而过分宽容和粗疏，这同一个被人民所选中的而又并不年轻的元首是不相称的。

3 他仅凭一点点怀疑便不加审判地处死了两个高等级的好几个杰出人物。他很少赏赐罗马公民权，三子特权[⑤]也只授过一两次，甚至这种特权也仅在某种限期之内有效。当法官们请求增加第六个十人团时，他不仅拒绝，而且把克劳狄授予他们的不在冬天和年

① 原稿严重破损，较早的出版者更喜欢读作“从乡下来了一个翘鼻子的人”。

② 对比塔西佗：《历史》，1，49。

③ 参见塔西佗：《历史》，1，6。

④ 近卫军长官。——英译者

⑤ 据巴比乌斯—波贝乌斯法，给予家有三子的父亲担任官职和延长职务的特权。

初召集他们开庭审判的特权[①]也剥夺了。

XV. 人们还认为，他打算把元老和骑士的任职期限定为两
年。他只把这些官职授给那无意做官和回避为官的人。[②] 他撤回
尼禄的全部奖赏，他在 50 名罗马骑士的帮助下，只给得奖者保留
十分之一，其余奖品全部追回，同时规定，如果舞台演员和运动员
把所得奖品卖掉了，并把所卖的钱花光了，又无力退还，那么，应从
买主手中收回所卖之奖品。相反，他允许自己的朋友和获释奴任 2
意拍卖或赠送，任意征税或免税，任意惩罚无辜或赦免罪犯。此
外，当人民要求他处死哈洛图斯和提杰利努斯这两名尼禄的最无
耻的密探时，他不仅不触动他们，反而提拔哈洛图斯担任很重要的
代办职务，为了包庇提杰利努斯，他甚至颁布敕令谴责人民残酷。[③]

XVI. 因此，他引起了各个等级的不满，士兵们对他尤其憎
恨，因为军官们[④]在伽尔巴未到罗马时曾答应士兵，如果他们宣誓
忠于伽尔巴，将给他们不寻常的礼物，可是伽尔巴不仅没有兑现他
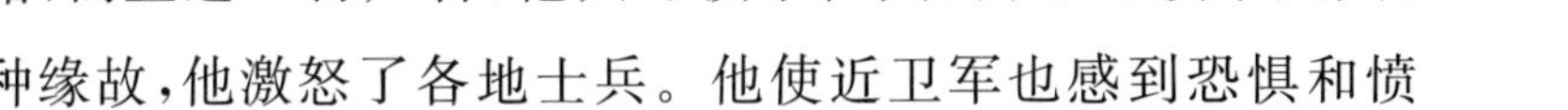
们的许诺，而且还一再声言，他只习惯于征兵，而不习惯于买兵。
由于这种缘故，他激怒了各地士兵。他使近卫军也感到恐惧和愤
怒，他们当中的许多人因为被怀疑为尼姆菲迪乌斯[⑤]的同党，接二 2

① 参见《神圣的克劳狄传》，XXIII. 1 及注。

② 这些官职很多，各式各样。伽尔巴的目的很明确，那就是限制野心和贪婪，他所授的元老官职大概是军团司令官和总督职务，而骑士的官职则是代理人。

③ 据狄奥·卡西乌斯(64,3)的说法，伽尔巴在敕令中宣布，假如人民不向他提出处死提杰利努斯的请求的话，他会处死他的。维尼乌斯是提杰利努斯的辩护人。

④ 据普鲁塔克(《伽尔巴传》，XII)的说法，这里的“军官们”指的首先是尼姆菲迪乌斯·萨宾努斯，他是近卫军长官，许过这种诺言。其次还有一些学着他这样做的军官。

⑤ 关于尼姆菲迪乌斯，参见本传 XI。

连三地被撤职了。但是怨声最高的则是上日耳曼军团,因为他们在同高卢人和文德克斯的战争中曾立过汗马功劳,他们期望得到赏银,结果被骗了。所以他们首先造反,除元老院外,拒绝在 1 月 1 日向任何人宣誓效忠。他们立即派使者带着如下的嘱托到近卫军那里去:在西班牙拥立的这位皇帝不符合他们的口味,近卫军最好自己推举一名全军都拥护的人。

XVII. 伽尔巴听到这方面的报告后,认为引起不满的主要原因不是自己年迈,而是无子。有一次,他突然把庇索·弗鲁吉·李奇尼阿努斯从晋见的人群中拉出来。这是一个出身贵族、有名的年轻人,长期以来一直就是他最喜欢的人[1],甚至在他的遗嘱中指定他作自己的财产和名字的继承人。伽尔巴宣布他为自己的儿子,把他领到近卫军军营,当着集合士兵的面收他为养子。但是连那时他也只字未提犒赏军队问题,这使马尔库斯·萨尔维乌斯·奥托在这次收养仪式之后 6 天之内实现自己目的[2]变得更容易。

XVIII. 从一开始就有许多怪事连续不断地向他预示了后来果然发生了的结局。他从一个城市到另一个城市所过之处,一路上[3],左右两边都有人在屠宰献祭动物,有一头被斧头砍得发疯的公牛,冲开绳索,奔向伽尔巴的战车。公牛扬起前蹄,溅了他满身鲜血。他从车上下来了,他的一个卫兵在被人群挤向前时,手中的长矛尖险些碰伤了他;当他进入罗马,登上巴拉丁山时,遇上了地
2 震,并听到像牛鸣似的声音。此后还有更明显的迹象。他从全部

① 参见塔西佗:《历史》,1,14。

② 69 年 1 月 10 日伽尔巴收养庇索为子,1 月 15 日伽尔巴死亡。

③ 当时他正在回罗马的道上。

财宝中选出一个嵌着珍珠和宝石的项圈，用以装饰图斯库鲁姆的
命运女神像[①]，可是，由于一时冲动，把它献给了卡庇托尔的维纳
斯，因为他当时想起，它配得上一个更高级的神。第二天夜里，命
运女神在他的梦中显现，抱怨剥夺了给她的礼物，威胁说，她将取
走她所赠送的一切。诚惶诚恐的伽尔巴第二天黎明赶到图斯库鲁
姆去，以便为昨日之梦献祭赎罪，并事先派人为献祭作准备。在祭
坛上他只看见尚未冷却的香灰祭坛旁一个身穿黑色丧服的老头儿
手持一个内装神香玻璃盘和一只盛着酒的陶碗[②]。人们还注意 3
到，元旦献祭时，王冠从他头上掉下来。占卜时，献牲的小鸡逃跑
了。在接受养子的那天[③]，当他向士兵发表演说时，由于侍臣的疏
忽，军帐的座椅没有按习惯放在讲坛上。在元老院，他的象牙座椅
前后颠倒，摆错了方向。

XIX. 他被杀的那天早晨，当他正在献祭时，预言者一再警告
他谨防危险，因为谋杀者已经近在咫尺了。

不久，他得知奥托占领了军营[④]。许多人劝他尽快赶到那里
去，他们说，由于他的出现和权威，有可能赢得胜利。可是，他决定
死守宫殿，再从驻守城内各处的军团召集一支卫兵加强宫殿的防
守。虽然他不掩饰亚麻铠甲抵挡不住那么多的刀枪剑戟，但他还
是穿这种铠甲。然而，他听信谎报，终于被诱出宫殿。那些谎言是 2

① 参见本传 IV.3。

② 在献祭之前，祭坛上的火焰应当烧得旺旺的，一名身穿白色服装的童子手提独特的香盒和珍贵的酒碗。

③ 即收养庇索为子之日。

④ 即近卫军军营。

阴谋者蓄意传出来的，目的是引诱他出现在公共场所。有些谣言使他贸然轻信：困难已经过去，暴乱已被平息，其余的军队纷纷前来向他祝贺，并准备完全服从他的命令。他来到街上迎接他们，这时他是如此自信，以致当一名士兵[①]向他吹牛说已经杀死了奥托时，伽尔巴问这个士兵："你靠谁的威望？"然后他远远地一直走到市心广场。在那里，受命来杀他的骑兵策马冲散街上的人群。当他们远远发现他之后，勒住战马，过了一会向他冲了过来。伽尔巴被自己的随从抛下之后，终于被杀。

XX. 有些人说，在混乱开始时，他高喊："你们在干什么？战友们！我是你们的，你们也是我的……"他甚至许诺给他们奖赏[②]。但是多数人说，他自动地把脖子伸给士兵，叫他们砍下他的头，以结束自己的使命[③]，如果他们要这样的话。令人惊奇的是，在场者竟没有一个人想帮助皇帝。所有他要调的军队都不理睬他的调令，只有一队日耳曼老兵除外。由于前不久他们生病时皇帝对他们[④]极为关怀，因而这些老兵这时奔来援助他。但是由于他

① 据普鲁塔克(《伽尔巴传》,XXVI)说，这个士兵名叫朱里乌斯·阿提库斯。当时护送伽尔巴的卫队旗手阿提尼乌斯·维尔吉里安努斯发出进攻信号：他从旗上撕下伽尔巴的像，往地上一摔。

② 迄今为止，伽尔巴始终拒绝犒赏士兵；参见本传 XVI. 1。

③ "完成自己的使命"是仪式进行的公式。据塔西佗说，伽尔巴喊道："你们杀吧，如果这是国家的需要！"据狄奥·卡西乌斯(64,6)和普鲁塔克(《伽尔巴传》,XXVI.)的说法，只有一名百夫长塞姆普洛尼乌斯·丹苏斯保卫皇帝。根据不同的证据，凶手叫特兰奇乌斯或列卡尼乌斯或法比乌斯·法布鲁斯。后来维特里乌斯发现 100 多件呈文要求嘉奖杀死伽尔巴和庇索的巨大功绩。

④ 这些体弱多病者是日耳曼人，他们受尼禄派遣前往亚历山大里亚，一路颠簸，导致身体状况恶化，后来他们又从那里返回意大利。

们不熟悉城里的环境，迷了路，未能及时赶到。

伽尔巴被杀于库尔提乌斯湖[①]边。他的尸体一直丢在那里，
最后，一个普通士兵分粮回来，从肩上拉下口袋，割下他的头。因 2
为他没有头发可抓，士兵便把他的头放入怀中，后来又用拇指勾住
他的上颌，就这样把它送给了奥托。奥托把它交给自己的军役和
马夫。他们用长矛挑头，绕着营房戏弄取笑，不断高呼："花花公子
伽尔巴，去过你的好年华！"几天前外面传来的一个消息是这种粗
野嬉戏的主要原因。当时有一个人夸伽尔巴看上去还年轻而且精
神，他回答说：

我的气力不减当年。[②]

帕特罗比乌斯·尼碌尼阿努斯的一个获释奴用100块金元买下这颗头颅，把它扔在被伽尔巴命令处死的他的保护人的地方。最后，他的管家将他的头颅和他的尸体其余部分合起来葬在奥勒略大道旁的伽尔巴私人花园墓地。

XXI. 伽尔巴中等身材，秃顶，长一双蓝眼睛和一个弯钩鼻子。他的手脚因风湿病而严重扭曲，脚不能长时间穿鞋，手不能翻弄或擎拿书籍。在他的身体后侧长一肉瘤，长长地下垂，用绷带都难以兜住。

XXII. 据说，他的饭量很大，冬天，他甚至习惯于尚未天亮就吃东西。午餐特别丰盛，以致面前多余的饭菜成堆，他命人把这些

① 在罗马广场；参见《神圣的奥古斯都传》，LVII. 1。据普鲁塔克(《伽尔巴传》，XXVII)说，奥托得到伽尔巴的头后，喊道："这是不值一提的，朋友们，请把庇索的头拿来给我看看！"

② 《伊利亚特》，5，254；《奥德修记》，21，426。杨宪益译："看来我还有些力气"。

饭菜端往各处，分赐给侍候他的人。他对男人有更大的情欲，尤其是对那些身强体壮的成年男子。据说，当一名从前的同床者伊凯鲁斯把尼禄死亡的消息带到西班牙向他报告后，他不仅同这位被接见者公开热烈接吻，而且恳求他立即做好准备，然后同他幽会。

XXIII. 伽尔巴死时 73 岁(69 A. D.)，共做了 7 个月皇帝。元老院一经得到允许，便作出决议，在市中心广场上他被杀的那个地方为他刻一雕像立在饰有船首的石柱上，但是韦伯芗取消了这一决议，他认为，伽尔巴曾经从西班牙往犹太派过刺客企图杀害他。

奥 托 传

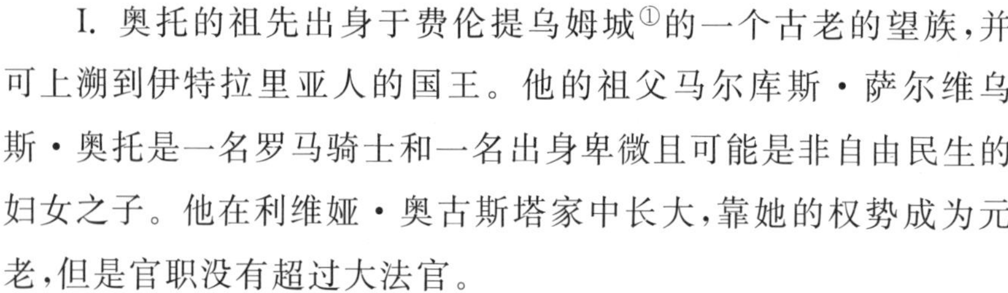

I. 奥托的祖先出身于费伦提乌姆城[①]的一个古老的望族，并可上溯到伊特拉里亚人的国王。他的祖父马尔库斯·萨尔维乌斯·奥托是一名罗马骑士和一名出身卑微且可能是非自由民生的妇女之子。他在利维娅·奥古斯塔家中长大，靠她的权势成为元老，但是官职没有超过大法官。

2 他的父亲鲁基乌斯·奥托[②]的母亲属于显赫氏族，有许多有势力的亲属。提比略皇帝是那样喜欢他，同时在长相上他同皇帝是那样相似，以致许多人把他视为皇帝的儿子。他一丝不苟地担任过罗马城市的官职、阿非利加的总督和一些特殊的军事指挥官。

① 费伦提乌姆是南部伊特拉里亚城市。看来，有许多伊特拉里亚出身的罗马骑士都自命为伊特拉里亚国王们的后裔。贺拉斯就是这样尊称玛塞纳斯的；参见贺拉斯:《颂歌》，III. 29，1。

② 他的父亲鲁奇乌斯·奥托继伽尔巴之后任 34 年执政官，参见《伽尔巴传》，VI。

在伊利里库姆，他竟敢处死一些士兵，因为他们在卡米路斯暴动[①]中，在懊悔自己变节时，借口他们的军官是反对克劳狄的肇事者而杀了这些军官。虽然他明明知道由于上述行动，这些士兵被克劳狄提升过官职，但是他仍然把他们当面处死在自己的军帐前。他
通过这一举动提高了自己的声望，可是在宫中却失去了好感。不 3
过，他由于破获一名罗马骑士的阴谋，很快重新获宠。那名罗马骑士的奴隶们揭发了主人要谋杀克劳狄的计划[②]。因此，元老院授予他一项在宫中为他竖像的特殊荣誉。克劳狄还把他列为贵族，用最美好的语言赞扬他，甚至补充这样一句话："我不指望我的子女中有谁比这个人更忠诚了！"一名出身显赫氏族[③]的妇女阿尔比娅·特兰提娅给他生了两个儿子：鲁基乌斯·提提阿努斯和外号同他自己相同的小儿子马尔库斯。她还给他生了一个女儿。这个女儿刚到成婚年龄，他便把她许配给了日耳曼尼库斯的儿子德鲁苏斯。

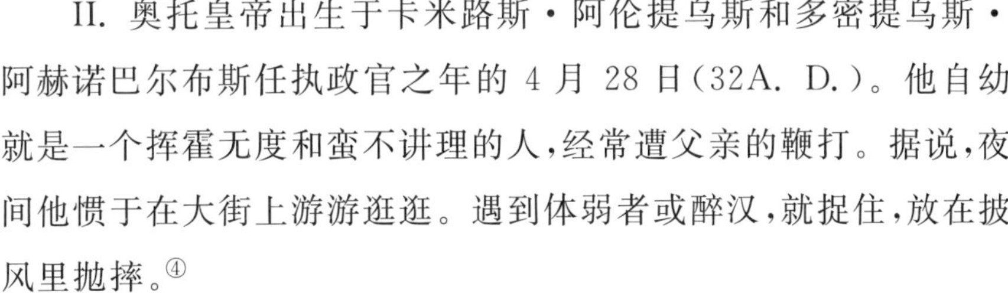

II. 奥托皇帝出生于卡米路斯·阿伦提乌斯和多密提乌斯·阿赫诺巴尔布斯任执政官之年的 4 月 28 日（32A. D.）。他自幼就是一个挥霍无度和蛮不讲理的人，经常遭父亲的鞭打。据说，夜间他惯于在大街上游游逛逛。遇到体弱者或醉汉，就捉住，放在披风里抛摔。[④]

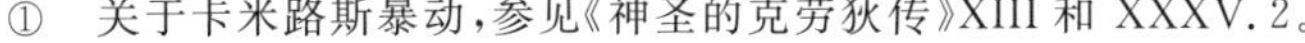

① 关于卡米路斯暴动，参见《神圣的克劳狄传》XIII 和 XXXV. 2。

② 苏维托尼马斯没有详述反对克劳狄阴谋中的这一计划；参见《克劳狄传》，XIII。

③ 也就是出身于最富有的骑士之家。

④ 战袍（sagum），因此这种动作被称作 sagatio。关于这种动作马提阿尔也提到过（1，3，8）。

2 父亲死后，他向一名宫中有势力的女获释奴讨好，尽管她已是一名老朽不堪的婆娘，但他仍假装向她求爱。通过她，奥托取得了尼禄的信任，并轻而易举地在皇帝的朋友中间独占鳌头，原因是他们彼此臭味相投，但是也有人认为，此外还因为他们相互间有淫乱关系。他竟有这样的势力，在商定如果他能为一名被判有勒索罪的前执政官开脱了罪责，他就可以得到一大笔贿赂之后，他竟能在尚未为其完全开脱之前，便毫不犹豫地将其领进元老院道谢。[①]

III. 他参与皇帝的全部密谋活动。在尼禄选择的弑母日里，
为了避嫌，他为他们母子举办了一个极其盛大的宴会。当尼禄使
波贝娅·萨宾娜和她的丈夫离异——在这以前她一直是尼禄的情
妇——并把她暂时交给奥托照料时，奥托假装和她结婚。但是奥
托不满足于引诱她，他是那样地爱她，以致不愿忍受让尼禄做他的
2 情敌。[②] 不管怎样，人们都相信，奥托不仅不接待被尼禄派来接她
的人，而且有一次连皇帝本人也被他拒之门外。皇帝站在门口又
是威胁，又是哀求，让他归还托管的美人都无结果。因此，尼禄宣
布这桩假婚姻作废，名义上任命奥托为代表，把他赶去了路西塔尼
亚[③]。这样做是因为尼禄不想采用更严厉的惩罚，避免全部丑闻
张扬出去；可是尽管这样，这出丑闻还是以下面的诗句传播开
来：

① 犯有贪污罪的元老应当被逐出元老院；参见《神圣的朱里乌斯传》，XLIII. 1。

② 据塔西佗（《编年史》，13，45—46）的说法，奥托勾引克里斯皮努斯的妻子波贝娅·萨宾娜，由姘居关系很快成为正式夫妇。后来他故意让她跟尼禄幽会，以便加强自己同尼禄的亲密关系，结果适得其反。

③ 据普鲁塔克（《伽尔巴传》，XX）的说法，奥托被派往路西塔尼亚是由于塞内加的说情。

你想知道奥托为什么被光荣地流放吗？

那是因为他开始同自己的合法妻子私通。

奥托任财务官管理行省达10年之久，非常清正廉明。

IV. 报复的机会终于来到了。他第一个投身伽尔巴的行动，同时由于时局的变化，他本人也怀有当皇帝的强烈欲望，但是更主要的原因当是占星者塞琉古斯的预言。[①] 他前些时候曾向奥托担保，尼禄将死在他之前，而这一次，他出人意料地前来进一步相许，不久奥托将做皇帝。

因此，他不放弃向任何人讨好和献殷勤的机会，每当宴请元首 2
时，他都要给卫队的每个士兵发一块金币，[②]此外，他还经常以这样那样的方式笼络其他士兵。当有人同邻里发生田界争讼，并邀他做仲裁人时，他便买下全部土地赠给那个人。因此，没有哪一个人不认为和不宣扬只有奥托才配做皇帝。

V. 他现在希望被伽尔巴收为养子，对此终日望眼欲穿，但伽尔巴喜欢的不是他，而是庇索。当希望破灭后，他决定采取暴力。除感情受辱之外，大量的债务也促使他这样做。他毫不掩饰地说，他如果不能成为皇帝，也就不能自立，又说，在战场上死于敌人之手和在市心广场上死于债主之手，二者并没有什么区别。

由于给皇帝的一名奴隶谋得一个管家职务，前几天他从这个 2
奴隶那里勒索了100万塞斯特尔提乌斯。这些钱是他的事业的全

① 塔西佗和普鲁塔克说这个占星者的名字叫托勒迈乌斯。——英译者

② 塔西佗说，奥托给卫队每个士兵100塞斯特尔提乌斯。参见《历史》，1，24。

部基金。起初他把任务委托给自己的5名卫兵[1]，后来委托给另外10人，这10人是由上述5名卫兵每人推荐两人组成的。他立即给他们每人10 000塞斯特尔提乌斯，另外还许诺50 000塞斯特尔提乌斯。通过这些士兵，他还争取了另外一些人，但是人数不是很多，因为他完全相信，只要一开始行动，许多人便会趋之若鹜。

VI. 他本打算在庇索被收养之后立即占领军营，并趁伽尔巴在宫中用餐时向伽尔巴发动进攻，但是为了照顾那个正在警卫皇帝的大队，不愿增加它的恶名——因为过去在警卫时抛弃了尼禄，现在又在警卫时让人杀死了伽尔巴的是这同一个大队——而耽搁了。凶兆和塞琉古斯的警告也使他损失了中间的这几天时间。[2]

2 因此，日子既已选定，他嘱咐自己的同谋者在市心广场，在紧靠农神庙的镀金里程柱[3]附近等候他，这样安排后，他早晨前去拜见伽尔巴。像往常那样，他得到了接吻的欢迎，还参加了皇帝的献祭[4]，听了预言家的预言。这时一名获释奴报告，建筑师们来了。这是一个约定的暗号。他起身离开，假装是要去察看他们要买的房子，然后从后门溜出宫殿，赶到约定地点。另一些人说，他假装得了热病，并请站在身边的人替他说一声，如果有人问起他的话。

① 按普鲁塔克和塔西佗的说法，最初参与阴谋的人是奥托的获释奴欧诺马斯图斯和两名近卫军士兵维图里乌斯和巴尔比乌斯。“两名士兵着手把帝国转交给另一个人，而且果真做到了。”(塔西佗:《历史》,1,25)。

② 收养庇索和杀死伽尔巴之间的5天时间。——英译者

③ 罗马广场上的镀金里程柱是奥古斯都于公元前20年建立的，被认为是条条罗马大道的起点。柱上刻有帝国境内最重要城市名字和到达这些城市的距离，柱基至今犹存。

④ 关于伽尔巴献祭，参见《伽尔巴传》,XIX。

然后，他急忙钻进一个女人们用的有屏障的肩舆，向军营奔去。当 3
轿夫筋疲力尽时，他从肩舆上下来，并开始跑步前进。由于鞋带掉了，他停了下来。这时他的伙伴们立即把他举到自己的肩上，并欢呼他为皇帝。奥托就这样在欢呼声和刀光剑影中来到了司令部。[①] 这时所遇之人都加入进来，仿佛都是共谋者和参与者。他从那里派人刺杀伽尔巴和庇索，同时为了赢得士兵的忠诚，在集会上干脆许诺说，他本人只要士兵们留给他的。

VII. 接着，当白天即将过去的时候，他到元老院作了一个简短的报告，声言他在街上被人架到这里，不得不接受政权，他将按照所有人的意志行使权力，然后，便去了皇宫。除一片其他的祝贺和阿谀奉承声外，普通平民还欢呼他为尼禄，他没有任何推辞的表示。相反，按照某些作家的说法，在发给某些行省总督的公文和最初信件中，他甚至用“尼禄”署名。事实上，他的确允许重建尼禄的肖像和塑像，并且恢复了尼禄的管家和获释奴的职务。他签署的第一道皇帝敕令是拨款 5 千万塞斯特尔提乌斯以建成“金屋”。

据说，那天夜里，他做了一个可怕的梦，高声呻吟，跑来帮助他 2
的人发现他躺在卧榻旁边的地板上。他梦见被伽尔巴罢黜了，发配了。于是他试图通过各种赎罪仪式安慰伽尔巴的阴魂。第二天，当他正在进行占卜时，大风骤起，他摔倒了，因此连连咕哝：“我和长笛能有缘吗？”[②]

① 据塔西佗说，在镀金里程柱旁只有 23 名士兵等候奥托，路上有同样多的人加入进来；参见《历史》，1，27。

② “这句民间俗语说的是那些专干力所不能及之事者”（参见狄奥・卡西乌斯，64，7）；对比西塞罗：《致阿提库斯》，2，16。——英译者

VIII. 大约在同一时间，日耳曼军队宣誓效忠维特里乌斯。奥托得知这一消息后，建议元老院派代表通知维特里乌斯，皇帝已经选出，劝他保持安定与和睦，而他自己则通过特使和信件建议维特里乌斯做他的共治者和女婿。[①] 可是，战争已显然不可避免，维特里乌斯预先派出的将领和军队已经接近了。这时，近卫军对他本人的忠诚和热爱得到了一次证明：他们几乎消灭了整个元老院。
2 事情已经决定：由水手用船把一些武器运回原地。[②] 但是，当夜幕降临，军营中的武器被搬出时，一些士兵怀疑有人叛变，开始闹起来。由于事出突然，所有的士兵也不用指挥都纷纷赶往皇宫，要求处死元老。一些军团司令官企图阻止他们，结果被他们赶跑，还有一些人被杀。士兵们满身血污闯进餐厅，查问皇帝的下落，直到见到了奥托，他们才平静下来。

3 他急不可耐地开始出征，由于过分匆忙，甚至没有重视预兆。他也不顾神盾已被取出[③]，但尚未放回原处——长久以来这被认

---

① 塔西佗说，奥托给维特里乌斯金钱、恩惠和任何一个可以过放荡生活的幽静地方。维特里乌斯也向奥托提出了类似的建议。后来，他们逐渐开始互相谩骂和互相攻击对方放荡的卑鄙行为。

② 运往奥斯提亚。据普鲁塔克(《奥托传》，3)和塔西佗(《历史》，1，80)的说法，奥托派近卫军副将克里斯皮努斯把第十七大队(非近卫军大队)从奥斯提亚运回罗马。克里斯皮努斯开始装载带走的武器，这个大队发现有变，突然哗变，并从奥斯提亚来到罗马。看来，苏维托尼乌斯把奥斯提亚的第十七大队的军营同罗马的近卫军军营搞混淆了。他把这一次暴动归于近卫军，并说是在罗马发生的。此外，普鲁塔克和塔西佗没有谈到船和水手，只谈到大车。

③ 战神马尔斯的神盾共 12 块，三月份从马尔斯神庙中取出来，萨利祭司在神圣游行的行列中手拿这种盾牌走过街道，此时从事各种活动都认为是不吉利的。参见奥维德：《岁时记》iii. 393。——英译者

为是不吉利的。众神之母[①]的崇拜者开始捶胸痛哭也是在这一天。此外，还有一些占卜很不吉利。例如，在给迪斯[②]父献牲中他得到吉兆，但在这次献祭中反面的卜象却更吉利。此外，他刚出城，便被第伯河的泛滥阻止了，同时在第十二里程碑附近，他发现道路被坍塌的建筑物堵塞。

IX. 尽管任何人都不怀疑，正确的战略应该是拖延时间，因为敌人正苦于粮食不足和自己地方狭小，但是他却鲁莽地决定尽快进行决战。这也许是因为他无法忍受长期的心情焦躁，希冀在维特里乌斯到达之前结束战争，也许是因为他无力控制士兵要求投入战斗的急迫心情。他本人没有参加任何战斗，只是坐守布里克塞路姆。

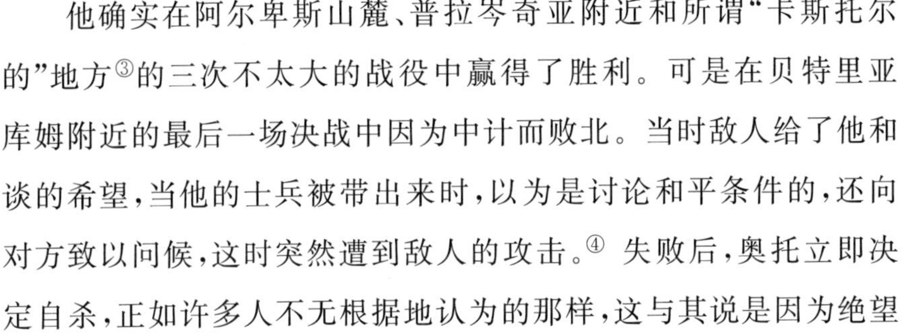

他确实在阿尔卑斯山麓、普拉岑奇亚附近和所谓“卡斯托尔的”地方[③]的三次不太大的战役中赢得了胜利。可是在贝特里亚 2
库姆附近的最后一场决战中因为中计而败北。当时敌人给了他和谈的希望，当他的士兵被带出来时，以为是讨论和平条件的，还向对方致以问候，这时突然遭到敌人的攻击。[④] 失败后，奥托立即决
定自杀，正如许多人不无根据地认为的那样，这与其说是因为绝望 3

① 库柏勒(Cybele)，号称大母神或众神之母，3 月 24 日至 30 日为其庆节。——英译者

② 冥王的一个名字。

③ 塔西佗说，这个“卡斯托尔(和波吕克斯)的地方”距克列蒙那城 12 罗里；参见《历史》，2，24。

④ 据塔西佗(《历史》，2，42)说，在贝特里亚库姆附近的战役前夕，奥托军中传出一个假消息，仿佛维特里乌斯的军队叛离了自己的皇帝。奥托方面的士兵出来向敌人欢呼，结果遭到进攻。

或对军队没有信心，还不如说是因为他坚持为自己夺取最高权力而让国家和人民遭受那样大的危险感到耻辱。[①] 事实上，他还保留一支新的，可用于二次战机的未被动用的军队，同时另外一些军队正从达尔马提亚、潘诺尼亚和美西亚向他靠拢，甚至那些战败的军队也没有绝望到不能顶住危险的程度，他们正准备在孤立无援的情况下报仇雪恨。

X. 我的父亲苏维托尼乌斯·拉图斯参加了这次战争，任十三军团骑士级司令官。后来，他经常提到，早在奥托身为庶民之时，就对内战深恶痛绝。有一次，有人在宴会上谈到卡西乌斯和布鲁图之死，奥托听后气得浑身发抖。若他不是相信可以不经战争解决争端的话，他是不会起来反对伽尔巴的。况且，一名普通士兵的榜样鞭策他蔑视生命。这个士兵报告了军队战败的消息，可是没有人相信他。士兵们谴责他，说他是一个骗子，是一个临阵脱逃的胆小鬼。于是，他伏剑自刎，倒在奥托的脚旁。我父亲常说，奥托这时喊道，他不想再让如此勇敢的有功之臣遭受危险。

2 因此，他劝说自己的兄弟、侄子[②]和朋友们，各自都要尽可能照顾好自己。他拥抱、亲吻和打发走所有的人。然后，他来到一处隐蔽的地方，写下两张便条：一张给自己的姊妹，以示安慰；另一张给尼禄的遗孀美撒里娜，因为奥托曾想娶她为妻。他把自己的遗

---

① 狄奥·卡西乌斯(64,13)通过奥托之口说出这样一句话："一个人为大家而死，要比许多人为一人而死更符合大义！"

② 他的兄弟是萨尔维乌斯·提提阿努斯；参见本传 I。他的侄子是萨尔维乌斯·科切亚努斯，关于此人之死，参见《图密善传》，X. 3。他给后者留下遗言：任何时候都不要忘记奥托是他的伯父，可也不要把这件事过分挂在心上。

体和纪念物托付给他们。他烧毁了自己的全部信件，为的是不让它们落到胜利者手里以给任何人带来危险或伤害。他还把自己的所有钱财分给了仆人。

XI. 当他做了这样的准备之后，现在决心一死，但忽然听到了喧闹声。人们告诉他，一些士兵开始离开军营逃跑、被捕，并被作为逃兵关押起来。他说："让我们给自己的生命再延长一夜吧！"（这是他本人的原话）。他禁止对任何人施加暴力。他寝室的门一
直开到很晚的时候，任何人想进来同他说话都可以。之后，为了止 2
渴，他喝了一点儿凉水，接着抄起两把匕首，试了试它们的锋利程度，并将其中一把放在枕头底下。然后，他关好门，随即进入梦乡。当他醒来时，天已大亮，他向自己的左胸扎了一刀。他的仆人闻声闯了进来。他时而捂住自己的伤口，时而又让别人观看自己的伤口，最后气绝身亡。人们立即把他埋葬了，因为这是他亲自命令的。奥托死时 38 岁，共统治 95 天。①

XII. 奥托的体态和习惯同他的伟大气质并不一致。据说，他中等身材、跛脚、罗圈腿。他几乎像女人一样地照顾自己的身体。他给身体拔毛，用假发遮掩稀疏的头发，假发在头上系得非常合适，无人会产生怀疑。此外，他习惯于天天刮脸和用湿面包擦脸。从初生胡须之时起，就养成了这种习惯，他从不留胡子。他还经常穿祭神的亚麻服，公开参加伊西丝女神的仪式。

我认为，正是由于这些习惯，他的生不像他的死那样令人惊 2

---

① 奥托死于 69 年 4 月 17 日。普鲁塔克看到过他在布里克塞拉的简朴陵墓，上有铭文："马尔库斯·奥托千古"。

奇。在场的许多士兵痛哭流涕，一个劲儿地亲吻他的手和脚，同时颂扬他是最勇敢的人，无与伦比的皇帝。然后，他们在他的焚尸场旁边立即自刎。许多没有到场的人在听到他的噩耗之后，也用武器相互刺杀而死。总之，当奥托活着的时候，大多数人对他恨之入骨，可是在他死后，却把他捧上了天，正像民间宣扬的那样：他杀死伽尔巴不是为了夺取政权，而是为了恢复共和国和自由。

维特里乌斯传

I. 关于维特里乌斯家族的起源，众说不一，分歧很大。一些
人说，这个家族是古老的贵族；另一些人说，这个家族是新出现的，
既没有名气，又很卑微。我认为这些说法分别来自维特里乌斯皇
帝的吹捧者和诽谤者。至少关于这个家族出身的意见分歧是相当
2 早的。现存一部克文图斯·埃劳古乌斯献给神圣奥古斯都的财务
官克文图斯·维特里乌斯的著作，其中谈到维特里乌斯家族来自
阿波里吉尼人的国王法乌努斯和在许多地方被尊为女神的维特里
娅。[①] 他们统治整个拉丁姆。他们的后裔从萨宾地区迁往罗马，
3 并被列为贵族。从雅尼库鲁姆通往大海的维特里亚大道，以及同
名的殖民地[②]始终是这一族人的证据。他们曾经要求用自己的族
兵保卫这个殖民地免遭埃魁科里人的进攻。后来，在萨莫奈战争

① 阿波里吉尼人(Aborigines)是传说中的古意大利部落，和埃涅阿斯有过同盟关系。法乌努斯被认为是萨图尔努斯之后的这个部落第三代国王。至于维特里娅女神史料中没有其他证据。

② 关于维特里亚殖民地，李维(5,29)也曾提到过。

中[①]，有一支军队被派往阿普里亚，维特里乌斯家族的一些人于是便定居在努凯里亚。过了相当长一段时间，他们的后代返回罗马，重新恢复了元老地位。

II. 相反，据许多人记载，这个家族的奠基人是一名获释奴，根据卡西乌斯·塞维鲁斯和其他人的说法，这位家族奠基人做过鞋匠。他的儿子靠拍卖和告密发了大财，娶了面包师安条奥库斯的女儿——一名普通妇女为妻，并成了罗马骑士的父亲。但是，这些分歧尚待解决。

不管努凯里亚的普布里乌斯·维特里乌斯是否出身于古老的 2
家族，也不管他的父亲和祖父是否微贱，他本人分明是一名罗马骑
士和奥古斯都的管家。他留下 4 个儿子。他们都取得了最高的官
职，都有相同的姓，只是个人名字不同罢了。他们分别叫奥鲁斯、
克文图斯、普布里乌斯和鲁基乌斯。奥鲁斯特别奢侈，尤其以讲究
宴会的排场而闻名，在同尼禄的父亲多密提乌斯共任执政官期间
病逝(32A. D.)。根据提比略的建议决定审查和清除不合格的元
老时，克文图斯丢掉了头衔。[②] 普布里乌斯是日耳曼尼库斯的亲 3
信，他控告并处罚了日耳曼尼库斯的敌人和谋杀者格涅乌斯·庇
索(20A. D.)。在他担任大法官后，因与塞扬努斯同谋不轨而被逮
捕，并被交给他的兄弟负责监管(35A. D.)。他用笔刀割断了自己
的脉管，但允许别人给他包扎和治疗。这主要不是因为他不愿意
死，而是因为朋友们的请求，后来他在监管中病死。鲁基乌斯先任 4
执政官，后被任命为叙利亚总督。在任期间，他不仅用高超的外交

① 第二次萨莫奈战争(公元前 327—前 304 年)，或第三次萨莫奈战争(公元前 298—前 290 年)，当时罗马人曾进人阿普里亚。

② 公元 17 年克文图斯失去元老头衔；参见塔西佗：《编年史》，2，48。

艺术使帕提亚国王阿尔特巴努斯同他举行了一次会谈[①]（34 A. D.），而且使这位国王向罗马军旗致敬。后来，他又同克劳狄皇帝一起做了两任执政官和一任监察官。[②] 当克劳狄皇帝离开罗马远征不列颠时，他承担了管理国家的重任。他是一名正直的实干家，但是由于迷恋一名女获释奴而名誉扫地。他甚至用她的唾液拌蜜作药医治自己的呼吸道和喉咙，不是遮遮掩掩地，或一次两次，而是大大方方地，天天如此。他还有阿谀奉承的奇才。他是倡议崇拜盖乌斯·恺撒为神的第一人：从叙利亚返回后，他不敢贸然接近这位皇帝，而是蒙上头，转过身，然后倒地叩首。他不择手段地讨好甘当妻子和获释奴的仆人的克劳狄皇帝[③]。他向美撒里娜[④]请求的最高奖赏是能够为她脱鞋。当他给她脱掉右脚的鞋子之后，他经常把它揣在托加和内衣之间，甚至不断吻那只鞋子。他还把那尔奇苏斯和巴拉斯的金肖像供奉在他的家神（拉莱斯）中间。[⑤] 在庆祝世纪赛会召开、向克劳狄恭贺之时，他说了这样一句话："愿您多次举办！"[⑥]

III. 鲁基乌斯瘫痪的第二天便死了。留下塞斯提里娅[⑦]和他

---

① 参见《盖马斯·卡里古拉传》，XIV. 3。

② 鲁基乌斯·维特里乌斯任43，47，50年执政官，48年监察官。

③ 参见《神圣的克劳狄传》，XXIX. 1。

④ 尼禄的第三房妻子。

⑤ 那尔奇苏斯和巴拉斯均是获释奴；关于供奉在家神拉莱斯中间，参见《神圣的奥古斯都传》，VII。

⑥ 参见《神圣的克劳狄传》，XXI. 2。

⑦ 塞斯提里娅是个具有古风的女人。她的儿子在给她的信中自称日耳曼尼库斯，她收到这封信时，宣布说："我的儿子叫维特里乌斯；不叫日耳曼尼库斯！"参见塔西佗：《历史》，2，64。

生的两个儿子。她是一位值得敬重的大家闺秀。鲁基乌斯在世时得以目睹两个儿子在同一年内当选为执政官，因为在一年之内，经过 6 个月后，弟弟接替了哥哥的职务。鲁基乌斯死后，元老院为他举行国葬，他的塑像放在船首讲坛上，塑像上刻有这样的铭文："坚定地忠于皇帝的。"

鲁基乌斯之子奥鲁斯·维特里乌斯皇帝生于 9 月 24 日 2
(15A. D.)，或者按某些人的说法，生于 9 月 7 日(15A. D.)，德鲁苏斯·恺撒和诺尔巴努斯·弗拉库斯任执政官之年。他的父母对占星术士宣布的有关他的星象的预言是那样的恐惧，以至于他的父亲在世时总是竭力阻止将任何行省指定给他，而当他被派往军团和被欢呼为皇帝时，他的母亲犹如面对死人一般失声痛哭。他在卡普里埃的提比略情人中度过自己的童年和少年时代，终生落个"斯宾特里亚"的绰号[①]。人们认为，他父亲最初的晋升是以他失去童身的代价换来的。

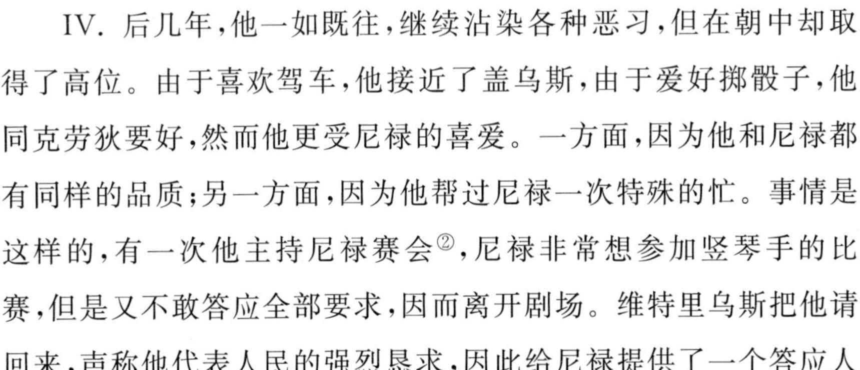

IV. 后几年，他一如既往，继续沾染各种恶习，但在朝中却取得了高位。由于喜欢驾车，他接近了盖乌斯，由于爱好掷骰子，他同克劳狄要好，然而他更受尼禄的喜爱。一方面，因为他和尼禄都有同样的品质；另一方面，因为他帮过尼禄一次特殊的忙。事情是这样的，有一次他主持尼禄赛会[②]，尼禄非常想参加竖琴手的比赛，但是又不敢答应全部要求，因而离开剧场。维特里乌斯把他请回来，声称他代表人民的强烈恳求，因此给尼禄提供了一个答应人

① 参见《提比略传》，XLIII. 1。

② 参见《尼禄传》，XII. 3 和 XXI。

民恳求的机会。

V. 这样，他深受三位皇帝的宠爱，因而不仅在政治上平步青云，而且还当上了最高祭司。后来，他作为代行执政官治理阿非利加行省（60A. D.），再担任公共工程总监，以不同的目的也得到了不同的声望。在行省，他连续两年（因为第二年他任自己兄弟的副将）都是特别廉洁的。而在首都任职期间，据说他盗窃和偷换神庙的供品和装饰品，以锡和黄铜替换了金银。

VI. 他同离任执政官之女培特洛尼娅[①]结婚后，她给他生了一个一只眼失明的儿子培特洛尼阿努斯。如果培特洛尼阿努斯摆脱了父亲的代理权，那么他就被指名为母亲的继承人，于是父亲让他独立自由，但是人们认为，不久父亲把他毒死了，并指控儿子企图弑父，断言由于受到良心的谴责，儿子饮下了为父亲准备的毒药。不久，他又娶离任大法官之女伽列里娅·冯达娜为妻。她给他生了一个儿子和一个女儿，但是儿子口齿不清，像是一个不会说话的哑巴。

VII. 伽尔巴把维特里乌斯派往下日耳曼尼亚行省，使人们感到意外。一些人认为，这件事应归功于一名很有势力的人物提图斯·维尼乌斯的帮助，很久以前维特里乌斯和维尼乌斯由于都受到竞技场上“蓝派”[②]的支持而结为好友。但是伽尔巴本人却公开

① 后来培特洛尼娅跟维特里乌斯离婚，改嫁多拉贝拉。多拉贝拉一心想让伽尔巴收为养子。维特里乌斯当上皇帝后，处死了多拉贝拉；参见塔西佗：《历史》，2，64。关于维特里乌斯之子日耳曼尼库斯的命运，参见本传 XVIII。关于他女儿的情况，参见《神圣的韦伯芗传》，XIV。

② 参见《卡里古拉传》，LV. 2 及注。

宣布，最不必担心那些只考虑食物的人，行省的财富可以满足维特里乌斯贪婪的胃口。因此十分明白，维特里乌斯所以被选中，与其说是受到皇帝的青睐，莫如说是受到皇帝的藐视。众所周知，临动 2
身时他没有路费，他是如此地缺钱，竟至租阁楼给留在罗马的妻子和孩子住，同时却把自己的全部房子在那一年的其余时间里出租给别人。为了筹集盘缠，他不得不典押母亲耳环上的一颗珍珠。一群债主把他包围起来，阻止他离去，其中还有西努埃萨和弗尔米埃两城的居民，因为他侵吞了他们的公共收入。他不得不通过恐吓、诈骗手法把他们赶跑。例如一名获释奴强烈要求他偿还债务时，他控告这名获释奴伤害了他，说他被这个获释奴踢伤了。直到从这个获释奴身上勒索了 50 000 塞斯特尔提乌斯才把他放走。

当维特里乌斯抵达目的地时，不满皇帝和意欲造反的军队将 3
两手伸向天空，热情迎接他的到来，因为他是三次担任执政官的人的儿子，风华正茂，温文尔雅，慷慨大方，犹如神赐的礼物。士兵们对他的过去已有好评，他新近的所作所为又进一步加强了这种信任关系。在整个行军路上，他热烈亲吻所碰见的普通士兵，在驿站和旅店，他对脚夫和旅行者特别和蔼，早晨他询问每个人是否吃过早饭，他还打饱嗝表明自己已经吃过了。

VIII. 进入军营后，他不拒绝任何人的请求。他还主动地使犯错误者免于羞辱，使被告人免于起诉，使判刑者免于惩罚。因此，不到一个月[①]，士兵们便不顾子丑寅卯（因为当时已经黄昏），

① 维特里乌斯于 68 年 12 月初到达日耳曼尼亚，叛乱是在 69 年 1 月初发生的。维特里乌斯的司令部在阿格里皮纳殖民地，今之科隆。

便急急忙忙地把他从卧室里拖出来，身上只穿一件内衣，他们欢呼
他为皇帝。然后，他们把他抬起来，走遍人口众多的乡村。他手持
一把神圣的朱里乌斯的出鞘的短剑，这把剑是在首次感恩时由一
个人从马尔斯神殿中取来递给他的。直到食堂中因火炉燃起大火
2 之后，他才返回司令部。当时大家十分震惊，觉得这是不祥之兆，
可是他却喊道："欢欣鼓舞吧，火光照耀着我们！"这是他对士兵的
唯一讲话。当从前背叛伽尔巴倒向元老院的上日耳曼行省的军
队①现在支持他时，他接受了全体一致要求送给他的称号"日耳曼
尼库斯"，但是谢绝"奥古斯都"头衔，永远拒绝"恺撒"的头衔。

IX. 后来，传来了伽尔巴被杀的消息。他安顿好日耳曼尼亚的事务，然后把军队分成两部分，一部分前去进攻奥托，另一部分由他亲自率领。先头部队出发时伴随着吉兆，因为一只鹰从右侧突然向他飞来，在军旗上面盘旋之后，徐徐地飞到行军队伍的前面。相反，他本人出发时，到处树立的他的骑马塑像突然倒掉，腿也折断了，他通过仪式郑重戴上的桂冠也落入溪流。稍后，当他在维恩纳②坐在法庭上主持审判时，一只母鸡落在他的肩上，然后又落在他的头上。③ 后来的结局同这些怪现象是一致的，因为他靠自己的副将赢得了政权，却没能靠自己保住它。

X. 关于贝特里亚库姆的胜利和奥托之死的消息，他是在高卢听到的。他通过一道敕令毫不犹豫地遣散全部近卫军大队，因为

① 关于上日耳曼行省的军队，参见《伽尔巴传》，XVI。

② 维恩纳，高卢南部一城镇，位于罗纳河上，今法国维恩。

③ 参见本传 XVIII 的解释。

他们树立了一个反复无常的榜样。[①] 他命令他们将武器交给其司
令官。其次，他发现曾有120名近卫军士兵在杀死伽尔巴后向奥
托递交呈文，要求奖励他们的功绩；他命令将他们逮捕起来，并处
以死刑。这些行动都是值得称赞的、高尚的，使人感到他将成为一
个伟大的皇帝。然而，他的其他行动更符合于他的性情和以往的
生活习惯，而与皇帝的庄严相悖。出征开始后，他按照凯旋将军的 2
样子穿越所经城市的中心，乘坐饰有各种花环的极其豪华的大船
在河上航行。他花天酒地，对宫中或军中的纪律不闻不问。他把
所有自己的随行人员的抢劫和放荡统统视为儿戏。这些人对各地
用公款为他们举办的宴会并不满足。他们随心所欲地释放奴隶，
动辄鞭笞不顺意者，常有些人被打得遍体鳞伤，有些人甚至竟然被
打死。当他来到交战过的战场时，面对腐烂的尸体，一些人感到毛 3
骨悚然，而他却鼓起勇气激励大家，其语令人恶心："敌人的尸体飘
香，我们公民的尸体更芬芳。"然而，他还是当众喝下许多浓酒，还
把一些酒分发给士兵，以压一压强烈的臭味。他凝视着为纪念奥
托刻写的石碑，同样虚伪而傲慢地说道："奥托应有这样一个陵
墓！"同时派人把奥托用以自杀的那把匕首送往阿格里皮娜殖民
地[②]，献给战神马尔斯。他还在亚平宁山上举办了一次通宵庆祝
会[③]。

① 背叛伽尔巴拥立奥托。

② 今天的科隆。——英译者

③ 比读塔西佗关于维特里乌斯行军的描述，参见《历史》，2，62。另据《历史》，2，68记载在提奇努姆的狂饮过程中，军团和辅助军队几乎酿成厮杀。又据《历史》2，70记载，维特里乌斯是在贝特里亚库姆战役约40天后参观该地的，当时那里仍然武器狼藉，烂尸遍地。

XI. 最后，他身着将军服装，腰佩短剑，在军旗的簇拥中，迎着军号声进入罗马城。[①] 他的随从将校披着行军斗篷，士兵们手执明晃晃的战刀。

2 从此以后，他越来越蔑视人神之法。他竟然在阿里亚灾难日[②]接受最高祭司的职务，任命了此后10年的官员，宣布自己为终身执政官。[③] 为了不给任何人留下他为国家政体选择何种模式的疑义，他在马尔斯广场中央，在大批国家祭司的参与下，向尼禄献了祭礼。一个弹唱者受到了欢迎。他当众鼓励他演唱《君主御作》中的[④]某部作品。当弹唱者开始演唱尼禄的歌词时，维特里乌斯第一个为他鼓掌，甚至高兴得跳起来。

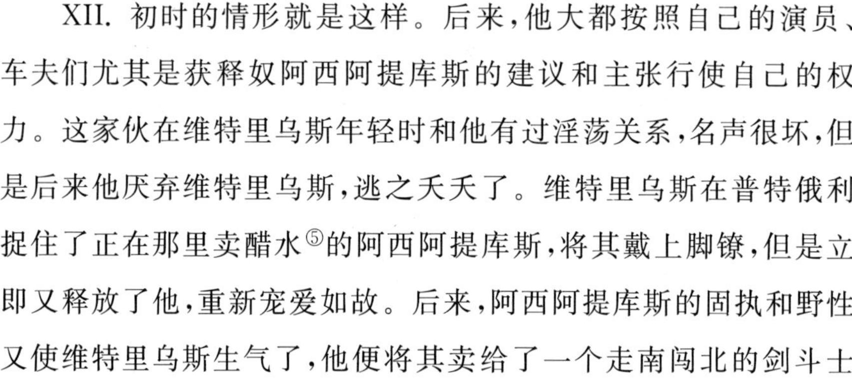

XII. 初时的情形就是这样。后来，他大都按照自己的演员、车夫们尤其是获释奴阿西阿提库斯的建议和主张行使自己的权力。这家伙在维特里乌斯年轻时和他有过淫荡关系，名声很坏，但是后来他厌弃维特里乌斯，逃之夭夭了。维特里乌斯在普特俄利捉住了正在那里卖醋水[⑤]的阿西阿提库斯，将其戴上脚镣，但是立即又释放了他，重新宠爱如故。后来，阿西阿提库斯的固执和野性又使维特里乌斯生气了，他便将其卖给了一个走南闯北的剑斗士

① 据塔西佗(《历史》,2,89)的说法，维特里乌斯接受廷臣的建议，在进城时脱掉军大衣，改穿元老托迦，他不愿意把自己打扮成罗马的征服者。

② 公元前390年6月18日，罗马人在阿里亚被高卢人打得大败，这一天称阿里亚灾难日，罗马人认为在这一天从事各种国事都是不吉利的。

③ 由于皇帝不断更换，三名皇帝各自任命自己的亲信掌权，所以69年12个月共更换15名执政官。

④ Dominicus(Liber)是用于尼禄作品集的名字。——英译者

⑤ 醋水(posca)是一种常见的民间饮料。

老板。可是有一次，他被安排表演最后一场，维特里乌斯突然将他拐走了，最后在到达自己的行省时，将他释放为自由人。在当上皇帝的第一天，维特里乌斯便在一次宴会上赠给他一枚金指环，虽然早上大家对此有过一致要求，那时他还对凌辱骑士等级的这种动议十分生气呢！

XIII. 但他的突出特点是奢侈和残忍。他经常一天分 3 次饮
宴，有时分 4 次：早宴、午宴、晚宴和长夜饮宴。由于服了催吐剂，
所以每次饮宴他都吃得进去。在同一天内，他分别让各种人物为
他举办这三四次宴会，每场宴会花费都不少于 40 万塞斯特尔提乌 2
斯。[①] 最著名的一次宴会是他的兄弟为庆祝他进城而准备的。据
说，为这次宴会购置了 2000 尾精选的鲜鱼和 7000 只飞禽。然
而，他本人奉献给女神米涅尔娃的供盘足以使这次宴会黯然失色。
为了说明这个食盘之大，他称之为“罗马守护神米涅尔娃的盾
牌”。[②] 他把海鱼肝、野鸡和孔雀的脑髓以及红鹤的舌头和鳝鱼的
奶汁在盘中拌在一起。从帕提亚到西班牙海峡[③]，他四处派遣水
手和三列桨船队寻找这些珍品。他贪吃不知限量，既不分时间，也 3
不顾体面，甚至在献祭或旅途中也不能克制自己。他从祭坛上抓
起几乎刚离火的肉块和大饼，就地狼吞虎咽。至于在沿途酒店，他
连烟熏火燎的食物，乃至昨日的残羹剩饭也不嫌弃。

---

① 在维特里乌斯统治的短短几个月内，用于大吃大喝的费用竟达 9 亿塞斯特尔提乌斯。

② 普林尼说，维特里乌斯的盘子价值百万塞斯特尔提乌斯。为了制造这个盘子，只好修一座露天熔炉。盘子是用银子铸成的，最初保存在神庙中，后来存入哈德良金库；参见《自然史》35,46,163。

③ 也就是从罗马帝国的东部边界到西部边界。——英译者

XIV. 维特里乌斯不分青红皂白滥杀和体罚无辜之人。他通
过各种欺骗方法把显赫人物、同窗好友和同龄人诱入宫中,花言巧
语地说愿同他们共政,然后用各种卑鄙的手段将他们处死。他甚
2 至亲手往一杯凉水中下毒药,害死一名身患热病请求喝凉水的人。
凡在罗马向他讨债或在途中向他征税的高利贷者、立约人和包税
人,几乎没有哪一个得到他的宽恕。有一个人在正向他请安时,被
他交付处死,但随即又被召回,所有的廷臣齐声称赞皇帝的仁慈
时,这时他命令当面将其杀死,说道:“寡人想一饱眼福!”还有一
3 次,两个儿子为父亲请求赦免,他把他们和父亲一起处死了。当一
名罗马骑士被拖赴刑场时,向他喊道:“你是我的继承人!”维特里
乌斯勒令其出示遗嘱。当他看到遗嘱规定,该骑士的一名获释奴
和他共同继承遗产时,命令把这名骑士连同那个获释奴一道处死。
只因一些平民公开说竞技场上“蓝派”的坏话,他便处死了他们,他
认为他们敢于这样做是因为他们蔑视他本人和有更换统治者的愿
4 望。维特里乌斯特别仇恨说疯话的小丑①和占星术士,一旦有谁
受到指控,他便不加审判地将其处死。最令他恼羞成怒的是,他命
令占星学家务于10月1日前离开罗马和意大利,敕令发布之后,
立即就有人张贴传单,上书:“神赐福于社稷!但愿维特里乌斯·
5 日耳曼尼库斯如卡尔戴伊人宣布的那样②,在10月1日前一命呜
呼!”人们甚至怀疑他的母亲是他害死的。那时他的母亲病了,他

① 原文vernaculus,来自verna(家生奴)。马提阿尔(10,3,1和1,41,2)用这两个词时,意指“说笑话打诨之人。”本文将vernaculus同mathematicus(占星者)连用,以及下文只讲占星术士,似乎暗示他们的说笑里含有关于这位皇帝的预言。

② 迦勒底人(Chaldaei)是古代广为流传的给占星术士和巫师的绰号。

禁止给她食物，因为他像相信神谕一样相信了一名卡狄人妇女的预言：如果他的父母死在他之前，他的政权就能巩固和长久。① 另一些人说，他的母亲是由于厌恶腐败的现实和害怕面临的危机自杀的。她向儿子要一些毒药，没怎么费力就得到了。

XV. 在他统治的第八个月，美西亚诸行省和潘诺尼亚行省的军队背叛他，后来，海外的犹太和叙利亚行省的军队也背叛了他。这些军队向韦伯芗宣誓效忠，前者通过信函，后者当着他本人的面。为了得到其他军队的忠诚和好感，他不再吝惜国家的和自己的财产。他还在罗马宣布征兵，向志愿者许诺，不仅胜利后准许他
们解甲归田，而且还给他们老兵的退役金和特权。后来，当敌人从 2
陆地和海上向他发动进攻时，②他派遣自己的兄弟率领一支由新兵和角斗士组成的舰队抵抗一路敌人，派遣曾在贝特里亚库姆作过战的军队和将领前去阻击另一路敌人。可是他到处失利，不是被击溃，就是被出卖，于是他同韦伯芗的兄弟弗拉维乌斯·萨宾努斯达成协议，规定他可以保住自己的性命和1亿塞斯特尔提乌斯③的财产。于是，他站在宫殿的台阶上，面向大批集合起来的士兵，立即宣布放弃自己本来就不情愿接受的权力。可是，当全场同

① 卡狄人(Chatti)是日耳曼人的一个部落。关于日耳曼妇女的先见之明，塔西佗也有描写，参见《日耳曼尼亚志》，8。

② 敌人从海上进攻，也就是从坎佩尼亚。在那里美西亚舰队和沿海城市倒向韦伯芗。维特里乌斯先派克劳狄乌斯·朱里安努斯率一批角斗士前去进攻敌人。朱里安努斯背叛后，他又派自己的兄弟鲁基乌斯·维特里乌斯前去抵抗。

③ 维特里乌斯希望萨宾努斯同韦伯芗暗斗。他们在阿波罗神殿签订协议。证人是尼禄时代的两名执政官科鲁维乌斯·卢佛斯和西利乌斯·意大利库斯。前者是历史家，后者是诗人，参见塔西佗：《历史》，3，65。

声抗议之后，他把这件事推迟了。一夜过去，天刚破晓，他身穿丧
服，来到船首讲坛前面，两眼含满泪水作了同样的宣布，不同的只
3 是这次是按书面发言稿讲的。士兵和人民再次打断他的讲话，劝
他不要丧失信心，争先恐后地向他保证一定给予全力支持。这时，
他再度鼓起勇气，出其不意地向丧失戒备的萨宾努斯和弗拉维氏
族的其他成员发动进攻，把他们赶上卡庇托尔，然后放火烧毁了至
尊至大的朱庇特神庙①，并将他们全部消灭。此时，他在提比略宫
中一边饮宴，一边观看战斗和大火。时过不久，他开始悔恨自己的
行动，归罪其他人。他召开人民大会，自己发誓，同时也强迫其他
4 人发誓说，在他心中没有什么比社会安定更神圣的了。然后，他从
腰间解下一把匕首，首先把它递给执政官，遭到拒绝后，又把它递
给高级行政官，接着逐一递给元老们，②但是没有一个人接受这把
匕首。于是，他起身离去，仿佛想把匕首放入协和神殿，但是当有
人高呼说他本人就是协和之神时，他返身回来，宣布说，他不仅愿
保留这把匕首，而且愿接受协和之神的称号。

XVI. 他还劝说元老院派遣使者和维斯塔贞女前去求和，或者至少说定谈判时间。

第二天，当他正在等待答复时，侦探传来了敌人临近的消息。于是，他立即坐上肩舆，带上两名侍从、一名糕饼师和一名厨子，秘密地赶到他父亲在阿芬丁的家，企图从那里逃往坎佩尼亚。③ 不

① 参见塔西佗：《历史》，3，71。

② 这是他愿意放弃对人民的生杀大权的一种姿态；参见塔西佗：《历史》，3，68。——英译者

③ 维特里乌斯想逃往坎佩尼亚，因为他的兄弟正在那里作战。

多时，传来一个虚无缥缈的小道消息，仿佛和平已有可能，于是，他同意送他重返宫殿。当发现宫中遍地狼藉、侍从纷纷逃散时，他系上满装黄金的腰带，躲进看门人的小屋，门口拴一只狗，再堵上一张带床垫的卧榻。

XVII. 先头部队已经闯入宫中，没有遇到任何人拦阻，于是像往常那样，开始仔细搜查每个地方。人们把他从藏身处拖了出来，问他叫什么名字，问他是否知道维特里乌斯在什么地方，因为人们不认识他。他编造谎言想骗过人们，可是很快便被认了出来。[①]他不停地乞求，但还被暂时监禁起来。投入监狱后，他声称有涉及韦伯芗安全的话要说。最后，人们将他的双手反绑，用绳子套住他的脖子。他的衣服已经破碎不堪，身体半裸在外，就这样被拖往广场。圣路两旁的人群百般地嘲骂他。人们揪住他的头发向后拉他的脑袋，就像对待所有罪犯一样。人们还用刀尖顶住他的下巴颏，
不让他低头，好让人们看清他的面孔。[②] 一些人向他身上投掷脏 2
物和粪便，另一些人称他是纵火犯和饕餮，还有一些平民揶揄他体形丑陋。的确，他的身躯异常高大，而且因酗酒之故面孔总是紫红颜色。他大腹便便，一只大腿微跛，因为有一次在他为盖乌斯的马车作向导时，大腿被四轮赛车撞成了残废。最后，在格马尼埃[③]，人们长时间地折磨他，然后杀死了他，把他用铁钩拖入第伯河。

---

① 一名大队长朱里乌斯·普拉奇都斯活捉了维特里乌斯。

② 在他所讲的话中只有一句表明他的精神还不是卑鄙的，因为当一名司令官侮辱他的时候，他回答说："要知道我曾是你的皇帝。"（塔西佗：《历史》，3，85。）

③ 格马尼埃，号称"哭梯"，这是从卡庇托尔通向第伯河的斜坡，沿着这个斜坡，罗马人常用钩子把被杀者的尸体拖进第伯河。

XVIII. 他同自己的一个兄弟和一个儿子一起被杀，时年57岁。[①] 如前所述，那些在维恩纳观察关于他卜兆的人的预言实现了。[②] 他们曾预言，维特里乌斯必将落入高卢地区的某个人之手。事实果然如此，他是被一名反对派首领安东尼·普里姆斯杀死的。此人生于托洛萨，小时候的绰号是贝科，其意为"公鸡嘴"。

① 维特里乌斯死于69年12月20日。

② 参见本传IX；预言仍以gallus一词的两种含义，即"公鸡"和"高卢人"为基础。托洛萨(Tolosa)系高卢南部一城市。

第八卷 神圣的韦伯芗传、神圣的提图斯传、图密善传

神圣的韦伯芗[①]传

I. 经过暴乱和三名皇帝连续暴死之后，弗拉维家族终于控制了长期动乱的帝国，并使之趋于稳定。这个家族虽不出名，也不供祖先肖像[②]，但无愧于我们的国家，尽管人们普遍认为贪婪残忍的图密善理应受到惩罚。

提图斯·弗拉维乌斯·培特罗是列阿特城人，在内战中是 2
庞培方面的百夫长或超期服役的老兵，法萨卢战役后逃回家中，后来获得了赦免和退伍优待，并开始从事收集钱币的买卖。他的儿子萨宾努斯没有当过兵（不过有些人说他曾当过一级百夫长，另一些人说他因身体不佳在当步兵大队长时退伍的），但曾在亚细亚负责征收 1/40 的国税[③]。那里后来还可以见到亚细亚城市为纪念他而树立的塑像，上面的题词是："献给廉正的收税

---

① 即维斯帕西亚努斯。史书惯译：韦伯芗。

② 家屋的正厅摆放祖先的肖像只是贵族阶级的特权。起初是氏族贵族的特权，后来，凡是祖先担任过国家官职的人都拥有这种特权。

③ 这是 2.5%的进出口税；对比《神圣的朱里乌斯传》，XLIII. 1。——英译者

3 人。”[①]后来，他在赫尔维提人地区放高利贷[②]，并在那里逝世，留下妻子维斯帕西娅·波拉和两个儿子。大儿子撒比努斯后来成了罗马市长，小儿子韦伯芗当上了皇帝。波拉出身于努尔细亚的名门望族。她的父亲维斯帕西乌斯·波里奥三次任军团司令官和营地长官。[③] 她的一个兄弟是大法官衔的元老。从努尔细
4 亚到斯波列提乌姆途中第六里程碑附近的一座山顶上，有个地方叫维斯帕西埃。在那里，维斯帕西乌斯家族的许多纪念碑至今犹存。[④] 这有力地证明了这个家族的古老和光荣。我不否认，有些人曾经说过，培特罗的父亲出生在波河以北地区，做过包工头，招收每年定期从温布利亚到萨宾地区来打短工的人，让他们在这里耕种土地，但是后来在列阿特城定居下来，并在那里娶了妻子。关于这一点，尽管我作了一切努力，却未能找到任何证据。

II. 克文图斯·苏尔比基乌斯·卡麦里努斯和盖乌斯·波贝乌斯·萨宾努斯任执政官之年，奥古斯都逝世前 5 年的 11 月 17 日(9A. D.)的晚上，韦伯芗出生在萨宾地区列阿特附近的一个名叫法那克里那的小城镇。他是由祖母特尔杜拉在科萨[⑤]附近的田园中扶养成人的。因此他当上了皇帝之后，仍然常去看望自己的故居。他让自己的别墅保持原貌，因为他不愿失去业已看

① 刻有这一铭文的塑像底座是在罗马发现的，根据字形判断，属较晚时期。

② 赫尔维提人是现在瑞士领土上的古代凯尔特部落。

③ 营地长官是一个荣誉职务，通常授给有出色表现的一级百夫长。

④ 维斯帕西埃之名保存在维斯比奥山名之中，但苏维托尼乌斯所说的纪念碑迄今尚未被发现。

⑤ 科萨是伊特拉里亚港口城市，距罗马 120 公里。

惯的任何东西。他怀念祖母，每逢宗教节日，他总是用她留下的小银杯饮酒。

虽然他的兄弟已取得了宽边元老服装[①]，但他在接受成人托 2
加之后长时间不愿穿这种元老服。最后，只有他的母亲才使他接受了这种服装，然而她是通过训斥催逼他这样做的，不是通过恳求和父母的权威。她经常骂他，说他成了自己兄弟的马前卒。[②]

他曾在色雷斯任军团司令官，曾作为财务官通过抽签被派 3
往克里特和昔勒尼行省[③]，曾先后竞选营造官和大法官，在当选前一官职之前，曾遭到一次失败，后也仅以第六名当选(38A. D.)，[④]但是在争取后一官职时，第一次竞选便取得了成功，并名列前茅。在任大法官时(39A. D.)，他不放过讨好盖乌斯的机会，那时盖乌斯同元老院之间关系不好。例如他请求举行一次特别赛会以庆祝这位皇帝在日耳曼的胜利[⑤]。他还曾建议对阴谋者[⑥]加重惩罚，除了其他惩处外，他建议对阴谋者的尸体不予埋葬。他还当着元老们的面感谢皇帝赐给他参加午宴的荣誉。

III. 与此同时，他与弗拉维娅·多密提拉结婚。这位女人原是一名出身于阿非利加行省萨布拉塔的罗马骑士斯塔提里乌斯·

① 为了较早地接触政治生活，元老之子在穿上成年的托加之后，应立即穿宽边元老服装；对比《神圣的奥古斯都传》，XXXVIII. 2。

② anteambulo 是行于保护人的前面，为之开路的依附民。——英译者

③ 克里特和昔勒尼当时合为一个行省。

④ 第六名是最后一名。

⑤ 关于卡里古拉在日耳曼的胜利，参见《盖乌斯·卡里古拉传》，XLIII，XLIV。

⑥ 雷必达和盖图里库斯。——英译者

卡贝拉的情妇。起初她只有拉丁公民权，但是后来，由于她父亲的申辩，在一次公断法庭上被宣布为自由人之女和罗马公民。她的父亲弗拉维乌斯·利贝拉里斯出生于弗伦提·乌姆，仅作过财务官的秘书。韦伯芗同她共生 3 个孩子：提图斯、图密善和多密提拉。他的妻子和女儿都死在他之前，他失去她们时还是一名普通公民。妻子死后，他重新同从前的情妇采尼丝同居。采尼丝是安东尼娅[①]的获释奴和誊写员，甚至做了皇帝后，他还几乎把她当作合法妻子对待。

IV. 在克劳狄统治时期，由于那尔奇苏斯[②]的帮忙，他被派往日耳曼任军团副将，后来从那里转战不列颠。在不列颠同敌人进行了 30 次战斗，征服了 2 个强悍部落，20 多个城镇和不列颠附近的维克提斯岛[③]。在这些战争中，有时他归执政官级的总督奥鲁
2 斯·普劳提乌斯统辖，有时直接归克劳狄本人指挥。因上述战功，他荣获凯旋服饰。此后不久，他又获得两个祭司职务[④]。最后，他担任了执政官，但只是那年的最后两个月（51A. D.）。[⑤] 此后直到担任代行执政官之前这段时间，他一直过着悠闲和隐居的生活，他惧怕阿格里皮娜，因为她在儿子面前仍有很大影响，并仇视那尔奇苏斯的朋友，甚至在那尔奇苏斯死后也如此。

3 通过抽签，他当选为阿非利加总督（63 A. D.），在这里他清廉

---

① 克劳狄皇帝之母。

② 克劳狄的私人秘书和获释奴。

③ 今之怀特岛。

④ 大祭司和占卜师。

⑤ 韦伯芗是 51 年最后一名补选执政官。

公正，享有很高声望[1]，只有一次除外，那时正值哈德鲁米图姆人起义，他们向他身上扔萝卜。确凿的事实是，当他离任返回罗马时，并未变富。鉴于债主对他的信任几乎丧失殆尽，他不得不把全部地产抵押给自己的兄弟，然而为了挣钱维持自己的地位，他只好屈尊从事贩骡贸易[2]，因此，世人称他为“骡贩子”。据说，他从一名青年人手中受贿20万塞斯特尔提乌斯，不顾自己父亲的意志，给这个青年人谋取一件元老服。为此受到了严厉谴责。

在伴随尼禄漫游希腊期间，他惹下了弥天大祸，因为皇帝唱歌 4
时，他不断地出出进进，即便在场，也总是打瞌睡。结果他遭到驱逐，不仅不得伴随皇帝左右，还不得觐见皇帝[3]。他退居到一个偏僻小镇过隐居生活，而且为自己生命提心吊胆，这种局面一直持续到他突然取得一个行省和一支军队。

在整个东方流传着一个古老而坚定的信念，即命运注定：那个 5
时候从犹太来的人必将统治世界。后来的事件表明，这个预言里指的是罗马皇帝[4]。可是犹太人却认为指的他们自己，因此，他们举行暴动，杀死了他们的总督，赶跑了从叙利亚前来援救的执政官级副将，并夺取了一面罗马鹰旗。为了镇压这次起义，需要大量军

① 塔西佗的说法与此恰恰相反，在阿非利加，维特里乌斯是一名公正的和令人喜爱的总督，而韦伯芗则是一名令人憎恶的和臭名昭著的人，因此，在内战中阿非利加行省支持维特里乌斯；参见《历史》，2，97。

② 古罗马禁止元老经商，贩骡贸易被认为是特别可耻的。

③ 禁止觐见皇帝是即将遭到严惩的预兆；参见塔西佗：《编年史》，15，23 和 16，24。

④ 参见塔西佗：《历史》，5，13 和约瑟普斯·弗拉维乌斯：《犹太战争史》，2，18—19。

队和一名有胆量的统帅，这个人选必须不仅胜任指挥这么大的一
支军队，而且不会拥兵跋扈。韦伯芗被选中了。既因为他是一名
久经磨炼的勤奋之士，也因为他是一名不必担心之人，因为他本人
6 和他的家族都不算显赫。他给犹太驻军增补 2 个军团、8 个骑兵
大队和 10 个步兵大队[①]，提拔自己的长子为副将。他一到这个行
省，便得到了邻近行省的好感。因为他立即整顿军纪，并非常勇敢
地打了两仗。在围攻一个要塞[②]时，他的膝盖被石头打伤，好几支
箭射穿了他的盾牌。

V. 尼禄和伽尔巴死后，奥托和维特里乌斯进行争夺王位的战争时，韦伯芗开始想当皇帝。由于出现过下列一些奇兆，所以他其实早已怀有这种野心：

2 在罗马郊外，弗拉维家族的地产上，有一株献给马尔斯神的老橡树。维斯帕西娅三次生育时，每次橡树干都突然长出新枝，明显地预示了每个婴儿的未来。第一枝长得很柔弱，不久便干枯了。这次生的女孩正是这种情形，一年不到，便死掉了；第二枝长得又壮又长，象征着巨大的成功，然而第三枝更似一棵树。因此，据说他的父亲萨宾努斯由于又受到占卜的鼓舞，向自己的母亲说，她已经有了一个将来能当上皇帝的孙儿。可是他的母亲只是报以哈哈大笑，她感到莫明其妙，为什么她自己还头脑清楚，儿子却在胡言乱语。

3 后来，在韦伯芗当营造官时，盖乌斯·恺撒对他不关心街道的

---

① 8 个骑兵大队和 10 个步兵大队很可能是辅助部队。

② 约瑟普斯所保卫的约塔巴迪；参见约瑟普斯：《犹太战争史》，3，6，22。

清洁卫生十分恼怒，命令士兵往他的元老托加前襟里堆泥土。于是，有些人便把这事解释成预兆。他们说，总有一天，由于某种国内动乱，国家将被蹂躏，被抛弃，但是它将受到韦伯芗的保护，就像泥土堆进他的怀抱一样。

有一次，当他正在吃早饭时，一只野狗从十字路口给他叼来一 4
只人手，并扔在他餐桌底下。[①] 另一次，他正在吃饭，一头犁地的
牛挣脱牛轭，闯入餐厅。仆人们一哄而散，突然，牛四肢瘫软，跌倒
斜倚在桌旁的韦伯芗脚旁，在他面前弯下脖子。又，他祖父地产上
的一棵柏树，并未遭到狂风袭击，却连根拔起。第二天，这棵倾倒
的柏树不仅重新立起来，而且更加郁郁葱葱，挺拔茁壮。

在希腊，他梦见，一俟尼禄的牙齿被拔掉，他和他的家族就要 5
开始交好运。第二天，果真一个医生走进大厅，给他看刚刚拔出的
牙齿。

在犹太，他向卡尔梅尔神请求神谕[②]时，谶语使他受到鼓舞： 6
不管他有什么计划和愿望，它们又是多么大胆，神谕保证它们必将
实现。他的一个出身贵族的俘虏，名叫约瑟普斯，在被戴上脚镣
时，斩钉截铁地说自己将被日后成为皇帝的这同一个人释放。从
罗马也曾传来过一个带有预兆的消息，说尼禄死前不久在梦中受 7
到劝告，要他把至尊至大的朱庇特的神车从其所在的神殿运到韦
伯芗家中去，然后再从那里运往大竞技场；又，时过不久，当伽尔巴

① 手被认为是权力的象征，拉丁文 manus（手）经常用于 potestas（权力）之意义。——英译者

② 卡尔梅尔神是古代腓力斯丁人的战神。卡尔梅尔神托所设在福尼西亚的卡尔梅尔山上。

去参加选举他为第二次执政官时，神圣朱里乌斯的塑像自动面向东方；[①]在贝特里亚库姆战役开始之前，大家看到两只鹰的厮斗。一只鹰斗败后，从日出方向突然飞来第三只鹰，又把胜利者赶跑了。

VI. 虽然自己的士兵已做好了准备，甚至跃跃欲试，但是身居遥远地区的他在不了解士兵突然表示支持之前，没有采取任何行动。

2 驻扎在美西亚的军队共 3 个军团，其中 2 000 人受遣支援奥托。路上，他们听说奥托已被打败自杀，但是仍然继续行军到阿奎利亚，因为他们不相信这种传闻。在那里，他们利用时局的这种混乱状态，大肆进行各种抢劫活动。后来，他们因担心如果返回原地，必须作出交代和接受惩罚，于是决定选择拥立一名新皇帝，他们说西班牙军队已经拥立伽尔巴为皇帝，近卫军拥立奥托为皇帝，日耳曼军队拥立维特里乌斯为皇帝，自己没有什么不如其他军队的。[②] 因此，他们开列了所有执政官级的行省总督的名字，也不管他们在什么地方服役。由于其他的人选因种种原因一一被他们否决了，又由于在尼禄临死之前才从叙利亚调来美西亚的第三军团某些士兵高度赞扬韦伯芗，于是他们一致同意拥立韦伯芗，并立即把他的名字写在所有军旗上。然而，当时他们的行动受到阻止，并暂时恢复了服从。但是，他们举动的消息传开了，埃及总督提比略·亚历山大首先于 7 月 1 日让自己的军团宣誓效忠于韦伯芗，

① 据普鲁塔克(《奥托传》,4)说，这个征兆发生在奥托统治时期。

② 塔西佗描写了美西亚军队的想法，“反对维特里乌斯的罪行在韦伯芗面前可以成为功劳”。参见《历史》,2,85。

这一天后来成了他的即位纪念日。接着，驻犹太的军队也于7月11日向他本人宣誓。[①]

事变的进程被下列因素大大推动起来。已故奥托给韦伯芗一 4
封信的副本（不知这封信是真的，还是伪造的）被传阅开来，奥托的最后恳求是要韦伯芗替他报仇，并期望韦伯芗拯救国家。同时，流言四起，仿佛维特里乌斯打算胜利后调换军团的冬营地，把驻扎在日耳曼的军团调到比较安全平静的东方。最后，行省总督中有个叫李锡尼乌斯·穆奇阿努斯的人，他放弃了至此仍很明显的嫉妒心和敌意，答应把叙利亚军队交给韦伯芗。在诸国国王中，帕提亚国王沃洛盖苏斯答应给韦伯芗4万名弓箭手[②]。

VII. 内战就这样开始了。韦伯芗先派将军们率领部队进军意大利，他亲自跨海占领亚历山大里亚，以控制通向埃及的咽喉地[③]。他撇开随从，只身走进塞拉皮斯神庙，试图通过占卜看看自己的权力是否巩固。在向神作长时间的祈祷之后，他转过身来，恍惚看见他的获释奴巴西里德斯像往常一样给他送上圣橄榄枝、花冠和糕饼，但他心里明白，巴西里德斯远在外地，因患风湿症几乎不能行走，而且即使在身边也不会有人让他进来。不久，信使传来消息：维特里乌斯的军队在克列蒙那被击溃，本人也在罗马被杀。

可是，韦伯芗还缺少权威和一定的尊严，也就是说，当时他还 2

① 提比略·亚历山大在埃及有2个军团，韦伯芗在犹太有3个军团。亚历山大里亚驻军向他宣誓的日期为69年7月1日，犹太驻军为7月11日（但据塔西佗《历史》2,79，为7月3日）。

② 韦伯芗拒绝了沃洛盖苏斯的帮助。

③ 塔西佗称埃及为供应罗马粮食的要地；参见《历史》，2,82。

是一名被出人意料地新扶上台的皇帝，但是这两者很快也得到了。一天，当他坐在中军帐前时，有两个人同时走到他跟前，其中一人是瞎子，另一人是瘸子。他们请求他照塞拉皮斯神在梦中许诺他们的那样，帮助他们恢复健康，因为神曾宣布，如果韦伯芗向瞎子眼睛上吐唾液，眼睛就会重见光明；如果他用脚跟接触瘸子的大
3 腿，大腿就会强壮起来。他对自己的成功不抱任何希望，甚至连尝试一下都不敢。但在朋友们的鼓励下，他终于当众公开试验了这两件事，结果都很成功。[①] 在同一期间，在阿尔卡底亚的特盖亚的一个祭祀地，按照预言者的指示，挖出一些古制花瓶，瓶上有一画像颇似韦伯芗。

VIII. 韦伯芗在这样的吉兆之下，带着如此巨大的荣誉返回罗马。在庆祝对犹太人的胜利之后，他第八次出任执政官(70 A. D. ,71A. D. ,72A. D. ,74A. D. ,75A. D. ,76A. D. ,77 A. D. ,79A. D.)。他还担任了监察官[②]。在其统治的全部时间里，他认为首先应当使动荡不宁和几乎被颠覆的国家安定下来，然后再使之繁荣昌盛，此外再没有什么比这更重要的了。

2 军队到了放纵不羁，胡作非为的程度，一部分军队由于胜利趾高气扬，专横跋扈，另一部分军队则因可耻的失败痛心疾首，怨气

① 塔西佗引用弗拉维王朝灭亡后尚存的目击者的话证实了韦伯芗治愈疾病的故事。他引用了医生的建议，“如果能够治愈，那将是皇帝的光荣，如果失败的话，人们只能嘲笑他们”；参见《历史》，4，81。关于用唾液治愈眼睛的传说，普林尼也曾提到过，参见《自然史》，28，37；比较《新约全书·马可福音》，8，23。皮洛士国王曾用右脚拇指触碰之办法治愈了肝病，参见普林尼：《自然史》，7，2，20 和普鲁塔克：《皮洛士传》，3。

② 韦伯芗任执政官职分别为 70—72，74—77 和 79 年，每次其共治者都是提图斯。他任监察官大概在 73 年或 74 年。

冲天。行省、自治市和某些王国也处在内部对抗的状态。因此，他
遣散和处死许多维特里乌斯的士兵，对立过战功的士兵，他也不过
分恩赐，甚至迟迟不发规定的赏银。他不放过整顿军队的任何机 3
会。一个青年人浑身散发香水气味前来感谢皇帝对他的任命，韦
伯芗轻蔑地转过头，严肃地责备道："你最好散发大蒜味！"于是，他
取消了任命。水兵们经常徒步往返于奥斯提亚与罗马或普特俄利
与罗马之间[①]，他们要求拨给他们买靴子的钱。韦伯芗似乎很少
不作答复便放过他们，他命令，从此以后他们必须赤脚走路。从那
时起，他们果然照办了。

他取消亚该亚、吕西亚、罗德斯、拜占廷和萨摩斯的自由，同时 4
他还把迄今由国王统治的色雷斯的[②]西里西亚和科马根尼变为行
省。由于蛮族的不断入侵，他给卡巴多西亚增派了军团，并给那里
指定了一名执政官级的总督以代替一名罗马骑士。

由于从前的大火和断壁残垣，首都变得丑陋不堪。如果地产主 5
对空地不加利用，他允许任何人占用和在上面建筑房屋。他亲自开
始重建卡庇托尔[③]，第一个动手清除瓦砾残骸，用自己的肩膀[④]把
垃圾背走。他着手恢复与神庙一起被毁的 3 000 铜表，遍查副本。
这是最珍贵、最古老的帝国档案，包括了几乎从罗马建城起的有关
同盟、条约和授予个人特权的所有元老院决定以及平民决议。

---

① 在奥斯提亚和普特俄利两个港口，由水兵组成消防队，负责保护粮食仓库免受火灾的威胁，其中部分消防队员轮流在罗马值班。——英译者

② 或"特拉奇亚的"。

③ 69 年大火后，恢复档案馆的委员会由图密善和穆奇阿努斯领导，在韦伯芗尚未返回罗马之前便开始了恢复卡庇托尔的工作。

④ 原文 suo collo，意为"用自己的颈项"。

IX. 他还着手一些新建工程：市心广场附近的和平之神庙，凯里乌斯山上献给神圣克劳狄的神庙，后者由阿格里皮娜开始建筑，但几乎被尼禄完全毁掉了。最后，还有罗马市中心的大圆形竞技场[①]，正如他所打听到的，这一设计早在奥古斯都时期就已经确定。

2 由于各种各样的死亡，两个高等级的人数减少了，同时由于长期遭受贬抑，他们的地位也下降了。他清查了这两个等级，补充了他们的人数。他重新登记元老和骑士，清除最腐败的分子，并将意大利人和行省居民中最有威望的人遴选出来。为了让人们知道这两个等级的差别主要是在尊严方面，而不是在特权方面，他在一造是元老另一造是骑士的一次诉讼中这样宣布："不可以对元老出言不逊，但是以辱骂回击他们的辱骂合情合法。"[②]

X. 诉讼案件到处都极度地增加：由于法庭审判曾长期中断[③]，旧案悬而未决；又，由于时局动荡，新案也多了起来。对此，他通过抽签办法选定一批特派员，责成他们向受害者归还战争期间被侵夺的财产，优先审理属于百人法庭[④]的案件，并尽快了给它们，因为如果通过正常诉讼程序争讼人的寿命显然不够用。

XI. 奢侈和淫荡之风无法阻止、大肆蔓延。因此，他让元老院公布命令，凡与他人奴隶私通之女人，本人亦被视为奴隶；高利贷

① Colosseum，即众所周知的弗拉维大圆形竞技场。

② 也就是说，一个公民可以回击另一个公民的辱骂，而不必顾及他们各自的地位。——英译者

③ 这是内战造成的。

④ 关于百人法庭，参见《神圣的奥古斯都传》，XXXVI 及注。

者借钱给尚未脱离父权的儿子，任何时候都不得逼其偿还，甚至其父死后，亦不得逼债。[①]

XII. 从初当皇帝之日起直至逝世，他在其他事情上也表现出平易近人和谦逊。他从不掩饰自己出身卑微，甚至经常炫耀。的确，当有人企图把弗拉维氏族的起源追溯到列阿特的建立者和赫库利斯的一个伴侣（此人的坟墓至今仍然竖立在萨拉里亚大道旁）时，他对他们的苦心付之一笑。他一点不想露脸出风头，在举行凯旋式的那天，被缓慢而累人的游行弄得精疲力竭的他忍不住说："我活该受这份罪。我的祖先应该得到凯旋式，好像我自己也就可以想望它似的。一个老头子贪图凯旋式真是傻相！"直到后来很久他才接受了保民官的权力[②]和祖国之父的头衔。早在内战期间，他废除了对早上谒见者的搜身作法。[③]

XIII. 面对朋友的言语冲撞，律师的出言尖刻和哲学家的放肆，韦伯芗都能处之泰然。李锡尼乌斯·穆奇阿努斯[④]是一个有名的色鬼，他仗恃自己的功劳对韦伯芗相当放肆，可是韦伯芗从不当着大家的面斥责他，只当着双方共同的朋友在场时埋怨了他几句，最后还说："我毕竟是个男子汉呀！"[⑤]萨尔维乌斯·利贝拉里

---

① 克劳狄曾根据一名获释奴的建议颁布了惩处与奴隶私通的命令。韦伯芗重申了这一命令。关于债权法，参见塔西佗：《编年史》，11，13。

② 69 年 7 月 1 日韦伯芗接受保民官权力，那一天被军队欢呼为皇帝。

③ 对比狄奥·卡西乌斯（65，10）的下述说法，韦伯芗第一个撤除自己的宫门警卫。

④ 参见本传 VI. 4。他吹嘘说，帝国的大权本来在他的掌握之中，是他把它送给韦伯芗的；参见塔西佗：《历史》，4，4。——英译者

⑤ 这句话暗含穆奇阿努斯无大丈夫气，是一名卑鄙无耻的小人。——英译者

斯在为一名富豪辩护时大胆地说:“就说希巴尔库斯有1亿塞斯特尔提乌斯,这同皇帝有何相干?”韦伯芗亲口称赞了他。一个被流放的犬儒派人物德米特里乌斯在外地同他相遇,非但不想起立或向他问候,反而对他破口大骂,可是韦伯芗也只说,这是犬的狂吠。

XIV. 他对别人的侮辱和敌视从不耿耿于怀,也不存心报复。他为自己的对手维特里乌斯的女儿找了一个非常出色的丈夫,甚至还给她置办嫁妆和建造家屋。在尼禄统治时期,当他进宫遭到禁止时,他惶恐地问道:“我该怎么办?我该往哪里去?”一个门监把他推出宫门,说道:“到阎罗殿去!”[①]后来,当此人请求他宽恕时,他的愤怒也只是几乎一字不差地重述了此人当初对他说过的话。怀疑和担心任何时候都没有促使他进行镇压。朋友们劝他提防梅提乌斯·庞普西阿努斯,因为据传闻,他有一张皇帝星象图。他反而提拔此人任执政官,并肯定此人总有一天会想起这一恩德的。

XV. 除非因为他不在场[②]或不知道,不然就是因为受人所骗,此外我们从未听说哪一个无辜的人被他惩罚。虽然当他从叙利亚返回罗马时,赫尔维狄乌斯·普里斯库斯是唯一把他作为普通人“韦伯芗”向他致意的,此外,在自己的大法官文告中他也不突出皇帝,甚至根本不提皇帝,但是韦伯芗从未对他发过火,只是当此人过分贬低了他的皇帝身份把他当成一个庶人责骂时,他才动怒了。即使在这个案件中,韦伯芗尽管流放了他,接着又命令处死他,但

---

① 原文 abire Morboviam 意为“到病魔那里去”,相当于汉语中的“去见阎王吧”;参见狄奥·卡西乌斯,65,11。

② 例如,当他不在的时候,穆奇亚努斯处死了被伽尔巴过继为子的庇索的儿子;参见塔西佗:《历史》,4,11。

仍想尽力救他。他派出信使召回执行者，若不是得到谎报说赫尔维狄乌斯已死，他很可能把他救了。他真的从没有因处死别人而感到高兴，相反，甚至曾为一些被处死的人哭泣。

XVI. 他理应受到谴责的唯一缺点是贪财。例如，他不满足于恢复伽尔巴时期已废除的赋税[①]，还规定了新的沉重税负，行省居民缴纳贡赋的数量也增加了，有些省贡赋甚至成倍翻番。他还经营连普通人都感到羞耻的买卖，他囤积商品只是为了以后提价出售。他毫不犹豫地向竞选者卖官鬻爵[②]。对在押候审犯，不管无罪还是有罪，只要他们肯出钱，他便一律开释。人们认为，他总是故意地不断提拔那些贪婪的官员升任更高的职位，先让他们发财致富，然后再处罚他们。有一种普遍说法：韦伯芗利用他们犹如海绵，干的让它潮湿，湿的挤出水来。

有些人说，他是天性贪婪。他的一个老牧奴曾责骂过他的这 3
种品质。这个牧人恳求刚登基的韦伯芗皇帝给他自由，然而他要求他出钱买自由。牧人骂道：“狐狸只换毛，不改天性。”[③]相反，另一些人认为，由于国库和皇帝金库空虚，他不得不征收苛捐杂税和进行敲诈勒索。可以证明这一点的是：早在他统治之初，他就宣布过，为了让国家挺立起来，他需要 400 亿塞斯特尔提乌斯。看来，后一种观点更接近于真实，因为他很好地利用了那些不义之财。

---

① 参见《伽尔巴传》，XV.2。

② 参见狄奥·卡西乌斯，65，14。

③ 比较有关狼的希腊寓言，参见阿波斯托里乌斯，12，66。同汉语中的俗语“江山易改，禀性难移”大体相当。

XVII. 他对各个阶层都很慷慨。他给元老补足财产定额[①]，给不富裕的执政官级官员每年 50 万塞斯特尔提乌斯的津贴。他把帝国境内遭受地震或火灾的许多城市建设得更加壮观。他特别爱惜天才和关心艺术。

XVIII. 他首创给拉丁文和希腊文修辞学教师每人每年 10 万塞斯特尔提乌斯的薪水，由皇帝金库支付。他给杰出的诗人和艺术家，例如科斯的维纳斯像和巨像的复制者以巨额的奖赏。[②] 一个机械师答应以较少的花费将一批圆柱运到卡庇托尔山上，韦伯芗嘉奖了这项发明，但是拒绝实行这项建议，他说："请允许我养活我可怜的平民吧！"

XIX. 在娱乐方面，他修建了马尔采鲁斯剧场的新舞台，甚至恢复了旧的演出。[③] 他赠给悲剧演员阿贝莱 40 万塞斯特尔提乌斯，赠给竖琴演奏家特尔普努斯和狄奥多鲁斯各 20 万，另一些演员各 10 万，最少者也有 4 万。此外，他颁发了大量的金冠。他还经常举办正式的豪华宴会，以支持食品商。在萨图尔那里亚节，他向男人赠送礼物，而在 3 月 1 日他向妇女赠送礼物。[④]

2 但是，即使这样，也难以消除他昔日贪财的恶名。亚历山大里

① 奥古斯都曾把元老的财产增加到 120 万塞斯特尔提乌斯。——英译者

② 科斯的维纳斯塑像被韦伯芗供奉在和平女神庙中，这是一位佚名的雕塑家所作的，普拉克西特列斯著名作品的仿制品。所谓巨像(Colossus)，即"金屋"中的尼禄巨像，参见《尼禄传》，XXXI。这个巨像被韦伯芗改为太阳神像，立在圣路上。

③ 原文 acroamata 是一个模糊不清的词。

④ 萨图尔那里亚节(Saturnaria)是纪念古农神萨图尔努斯(Saturnus)的节日。3 月 1 日是已婚妇女节，称马特罗那里亚节(Matronalia)。这一天，妇女们向朱诺女神献祭，并从丈夫那里得到礼物。

亚人仍还称他为“咸鱼商”[①]，他们从前的一个以吝啬出名的国王也有这样的一个绰号。在他的葬礼上，笑剧演员法沃尔戴着他的假面具，按往常习惯模仿死者生前的动作和语言，高声询问皇帝的代理人，葬礼游行花了多少钱。听到的答复是：“1000 万塞斯特尔提乌斯。”[②]法沃尔高呼：“给我 10 万塞斯特尔提乌斯，我情愿被扔进第伯河！”

XX. 他身材匀称[③]，四肢强健有力，有一副绷紧的面部表情。有一次，韦伯芗要求一个智者拿他开个玩笑，这位智者的回答准确地指出了这种神情：“等你放松了，我再说个笑话！”他身体很健康，虽然并不特别保养，他只在浴场[④]按摩自己的喉头和身体其他部位若干次，每月节食一天。

XXI. 他的生活方式大抵这样：在他统治期间，始终起得很早，实际上，天还没有放亮。然后，他阅读各级官员的信件和报告，之后再让朋友们进来，一边接受他们的问候，一边穿鞋穿衣。当日常公事处理完毕之后，他驱车漫游，然后搂一名妃子小憩。自从凯妮斯死后，他娶了好几个妃子。小憩之后，洗澡、吃午饭。据说，他在这个时间比在其他时间更加宽宏大量，更加和蔼可亲。因此，他的家人都力图在这个时候提出自己的要求。

XXII. 不论是在午宴上，还是在其他场合，他都非常平易近人。许多问题经常在他的玩笑中化为乌有。他是一名讽刺专家，

① 原文 Cybiosactes 译自希腊文 κυβιοσάκτηs，意思是“咸鱼块商人”。——英译者

② 这是一个令人发笑的夸大数字。

③ 对比普林尼：《自然史》，34，19。

④ 确切地说是运动场，因为古罗马的运动场附设于浴场。

但是过分热衷于滑稽和低级趣味，甚至不避讳脏话。不过他的有些笑话是非常俏皮的。其中有如下一些：前执政官马斯特里乌斯·弗洛鲁斯让他注意，“马车”一词规范的发音是 Plaustra，而不是 plostra，于是第二天，皇帝在同他打招呼时，称他 Flaurus。[①] 一个女人发誓说，她爱皇帝简直爱得要死，于是她把他征服了。韦伯芗把她带进卧室同居。他赠给她 40 万塞斯特尔提乌斯。当他的总管问他，应把这样大一笔钱记入哪本账上时，他回答说：“那就记在对韦伯芗的火热爱情账上吧！”

XXIII. 他善于恰当地引用希腊诗句，例如他这样描写一个身躯高大样子凶恶的男子：

他走上战场、……跨着大步，
挥舞着他长长的枪。[②]

获释奴凯里鲁斯致富后不愿自己钱财死后按规定纳入皇帝金库，他宣告自己是自由人生的，并更名为拉凯斯。关于这个获释奴，他说：

噢，拉凯斯，拉凯斯，
到你死后，你会重新更名为凯里鲁斯的。[③]

但是，他尤其嘲笑自己不体面的敛财手段，以便通过这些嘲笑消除不满，并把这些事情变成笑谈。

2 他的一个宠侍为一个人请求管家职务，谎称那人是自己的兄

---

① 在拉丁口语中，双元音“au”经常发“o”音，可是在单词 plostra 中的“o”是自古以来就有的，双元音的发音不过是有意装腔作势，因此有韦伯芗的玩笑。

② 《伊利亚特》，7，213。见傅东华中译本第 129 页。

③ 米南德，残篇 223，2。

弟。韦伯芗让他等一等，他利用这时间招见那个人，让那个人把许
诺给推荐人的金钱给他，然后，他立即采用那个人当了管家。等到
那个宠侍重提此事时，韦伯芗说：“你再去找一个兄弟吧！你认为
是你兄弟的这个人是我的兄弟了。”有一次，在旅途中，赶车夫跳下
车来给骡子挂掌，给一名诉讼人提供接近皇帝的机会。韦伯芗问，
这种挂掌给他带来多少收入，并坚持从中提取一部分。他的儿子 3
提图斯责备他征收厕所税，他便把首次征得的这种税钱拿到儿子
的鼻前让他嗅嗅，问这钱有无臭气。提图斯回答说：“不臭。”他说：
“要知道这是来自粪便的钱啊！”[①]一名代表报告说，已经通过决议
公众集资为他建造一座花费很大的巨像。他命令立即动工，同时
伸出一只手掌说道：“基座已经现成。”[②]甚至在极端危险和死亡威 4
胁面前他也没有停止开玩笑。须知那时正有许多征兆出现，例如
陵墓[③]的大门突然敞开，天空中出现彗星，对此他说，前一现象同
出身奥古斯都家族的优尼娅·卡尔维娜相应，而后一现象则与留
长发的帕提亚国王相合。[④] 当他感到死亡临近时，说道：“呜呼！我
想我正在成神。”

XXIV. 在第九次担任执政官期间（79 A. D.），他在坎佩尼亚得了轻微热病。他立即返回罗马，然后又转移到库提莱和列阿特附近的庄园。每年韦伯芗都在那里避暑。在这里，热病急剧加重，

① 由此产生一个俗语：“钱不扎手”；对比朱维那尔，14，104。

② 示意，把这笔钱交给他。

③ 奥古斯都陵墓；参见《神圣的奥古斯都传》，C. 4。

④ “彗星”一词的拉丁语为 stella crinita，直译为“长发星”。

此外由于滥饮冷水，肚子着了凉。不过，他照旧处理国家大事，甚至躺在床上接见使者。由于突然腹泻，险些晕倒，可是他却说道："皇帝应当站着死。"6 月 23 日，当他挣扎着打算站直身体时，死在搀扶者的怀里，享年 69 岁 1 个月零 7 天(79A. D.)。[①]

XXV. 所有人一致认为，他一贯坚信自己和自己的儿子们是顶着福星生的，虽然密谋连续不断[②]，仍然坚定不移地向元老院表示，不是他的儿子继承他的王位，就根本没有继承人。据说，有一次他梦见巴拉丁皇宫中放着一架天平，一边盘中站着克劳狄和尼禄，另一边盘中站着他本人和他的两个儿子，两边平衡。此梦果然应验，因为前者和后者统治的时间相等，即年数完全相同。[③]

神圣的提图斯传

I. 提图斯继承了父亲的绰号[④]，是一个人们普遍喜欢和爱戴的人物。他有特殊的天才、教养或好运，因而赢得了大家的好感。这对一个在位的皇帝来说很不容易。须知当他是一个普通公民时，甚至在他父亲统治时，他都未能免于公众的谴责，甚至憎恨。

---

① 苏维托尼乌斯推算的年龄与这个时间不符。狄奥・卡西乌斯和其他作家的材料更是矛盾重重。

② 我们只知道一次阴谋，即奥鲁斯・凯奇那和埃普里乌斯・马尔采鲁斯的阴谋；参见《神圣的提图斯传》，VI 和狄奥・卡西乌斯，65，16。

③ 克劳狄和尼禄分别统治 13 年和 14 年；韦伯芗统治 10 年，提图斯 2 年，图密善 15 年。——英译者

④ 提图斯的全名是提图斯・弗拉维乌斯・韦伯芗，与父同名；他的弟弟叫提图斯・弗拉维乌斯・图密善，这是根据他的母亲多米提拉的绰号起的名字。

盖乌斯被杀的那个难忘之年的 12 月 30 日(41 A.D.)[①],提图斯出生在“七节楼”[②]附近的一幢简易建筑物的又狭又暗的房间内。这个房间至今犹存,而且对外开放。

II. 他同不列塔尼库斯一起在宫中受教育,并由同一些教师教授同样的课程。有一个故事说,那时克劳狄的一名获释奴那尔奇苏斯请一位相面师[③]为不列塔尼库斯相面。相面师断然宣布,不列塔尼库斯永远不会成为皇帝,但是站在旁边的提图斯却会继承王位。他们两人是那样亲密,据说当不列塔尼库斯喝下致命的饮料后[④],斜靠身旁的提图斯也尝了这种饮料,此后严重的后遗症一直折磨着他。提图斯忘不了这一切,后来在巴拉丁宫中为他的朋友不列塔尼库斯立一尊金像,此外,还奉献了一尊骑马的象牙雕像。时至今日人们还抬着它参加竞技场游行。当人们首次抬出这个雕像时,提图斯随行在它的后面。

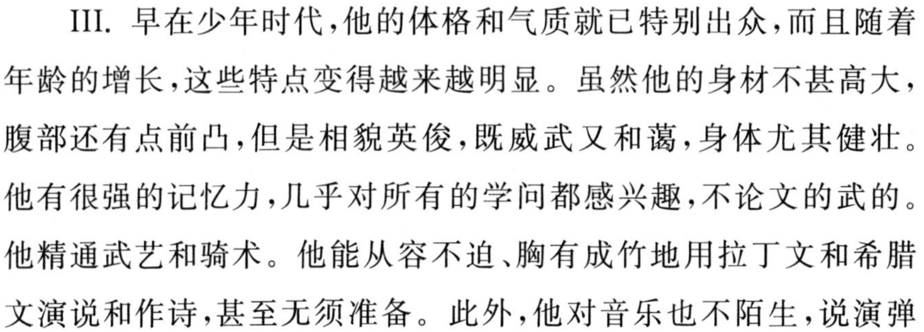

III. 早在少年时代,他的体格和气质就已特别出众,而且随着年龄的增长,这些特点变得越来越明显。虽然他的身材不甚高大,腹部还有点前凸,但是相貌英俊,既威武又和蔼,身体尤其健壮。他有很强的记忆力,几乎对所有的学问都感兴趣,不论文的武的。
他精通武艺和骑术。他能从容不迫、胸有成竹地用拉丁文和希腊 2
文演说和作诗,甚至无须准备。此外,他对音乐也不陌生,说演弹

---

① 提图斯生于 41 年 12 月 30 日,但是本传 II 所提到的提图斯的年龄却把 39 年作为他的生年。

② “七节楼”,即七层塔楼。其中巴拉丁山上的最著名。

③ 古典时代相面术已经颇受欢迎,帝国时代仍不失其某些魅力。苏维托尼乌斯在描写皇帝外表时的手法,反映了他对这门“学问”的熟悉情况。

④ 关于不列塔尼库斯所喝带毒饮料,参见《尼禄传》,XXXIII. 2 和 3。

唱，可谓娴熟悦耳。我从许多途径得知，他善于速记，为了消遣和取乐，他同自己的秘书进行比赛。他能够模仿过目的任何笔迹。他经常宣称，他可以成为赫赫有名的伪造专家。

IV. 他在日耳曼和不列颠担任过军团司令官，由于恭谨勤劳和公正廉洁而享有很高的声誉，正如这两个行省为纪念他所树立的大量塑像和肖像以及刻写的铭文所证明的那样。

2 脱离军职后，他以律师身份在罗马市心广场为人辩护，目的是为了获得良好的声望，而不是为了作为职业。这期间，他娶阿列奇娜・特尔图拉为妻。此女的父亲虽说是一名罗马骑士，但担任过近卫军长官。后来，提图斯又娶出身豪门的马尔奇娅・弗尔尼拉以代亡妻。弗尔尼拉给他生了一个女儿[①]之后，他同她离了婚。

3 财务官之后(67 A.D.)，他以一个军团的指挥官身份征服了犹太的两个设防坚固的城市塔里卡埃和加马拉。在一次交战中，当胯下的战马被杀后，他跃上另一匹战马，这匹战马的骑手在他身边作战时阵亡了。

V. 不久，伽尔巴登基，成为国家的统治者，提图斯前去祝贺(68 A.D.)。但是，无论他走到哪里，都引起了人们的注意，因为人们以为召他入宫是为了收养他为义子。可是，当他感到一切重新陷入混乱时，返回了原地。[②] 途中，他参拜了帕福斯的维纳斯神托所[③]，询问了有关此行的祸福，神谕鼓励他有取得皇权的希望。

① 关于提图斯的女儿朱里娅，参见《图密善传》，XXII。

② 提图斯从科林斯出发，走海路，途经罗德斯和塞浦路斯岛。

③ 塞浦路斯岛上的帕福斯的维纳斯神庙没有女神塑像，只有一块锥形石和一个祭坛，“祭坛从未被雨水淋湿过”；参见塔西佗：《历史》，2，3。

不久，他真的有了希望。[1] 为了征服犹太，他留了下来。在向耶路
撒冷发动的最后攻击中[2]，他用 12 支箭射杀了 12 名守卫者，在他
的女儿出生之日，占领了这座城市。士兵们对他是那样地热爱和
忠诚，以致欢呼他为“英白拉多”[3]。当他即将离开这个行省时，士
兵一再挽留他，恳求他，甚至以威胁手段要求他或者留下来，或者
带他们一起走。提图斯为此受到怀疑，仿佛他想叛离自己的父亲，3
自己在东方称王。他本人的行动也助长了这种怀疑，因为，当他去
亚历山大里亚期间，竟然头戴王冠参加孟斐斯祭祀神牛阿比斯的
仪式。在这种祝神仪式中，按古代宗教习惯有这种做法。但是也
有一些人对此作了另外的解释。因此，他急忙返回意大利，那时他
乘一艘运输船，先在里吉乌姆靠岸，后又停泊普特俄利，最后从那
里全速回到罗马，使人觉得他回这里为了证明有关他的传闻乃是
无稽之谈。他的问候使他的父亲感到意外，他说：“我回来了，父
皇，我回来了！”

VI. 此后，他不断地担任皇帝的同僚和保卫者。他参加父亲的凯旋式，和父亲共任监察官。他还和父亲共掌保民官的权力（73 A. D.）和 7 次执政官职（70A. D.，72A. D.，74A. D.，75A. D.，76A. D.，77A. D.，79A. D.）。他把几乎全部政务都承担在自己的肩上。他以父亲的名义口述信函、起草敕令，甚至代替财务官在元老院宣读父亲的演辞。他还担任近卫军长官，在此之前这个职位

---

① 因为他的父亲即位为帝了。

② 70 年 8 月 6 日夺取和烧毁耶路撒冷神庙。

③ 参见《神圣的奥古斯都传》，XIII. 2；“英白拉多”词义两可，或统帅，或皇帝。

都由罗马骑士充任。[①] 任这职时他的行为有点专横和暴虐。如果有人引起了他的怀疑，他便秘密地派卫队到剧院或兵营，要求大家
2 惩罚此人，然后立即把他干掉，好像这是在场者一致要求的，这些人中，例如一位前执政官奥路斯·凯奇那。他应邀前来参加宴会，可是，当他刚刚离开餐厅，提图斯便下令把他刺死。不过，这次是迫在眉睫的危险促使他这样做的，因为他破获了凯奇那准备向士兵公开演说的手稿。他通过这种措施虽然保证了自己未来的安全，但同时也招致了空前的仇恨，还从来不曾有过哪位皇帝在登上皇位时像他这样有负众望和违背民意的。

VII. 他不仅残酷，而且还被怀疑生活放荡，因为他同自己的一些最放荡的朋友饮宴到深更半夜。人们怀疑他淫乱，因为他有一群同性恋者和太监，他和女王贝勒妮斯[②]的关系声名狼藉，当时甚至有人传说他许诺同她结婚。人们还怀疑他贪婪，因为谁都知道他插手父亲审理案件，营私舞弊和谋取贿赂。总之，人们不仅认为，而且公开宣布，提图斯是第二个尼禄。但是，当从他的身上找不到任何瑕疵，相反，却发现了崇高的美德时，这种声名反而对他有利，甚至让他得到了最高的赞誉。

2 他举办的宴会主要是令人开心而不是奢侈。他所选择的朋友不仅对于他本人而且对于他的后继者都可以依靠和重用。这些人无论对皇帝本人，还是对国家都不可缺少。他立即把贝勒妮斯送出罗马，虽然他们两人都不情愿。尽管他最喜爱的情人中有一些

① 近卫军长官一般只由罗马骑士担任，但是也有例外的情况，例如塞雅努斯在成为元老之后仍然担任近卫军长官。

② 犹太国王阿格里巴一世之女。

高超的舞女，不久他们都成了舞台明星，但是他不仅放弃了对她们的绵绵情思，而且绝对不到公共剧场观看她们的表演。

他没有向任何公民勒索过任何东西。像其他人一样，他非常 3
尊重别人的财产。他甚至不接受正当的和习以为常的捐资。但是，在慷慨方面，他并不亚于任何前辈：在奉献大圆形竞技场[①]及其附近突击兴建的公共浴池时，他举办了蔚为壮观、极其盛大的角斗表演(80 A. D.)。他还在原海战赛场[②]举办海战，后来，又在同一地点举办角斗士大比武，一天之内就放出 5 000 只种类不同的野兽。

VIII. 他本性非常善良。按提比略定下的惯例，所有后来的皇帝如果不是他们自己也把同样的优待给予同样公民的话，就不意味着他们承认他们前辈的优待继续有效。提图斯第一个不等别人请求，就通过一道敕令批准从前赏赐的全部特权，而且对于别的要求，他一贯坚持不让任何人大失所望地离开。当他的家人向他进谏，说他许诺得太多难以兑现时，他回答说，不应该让任何人在同自己的皇帝交谈后扫兴而归。有一次，正在用晚餐，他回想这一整天未给任何人做件好事，于是便喊出了这样一句令人难忘和值得称道的话："朋友们，我失去了一天光阴！"

对待全体人民，他总是在一切场合都特别体察。有一次，在准 2
备角斗比赛时，他宣布，不要按他个人的口味，而要按观众的口味举行比赛。而且，他信守自己的诺言：他不拒绝任何请求，甚至鼓

① 公元 80 年在奉献大圆形竞技场期间，提图斯在庆祝会上让水陆表演迅速轮换；参见狄奥・卡西乌斯，66，25。

② 参见《神圣的奥古斯都传》，XLIII. 1。

励人们提出自己的请求。他公开声明他偏爱色雷斯角斗士[①]，因此他经常通过言语和手势同人不断逗趣儿，然而又不失自己的尊严和公正。为了不致错过爱民的机会，他在自己的浴池洗澡时，有时也让平民同浴。

3 在他统治期间，出现过一些意外的天灾：在坎佩尼亚，维苏威
火山爆发(79 A. D.)；在罗马，大火连续烧了 3 昼夜，同时还发生
了前所未闻的瘟疫(80 A. D.)[②]。在这些大灾大难中，他不仅表现
出皇帝的焦虑，而且还表现出盖世无双的父爱，一方面，他颁布敕
令安慰人民，另一方面，他拿出自己的钱财进行救济。为了重建坎
4 佩尼亚，他从前执政官中抽签选拔督察官，他还把被维苏威火山夺
走生命又无继承人的那些人的财产用于重建被毁坏的城镇。在罗
马大火期间，他没有说话，只是喊道："全部损失都是我的！"他把自
己别墅的全部装饰用于修复建筑物和神庙。为了加快工程进度，
他委任了几名骑士级的官员。为了解除瘟疫和同疾病作斗争，他
采用了占卜和医疗等各种手段，查遍了所有祭祀方法[③]和一切良
药。

5 告密者和他们的教唆者长期恣意妄为是时代的一大弊端。他经常用皮鞭和棍棒在广场惩罚他们。最后，他命人把他们押上大

① 关于色雷斯角斗士，参见《盖乌斯·卡里古拉传》，LV. 2 及注。

② 79 年 8 月 24—25 日，维苏威火山爆发。这次火山喷发摧毁了庞贝，赫库兰尼姆和斯塔比埃 3 个城镇。老普林尼前去观察研究火山，被毒气窒死，小普林尼也目睹了这次火山的爆发，他在给塔西佗的信中描写了这次火山的喷发和地震情况；参见小普林尼：《通信集》，6，16，20。狄奥·卡西乌斯认为瘟疫是此次火山喷发后空气污染造成的；参见《罗马史》，66，23。

③ 目的是祈求诸神宽恕，他认为神用惩罚手段使人类遭受这样的灾难。

圆形竞技场的舞台，将其中一部分人拍卖为奴[①]，将另一部分人流放到最荒凉的岛屿。为了永远制止类似的图谋，他在其他的规定中禁止援用不同的法律处理同一案件[②]，禁止超过规定年限后争论死者的法律地位[③]。

IX. 为使自己的双手洁净，他宣布接受大祭司的职务[④]。他
实现了自己的诺言，从此以后，他再未作任何人死亡的罪魁祸首，
也未作合谋者。虽然有时他并不缺少报复的理由，但是他发誓，宁
愿自己早死，也不伤害别人。当两名贵族青年被揭发有谋取王位
的企图后，提图斯没有惩罚他们，只是警告他们放弃这种企图。他
说，皇权是命运赐给的。他答应，如果他们要求别的东西，他将情
愿相让。他立即派自己的信使赶到身在远方的一个青年的母亲那 2
里，通知她，她的儿子是安全的，让她不必忧伤。他不仅邀请他们
本人赴自己的家宴，而且在第二天的角斗赛会上还特意让他们同
自己并肩而坐。当竞技者的武器呈递给他[⑤]时，他把武器递给他
们审查。据说，他还仔细观察了他们两人的星象，并警告说，危险
在威胁着他们，但是是在未来的某个时候，危险来自另外一个人。
事情果然这样发生了。

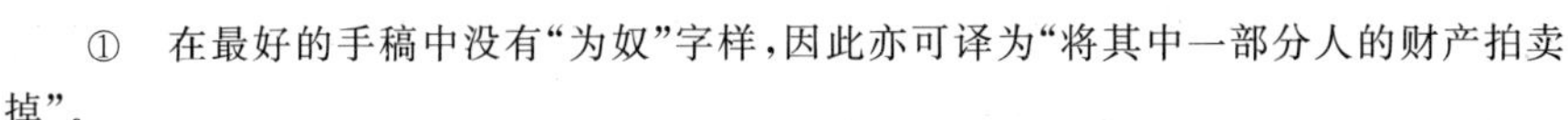

① 在最好的手稿中没有“为奴”字样，因此亦可译为“将其中一部分人的财产拍卖掉”。

② 也就是禁止在第一次起诉失败后，再次起诉控告同一个人。

③ 即不准辩论死者是不是自由公民，或者是不是无权自由处理遗产的获释奴。

④ 在对待大祭司职务的态度上很少是这样严肃的。例如，朱里乌斯·恺撒在高卢战争期间曾任大祭司。

⑤ 在正常情况下，角斗士的武器当交给赛会的举办者审查，目的是看一看武器的锋利程度是否合格。狄奥·卡西乌斯讲述了涅尔瓦皇帝的一个类似的故事；参见《罗马史》，68，3。

3 虽然他的弟弟从未停止暗算他,甚至几乎公开煽动军队暴动,并打算逃到他们那里去,但是提图斯不仅没有杀死和流放他,反而坚持让他享有从前的荣誉地位,像其统治初期那样,继续宣称他是自己的同僚和继承人。有时提图斯私下挥泪恳求图密善至少能够愿意像从前那样同他相亲相爱。

X. 这时死亡突然降临了,这不仅是对他本人的打击,而且也
是对人类的打击。戏剧公演结束时,他对人民痛哭流涕。戏剧公
演结束后,他动身前往自己的萨宾地产。他心情忧郁,因为献祭的
动物逃跑了,晴空中响起了霹雳。接着在第一停歇地,他的体温升
高。再往前行,人们用轿子抬着他。据说,他掀开轿帘,仰望天空,
抱怨自己不该糟蹋自己的生命,因为他说,他的所作所为没有值得
2 懊悔的,只有一桩事情除外。这是一件什么样的事情呢?他没有
透露,谁都无法猜测。[①] 有些人认为,他回忆了自己同弟媳的隐
私。但是多米提娅郑重发誓说,根本没有这回事,如果他们真有什
么不正当关系,她也不会矢口否认,相反,她会以此夸耀,正像她愿
意吹嘘自己的任何丑事一样。

XI. 9月13日(81A. D.),提图斯死于父亲病故的别墅里,当时正值他继承韦伯芗王位之后2年2月又20天,享年43岁。噩耗传开后,万民悲悼,如丧考妣。元老们不待讣告,便麇集元老院议事厅。此时厅门还紧闭着,后来大门终于打开了。他们抒发起对死者的感激之情,对他进行了百般的颂扬。这种情形在提图斯

① 有传闻说,提图斯是被图密善毒死的。当他临死之前,的确不想杀死自己的弟弟,并决定把帝国交给这个恶棍;参见狄奥·卡西乌斯,66,26。图密善的罪行可能是真的;参见《图密善传》,II.3。

活着的时候和他在场的情况下未曾有过。

图 密 善 传

I. 图密善出生于10月24日(51 A. D.),他父亲当选为执政
官,下月即将就职的那一年。他出生的房屋位于罗马城第六区的
石榴大街[①]。后来,他把这幢房子变为弗拉维家族的神庙。据说,
他的童年和少年时代是在十分贫穷和不名誉中度过的,家中连一
件金银餐具都没有;有一个著名的事实,一个大法官级的男子克劳
狄乌斯·波里奥(尼禄的一篇题为"独眼龙"的诗就是攻击这个人
的)保存着一封图密善的亲笔信,还曾给别人看过几次,图密善在
这封信里曾答应同他同床过夜。还有人宣称,他的后继者涅尔瓦
也曾诱奸过他。在同维特里乌斯的战争中,他同自己的叔父萨宾 2
努斯和自己手下的一部分军队逃到卡庇托尔避难;但是当敌人闯
进卡庇托尔并放火焚烧神庙时,他藏在守庙人[②]的家里过夜。清
晨,他打扮成伊西丝女神的庙祝[③],夹杂在各种迷信的祭司中间,
渡过第伯河,来到自己的一个同窗的母亲家里,身边只剩下一个伙
伴。在那里,他隐蔽得很好,尽管追捕者跟踪搜查,也未能发现他。

---

① 石榴大街(Ad Malum Punicum)位于魁里那尔山丘。罗马城的各种区街是以这种方式命名的;对比牛头大街(ad Capita Bubula),参见《神圣的奥古斯都传》,V;标枪大街(ad Pirum),参见马提阿尔1,117,6。——英译者

② 守门人是韦伯芗的依附民科涅利乌斯·普里姆斯。韦伯芗掌权后,图密善在他住的地方建立了守护神朱庇特圣殿,当上皇帝后,他又将这座圣殿改为一座大庙。

③ 伊西丝女神的祭司身穿白色亚麻服。

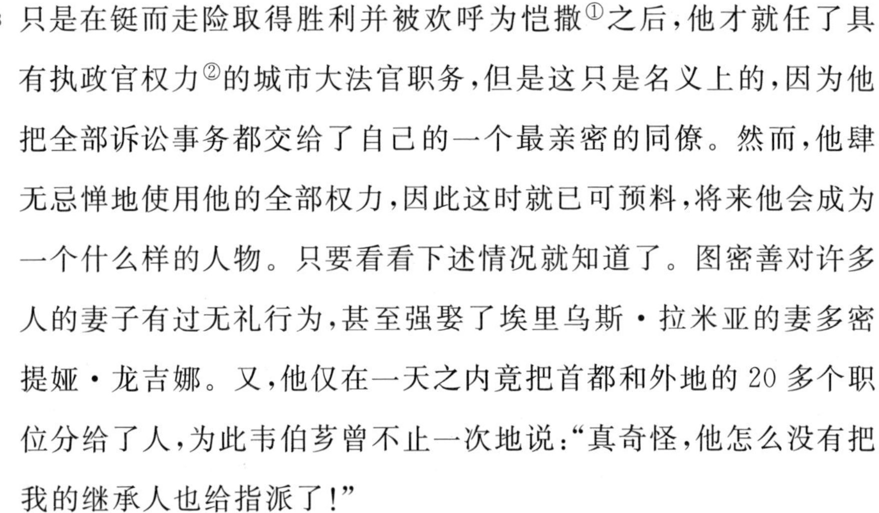

3 只是在铤而走险取得胜利并被欢呼为恺撒①之后，他才就任了具有执政官权力②的城市大法官职务，但是这只是名义上的，因为他把全部诉讼事务都交给了自己的一个最亲密的同僚。然而，他肆无忌惮地使用他的全部权力，因此这时就已可预料，将来他会成为一个什么样的人物。只要看看下述情况就知道了。图密善对许多人的妻子有过无礼行为，甚至强娶了埃里乌斯·拉米亚的妻多密提娅·龙吉娜。又，他仅在一天之内竟把首都和外地的20多个职位分给了人，为此韦伯芗曾不止一次地说:“真奇怪，他怎么没有把我的继承人也给指派了!”

II. 为了在权力和荣誉方面同自己的哥哥分庭抗争③，他不顾父亲友人们的劝阻，开始了对高卢和日耳曼的毫无必要的远征。④

为这件事他受到父亲的申斥。为了让他更好地理解自己的年龄和地位⑤，他被要求跟父亲形影不离。每当韦伯芗和提图斯出现在公共场所，他总是乘坐肩舆跟在父兄的轿子后面。当他们举行战胜犹太人的凯旋式时，他也骑白马⑥跟着他们。此外，他担任

---

① 这里的“恺撒”之名，只不过是一种头衔，也就是政权的继承人之意；参见《伽尔巴传》，I，及注。

② 因为70年的两名执政官韦伯芗和提图斯均在犹太，所以城市大法官具有了执政官的权力。

③ 按塔西佗的说法，他秘密请求凯列阿里斯派军队支持他打内战，但是没有成功；参见《历史》，4，86。

④ 此时高卢和日耳曼爆发了奇维里斯的起义，可是图密善只到达了卢格都努姆，起义便被凯列阿里斯镇压下去。

⑤ 那时他只有18岁。——英译者

⑥ 骑白马对于年轻的王子是通例；对比《提比略传》，VI. 4。

的 6 次执政官职中，只有一次是正式的[①]，而且这次还是因为哥哥的推让和荐举。

他装出一副谦恭的样子，尤其是装出一个诗歌爱好者的样子。2
他以前既不懂诗歌，后来又藐视并且不愿学习它，然而他竟还在公开场合朗诵诗歌[②]。当帕提亚国王沃洛盖苏斯请求韦伯芗援助他抗击阿兰人，并请求派他的一个儿子担任他们的将军时，图密善竭力争取派他而不是提图斯。可是由于此事不了了之，他又试图通过送礼和许诺的方式诱使东方的其他国王提出同样的请求。

父亲死后，他长期犹豫不决，要不要给士兵发双倍的赏银。[③] 3
他毫不内疚地声言，他被定为帝国政权的共同继承人，但是他父亲的遗嘱被人篡改了。[④] 从那时起，他未曾停止过公开地和秘密地策划反哥哥的阴谋。直到提图斯病入膏肓为止；在提图斯尚未咽气时，图密善下令丢着哥哥不管。提图斯死后，图密善除追认他为神之外，不再对他表示任何敬意。不仅如此，他还经常在自己的演说和敕令中含沙射影地贬损死者。

III. 在其统治初期，每天他都习惯于深居简出，除了捕捉苍蝇，并用铁笔刺杀它们之外，他什么事都不做。因此，当有人问道，是否有谁同皇帝在内宫时，维比乌斯·克里斯普斯一针见血地答道："连苍蝇都没有。"其后他尊称自己的妻子多密提娅为奥古斯塔。在他任第二次执政官时，她曾给他生了一个儿子，第二年又生

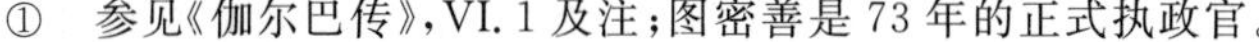

① 参见《伽尔巴传》，VI. 1 及注；图密善是 73 年的正式执政官。

② 图密善的文学爱好曾受到普林尼(《自然史》序言)和昆体良(10，1，91)的赞扬。

③ 也就是比他哥哥发的赏银多一倍。——英译者

④ 提图斯有能力做到这一点；参见《神圣的提图斯传》，III. 2。——英译者

了个女儿。由于妻子爱上了演员帕里斯，[①]他把她休弃了。但是他不能忍受离婚生活，不久又把她召了回来，声称人民要求他这样做。

2 在对帝国的管理上，有一个时期他表现出前后不一，善行与恶行杂而有之，二者几乎不相上下，但是最后他把善行也变成了恶行。可以认为，这同他的天性是相反的[②]，贫穷使他贪婪，恐惧使他残酷。

IV. 他不仅在大圆形竞技场，而且在赛马场经常举办盛大豪
华的表演。在这些地方，除了两马战车和四马战车的通常比赛之
外，他还演出两种厮杀，即骑兵厮杀和步兵厮杀，甚至在大圆形竞
技场表演海战。此外，他还举办猎兽和夜间打着火把的剑斗士角
斗表演，参加者不仅有男人，而且还有女人。[③] 他也经常出席财务
官举办的游艺会。这种游艺会一度被取消，这时由他重新恢复起
来。同时，他允许人民要求从他本人的学校中再出两对角斗士，并
2 让他们身穿宫廷盛装最后登场。在角斗比赛的全部过程中，他的
脚旁总是站着一名身穿红衣，脑袋奇小的小男孩；图密善同他说
话很多，有时很严肃。无论如何，人们听见了他曾询问那个孩子
是否知道他为什么在任命官吏的最后一天指派麦提乌斯·卢佛
斯担任埃及总督。他经常操办几乎用正规舰队的海战。他在第

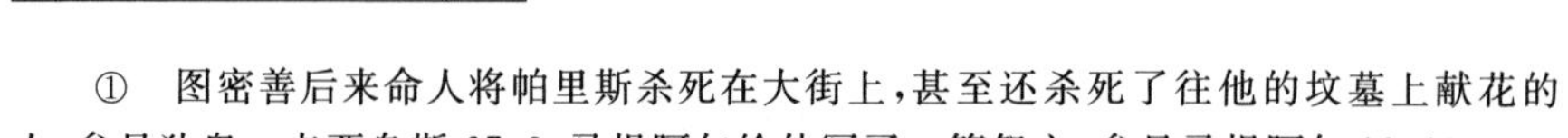
① 图密善后来命人将帕里斯杀死在大街上，甚至还杀死了往他的坟墓上献花的人；参见狄奥·卡西乌斯 67，3；马提阿尔给他写了一篇祭文；参见马提阿尔 11，13。

② 参见本传 IX 和 XI. 1。

③ 早在尼禄统治时期，女人便已参加了角斗比赛；参见塔西佗：《编年史》，15，32。图密善进而强迫侏儒进行格斗；参见狄奥·卡四乌斯，67，8。

伯河边挖一个人工湖，周围砌上座位。他甚至冒着滂沱大雨观看海战。[①]

他还举办世纪竞技会[②]，但计算年头不是从克劳狄举办的最后一次那年起算，而是从奥古斯都举办的那次，即前一次起算的。在此期间，为了使赛马场的比赛日得以完成百项竞赛，他把每项比赛由 7 圈减为 5 圈。 3

为了崇祀朱庇特·卡庇托林努斯，他还设立了五年竞赛会。竞赛由三项内容组成：音乐比赛、赛马和体操运动，比赛奖品远比今日丰厚。其中还有希腊语和拉丁语演讲比赛[③]，除竖琴弹奏者的比赛外，还有竖琴弹唱者的比赛，包括独奏、独唱和合奏、合唱。[④] 运动场上甚至还有少女赛跑。图密善亲自主持赛会，脚穿凉鞋，身披希腊式的红托加，头戴一顶金冠，上饰朱庇特、朱诺和米涅尔娃的肖像，身边坐着朱庇特的祭司和服装类似的弗拉维家族的祭司，[⑤]他们的花冠上均饰有他的肖像。为了崇祀米涅尔娃，他每年都在阿尔班自己的庄园操办五日节[⑥]的竞技活动。他为这名女神建立一个祭司团，并用抽签方法从祭司团中选出一些人来主 4

① 据狄奥·卡西乌斯(67,8)的说法，滂沱大雨是差不多全部海战参加者的死亡和许多观众感冒和病死的原因。

② 图密善举办的世纪赛会时间有所提前，按规定应在奥古斯都死后第 110 年，可他却提前到第 106 年。在这次赛会上，历史家塔西佗是 15 人委员会的成员之一。

③ 也有诗朗诵比赛。

④ 弹唱者边弹边唱，而弹奏者则只演奏乐器。

⑤ 弗拉维氏族的祭司也就是奉为神明的韦伯芗和提图斯的祭司，他们在弗拉维氏族神庙中供职；参见本传 5。

⑥ 关于五日节，参见《奥古斯都传》，LXXI. 3 及注。关于阿尔巴庄园，参见《尼禄传》，XXV. 1 及注。

持这种竞技会。他们主持演说和诗歌比赛,还组织精彩的狩猎表演和舞台演出。

他三次向人民赠款,每人300塞斯特尔提乌斯。在七丘节[1]的演出期间,他举办了极其丰盛的宴会,[2]他把大篮食物分给元老和骑士,把小篮食物分给平民,而且他第一个开始进食。第二天,他在剧场向人群抛撒各种礼物。由于大部分礼物都落到平民中间去了,所以他向元老和骑士等级坐区各抛500张彩票。

V. 他重建了被火烧毁的许多宏大建筑物,其中包括再次被烧的卡庇托尔朱庇特神庙[3](82A.D.),但是全部铭文都用他的名字,只字不提初建者。此外,他在卡庇托尔建了一座新的神庙以崇祀朱庇特·库斯托斯,建造了现在取名为涅尔瓦的广场。[4] 同时,他还建了弗拉维家族的神庙、一个体育场、一个音乐厅[5]和一个海战人工湖。后来,人工湖两侧的墙被烧毁之后,剩下的石头被用来建造了大竞技场。[6]

VI. 他亲自进行了若干战争,有的是出于主观愿望,部分由于心血来潮,有的则是出于客观必要,前者如对卡狄人的战

① 七丘即巴拉丁山上的杰尔马鲁斯、帕拉提努斯和维利亚,埃斯奎林山的三个山头奥比乌斯、西斯比乌斯和法古塔尔,最后还有凯里乌斯山。为纪念这七个山丘上的罗马古老村庄于11月11日举行庆祝活动。

② 当时观众仍坐在他们的坐位上;对比狄奥·卡西乌斯,67,4。

③ 80年大火烧毁许多建筑物;69年维特里乌斯曾放火烧毁了卡庇托尔的朱庇特神庙,参见《维特里乌斯传》,XV.3。

④ 这个广场是由图密善动工,由涅尔瓦建成和奉献的。

⑤ 音乐厅是用于音乐比赛的大厦。

⑥ 大竞技场的改建是在图拉真统治的初期。

争[1](84 A.D.)，后者如对萨尔马提亚人的一次战争(在他们歼灭了他的一个军团和一名军团副将之后)。他对达西亚人的两次战争：第一次是在前执政官欧比乌斯·萨宾努斯被打败之后(86 A.D.)，第二次是因为图密善把那次战争的指挥权交给了近卫军长官科涅利乌斯·富斯库斯，而他也打败了。经过几次战役取得不同的胜利之后，他举行了战胜卡狄人和达西亚人的一次合并的凯旋式，而为庆祝对萨尔马提亚人的胜利，他只给卡庇托尔的朱庇特奉献了一顶桂冠。

上日耳曼总督路奇乌斯·安东尼发动了一场内战，但是皇帝 2
未到，战争就被出人意料的幸事阻止了，因为正当交战时刻，莱茵河突然解冻，阻止了总督的蛮族盟军过河会师。图密善在消息传来之前根据征兆知道了这次胜利。因为就在这次决定性的战斗进行的那一天，罗马城内，一只巨鹰用双翅紧抱着他的塑像，并发出欢快的叫声。不久，安东尼的死讯便迅速传开。许多人说得活灵活现，仿佛他们亲眼看到他的头颅被送到了罗马。

VII. 他对社会习惯也进行了大量革新：取消食品分发，[2]恢复正常的宴会；[3]除赛马场原有的四队不同颜色的战车驭手外[4]再增

---

[1] 发动对卡狄人的进攻是为了支援凯鲁斯奇人的领袖哈里奥美尔，此人是罗马的傀儡，被卡狄人驱逐了。虽然没有进行决战，远征还是胜利了，莱茵河和多瑙河以外的大片日耳曼人的领土并入罗马帝国版图。另据狄奥·卡西乌斯(67,7)和普林尼(《颂辞》3,16—17)的说法，图密善的胜利纯属捏造，因为罗马行省居民和同盟者的战利品被掠走，而敌人的屈服表示是虚构的。

[2] 参见《尼禄传》，XVI.2。

[3] 参见《神圣的奥古斯都传》，LXXIV。

[4] 参见《盖乌斯·卡里古拉传》，LV.2。

加两队新手，一队是金黄色的，另一队是绛红色的；禁止演员出现在公共舞台上，但是允许在私人家中表演他们的技艺；严禁阉割男
2 性；限制掌握在奴隶贩子手中的阉人价格。有一年，葡萄丰收了，可是粮食却极端匮乏。他考虑到，由于过分重视葡萄园，耕地就会被忽视。于是他颁布敕令，在意大利不准任何人扩大葡萄的种植面积，在行省，葡萄园也要缩减，那里最多只能保留一半，[1]但是他没有坚持实行这项措施。[2] 他把一部分最重要的官职交给获释奴
3 和罗马骑士。[3] 他禁止两个军团联合在一个军营中，禁止一个士兵把超过 1 000 塞斯特尔提乌斯的钱存放在军团司令部里。[4] 因为鲁基乌斯·安托尼努斯的阴谋暴动显然正是依靠两个军团的联合和冬营里士兵的大量储蓄。他还给士兵增加了四分之一的薪饷，即每年增加 3 块金币。[5]

VIII. 他对司法的管理可谓勤勤恳恳，煞费苦心。常常在市心广场的审判厅举行特别审判，撤消百人法庭徇私情的判决。他一再警告裁判人[6]不要批准奴隶们假装的争取自由的要求。他将贪污受贿的法官连同参与审理同一案件的其他审判人员全部革
2 职。他倡导平民保民官指控贪赃枉法的营造官，并请求元老院指

① 菲洛斯特拉特(《阿波罗尼乌斯传》，6，17)提供了惩治葡萄种植业的原因。按他的说法，图密善害怕酗酒会导致人民暴动。

② 参见本传 XIV.2。

③ 也就是说，这些官职从前只限于元老等级。

④ 士兵通常将自己的一部分军饷储存到军团的金库，服役期满后取出存款。

⑤ 使金币的数量由 9 块增加到 12 块，一块金币等于 100 塞斯特尔提乌斯。

⑥ 关于百人法庭，参见《神圣的奥古斯都传》，XXXVI 及注。关于仲裁人，参见《尼禄传》XVII 的注。

定该案的法官。他注意对罗马的行政长官和行省的总督实行严密
控制，致使他们表现出从未有过的廉洁和公正，然而我们发现，他
们当中的许多人在他死后犯有各种罪行。在着手整顿公共道德之
后（83A. D.）[①]，他吊销了容许普通观众占据骑士坐席的那些剧院 3
的执照。他取缔出版发行诽谤性的诗文，因为它们攻击了一些卓
越的男子和妇女，他还给它们的作者以侮辱性的惩罚。他把一名
迷恋演戏和跳舞的前财务官逐出元老院。他剥夺不知廉耻的妇女
使用肩舆和继承遗产、接受遗赠的权利。他把一名罗马骑士的名
字从法官名册中勾掉，因为他指控自己的妻子犯有通奸罪，并在遗
弃她之后重新同她复婚。他惩处了两个等级中的若干人，因为他
们违犯了斯堪提尼亚法。他的父亲和哥哥对维斯塔贞女的乱伦行
为未加追究，他却用各种方法严惩，起初采用死刑，后来则按照古
代的习惯惩处[②]。虽然他允许奥库拉塔姊妹和后来的瓦洛尼拉自 4
行选择死的方式并流放了他们的情夫，但是后来，曾经一度被宣告
无罪的维斯塔贞女长科涅利娅经过好长一段时间之后重又受到指
控并被发现有罪时，图密善命令把她活埋了，而她的情夫在法庭上
被人用棍棒打死。只有一名前大法官除外[③]，图密善准其自行流
放，因为当案件无法解决、调查和拷问毫无结果之时，他主动承认
了自己的罪行。为了保护神圣的宗教不受任何渎神行为的玷污， 5
他让自己的士兵拆除一个坟墓，并把里面的骨骼和余物抛进大海，

① 图密善身兼监察官。

② 处罚维斯塔贞女的古代习惯是将犯罪者活埋地下，同时随葬少许食物。因此，从表面上看这种刑罚不被认为是死刑。

③ 他叫瓦列利乌斯·李奇尼阿努斯，是著名演说家。普林尼断言，他是无辜的。

因为这个坟墓是他的一个获释奴动用卡庇托尔朱庇特神庙的备用石料为自己儿子建造的。

IX. 在统治初期，他就十分讨厌杀牲，以致他想趁父亲不在罗马的时候颁布一个法令禁止杀牛献祭，因为他忆起了维吉尔的一句诗：

曾有过一个不敬神的民族杀牛吃它的肉……①

无论在掌权之前，还是在当上皇帝后的某个时候，他都没有任何贪婪和吝啬之嫌，相反，他的许多行动经常证明他不仅廉洁，而且慷
2 慨。对待周围的所有亲友他都特别宽宏大度，他常常劝说他们不要干卑鄙的勾当。他不接受有子女的人留给他的遗产。他甚至宣布鲁斯提乌斯·卡皮欧遗嘱中的一份遗赠无效，因为此人规定，每年他的嗣子都应献给新进入元老院的元老一定数量的现金。他取消对拖欠5年以上的国库债务人的起诉。除非在一年之内，他不允许再次起诉，而且还附以这样的条件：如果起诉者证实不了他的
3 指控，那么他将受到流放的惩罚。财务官的书吏从事习以为常的经商活动，虽然这违反克洛狄乌斯法②，但是他并未追究他们过去的罪行。在给老兵分配土地之后，他把剩余的零星土地让给从前的所有者使用。他禁止为皇帝私人金库谋利而进行诬陷，③并对诬陷者科以重罚，他有一句很流行的话："一个不惩治诬告者的皇帝必然为虎作伥。"

① 维吉尔：《农事诗》，2，537。

② 关于这个克洛狄乌斯法我们一无所知。公元前218年曾有一个克劳狄乌斯法，禁止元老经商。

③ 这样的诬陷也就是把被指控者的财产没收后交给皇帝私人金库。——英译者

X. 但是，他没有始终不渝地保持这种仁慈和廉洁，同时，他的残酷比贪婪更早地暴露出来了。他处死了哑剧演员帕里斯的徒弟，这还是个尚未成年的孩子，那时正在生病。他声称，这孩子的演技和相貌看上去像老师。[①] 他杀死了塔尔苏斯的赫尔莫根尼斯，因为此人在自己的《历史》一书中含沙射影，同时他还把抄写这部史书的奴隶钉死在十字架上。作为一家之长的一个罗马公民说，色雷斯角斗士同姆尔米洛势均力敌，可是比不过比赛的主持人，[②]于是，图密善命人把他从看台上拖下来扔到赛场上喂狗，他的脖上挂着这样一个牌子：“小盾剑客[③]，胡言乱语！”

他处死许多元老，其中有些元老是前执政官。包括奇维卡· 2
凯列阿里斯，当时他正担任亚细亚代行执政官总督，以及萨尔维迪
恩努斯·奥尔菲图斯与阿奇利乌斯·格拉布里奥，后者当时正在
流亡中。这些人被处死似乎因为他们在阴谋造反，而另一些人被
处死则因为区区小事。由于一些笑谈，他杀死了埃里乌斯·拉米
亚。这些玩笑虽然是针对他的，但是已经时过很久，而且无害。因
为在图密善夺走他的妻子后，拉米亚对夸奖他嗓子的人说：“我在
节欲，”[④]而当提图斯劝他再娶时，他回答说：“你也在物色一个老
婆吗？”他杀死了萨尔维乌斯·科切亚努斯，因为他庆祝了自己伯 3
父奥托皇帝的生日。他处死了梅提乌斯·庞普西阿努斯，因为风

① 关于帕里斯，参见本传 III.1。

② 姆尔米洛(murmilo)是以鱼作头盔标志，身穿高卢服装的角斗士。这句话暗含图密善不公正，因为他偏爱姆尔米洛，对比普林尼：《颂词》11 和 33。

③ “小盾剑客”是对色雷斯角斗士的称呼，在这里用于那名罗马公民的身上。

④ 为了保护嗓子，歌唱家要实行节欲；对比《尼禄传》，XX.1。

传他有皇帝的星象图和一张羊皮纸世界地图，身上带着从提图斯·李维著作中摘录的国王和将军的演辞，此外，他竟用玛哥和汉尼拔的名字给两名奴隶命名。他杀死了不列颠总督撒路斯提乌斯·鲁库路斯，原因是他允许人们把一些新式长矛称作“鲁库路斯长矛”。他处死了优尼乌斯·卢斯提库斯，因为他颂扬培图斯·特拉塞亚和赫尔维狄乌斯·普里斯库斯，并称他们为最神圣的人。同时，他利用这次指控的机会把所有哲学家逐出罗马和意大利。他还杀死了小赫尔维狄乌斯，猜疑他在为舞台演出编的一场滑稽戏中借助帕里斯和奥埃诺妮两名主人公[①]嘲讽皇帝同自己妻子离婚。他的一名堂兄弟弗拉维乌斯·撒比努斯也有同样的下场，因为在执政官选举日，公告人在向人民公布结果时无意中把当选执政官说成了当选皇帝。

5 内战胜利后，他变得更加残忍。为了追查隐藏的阴谋者，他采用一种新的审问方法拷打许多敌对分子：火烧他们的生殖器；砍断一些人的双手。的确，只有两个较重要的阴谋者得到赦免，一个是元老级的军团司令官[②]，另一个是百夫长，因为他们比较清楚地证明了自己的无辜，把自己说成无耻的色鬼，因此，无论在将军中，还是在士兵中都是没人看得起的。

XI. 他不仅残忍无度，而且狡诈阴险。他把一名管家钉死在十字架上，可是就在前一天，他还把这个人请进自己的卧室，让其

① 在神话传说中，特洛亚王子帕里斯是自然女神奥埃诺妮的情人，为了同海伦结婚他抛弃了她。

② 据狄奥·卡西乌斯(67,11)的说法，这名军团司令官叫朱里乌斯·卡里瓦斯特尔。

肩并肩地坐在自己的榻上，甚至屈尊共进午餐，最后让其怀着安全和喜悦的心情离开。离任执政官阿列奇努斯·克勒蒙斯是皇帝的挚友和代理人。图密善在处死他之前对他亲亲热热，甚至比平常还要亲热。最后一天，他们一起漫游，当看到陷害科列门图斯的告密者之后，皇帝问他："请问，明天我们要不要听听那个卑鄙的奴隶说些什么吗？"

为了使人们的耐性受到更加痛苦的折磨，他在宣布残酷的死刑之前总要先表白自己的仁慈，因此，他的开场白的慈悲不是别的，而是残酷死刑的信号。他把一些被控犯有叛国罪的人带上元老院法庭，声称他将考验一下元老院对他是否忠诚。他不费什么事便达到了目的：罪犯们受到祖先惯例的惩罚。[①] 然后，他看到惩罚的残酷性也不寒而栗，为了减轻人们对他的敌视，他用下述的话加以阻止（准确地把这些话记载在这里并不多余）："元老们，请允许我以你们对我热爱的名义请求你们的怜悯，虽然我知道这不容易做到：让受罚之人任意选择死的方式吧！这样你们能使自己的眼睛避开可怕的情景，同时人们都会明白我也出席了元老院会议。" 2

XII. 建筑工程和公共赛会的开支及军费的增长使国库入不敷出。他企图通过压缩军队的数量减少军费开支，但是他发觉，这种做法为蛮族的进攻敞开了道路，同时依然没有摆脱经济困难，于是他毫不犹豫地诉诸各种方式的掠夺。他不管起诉者来自何方，也不管是否诬告死人还是活人，其财产均被没收，只要言论和行动有损于皇帝的尊严就足以定罪了。只要有一个人证明，死者生前

① 关于祖光的处罚方式，参见《尼禄传》，XLIX。

2 曾经说过他想让皇帝做他的继承人，那么这个哪怕是素不相识者的财产便被没收了。除征收其他赋税外，他向犹太人征收的赋税格外苛刻。[①] 他不仅向公开按照犹太人方式生活的人征税，而且向隐瞒自己的出身和逃避加给犹太族贡赋的人[②]征税。记得小时候，我亲眼看见在一次人数众多的审判会上，皇帝代理人审查一名90岁的老年人是否行过割礼。

3 从年轻时起，他就很不谦虚，非常自负，言行不受约束。当他父亲的妃子凯妮斯从希斯特里亚返回罗马，像惯常的那样想吻他一下时，他却把手伸给了她。他看到哥哥的女婿[③]容许仆人同自己一样穿白色衣服十分生气，大喊大叫地说：

多头的统治是要不得的。[④]

XIII. 他当上皇帝后，便大言不惭地在元老院吹嘘说，以前为父亲和哥哥赢得了政权，现在他们只不过把政权归还了他。他在敕令中宣布，把离婚后的妻子接回来，是为了把她重新召回他的圣床。[⑤] 他喜欢设宴日[⑥]在大圆形竞技场中倾听"皇帝和皇后陛下万岁"的欢呼声。[⑦] 在卡庇托尔赛会[⑧]上，被他清除出元老院的帕尔

---

① 提图斯曾向准许信犹太教的人征收每人两个德拉克马的赋税；参见约瑟普斯，《犹太战争史》，7，6，6。

② 这些人无疑是基督徒，罗马人总把他们和犹太人混为一谈。

③ 弗拉维乌斯·萨宾努斯。

④ 《伊利亚特》，2，204。傅东华译本，人民文学出版社1958版，第27页。

⑤ 这里的圣床（pulvinar）意为供奉神像的床；对比《神圣的奥古斯都传》，XLV.1。——英译者

⑥ 参见本传IV.5。

⑦ 关于"皇帝陛下"的呼语，参见《神圣的奥古斯都传》，LIII.1。

⑧ 参见本传IV.4。

弗里乌斯·苏腊以其精彩的演说赢得了桂冠。所有的人都异口同声地恳求他恢复苏腊的职务，但他不屑作答，只是让传令官命令他们保持肃静。有一次，他以自己代理人的名义用下列傲慢言词开
始口述一份传阅文件：“我们的主人和神命令必须完成此事。”从此 2
以后，形成一种惯例，那就是在书面和交谈中对他不得有别的称呼。在卡庇托尔为他树立塑像必须是金银的，而且必须按他规定的重量。[①] 他在罗马的各个区建立的饰有驷马战车和凯旋标志的游廊和拱门是如此之多、如此之大，以致有人在其中的一个拱门上用希腊文写了这样一个词：“足矣！”[②]他 17 次任执政官〔71A.D.，
73A.D.，77A.D.（5 次任执政官）80A.D.，82A.D.—88A.D.， 3
90A.D.，92A.D.，95A.D.〕，这是前所未有的，其中 7 次连任，但是，他担任这些官职几乎全是名义上的，每年均未超过 5 月 1 日，多数只到 1 月 13 日。经过两次凯旋之后，他荣获“日耳曼尼库斯”的绰号，并用自己的绰号将 9 月和 10 月分别更名为“日耳曼尼库斯月”和“图密善月”，因为前者是他登基的月份，后者是他出生的月份。

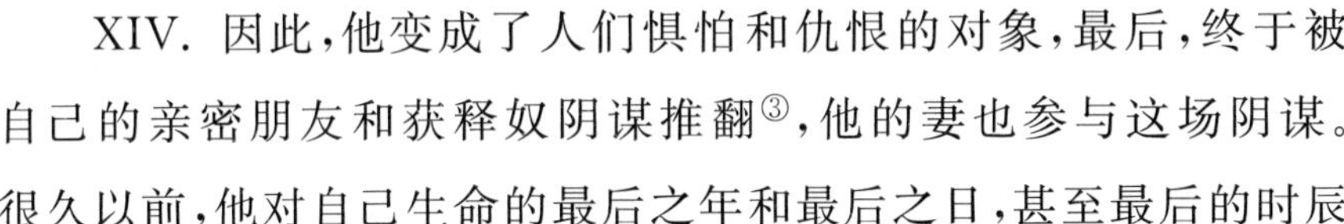

XIV. 因此，他变成了人们惧怕和仇恨的对象，最后，终于被自己的亲密朋友和获释奴阴谋推翻[③]，他的妻也参与这场阴谋。很久以前，他对自己生命的最后之年和最后之日，甚至最后的时辰

① 规定的重量相当于 100 镑。

② 拉丁文 Arci 是希腊字ἀρκεῖ的拉丁译名，它具有双关意义，其希腊文的意思是“足矣”，而拉丁词 arcī 是 arcus（拱门）的复数形式。

③ 根据狄奥·卡西乌斯（67，15）的说法，参加阴谋的有寝宫侍从巴尔特尼乌斯和西赫尔，皇帝秘书恩特尔和后来提到的斯特潘努斯，他们的后台是多密提娅皇后，此外还有近卫军长官霍尔巴努斯和培特洛尼乌斯·塞古都斯。

与死亡的方式都做过预测。早在少年时代，卡尔戴伊[①]曾向他预言过这一切。有一次，他的父亲甚至在午宴上当众嘲笑他戒食蘑
2 菇，说他不了解自己的命运，什么都怕，就是不怕宝剑。因此，他总是提心吊胆，惶惶不可终日，甚至小小的可疑现象也会使他惊恐万状。据说，他没有把削减葡萄园的敕令付诸实施[②]，并不是由于别的什么重大原因，而是由于流传着下列诗句：

无论你怎么咬我的根，啊山羊，
我还会长出丰富的汁水。
让人们杀你献祭的时候，
有足够的酒浆浇洒到你身上。[③]

3 虽然他渴望各种荣誉，但是由于同样的恐惧心理，他拒绝了元老院设计和授予的一项新荣誉，即决定每当他就任执政官时，增加一队抽签选中的罗马骑士，身穿礼袍[④]、手持军用长矛、斧棒和扈从、随员一起，为他在前面开路。

4 随着危险日益临近，他变得更加疑神疑鬼。他通常在长廊中散步，廊壁镶上闪光照人的月长石[⑤]，以便根据反射的影像看到身后发生的一切。他对大多数囚犯的审判都是秘密和单独进行的，而且一定要把他们的锁链握在自己的手里。为了使内侍们懂得，即使理由正当也不应谋杀自己的保护人，他处死了自己最忠实的

① 即占星学家。

② 参见本传 VII.2。

③ 对比奥维德：《岁时记》，1，357。——英译者

④ 骑士长袍(trabeae)带有紫红色的条带，是骑士等级节日服装。

⑤ 尼禄统治时期在卡巴多西亚开采的一种白色半透明的坚硬大理石；参见普林尼：《自然史》，36，22，163。——英译者

秘书埃帕弗洛迪图斯，因为据认为，尼禄被废黜后[①]，这个获释奴亲手帮他结束了他的生命。[②]

XV. 最后，由于一点点怀疑，他突然杀死了自己的堂兄弟弗拉维乌斯·克勒蒙斯，而且大约是在他本人还任执政官之时，[③]虽然这人是个微不足道的庸才，而且懒惰，况且图密善早就公开指定自己的两个年幼儿子为继承人，把他们的名字也改了：一个取名韦伯芗，另一个取名图密善。正是这一举动大大加速了他的灭亡。

连续8个月，不断发生雷击事件，并报告到图密善跟前，他终 2
于高叫："雷电想轰谁就让它轰吧！"卡庇托尔、弗拉维家族神庙、巴拉丁皇宫和他本人的内宫均遭雷击。他的凯旋塑像上的铭文也在暴风雨中被刮掉，并落在附近的一个墓碑上。[④] 当韦伯芗皇帝还是一名普通公民时，曾有过一棵大树倒后重新挺立起来的事，[⑤]现在这棵树又突然连根拔起。在其统治的全部期间内，当他托付普赖尼斯特的命运女神[⑥]保护每个新年时，女神年年赐给他吉兆，但是这一年，她给的却是极端可怕的凶兆，甚至有流血的预言。

他梦见，被他崇拜到迷信程度的米涅尔娃从神龛上走下来，并 3
推辞说，她不能再保护他了，因为她被朱庇特解除了武装。可是没

① 对比《尼禄传》，XL. 2。

② 参见《尼禄传》，XLIX. 4。

③ 根据基督教史学传统形成的看法，弗拉维乌斯·克勒蒙斯被处死是因为他热衷于基督教，可是狄奥（67，14）只谈到了犹太教。他的妻子，即图密善的侄女，被流放到潘达达里亚。

④ 铭文显然刻在金属板上，金属板贴在大理石的塑像底座上。

⑤ 参见《神圣的韦伯芗传》，V. 4。

⑥ 命运女神普里米珍妮娅；对比《提比略传》，LXIII. 1。

有什么比占星学家阿斯克列塔里奥的答复和遭遇更使他吃惊的。当皇帝审讯这个占星学家时，他并不否认说过他通过占星术所预见的某些事情。在回答他本人的结局会怎样的问题时，占星学家说，不久他将被狗撕得粉碎。于是，图密善命令立即杀死他，但是，为了证实他的占星术的虚假，皇帝还吩咐，在举行葬礼时要格外当心。[①] 当这一切正在进行之时，发生了这样的事情：一阵突如其来的狂风吹散了火葬堆，群狗撕扯着半烧焦的尸体，一个名叫位提努斯的喜剧演员正路过那里，他看到了这件意外之事，便把这事连同当天的其他趣闻一起报告给了正在用餐的皇帝。

XVI. 在他被杀的前一天，他吩咐，把送给他的山楂果留一些到第二天，并补充说："但愿我也能被保留下来吃到它们。"然后，他转向身边的人，宣布说，第二天宝瓶星座间的月亮将染上鲜血，并将发生一件全世界都要谈论的事情。子夜前后，他在惊吓之中突然从床上跳下来。翌日晨，一名来自日耳曼的预言家[②]被带到他的面前，在回答了关于雷鸣闪击之后，预言将发生统治者的变动。
2 图密善听他说完之后，便吩咐杀了他。当他使劲地挤破自己前额上的一个脓疱时，鲜血流了出来。他喃喃地说："但愿事情不过如此而已。"然后，他询问几点钟，人们故意告诉他是 6 点钟，[③]而没有说是 5 点钟，因为他害怕这个时刻。对此他十分高兴，他确信，一切危险已经过去。他急急忙忙想去洗澡，他的内务总管巴尔特尼乌斯改变了他的主意，告诉他说，有人有要事要向他紧急报告。

---

① 其中包括烧掉他的尸体，以此使预言无应验。——英译者

② 日耳曼预言家名叫拉尔金。普罗库路斯·涅尔瓦释放并奖励过他。

③ 罗马时间 6 点结束时接近中午。

于是，图密善屏退所有侍从，独自走进卧室，在那里被杀。

XVII. 关于这场阴谋的策划和执行过程人们有种种说法：阴谋者一直犹豫不决，不知该在何时和怎样向他发动攻击是好，是在澡池内，还是在餐桌上。最后，多密提拉[①]的管家斯特潘努斯给他们出了个主意，并援助了他们。当时斯特潘努斯正被指控盗用公款，为了避免受到怀疑，他连续好多天装作受伤的样子，用羊毛绷带把左臂包扎起来，到约定的时刻，绷带内藏一把匕首。他声称，他要揭发阴谋，因此被允许接近皇帝。当皇帝疑惑不解阅读他的报告时，他刺中了皇帝的腹股沟。负伤的图密善企图抵抗，但是副官[②]克洛狄阿努斯·巴尔特尼马斯的释放奴马克西穆斯和宫廷卫队长萨图尔[③]，以及皇帝的一名角斗士一齐向他进攻，他的身上有七处刀伤。一个照常在卧室内侍奉拉列斯神[④]的童子目睹了这场谋杀。他对此事有更详细的描述。当遭到第一次袭击之后，图密善立即吩咐这个童子把藏在枕头底下的匕首递给他，并呼叫内侍，但是除了床头的刀鞘之外，他什么都没找到。此外，所有的门都关着。这时，皇帝揪住斯特潘努斯，将其按倒在地，他们厮打了好长时间。图密善一会儿想抢夺对方的匕首，一会儿又想用自己受伤的手指挖瞎对方的眼睛。

图密善被杀于9月18日(96A. D.)，享年45岁，在位15年。 3
尸体放在一个普通尸架上由一些替穷人收尸的人抬走，他的乳母

① 他的侄女。

② 副官(cornicularius)是百夫长的助手，属低级军官。

③ 萨图尔与狄奥·卡西乌斯著作中提到的西赫尔大概是同一个人。

④ 关于卧室中的拉列斯神可对比《神圣的奥古斯都传》，Vll. 1。

披里斯在拉丁大道旁的她自己的城郊地产上火化了他的尸体，但是她偷偷地把他的骨灰带到弗拉维家族神庙，并同她养育过的提图斯的女儿朱里娅的骨灰合葬在一起。

XVIII. 他身材高大，表情谦恭，面色红润。他有一对大眼睛，
但目光有点暗淡。此外，他长得俊美优雅，尤其青年时期，全身上
下确实都长得端正，但双脚脚趾稍显扭曲。后来，由于秃头[①]、隆
2 起的肚子和生病造成的细腿，他变丑了。他感到他的长相谦恭对
他很有利。有一次，他在元老院自诩："不管怎样，迄今为止你们没
有办法说我的容貌和气质不好。"他对自己的秃头是那样的不悦，
以致如果有哪个人的秃头被人开玩笑或当真地嘲弄，他会认为也
是对他的羞辱。他甚至出版了一部有关护理头发的著作，以献给
自己的一个朋友。为了安慰这个朋友也为了自慰，他在书中写进
了这样一段话：

> 你没看见我也是个魁梧漂亮的人吗？[②] 可是我的头发遭到了同样的命运！年纪轻轻我就忍受着自己头发的衰老。你应该懂得，没有什么比美貌更令人开心，但是也没有什么比美貌更易消逝。

XIX. 他不肯花力气，在罗马城里他很少徒步走路。在出征和旅行时，他很少骑马，通常乘坐肩舆。他对沉重的武器不感兴趣，但十分喜欢射箭。[③] 许多人不止一次看见他在阿尔班自己的

---

① 自此，在朱维那尔和奥松尼乌斯的著作中，图密善有"秃头尼禄"的绰号。

② 《伊利亚特》，21，108。

③ 对比《提比略传》，V.2。罗马人的弓箭不包括在武器（arma）一词之内。弓箭被视为娱乐工具。

地产上用弓箭射杀上百只不同种类的野兽。他在射杀某些野兽时，故意连放两箭，让箭扎在野兽的头上，好像长出两只角。有时他让一名奴隶站在远处，举起右手作靶子，五指分开，他拉弓瞄准，他射得那样准确，箭从指间穿过而没有造成任何伤害。

XX. 统治初期，他忽视学习文献。的确，当大火烧毁了图书馆之后[①]，他不惜花费巨资进行恢复，到处收集抄本，派人到亚历山大里亚去抄录、校对。但是他从不费心去熟悉一下历史或诗歌，甚或优美的文风。除提比略皇帝的备忘录[②]和议事录之外，他不读任何东西。他起草书信、演辞和敕令全靠别人代笔。可是，他的谈话并不粗俗，有些话甚至还很精彩。他说："我多么希望自己能像麦奇乌斯自我感觉的那样漂亮。"有一个人头发有的长成红棕色，有的长成银灰色，图密善称他的头是"雪上浇了蜜酒。"

XXI. 他常说皇帝的命运最不幸，因为除非他们已经被杀死，不然，即使他们发现了阴谋，人们也不会相信是真的。

每当闲暇，他都靠掷骰子消遣，甚至工作日和早晨也玩这个。他中午前洗澡。午餐吃得很饱，因此晚餐，除吃一个马提亚苹果[③]和饮一小杯酒外，很少再吃别的。他经常举办盛大宴会，但是差不多都结束得很早，从不让宴会拖到日落以后或陷入狂饮。他在宴会后就寝前什么事都不做，只在幽静处独自散步。

---

① 80年罗马图书馆遭受火灾，巴拉丁山上的阿波罗图书馆首当其冲。亚历山大里亚图书馆在恺撒时期被付之一炬，可是安东尼弥补了这一损失，他把享有盛誉的帕加马图书馆迁到亚历山大里亚。

② 关于提比略皇帝的备忘录，参见《提比略传》，LXI。

③ 马提亚苹果取名于"马提乌斯"的人名。他是西塞罗和恺撒的朋友，爱好园艺和烹饪技术；参见普林尼：《自然史》，15，15，49。

XXII. 图密善过分好色。他称自己的频频性交是“床上格斗”，仿佛这是一种身体锻炼。据说，他亲手给自己的情妇拔毛，并并和娼妓一起游泳。当他的哥哥提图斯把自己的仍为处女的女儿许配给他时，他因正与多密提娅私通，执意拒绝了。但是当她嫁给别人后，没过多久他又百般勾引她，那时提图斯仍然健在。后来，她的父亲和丈夫双双去世，图密善对她爱得更强烈，不再是偷偷摸摸。他强迫她打掉他造成的胎儿，结果造成了她的死亡。[1]

XXIII. 人民听到他的死讯无动于衷，可是士兵却十分悲痛，打算立即称他为“神圣的图密善”。他们还准备为他报仇，然而没有找到领导人。时过不久，他们坚决要求惩办凶手[2]报仇。相反，元老们却高兴极了，争先恐后地麇集元老院议事厅，在那里用最肮脏和最凶狠的咒骂肆无忌惮地攻击这位已故皇帝。他们甚至拿来了梯子，看着当场扯下他的盾牌[3]和肖像，并就地砸得粉碎[4]。最后，元老院通过决议，必须涂掉他在各处的题词，有关他的纪念物也必须清除干净。

---

① 对比朱维那尔，2，32以下。提图斯的女儿朱里娅嫁给了弗拉维乌斯·萨宾努斯，图密善的堂兄弟，参见本传X。

② 在杀人凶手中培特洛尼乌斯·塞古都斯牺牲了，在经过残酷折磨之后，巴尔特尼乌斯也牺牲了。此事发生在97年。

③ 饰有皇帝肖像的、还愿用的盾牌。

④ 普林尼对此有一段扣人心弦的描写：“这些数不清的镀金的塑像在人民的欢呼声中作为牺牲品被推倒和被砸碎。他的傲慢的面孔被踩入地下，真是大快人心！刀砍斧劈，仿佛每下砍砸都饱含着痛苦和鲜血。无论何人都无法按捺盼望已久的喜悦，每个人在欣赏那些四处狼藉的碎块和断肩残肢之时，好像都有报仇雪恨之感。然后，人们把塑像的残体扔进火堆，火把它们化为灰烬，令人胆战心惊的幽灵终于化为人类的欢乐与幸福。”（《颂辞》，52）。

在他被杀的前几个月，卡庇托尔山上一只乌鸦高叫："一切会 2
好！"有人对这个征兆做过如下解释：

"一只乌鸦在泰比亚岩①巅聒噪'一切会好'，它不可能说'现在一切均好'。"据说图密善本人梦见自己背上长出一个金瘤，认为这是一个无可置疑的预兆：他死后国家状况会比他在位时繁荣昌盛。由于他的后继皇帝们的廉洁和节俭，不久确实出现了这样的局面。

① 卡庇托尔山有时称作泰比乌斯山（mons Tapeius），系根据此山西南角上的泰比亚岩石命名的。可是，正如某些罗马博古学家所认为的那样，这并不是该山最初的名字。——英译者

名人传

语法学家

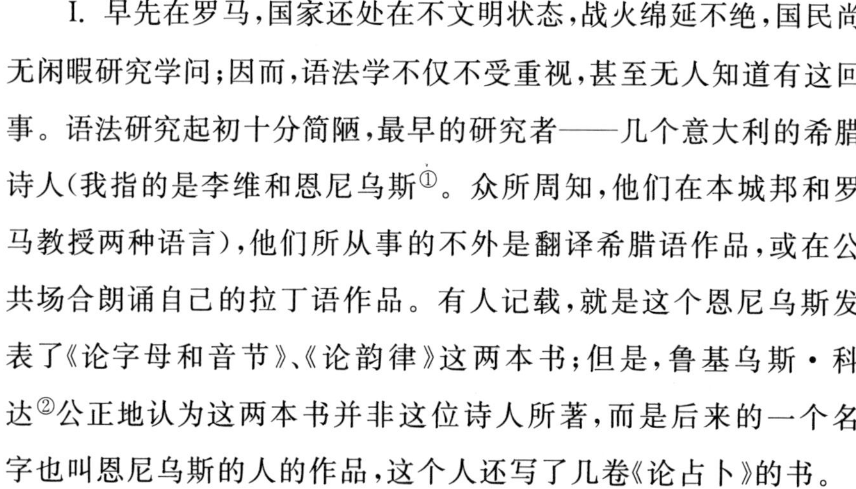

I. 早先在罗马，国家还处在不文明状态，战火绵延不绝，国民尚无闲暇研究学问；因而，语法学不仅不受重视，甚至无人知道有这回事。语法研究起初十分简陋，最早的研究者——几个意大利的希腊诗人(我指的是李维和恩尼乌斯[①]。众所周知，他们在本城邦和罗马教授两种语言)，他们所从事的不外是翻译希腊语作品，或在公共场合朗诵自己的拉丁语作品。有人记载，就是这个恩尼乌斯发表了《论字母和音节》、《论韵律》这两本书；但是，鲁基乌斯·科达[②]公正地认为这两本书并非这位诗人所著，而是后来的一个名字也叫恩尼乌斯的人的作品，这个人还写了几卷《论占卜》的书。

II. 依我看，第一个把语法研究引入我们城市的是阿里斯塔科斯的同时代人马洛斯城的克拉特斯。他是在第二次到第三次布匿

---

① 李维·安德罗尼库斯是来自南意大利塔伦图姆城的希腊人。他在公元前240年前后创作的戏剧是罗马文学的开端。罗马诗歌之父恩尼乌斯(239 B. C.—169 B. C.)是卡来布里亚的卢狄亚城人，自诩懂得三种语言。他们教授两种语言，指拉丁语和希腊语。

② 这里可能是盖乌斯·科达，75年的执政官、演说家和学园派哲学家。

战争之间，大约就在恩尼乌斯过世前后（169 B. C.），被阿塔罗斯王派来元老院的①；在巴拉丁，他掉进一个下水道口，跌断了一条腿。这之后在整个出使期间，他一边恢复健康，一边频繁地进行各种谈话，在谈话中不断地进行语法指导，以此给我们国民提供模仿的范例。然而，他们的模仿在于仔细认真地把一些尚未出名的他们赞赏的好诗——或为自己的已故朋友的作品或为其他人的作品——进行加工和公开朗诵使之广为流传。例如盖乌斯·屋大维·朗巴底奥就是这样处理那维乌斯所著的《布匿战争》的，它原是一本不分卷的书，朗巴底奥把它分成了 7 卷。又如，后来克文图斯·瓦尔古特乌斯整理加工恩尼乌斯的《年代记》，并在确定的日子向广大听众朗读；又如，拉里乌斯·阿凯拉斯和维提乌斯·菲洛科摩斯加工朗读他们的朋友鲁基乌斯的讽刺作品。勒那乌斯·庞培曾自夸听到过阿凯拉斯朗读这些作品，而瓦列里乌斯·加图也自夸听到过菲洛科摩斯诵读过它们。

III. 奠定语法研究基础、在语法研究的各个方面都作出贡献的是拉努维乌姆的鲁基乌斯·埃里乌斯及其女婿塞维乌斯·克洛狄。他们俩均为罗马骑士，在学术领域造诣很深，在国家管理方面经验丰富。

埃里乌斯有两个别名：因其父曾担任过传令官，故被叫作普赖科尼努斯②；又因其常常为当时所有的大人物撰写演说词，故又被叫作斯提洛③。他如此地忠于贵族党，以致愿意陪伴莫特路斯·

① 克拉特斯在公元前 169 年出使罗马。

② 意即“宣布命令（法令）者”，词根 praeco，拉丁文意为“宣读”。

③ 源出 stylus 或 stilus（笔）。——英译者

努米底库斯去过流亡生活。

塞维乌斯偷走了他岳父一本还没出版的书稿，结果岳父与他断绝了关系，他无地自容，悔恨万分地离开了罗马，不久又染上了痛风。由于疼痛难忍，他买了一剂毒药敷在脚上，他的脚先死了，他的身体活了一段时间之后也中毒死了。

此后，科学不断得到重视和普及，社会名流们都愿意为之效力。据说，罗马城里一个时候竟出现二十多所学生众多的学校。语法家们也备受尊重，他们的报酬丰厚。拉维乌斯·米列苏斯用路达提乌斯·达佛尼斯的名字中的“达佛尼斯”说俏皮话，经常称他“潘的宠儿”[①]，据说有人用70万塞斯特尔提乌斯买了路达提乌斯·达佛尼斯，不久又释放了他，而鲁基乌斯·阿普利乌斯则受雇于一个富裕的罗马骑士，教授一所规模很大的学校，年薪400塞斯特尔提乌斯[②]。

事实上，语法研究甚至进入了行省，连一些最著名的语法教师都去外地讲学，尤其是去已归化罗马的高卢，包括屋大维乌斯·条克尔，培森尼乌斯·雅库斯和欧比乌斯·卡瑞斯。后者真是一直教到生命的最后一刻，直到他不再能走路了，甚至双目失明了为止。

IV. 希腊语的影响使 grammaticus 这个词流行起来，起初这种人被称作 litterati。[③] 在一本辨别 litteratus 和 eruditus[④] 含义

① 神话中西西里的达佛尼斯是个美少年，牧童，潘神教会他吹奏牧笛。

② 疑为40万(即400千)。

③ litterati 源于拉丁文 littera(文字)，而 grammaticus 源于希腊语 γράμμα(文字)。——英译者

④ 学者。

的小册子里,科涅利乌斯·奈波斯解释道:前者通用于能准确、巧妙、权威地演讲或写作的人,但严格地说,这个词应该是指希腊人称作 grammatici 的诗歌注释者。

在麦撒拉·科尔维努斯的一封信中可以看出,这类人也被称作 litteratores。他在这封信里写道:我不关心富里乌斯·毕巴库罗斯,也不关心提契达斯或 litterator 加图。毫无疑问,他这里说的加图是指著名诗人和语法学家瓦列里乌斯·加图。然而,正如希腊人辨别 grammaticus 和 grammatista 一样,有些人也区分 litteratus 和 litterator;他们用前者指一个学科的专家,用后者指一个中等程度的一般文字工作者。俄尔华利乌斯也赞同这种观点,他举例说:"在我们祖先生活的时代,除特殊场合外,出售奴隶时没有人叫喊他的奴隶是 litteratus,而常称自己的奴隶是 litterator,意思是说他对文字有一知半解,但不是一个成熟的学者。"

早期的语法家也讲授修辞学,他们中许多人留下了关于这两方面内容的论文。我认为,正是这种习惯使得后来的语法家——尽管现在这两种职业已经分得清清楚楚——仍旧保存着或引进了许多种适用于培养雄辩家的修辞学训练内容,诸如问题、解释、对听众呼吁、提要,等等。[①] 他们这样做无疑是为了不把自己的学生交给那些完全没有知识的干巴巴的修辞学家。但我注意到,由于无人请求这样做,或由于一些学生太年轻,这类教学如今被放弃了,但我不相信这是由于这类功课被低估了。我记得在我年轻的时候。有一个名叫普林西普斯的教师常常交替着在一定的日子演

① 这里是在列举通常用的修辞练习形式。

说，在一定的日子教学[①]。有时他上午教课，下午移开桌椅便开始演说。我过去常常听说，在我们的父辈时代，有一些人从语法学校一毕业便直接来到罗马市心广场[②]，成为最出色的辩护律师。

下表是一些著名的语法教师，关于他们的生平，我们能够说出点什么来的：

V. 色维乌斯·尼坎诺是第一个因教授语法而享有盛誉的人。他作过很多注释，但据说大多数被别人偷走。此外，他还写过一首讽刺诗。在这首诗里，如下的诗行表明他是一个释放奴隶，并且有两个姓：

> 马尔库斯的释放奴色维乌斯·尼坎诺可以否认这一点，但是同一个人(也是一个马尔库斯)，色维乌斯·帕斯图密乌斯将证实这一点。

据一些作家记载，由于某种不光彩的事，他隐居撒丁尼亚，并死在那里。

VI. 一个伊壁鸠鲁派学者的释放奴奥勒留斯·俄庇里乌斯起初教授哲学，后来教授修辞学，最后教授语法学。卢提留斯·卢佛斯遭到放逐时，俄庇里乌斯放弃了教学，跟随他去了亚细亚，他们俩在斯密尔纳城[③]生活到老。他写过好几本书，题材多样，他告诉我们，他使其中 9 本形成一套，使之与缪斯九女神的数目正好一致，并以她们的名字命名各卷，因为他认为这些女神是作家和诗人的保护神。我注意到，他的名字在许多书目和书名中被写成一个

① “教学”这里显然是作为语法家的活动，“演说”被作为修辞学家的活动。

② 法庭审判或公共集会的地方。

③ 小亚细亚西部伊奥尼亚地区。

字母L,但他自己在一本题为"书板"的小册子中的一首藏头诗[①]里用两个字母写他的姓。

VII. 马尔库斯・安东尼乌斯・格尼佛出生于高卢的一个自由人家庭,但被父母遗弃。据一些作家记载,他的养父释放了他,并送他去亚历山大里亚学习。在那儿,他与狄奥尼修斯・斯库托伯拉齐俄相处融洽,但我怀疑这一点,因为两人生活的年代不合。[②] 据说,他是个天才,记忆力超群,不仅会拉丁文,而且懂希腊文。他为人友善,性情温和。他从不签订学费合同,但反能从学生的慷慨大方中获得更多的报酬。起初,他在神圣的朱里乌斯家中做家庭教师,那时神圣的朱里乌斯还是个孩子。后来,他在自己家里教课。他还教授修辞学,每天讲授修辞课,但公开演讲每周只一次。据说,许多著名人物都常到他那里学习,其中包括马尔库斯・西塞罗,西塞罗甚至在当了大法官时还去他那里学习。他虽然只活了不到50岁,但却留下了大量作品。然而,阿泰乌斯・费洛洛古斯断言,他仅留下2卷《论拉丁语》,归在他名下的其他作品皆为他的学生所著,并非出自他本人的手笔;因为在那些作品中有时能碰到他自己的名字,例如……[③]

VIII. 马尔库斯・庞庇里乌斯・安德罗尼库斯出生在叙利亚,他由于热心于伊壁鸠鲁学派活动,故被认为是一个懒散的语法

---

① 诗篇各行的第一字母可拼写成一个词。

② 狄奥尼修斯・斯库托伯拉齐俄生活在公元前2世纪中期,而格尼佛,按照苏维托尼乌斯这里提供的线索(西塞罗任大法官是在公元前66年),学习的时间应在公元前2世纪最后几年。

③ 手抄本此处有脱漏。

学家，不适合领导一个学校。他知道自己在罗马不受敬重，其地位不仅不如安东尼·格尼佛，甚至还不如那些能力更低的人，因而移居库迈过隐居生活，写了许多著作。他穷困潦倒，衣食短缺，因而被迫以16 000塞斯特尔提乌斯的价格把自己的主要著作——一本小册子《恩尼乌斯〈年代记〉评注》卖给一个人。俄尔毕利乌斯告诉我们，在该书成了无名氏之作后，他全部买到了，并且使它重新以原作者的名字流传。

IX. 贝尼温图姆的鲁基乌斯·俄尔毕利乌斯·普皮乌斯是个孤儿，他的父母在同一天遭叛军杀害。起初，他做达官贵人的仆从，借此谋生。后来，他在马其顿军中做副官[①]，不久又服役于骑兵部队。退伍后，他重新开始学习生涯，从孩提时代起他对学习就有浓厚的兴趣。他在家乡长期执教，50岁时移居罗马，那年西塞罗正任执政官(63B. C.)。他在那儿教学，获得的主要是声誉而不是薪金。他在垂老之年写的一本书里承认那时很穷，住的是顶楼。他还写过一本名为《苦人》的著作，在这本书里他抱怨孩子家长的轻视和傲慢给教师带来了屈辱。他脾气确实尖刻，不仅对与自己诡辩的人如此(利用一切机会攻击他们)，对自己的学生也如此。贺拉斯称他为“鞭挞者”[②]，多密提乌斯·马尔苏斯用这样的话来描绘他：

> 俄尔毕利乌斯对任何人都挥舞皮鞭和大棒。

他也不放过嘲讽社会名流。在他还是个无名小卒时，有一次

---

① 见《图密善传》，XVII，关于Cornicularius的注。

② 贺拉斯在《信札》，II. 1，70称俄尔毕利乌斯为“鞭挞者”。

他到大庭广众的法庭上作证，当对方辩护律师瓦罗·穆勒那问他做什么和从事什么职业时，他回答道："我把驼背从阳光下搬到阴暗处"，因为穆勒那是个驼背。他活到近百岁，死前先已失去记忆，毕巴库罗斯的诗可以证明这一点：

俄尔毕利乌斯在哪儿，那个连字母都忘了的人？

在贝尼温图姆议会大厦的左侧，耸立着他的一尊大理石雕像，身穿希腊斗篷正襟危坐，旁边是两个书匣子。他生有一子俄尔毕利乌斯，也是一个语法教师。

X. 鲁基乌斯·阿泰乌斯·费洛洛古斯生于雅典，是个被释放奴隶。著名法学家阿泰乌斯·卡庇托[①]说他是"语法家中的修辞学家，修辞学家中的语法家。"阿西尼乌斯·波里奥在其评论萨鲁斯特作品（说萨鲁斯特的作品因过分爱用古词而受到损害）的一本书里提到过费洛洛古斯，他说：

"他在这方面尤其受到了阿泰乌斯·普赖特克斯坦图斯的影响；阿泰乌斯·普赖特克斯坦图斯是著名的拉丁语语法家，后来又是批评家和演说教师，最终自称是一个费洛洛古斯。"他自己写信告诉拉里乌斯·赫尔玛斯，说他的希腊语水平大有提高，拉丁语也有进步，他听过安东尼·格尼佛的课……[②]后来做了教师，许多知名的年轻人听过他的课，其中包括两兄弟克劳狄·比乌斯和克劳狄·普尔赫尔，他还曾陪伴他们去过他们的行省。他好像接受过

---

① 奥古斯都和提比略时代的罗马著名法学家，生于公元前30年左右，死于公元22年左右。

② 手抄本此处有破损。

费洛洛古斯的美名[①]，因为他像第一个得到这个姓氏的厄拉托斯忒尼斯[②]一样，是个从事多学科研究的人。他的论文可以清楚地证明这一点，尽管论文所存无几，但在给前面提及过的那个赫尔玛斯的另一封信中，他说到了论文数目之多："请记住把我的资料库[③]推荐给其他人，你知道，这是收在800卷里的丰富材料。"后来，他成了盖乌斯·萨鲁斯特[④]的密友。萨鲁斯特死后，他成了阿西尼乌斯·波里奥[⑤]的密友。当他们着手编纂历史时，他给萨鲁斯特写了个全部罗马历史事件的梗概，以便后者从中挑选自己所要的东西；给柏利俄介绍了正确写作的规则。这令我更加疑惑，阿西尼乌斯怎么会相信阿泰乌斯常常为萨鲁斯特收集古词及古语呢？因为他知道，这位语法学家曾强烈劝告他本人使用常用、浅显及自然的语言，尤其劝他避免使用萨鲁斯特式的那种模糊的词汇及异想天开的词类。

XI. 普布利乌斯·瓦列里乌斯·加图，据某些作家记载，是某个名叫布尔塞努斯的出身高卢的人的释放奴隶。但是他本人在一篇题为《愤怒》的短文中宣布自己是个生而自由的人，可是成了一个孤儿；因此，在无法无天的苏拉时代，他被剥夺了父母留下的遗产。他有许多出色的学生，被认为是一位称职的教师，特别是那些爱好诗歌的学生的好老师，下面这几行诗就是例证：

---

① Philologus 按希腊文意为"爱学问者"。

② Eratosthenes(275 B. C.—194 B. C.)亚历山大里亚的著名地理学家。

③ 意指这些文章是匆匆写成的没有经过很好的加工。

④ 即萨鲁斯特·克里斯普斯，著名的罗马史家(86 B. C.—34 B. C.)。另见本卷XV和《神圣的奥古斯都传》，LXXXVI. 3。

⑤ 著名的罗马演说家，政治家，文学保护人。

文学教师加图是罗马人的塞壬[①]，

他吟诗，也培养诗人，没有别人能够如此。

除语法方面的著作外，他还写诗，名气最大的要数《吕底亚》和《狄安娜》。提契达斯这样说到《吕底亚》：

对于有文化的人们，《吕底亚》是一篇可贵的诗。

泰纳如此提到过《狄安娜》：

愿我们加图的狄克图娜[②]长生不老。

他寿命很长，但极端贫困。他把图斯库鲁姆的田庄出让给债权人后几乎一无所有，栖身于一小茅舍之中。毕巴库罗斯这样记载：

如果有人偶尔见过我的加图的家屋，
屋顶板壁破旧斑驳，
普里阿普斯守护他的菜畦，[③]
人们只能感到惊讶，不知他凭着什么科学
达到如此超群的智能：
三棵白菜，半磅粮食。
两串葡萄——挂在屋檐下——，
仅靠这些东西他一直活到老死。

还有一首诗：

盖路斯呀，加图的债权人
把他的图斯库鲁姆的全部地产在市场上出卖。

---

① “塞壬”，希腊神话中用动听的歌声迷住航海者的女妖，人首鸟身。见《奥得修记》。

② 狄克图娜是狄安娜作为狩猎女神的别名。

③ 土地肥力，菜园、葡萄园之神，样子污秽。

我真难理解,一位无双的教师,

最大的语法学家,最优秀的诗人。

他能解开一切疑问,但竟不能解开自己的债务羁绊。

请看,泽诺多托斯的心灵,克拉特斯①的智慧!

XII. 科涅利乌斯·埃庇卡都斯是独裁者鲁基乌斯·科涅利乌斯·苏拉的释放奴隶和预言祭司的下手,此外,他还是苏拉之子福斯图斯最喜欢的人。因此,他总是称自己是他们父子俩的释放奴隶。正是他续写了独裁者苏拉未完稿的《自传》的最后一卷。

XIII. 斯坦伯利乌斯·厄罗斯是用自己的积蓄在奴隶市场上赎身的,由于致力于文学研究而被正式释放。他把布鲁图和卡西乌斯也算作他的学生。有人说,他思想十分高尚,竟在苏拉时代免费招收被剥夺公民权者的子女入学。

XIV. 库尔提乌斯·尼西亚斯曾在格涅乌斯·庞培和盖乌斯·莫密乌斯的部下供职。当他把莫密乌斯的一封情书带给庞培的妻子时,被她出卖了;以此,他冒犯了庞培,被庞培撵出了门。他也是马尔库斯·西塞罗的密友,在西塞罗给多拉贝拉的一封信中有这样一段关于尼西亚斯的话:"我认为罗马没有什么你感兴趣的东西,除非你或许想知道我在做我们的朋友尼西亚斯和维迪乌斯之间的公断人。尼西亚斯拿出一张借据,上面有两行字。而维迪乌斯像一个典型的语法学家,在借据上做了个存疑的记号。② 我的任务是要像一个古代的批评家那样,判断这些文字是诗人原作

① 克拉特斯,西里西亚的马洛斯城的语法家。泽诺多托斯是著名的亚历山大里亚的语法家。

② 意即否认这项借款。

呢,还是后人伪托的。”在另一封给阿提库斯的信里西塞罗说:“你在信中谈到尼西亚斯;如果我的处境让我能因和他在学术上交往而感到快乐的话,那么我会比任何别人更喜欢和他在一起;但是我的行省地处偏僻,无所作为;此外,你知道我们的朋友尼西亚斯体弱、娇惯和他的生活方式,既然他不可能给我带来愉快,那么我何必还要烦劳他呢?然而我还是赞赏他的愿望。”珊特拉也赞赏他的《论鲁基里乌斯》一书。

XV. 勒那乌斯是伟大的庞培的释放奴隶,跟随庞培参加过他指挥的几乎所有战役。庞培及其诸子死后,他在罗马卡利那区大地女神庙附近开办了一所学校,以教书为生。以前庞培的家就坐落于此。他无限缅怀他的保护人,以致当历史学家萨鲁斯特称庞培外表谦恭、内心无耻时,他作了一首讽喻诗,将萨鲁斯特骂得体无完肤,称他是“流氓、恶棍、老饕、色鬼、生平和著作都怪异的人。此外,他还不学无术,剽窃古代作家,尤其是加图的语言。”据说,在勒那乌斯还是孩子时,被人从雅典偷走,后来他逃回故乡。接受自由人应受的教育之后,他用钱向以前的主人赎回自由。但作为对他广博知识,出众才华的奖励,他免费获得了自由。

XVI. 克文图斯·卡西利乌斯·埃皮罗塔生于图斯库鲁姆,是西塞罗信友阿提库斯(罗马骑士)的释放奴隶。他是阿提库斯的女儿、马尔库斯·阿格里巴妻子的家庭教师,由于涉嫌对她行为不轨而被解雇。此后,他依附于科涅利乌斯·盖路斯[①],与他一起生

① 哀歌体诗人(69 B. C.—26 B. C.)出身微贱,因反对安东尼的战功于公元前 30 年被奥古斯都提拔到骑士等级,并任命为新设的埃及行省第一位总督。后因行为残忍和飞扬跋扈而被奥古斯都放逐,自杀。

活，关系密切。奥古斯都曾将此事作为盖路斯的重要罪名之一。他在盖路斯受罚及死后(25B.C.)开办了一所学校，收了好几个学生，都是成年的年轻人。他不收未成年者，除了他不能不看他们父母情面的那些孩子。据说，他是第一个用拉丁语即席讲课的人，也是第一个开始教学生练习阅读维吉尔及其他当代诗人作品的人。多密提乌斯·马尔苏斯如下诗行可以证实这个事实：

埃皮罗塔，你，诗人新苗的培育者。

XVII. 马尔库斯·维里乌斯·弗拉库斯是个释放奴隶，他以教学方法而获得殊誉。为了提高学生的学习积极性，他常常挑选天资相仿的学生，在他们之间开展竞赛活动，不仅为他们命题，而且给优胜者颁奖，奖品常常是某本古书，或装帧华美的稀世珍本。因此，奥古斯都挑选他作自己孙子们的家庭教师。于是，他及他的学校也随之迁入巴拉丁宫，但有个条件，他不得再招收另外的学生。他的课堂便设在卡图鲁斯家的大厅里，该大厅当时是皇宫的一部分。他每年获得 10 万塞斯特尔提乌斯的薪水。他老死于提比略执政时。他的塑像立在普赖尼斯特城市政广场的高处，靠近半圆形柱廊的地方，他在这里的大理石墙上刻了他所编制的日历，以供观察。

XVIII. 鲁基乌斯·克拉西奇乌斯生于塔伦图姆城，是个释放奴隶，曾姓帕西克赖斯，后来改姓潘萨。其经历起初与舞台有关，是笑剧作家的助手。后来他当了教师，直至因发表对诗篇《新密尔娜》的注释而名声斐然。下面几行诗是这样描述他的名声的：

斯密尔娜只愿意把自己的命运

托付给克拉西奇乌斯，

啊,没有学问的人们,别去向她求爱。
她已宣布:她不会嫁给任何别人,
只有他知道她内心深处的秘密。

但是在他已吸引了许多上流社会的学生,其中包括三头之一的安东尼之子优鲁斯·安东尼,因此甚至成了维里乌斯·弗拉库斯的竞争对手时,他突然解散了自己的学校,做了哲学家克文图斯·塞克斯都[①]的门下弟子。

XIX. 斯克里波里乌斯·阿弗诺狄西乌斯是俄尔华利乌斯的奴隶和学生,后来被利波之女,以前曾是奥古斯都之妻的斯克里波尼亚收买并释放;他和维里乌斯同时执教,甚至著文批驳维里乌斯的著作《论正字法》,同时攻击他的学术和人格。

XX. 盖乌斯·朱里乌斯·许吉努斯是奥古斯都的释放奴隶,生于西班牙(一些人认为他是亚历山大里亚人,恺撒占领该城后将他带来罗马,那时他还是个孩子。)他是希腊语法学家科涅利乌斯·亚历山大的忠实弟子和模仿者。科涅利乌斯因对古事的知识,被许多人称作"博学家",有些人称他为"历史"。许吉鲁斯担任巴拉丁宫廷图书馆馆长,还收了许多学生,给他们教课。他是诗人奥维得的密友,也是前执政官和历史学家克洛狄·李锡尼乌斯的密友。据后者说,许吉鲁斯死于贫穷,此前一直靠这位历史学家的慷慨接济生活。朱里乌斯·摩得斯图斯是许古鲁斯的释放奴隶,作为他的学生在学习和研究作风上对他亦步亦趋。

XXI. 盖乌斯·米列苏斯出生于斯波列提乌姆,是个自由人,

① 著名的斯多噶派哲学家,朱里乌斯·恺撒的同时代人。

由于父母不和而被抛弃。不过因其养父的关心和爱护，他接受了较高的教育，并被作为语法学家推荐给了玛塞纳斯。他发现玛塞纳斯欣赏他的学识，待他如友。由于他宁愿有目前这样的地位而不顾自己原来的自由身份，因而尽管他母亲要求恢复他的自由，但他仍处于奴隶地位。结果，他很快被释自由，甚至还博得奥古斯都的青睐。受皇帝之命，他承担整理屋大维亚柱廊图书馆的任务。他自己记叙道：60 岁时开始编写《废话集》，此书现名为《笑话》，写了 150 卷，后来又增加了几卷，但内容是另一种性质的。他还创造了一种新型的托加剧，取名为镶边托加剧[①]。

XXII. 马尔库斯·庞波尼乌斯·马尔采鲁斯是个学究气很浓的拉丁语批评家。在一个案件中（因为他有时充当辩护律师）他坚持要纠正他的对手措辞中的一个错误，致使卡西乌斯·塞维鲁斯吁请法官暂停审理，让他的委托人可以雇一个语法学家来代替他作辩护人。塞维鲁斯说："因为他认为与对手较量的不是法律而是措辞。"就是这个马尔采鲁斯曾批评提比略在一次演说中一个词用得不当，而阿泰乌斯·卡庇托[②]则认为这个拉丁词用得很恰当，如果说不是，那么从那时起这肯定是个绝好的用法。对此，马尔采鲁斯驳斥道："卡庇托在信口雌黄。因为你元首虽然能给人公民权，但不能给一个词以任意的用法。"以前他曾一度作过拳击手，阿西尼乌斯·盖路斯写的一篇讽刺他的短诗可以证明这一点：

① 托加剧（fabulae togatae）取材于罗马现实生活的新型喜剧，演员着罗马公民礼服托加袍，不同于改编过来的希腊喜剧（fabulae palliatae）。镶边托加剧（ trabeatae）的角色人物是罗马贵族，即穿镶红边托加袍的人物。

② 见本卷 X。

他曾教过“头向左”,如今给我们讲解古词难语,

他实在毫无天分,仅会几套拳术。

XXIII. 维塞提亚的克文图斯·勒米乌斯·巴勒蒙是一个女人的家生奴隶。据人们传说,他先当过织工,后来由于陪主人的儿子上学而得到了知识。后来他获释了,在罗马当了教师,并被视为最卓越的语法学家。尽管他缺点很多,臭名远扬,提比略及后来的克劳狄甚至公开宣称,再没有谁比他更令人不能放心把孩子和年轻人托给他教育。但是,他记忆力惊人,口才超群,能即席赋诗,常写作各种特别韵律的诗歌。他骄傲自大,竟称马尔库斯·瓦罗是“一只猪”,宣称语言文字学随着他的诞生而诞生,也将随着他的死亡而灭亡;他还声称他的名字出现在《牧歌》里[①]不是偶然现象,而是因为维吉尔曾预言将来会有一个巴勒蒙成为诗歌和诗人的评判者。他还自夸,由于名声大,有一次连强盗也放过了他。他生活奢侈,甚至一天要洗好几次澡。尽管每年可从学校获得40万塞斯特斯提乌斯的薪水,另外还能从自己的私产里得到几乎与此相等的数目,但还不够他开销。他特别重视经营私产,如开服装店、栽种葡萄等;人们广为传说,他嫁接的葡萄树能长出360串葡萄。他极好女色,达到无礼的地步。据说有一次,有个人在人多的地方遇到他,无论怎么回避,也难逃脱他的接吻,这时便对他说了一句俏皮话:“先生,你想亲吻匆匆路遇的每一个人吗?”

XXIV. 贝利图斯城的马尔库斯·瓦列利乌斯·普洛布斯一直渴望能弄到一个百人队队长的职务,但白等了多年,终于失去了

① 在维吉尔的《牧歌》3,50行以下:牧童巴勒蒙在歌咏比赛中作裁判。

耐性，转而潜心读书。在行省一个语法学家的指导下，他读过几本早期作家的著作。因为在这个行省像在罗马一样，对这些作家的作品人们一直记忆犹新。当他认真地重新读起这些书来，并设法博览这同一时期其他作家的作品时，尽管大家鄙视这样做，认为读这些书没有什么好处和光彩，反而是丢脸的事，但他还坚持自己的目标。他收集了大量手抄本，开始专心校勘、标点，并加批注。他专攻语法学这个科目，不干其他的。他有几个与其说是学生不如说是追随者，从不以老师自居授业解惑。他常常下午斜倚在榻床上和其中一两个，最多三四个人进行长时间交谈，并在长时间枯燥的谈话之间读点什么，虽然很难得。他发表的作品不多、不大，都是讨论一些小问题的。不过他还是留下了一本大部头专著《早期语言研究文集》。

修 辞 学 家

I. 修辞学传入我国经过了与语法学大致相同的途径。它的实际使用常常受到禁止，因而其传播的阻力大于语法。为了证实这一点，下面摘引古时候的一项元老院公告和一条监察官命令：①

“盖乌斯·法尼乌斯·斯特拉波和马尔库斯·瓦列利乌斯·麦撒拉执政时（161B. C.），大法官马尔库斯·庞波尼乌斯向元老院提出了一个建议。元老院讨论了哲学家和修辞学家问题之后作

① 这两个反对修辞学家的决议，分别于公元前161年和92年公布。前者是关于外来的希腊哲学家、修辞家，后者是关于拉丁修辞家。

出决议，要求大法官马尔库斯·庞波尼乌斯提高警惕，保证为了国家利益遵守自己的就职誓言，不许哲学家和修辞学家居住罗马。”稍后于此，监察官格涅乌斯·多密提乌斯·阿赫诺巴尔布斯和鲁基乌斯·李锡尼乌斯·格拉苏斯针对这类人发布了这样一道命令(92 B.C.)：“我们听说有一类人引进一种新的学问，而我们的年轻人常常成群结队地去听他们讲课。这些人自封为拉丁语修辞学家，年轻人整天与他们混在一起，不干实事。我们祖先已为自己的子孙规定了要上的学校和要学的课程。这些违背祖先规矩和习俗的改革、既不受我们欢迎，看来也不合适。因此，看来有必要把我们的看法告诉那些人——开办此类学校和常去听课的那些人，他们是不受我们欢迎的。”

渐渐地，修辞学获得承认、受到重视，许多人为了维护自己，赢得声誉，开始专心研究修辞学。西塞罗在直到出任大法官之前[①]，一直不但用拉丁语也用希腊语练习演说，甚至在年事渐高时还和未来的执政官希尔提乌斯和潘萨一起用拉丁语练习演说，他称他们两人为自己的学生和大孩子。一些史家记载，格涅乌斯·庞培在内战前夕重新开始练习朗诵，正是这样他才战胜了盖乌斯·库里奥这个口才出众的年轻人。后者当时是恺撒的辩护律师。甚至在穆提那战争期间，奥古斯都和马尔库斯·安东尼也没放弃练习演说术。尼禄皇帝执政第一年就公开发表演说，此前他还演说过两次。而且，许多演说家甚至公开出版自己的演说集。所有这一

① 西塞罗于公元前66年任大法官，当时40岁。比读西塞罗书信集《致亲友》，X.16,7(46年7月)。

切激起了人们巨大的热情，许多教师和学者云集罗马，他们在这里取得巨大成功，一些地位卑微的人进入了元老院，并取得高级官职。

他们不是大家都用一种教学方法，各人的方法也不是一成不变的。因为不同的教师有不同的训练方法，而且各人每次都有不同。他们惯常用比喻、事例和寓言故事①来加强说辞，进行叙述有时简短扼要，有时详尽丰富。他们有时翻译希腊语作品，褒扬或批评社会名流。他们证明，日常生活中的习惯有一些是必要和有益的，也有一些是多余和有害的。他们经常捍卫或攻击神话的可信性，即希腊人称之为“毁灭性的批判”和“建设性的批判”的那种练习。但是，所有这类练习不久便不流行了，为辩论②所取代。

早期的辩论题目或取自于历史故事，有时事实上就是当代事件，或来源于现实生活中新近发生的事情。因此，题目上甚至还带地方性的名称。至少就已出版的辩论集来看是这样的，我们不妨逐字逐句举其中一、二例如下：

有一年夏天，一些年轻人从罗马去奥斯提亚，走到海边，在那儿碰到几个正在撒网的渔夫，约定花费若干钱买下网中所获。付过钱款，等了好久，渔网终于出水了。人们发现捕到的不是鱼虾，竟是满满一篮子黄金。出资者说，这篮黄金理当属于他们，而渔夫则说应属于渔夫。

一些商人在布鲁迪辛乌姆卸货，船上装的是大批奴隶。

---

① 这些都是修辞学校中的初级训练内容。

② 关于设想的法庭案件的演说哲学家塞内加的父亲——老塞内加曾编有一大本的辩论题和辩论片段的集子。

由于害怕海关收税员，他们给一个年轻漂亮、可卖高价的奴隶佩带了护身符，穿上镶红边的托加袍。[①] 经过这样的乔装打扮，很容易瞒过了检查。到达罗马后，他们受到起诉，并被要求释放这个奴隶，理由是主人已自愿释放了他。

人们以前曾用希腊词 syntheses（“放在一起”）来称呼这类讨论，后来改用拉丁词 controversias（辩论）。辩论的内容或是自己想出来的，或借用法庭实例。

著名的修辞学教师，有记载流传下来的似乎仅有如下几个人。

II. 鲁基乌斯·普洛提乌斯·盖路斯。西塞罗在给马尔库斯·提提尼乌斯的信[②]中提到过他：“我清楚地记得，在我们还是孩子时，有一个名叫普洛提乌斯的人首先开始用拉丁语教学。那时，成群结队的学生上门求教，所有勤奋的学生都在他那里接受训练，我曾遗憾自己没能如此。然而，一些经验丰富的学者的忠告安慰了我，他们认为，希腊语的训练能更好地发展一个人的心智。”马尔库斯·卡尔乌斯在一篇反驳指控他使用强制的演说中指的正是这同一个普洛提乌斯（因为他活了很久），说是他代控告人阿特拉提努斯撰写演说辞的，但没有指出普洛提乌斯的名字，称他是一个“大麦做的”修辞学家，并嘲笑他文体夸张、内容空洞、语言粗俗。

III. 鲁基乌斯·沃塔西利乌斯·普洛图斯据说曾是奴隶，按古时风俗，他曾带着镣铐做看门人，直到由于才华出众、爱好文学而获释，帮助保护人起草诉状。后来他成了修辞学教师，收了伟大

① 护身符和镶红边的托加袍是自由人身份的富有的年轻人的服饰。——英译者

② 此信未保存下来。——英译者

的格涅乌斯·庞培为学生。他为庞培的父亲和庞培本人写了几卷传记，记载他们的丰功伟绩。科涅利乌斯·奈波斯认为，他是释放奴中第一个撰写史书的人，在此之前，写史仅限于地位显赫的人。

IV. 马尔库斯·厄比底乌斯，以诬告闻名。他创办过一所修辞学校，教过一些学生，其中包括马尔库斯·安东尼和奥古斯都。当他们两人嘲笑盖乌斯·卡努提乌斯政治上站在前执政官伊索里库斯党一边时，卡努提乌斯还击他们说："我宁愿做伊索里库斯的学生，而不愿做厄比底乌斯一类诬陷者的学生。"这个厄比底乌斯自称是努凯里亚的厄比底乌斯的后代。据说，努凯里亚的厄比底乌斯[①]有一次跳进萨尔努斯河里，并随即头上长着牛角钻出水面，随后又立即不见了。从此，人们将他列为神灵。

V. 西西里的塞克斯图斯·克洛狄乌斯是希腊文和拉丁文演说术的教师。他声音响亮，但视力较差，他常说是在与三头之一的马尔库斯·安东尼交往时期弄坏了视力。[②] 在谈到安东尼的妻子，脸庞稍有浮肿的富尔维亚时，他说："她吸引我的笔尖。"[③]这句俏皮话使他获得而不是失去了安东尼的青睐。当安东尼不久登上执政官宝座时，克洛狄乌斯就从他那里得到了大量的礼物。西塞罗在《菲力匹克》[④]中指控安东尼："他的笑话使你雇佣他为教师；你和你同伙们的选票把他推为修辞学家。你已允许他说他所喜欢的有关你的事情；他无疑是个机灵鬼，但是说几句话奉

① 在坎佩尼亚被作为河神崇拜。

② 双重含义的暗示：(1)放荡，(2)吃喝玩乐到深夜。——英译者

③ 双重含义：她吸引我(1)写诗讽刺她；(2)刺她的脸。——英译者

④ 见西塞罗：《菲力匹克》，II. 17，42—43。

承你及你的同伙们，这也不是一件难事。但这位修辞学家获得了什么报酬呢？听着，元老们，请看看我们国家遭受的创伤。你们把兰奥提涅2 000 尤格[①]土地送给了这个修辞学家塞克斯图斯·克洛狄乌斯，还给他免税；花了如此大的代价，你们很可能什么也没有学到。”

VI. 诺瓦里亚的盖乌斯·阿尔布契乌斯·西鲁斯。当他在故乡诺瓦里亚城任营造官期间，有一次担任法官正要判决一些人败诉时，被那些人拳打脚踢地赶下法官席。对此，他十分恼火，一气之下冲出大门，离开家乡去了罗马。在罗马，他获准加入演说家普兰库斯的团体。普兰库斯有个习惯，演说前总要请一个人上台先作一篇演说，阿尔布契乌斯就充当这个角色。他干得很出色，致使普兰库斯因不敢和他较量而只好沉默不语。阿尔布契乌斯通过这一途径成名后，自己开办了一所修辞学校。在这个学校里他惯于在宣布了辩论题目后开始坐着演说，愈讲愈起劲，最后站起来结束演说。他的演说手法多种多样，有时候风格华丽，多用装饰词汇，有时候简明扼要，使用日常口语和市井俗语。他也从事法庭辩护，但只偶尔为之，仅参加一些最重要的诉讼，并且仅作结案演说。后来，他告别了罗马市政广场，一半由于羞愧，一半由于恐惧。事情是这样：有一次，在百人法庭上辩护时，他指责对手对父母不尽孝道。说了“以你父母没被埋葬的骨灰发誓吧！”等等这一类的话，本来只是在使用修辞比喻，却不意给对手提供了一个立誓解决诉讼的权利。对手接受了这个要求。既然法官不表示反对，阿尔布契

① 1 尤格约合 1/4 公顷。

乌斯的辩护便因此失败了，十分丢人现眼[1]。还有一次在米迪奥拉努姆，他在代执政官衔总督鲁基乌斯·庇索主持的法庭上为一起谋杀案的当事人辩护，获得巨大成功，当斧棒卫士试图阻止听众过分鼓掌喝彩时，他非常气愤，悲叹意大利的遭遇，说“它再一次被降到一个行省的地位。”此外，他还吁求马尔库斯·布鲁图斯（他的塑像就立在法庭上），称他为法律和自由的建立者和捍卫者。为此，他险些受到处罚。他在上了年纪、身患溃疡病的情况下返回诺瓦里亚。回到家乡，他召集人民作了一次长篇演说，解释他为何要结束自己的生命。接着绝食而死。

诗　　人

泰伦斯传

I. 泰伦提乌斯·普布里乌斯·阿菲尔，[2]出生于迦太基，在罗马是元老泰伦提乌斯·卢卡努斯的奴隶，由于这位年轻人天资聪颖，外表英俊，主人不仅让他接受上等人的教育，而且不久还解除了他的奴籍。有些人认为他是在战争中被俘为奴的，但费尼斯

---

① 这故事在老塞内加《辩论集》VII. 序言有更详细的记载：对方辩护律师希望通过立誓保证辩论中的论点公正来解决争讼——假如这一方的律师同意的话，按罗马法庭的惯例这样做是许可的——阿尔布契乌斯说：“我同意，假如我可以口授誓言的话。”但是当他要求对手发誓时说“以我未安葬的父母的骨灰立誓”时，对手接受了这个条件。阿尔布契乌斯声明自己是在使用演讲术中的比喻手法，并非表示同意。但已被对方抓住时机利用了。——英译者

② 后世通称泰伦斯。

特拉[①]认为这是不可能的，因为泰伦斯生活在第二次布匿战争结束后和第三次布匿战争开始前这段时间(201 B. C.—149 B. C.)；甚或他是被努米底亚人或盖图里亚人所俘，那么他就不可能落到一个罗马将军手里，因为意大利人与非洲人之间的商业来往是直到迦太基毁灭后才开始的(146B. C.)。他与许多罗马上层人物来往密切，尤其与斯奇比奥(阿非利加的)和盖乌斯·拉里乌斯[②]友情甚笃。甚至有人认为他之所以赢得这两人的欢心是靠他年轻漂亮，但费尼斯特拉也否认了这一点，他坚持认为泰伦斯的年龄比他们两人都大。然而奈波斯[③]则认为他们三人岁数相同，波尔基乌斯[④]在下述文字中对他们之间十分亲密的关系表示怀疑：

> 虽然他追求大人物的放荡和虚名，虽然他如饥似渴地倾听斯奇比奥(阿非利加的)那动听的讲述，虽然他认为能参加费鲁斯和拉里马斯家的聚餐会很荣耀，虽然他由于年轻迷人而常被带到阿尔班的别墅，可是后来他由巨富变成一无所有。于是他从人们的视线中消失了，来到希腊的边陲，死在阿卡迪亚的斯廷法洛斯城。他没有得到当时最富有的三个贵族普布里乌斯·斯奇比奥，拉里乌斯，富里乌斯的任何帮助。他们甚至没有给他一间租来的房子，至少让他的奴隶有个可以给主人办丧事的地方。

① 历史作家，约死于提比略统治末年。

② 盖·拉里乌斯(智慧的)公元前190年执政官，著名的文学保护人，小斯奇比奥的朋友。

③ 科涅利乌斯·奈波斯(公元前99—前24年)著名罗马作家。

④ 李锡努斯·波尔基乌斯，讽刺诗作家，盛年在公元前约100年前后。

II. 他写了6部喜剧，当他把这其中的第一部《安德罗斯少女》献给营造官时，他们要他首先读给凯基利乌斯[①]听。当他来到诗人家里时，诗人正在用餐。泰伦斯由于亲善简朴据说是坐在这位大人物的卧榻一旁的长凳上读他剧本的开头部分的。但只读了几行，他就被邀与主人共餐，在与凯基利乌斯吃完饭后，他很快读完剩下的部分并得到主人的极大称赞，又，这部剧本同其他5部一样都深受人们的喜爱，尽管伍尔凯契乌斯[②]在列举他所有作品时说："第六个剧本《婆母》应不包括在内。"[③]

《阉奴》甚至在同一天内上演了两次，获得了比以前任何一部喜剧作品都多的一笔奖金——8000塞斯特尔提乌斯，以致这个钱数在该剧本的附记[④]中也被写上了一笔。瓦罗在评价《两兄弟》时确曾认为它的开头部分比米南德剧本[⑤]的开头还要精彩。

III. 有一种相当流行的说法认为，斯奇比奥和拉里乌斯曾帮助泰伦斯写作。泰伦斯本人好像不想否认这一点，他的这种态度加强了这一说法的传播。他在《两兄弟》的开场白[⑥]中写道："至于恶意的批判家所说的，那些大人物曾做过这位诗人的助手，和他分担写作的劳动。——这种说法在那些大人物听来，无疑是最大的

① 凯基利乌斯·斯塔提乌斯，著名的罗马喜剧作家，高卢人，原居意大利北部，约公元前194年作为战俘，被带来罗马，后获释，死于约公元前166年。

② 伍尔凯契乌斯·西狄吉图斯。

③ 的确，《婆母》在最初两次演出时(公元前165年和前160年)都失败了，第三次才取得成功。

④ 附记(didascalia)是关于剧本写作时间和演出情况的简要资料。

⑤ 大概是指同样题材的一个剧本。

⑥ 《两兄弟》，15—21行。

诽谤，而对于这位诗人则无异是一种美誉。因为，这意味着，他受他们喜爱，而他们又受你们全城人民的喜爱，须知，你们无论战时还是平时，一有大事，是无不放下架子去寻求他们的帮助的。”

他做了一个辩护但却很不坚决，看来只是因为他知道那个谣传不会使拉里乌斯和斯奇比奥不高兴；这个辩解影响不大以致谣言一直流传到后来。盖乌斯·莫密乌斯在一篇为他自己辩护的演说辞中写道：“普布里乌斯（阿非利加的）[①]，从泰伦斯那儿借来了面具，把自己为了开心在家里写的剧本以泰伦斯的名义搬上了舞台。”奈波斯转述过一个可靠的故事：盖乌斯·拉里乌斯曾经在普特俄利他自己的田庄上过 3 月 1 日马特罗那里亚节[②]，他妻子催促他早点去用餐，他求她不要打扰他。最后他去吃饭时已很晚了，他说他很少如此满意地写出过这么多东西；当他被要求朗读他写的作品时，他高声朗诵了《自责者》中的几行，其中第一行[③]是：

叙鲁斯十分无耻地用许诺把我骗到了这儿。

IV. 珊特拉认为如果泰伦斯在写作方面真的需要帮助的话，他也不会求助于斯奇比奥和拉里乌斯，他们那时还只是毛头小伙子，而更有可能去求助于盖乌斯·苏尔比基乌斯·盖路斯，后者是一位有学问的人，泰伦斯第一次上演喜剧正是在他任执政官那一年的竞技会上，他也有可能求助于克文图斯·费边·拉贝和马尔库斯·波皮利乌斯，两人都是前任执政官和诗人。正是基于这个原因，他才说过：人们所传帮助了他的不是少年人，而是那些“在无

① 即小斯奇比奥。

② 已婚妇女节（马特罗那里亚节），见《神圣的韦伯芗传》，XIX. 1。

③ 《自责者》泰伦斯名下的作品之一。其中第一行指 722 行。

论战时还是平时或无论什么大事中帮助过人民"的那些成年人。

他在不满 25 岁时出版了这些喜剧,后离开了罗马,这或是为了避开人们说他把别人的作品当成自己的发表这样的谣言,或是由于他想借此熟悉一下希腊社会的风俗习惯,他过去在作品中没有十分成功地描绘出来。他离开罗马后再也没有回来。关于他的死,伍尔凯契乌斯写道:

> 但是当阿菲尔献给人民 6 部喜剧后,他离开这儿到亚细亚旅行去了,从船离岸起,人们就再也没有看见过他,他的生命就这样完了。

V. 克文图斯·科斯科尼乌斯认为他死于海难,当时他正从希腊返回,随身带着 108 部根据来南德作品改编的剧本①;我们另外的一些权威则认为他由于丢失了先送到船上的行李,里面装有他写的新剧本,为此他悲愤交加病倒了,死于阿卡迪亚的斯廷法洛斯城,或死于琉卡迪亚,时值格涅乌斯·科涅利乌斯·多拉贝拉和马尔库斯·富尔维乌斯·诺比利奥尔任执政官 3 年②(159 B. C.)。

据说他中等身材,瘦弱,皮肤较黑。他死后留下一女儿,后来成了一罗马骑士的妻子;还留下了 20 尤格的一处果园在阿庇亚大道旁邻近战神马尔斯圣林的地方。这使我对波尔基乌斯所写的如下的一段话感到更为可疑:"他没有得到当时最富有的三个贵族普布里乌斯·斯奇比奥,拉里乌斯,富里乌斯的任何帮助。他们甚至

---

① 这里显然有误解,也许是"带着米南德的 108 个喜剧作品"。

② 公元前 159 年。

没有给他一间租来的房子，至少让他的奴隶有个可以给主人办丧事的地方。”

阿夫拉涅乌斯[①]把泰伦斯排在了所有其他喜剧作家之上，在他的《岔路神节》中写道：

> 我说没有人能与泰伦斯并驾齐驱。

但是伍尔凯契乌斯[②]不仅把他排到那维乌斯、普劳图斯[③]和凯基利乌斯之下，甚至把他排到李锡尼乌斯和阿提留斯[④]之下。西塞罗在他的《草地》[⑤]中给了他如下的高度赞扬：

> 你，泰伦斯，也只有你用精选的语音改作了米南德的作品，用拉丁语言翻译它们。在我们的公众舞台上你演出了他的作品，使我们观众屏住气息，你总是把每一个词都说得那么优雅甜蜜。

盖乌斯·恺撒[⑥]也高度称赞道：

> 你，“半个米南德”，你也被公正地置于最大的作家之列，你是最纯正文体的爱好者，但愿你优雅的诗行也有如此巨大的力量，这样你的喜剧就可以取得希腊喜剧同等的荣誉，你就不会受到藐视和忽略。但是，泰伦斯啊，你缺乏这种素质，这

---

① 罗马托加剧作家，生活在公元前二世纪后期。

② 指著名的《十大喜剧家真作》。载于伍尔凯契乌斯·西狄吉图斯《论诗人》一书。

③ 提图斯·马奇乌斯·普劳图斯（公元前约254—前184年）罗马著名喜剧家。格涅乌斯·那维乌斯（公元前270—前201年）早期罗马诗人，写史诗《布匿战争》和喜剧、悲剧。

④ 阿提留斯，早期罗马作家，写悲剧和喜剧。

⑤ 此作品未流传下来。

⑥ 即帝国的奠基人朱里乌斯·恺撒。

使我伤心落泪。

维吉尔传

1 普布利乌斯·维吉利乌斯·马罗，曼图阿人。他的双亲出身寒微；尤其是父亲，有些人说他是一个制陶工，虽然大多数人认为，他最初是一个担任信使的祆教僧侣的雇工，后来由于他本人的勤奋而成为这位僧侣的女婿，并通过购置林地和放养蜜蜂而大大增
2 加了自己原来十分有限的财产。格涅乌斯·庞培（伟大的）和马尔库斯·李锡尼乌斯·克拉苏第一次共任执政官那一年的10月15日（10月15日，70B.C.），他生于距离曼图阿不远的一个名叫安德
3 斯的村庄。当他母亲怀着他的时候，梦见自己生了一根月桂树枝，这树枝落地生根，随即长成一棵大树，上面挂满了各式各样的果实和花朵。次日，她和丈夫一起前往附近一处农庄，途中她离开大
4 路，在路旁一条沟里生下了她的孩子。据说，婴儿降生时没有啼
5 哭，而且面部表情温雅，致使人们当时就确信这孩子会有一个个寻常的幸福命运。还发生了另一个征兆：通常按当地的习俗，小儿出生处要种一株小白杨树，可是这树种下去后在短时间内长得如此之快，以至于同很久以前种的树一般高大。这棵树因他而被称为“维吉尔树”，而且受到那些怀孕的妇女和刚生育的母亲的极大崇敬，她们常在这棵树下祈祷。

6 维吉尔在克列蒙那度过了自己的童年。15岁生日那天，他穿上了成人长袍，这一年（55 B.C.）的执政官恰巧又是他诞生那年担
7 任执政官的那两个人，这一天又恰是诗人卢克莱修去世的日子。后来，他离开克列蒙那去米迪奥拉努姆，不久又来到了罗马。他身

材高大魁梧，面色黧黑，有一副农人的相貌，可健康状况并不好，特 8
别是常患胃病、喉病及头痛病，还常有出血现象。他饮食不多，爱
男性少年，尤其钟情于塞贝斯和亚历山大。他在《牧歌》的第二首 9
诗中把后者称作“亚历克西”。亚历山大是阿西尼乌斯·波里奥赠
给他的。塞贝斯和亚历山大都受过一定的教育，塞贝斯还能写诗。
据普遍的传闻，维吉尔还曾与普洛提娅·耶列娅私通[①]。据阿斯科 10
尼乌斯·披迪雅努斯说，普洛提娅·耶列娅年老之后说过：瓦列乌
斯曾建议维吉尔和她同居，但遭到他的坚决拒绝。在他一生的其 11
余时间里，他的言语和思想都是如此贞洁，以致他在那不勒斯被大 12
家称为“处女”。他很少去罗马，每当在罗马大街上人们尾随他指
指点点时，他便就近躲入人家避开他们。甚至当奥古斯都将一个
流放者的财产赠与他时，他未能下决心接受它。朋友们的慷慨馈 13
赠使他拥有约 1 000 万塞斯特尔提乌斯。此外，在罗马，在与玛塞
纳斯花园毗邻的埃斯奎林山上，他还有一幢住宅，虽然他通常住在
坎珮尼亚和西西里过着隐居生活。

维吉尔失去双亲时已经成人。他父亲死前已双目失明。他还 14
失去了两个弟弟：西洛死时还是一个孩子，弗拉库斯死时已经成
年。维吉尔在哀悼弗拉库斯之死的诗里称他为达佛尼斯。[②]

在别的学问中他也曾注意医学，特别是数学。他曾出庭做过 15
辩护律师，但仅一次而已，因为，正如米列苏斯告诉我们的：他说话
很慢，而且简直像个没有受过教育的人。 16

---

① 普洛提娅·耶列娅在《牧歌》中用的是“阿玛里利达”的名字。

② 《牧歌》，5，20。

17 当他第一次尝试作诗时仍是个孩子，他写了关于一个名叫巴列斯达的男教师的下列两行诗（此人因有抢劫的坏名被石头砸死）：

在这堆积如山的石块下埋葬着巴列斯达，
行路的人们啊，不用害怕了，无论白天还是黑夜。

后来，他写了“卡达勒普顿”、“普列阿培亚”、“讽刺诗”、“狄赖”，[①]16岁时又写了“白鹭”和“蚊虫”。“蚊虫”的故事是这样的：
18 一个牧羊人疲于暑热而睡熟在一棵树下，一条蛇向他爬过来，同时从沼泽地飞来一只蚊虫叮咬了他的前额，牧羊人立即打死蚊虫，并杀死了蛇。然后他为这蚊虫立了一块墓碑，在上面刻下这样两行诗：

小小的蚊虫啊，牧羊人感激你救命之恩，
作为报答，为你举行应有的葬礼。[②]

19 他还写了“埃特纳”，虽然关于这首诗的作者有争议。不久后，他开始写罗马人的事业，但他没有能下决心写这个主题，转而写《牧歌》，这特别是为了赞美阿西尼乌斯·波里奥、阿尔菲努斯·瓦鲁斯和科涅利乌斯·盖路斯，因为在分配波河以北土地时（在菲力比战役胜利后，奉三头之命波河以北的土地被分配给那些退伍老
20 兵），这些人救过他，他因而免于破产。后来，他写了《农事诗》（42 B. C.），向玛塞纳斯表示敬意，因为玛塞纳斯曾给予他援助，当时诗人名气还不大，他抵抗一个退伍老兵的暴行，为争田地而厮打，

① 这四种诗加上《埃特纳》和若干别的作品，组成所谓的“维吉尔诗补遗”。但是这些作品是否维吉尔所作，现代学者意见不一。

② 《蚊虫》，413—414行。

差点被打死，幸亏玛塞纳斯帮助了他。最后，他开始写《埃涅阿斯
纪》这个题目，其内容的丰富和复杂不下于荷马的两部史诗。此 21
外，它还叙述到希腊人和罗马人的英雄和功业，同时包括了对罗马
城和奥古斯都氏族来历的说明——这是诗人特定的写作目标。在
写《农事诗》时，据说他每天一早口述已有腹稿的诗句很多行，然后 22
在这天的其余时间把它们删减成很少几行，这种方式已经成为他
的习惯。有人机智地评论道：他写诗像雌熊产仔，渐渐地把它们舔
出一个模样来。至于《埃涅阿斯纪》，他曾以散文的形式写成初稿； 23
把它们分为 12 卷，然后一部分一部分地把它们改写成诗。在改写
时，他是想到哪里就写到哪里，不是按次序写的。然而，为了不妨 24
碍自己那涌现的文思，结果他留下了一些部分未能完成，另一些部
分还只像一张张草图，正如他曾风趣地说过，在坚固的栋梁竖起之
前，要用这些文字来支撑整个作品。

他写《牧歌》用了 3 年，写《农事诗》用了 7 年，写《埃涅阿斯纪》 25
用了 11 年[①]。《牧歌》一发表就获得成功，致使歌唱家也常在舞台 26
上演唱它。奥古斯都从阿克兴凯旋归来，途中在阿特拉逗留医治
喉咙时，维吉尔连续 4 天为他朗诵《农事诗》，在诗人嗓子哑了而不 27
得不中断时，玛塞纳斯替换他继续朗诵。维吉尔的朗诵悦耳动听， 28
产生了惊人的效果。据塞内加记载，诗人朱里乌斯·蒙塔努斯不 29
止一次地说过：假如他能同时偷到维吉尔的嗓音、表情和手势，那
他就会剽窃他的一些作品。因为同一些诗句由维吉尔自己朗读就

① 《牧歌》作于公元前 41—前 39 年；《农事诗》作于公元前 36—前 30 年；《埃涅阿斯纪》作于公元前 29—前 19 年。

美妙动听，而出自别人之口就显得呆板单调。《埃涅阿斯纪》刚一
30 传诵就获得盛誉，因而，塞克斯都·普洛勃提乌斯[①]毫不迟疑地宣
布：

服输了吧，你们这些罗马作家，
服输了吧，还有你们希腊人，
比《伊利亚特》更伟大——
一部这样的作品正在诞生。

31 的确，奥古斯都（恰逢他出征坎塔布里亚）曾写信给他，用恳
求、甚至是开玩笑恐吓的话语要求维吉尔给他送去（用信中原话
说）“一些《埃涅阿斯纪》中的东西”，“或初稿或其中任何部分，随你
32 高兴。”但他没有送去。直到很久之后，当作品最后写成时，维吉尔
也只给他朗读了三卷，即第二、四、六卷。第六卷给屋大维娅的印
象非常深刻，当听到维吉尔朗诵关于她儿子的诗句：“你将是马尔
采鲁斯”时，[②]她晕倒了，好不容易才苏醒过来。他也为较多的听
33 众朗诵，但只有几次，读的主要是那些他自己没有把握的章节，以
34 便听听听众的意见。人们说他的抄写员和释放奴厄罗斯年老时曾
告诉他们，维吉尔有一次在朗诵时一下子补齐了两行原来只写了
一半的诗句：当看到只有“爱奥罗斯之子米塞努斯”[③]两个词时，他
添上了“比别的人都更善于”，又在同一灵感推动下，在“用铜号把
战士们集合起来”的后面添上“用歌声激励战神”，并立即吩咐厄罗

① 普洛勃提乌斯 II.34，65—66，作于约公元前 25 年。

② 《埃涅阿斯纪》VI 卷，884 行。

③ 《埃涅阿斯纪》VI 卷，164—165 行。这个米塞努斯是个军号手（见《埃涅阿斯纪》III 卷，239 行）。

斯将这两个后添的半行诗写到他的手稿上。

在 52 岁那年，他想把《埃涅阿斯纪》定稿，于是决定前往希腊 35
和亚细亚旅行，并用整整 3 年时间来做这工作——润色他的诗稿。
之后，他决心用自己的全部余生来研究哲学。开始旅行之后，他在
雅典遇见了奥古斯都，后者正从东方返回罗马。维吉尔决定跟随
帝王，甚至与其同回罗马。有一次，他冒着酷暑访问邻近的麦加拉
城而罹热病，在接着的旅行中他的病情加重，到达布鲁迪辛乌姆时
他的身体状况已经很糟，没过几天，即 9 月 21 日(19 B.C.)，他在
此去世。这一年是格涅乌斯·塞提乌斯和克文图斯·卢克莱修担
任执政官。他的遗体被运往那不勒斯，并葬于距离该城不到两里 36
的普特俄利大道旁。他写了这样两行诗作为自己的墓志铭：

我生于曼图阿，死于卡莱布里亚[1]，安息于巴尔特诺佩[2]；
我曾经歌唱牧场、乡村，歌唱领袖们。[3]

他指定他的异父兄弟瓦列里乌斯·普罗库路斯作为他的继承 37
人，继承他的一半遗产。遗产的四分之一献给奥古斯都，十二分之
一献给玛塞纳斯，剩下的留给了鲁基乌斯·瓦列乌斯和普洛提乌
斯·杜卡。这两个人在维吉尔死后奉奥古斯都之命校订出版了
《埃涅阿斯纪》。迦太基的苏尔比基乌斯在下列诗句中谈到这件 38
事：

维吉尔曾经嘱咐：
让快脚的火焰把他的诗歌焚毁；

---

① 布鲁迪辛乌姆所在地区。

② 希腊人对那不勒斯的称呼。

③ 分别暗示《牧歌》、《农事诗》和《埃涅阿斯纪》三部作品。

它们曾经赞颂了你，
弗里吉亚人的领袖。
瓦列乌斯和杜卡阻止这样做，
还有你，最伟大的君主，也加上了否决，
关于拉丁乌姆的故事于是得救。
在那熊熊的火焰中，
不幸的帕加马[①]几乎第二次毁于大火，
特洛亚城险些儿再度灭亡。

39 还在离开意大利之前，维吉尔曾同瓦列乌斯约定，假如他身遭
不测，瓦列乌斯就烧毁《埃涅阿斯纪》，但瓦列乌斯曾断然拒绝这样
做。在病终前，维吉尔曾一再要取他的书箱，想亲手焚毁诗稿，但
40 没有人把书箱拿给他，他也就未再特别要求这样做，而是把作品托
付给了上面提到的瓦列乌斯和杜卡两人，规定除了他本人公之于
41 世的而外，他们不得再发表他的其他作品。然而，应奥古斯都的要
求，瓦列乌斯发表了《埃涅阿斯纪》，只稍作了一点修订，甚至按原
貌留下了不完整的诗行。后来有许多人试图完成这些诗句，却都
不很成功，因为这些半行的诗句在意思上几乎都是完整的，除了
42 “Quem tibi iam Troia”[②]。语法学家尼苏斯常说，他听老人们说
过，瓦列乌斯改变了史诗中两卷的顺序，即把原来的第二卷改成了
第三卷；他也通过删去下列几行诗而改变了第一卷的开头部分：

---

① 意指特洛亚。

② “你在特洛亚的那人……”见《埃涅阿斯纪》III 卷，340 行。其实这也并不是例外，很可能是维吉尔故意不把这句话写完整的。安德罗玛刻是在故意避免提起伤心事。——英译者

我曾经吹着温柔的芦笛歌唱乡村生活，

后来，我走出树林，要临近的耕地为它们的主人作出贡献，无论他们索取多少，

农民欢庆丰收，不怕耕作辛劳，

但如今我要歌唱战争、武器和英雄了。 43

维吉尔从来不乏诋毁他的人。这不足为怪，连荷马也免不了。《牧歌》问世后，一个名叫努米托里乌斯的人写了一本题为《反牧歌》的诗集，这是一部非常乏味的讽刺的模拟作品，仅由两首诗组成。第一首的开头部分如下：

提提鲁斯，

既然你有一件温暖的托加，

那么为何还要榉树的覆盖？

第二首的开头是下列两句：

戴莫塔斯，请你告诉我：

“cuium pecus”是像样的拉丁语吗？

不，这是我们的埃贡[1]嘴里出来的，

乡里人这么说。[2]

维吉尔当众吟诵到《农事诗》中的“脱下衣服耕地吧，脱下衣服
播种吧”时[3]，有个人竟接上一句“寒冷将使你发烧”。还有一本卡 44

---

① 维吉尔《牧歌》中的一羊群的主人。“Cuium pecus”规范的拉丁语应为“Cuius-pecus”（“谁的畜群？”）。

② 讽刺是针对《牧歌》第1首和第3首的。第1首开头是“提提鲁斯，你为何躺在枝叶繁茂的榉树荫下？”第3首开头几行是：“戴莫塔斯，请告诉我，这是谁的畜群？莫里比乌斯的吗？——不是，埃贡把它给了我，这是埃贡的。”

③ 《农事诗》I卷，299行。

维利乌斯·皮克托写的题为《对埃涅阿斯的鞭笞》的书也是反对
《埃涅阿斯纪》的。马尔库斯·维普珊尼乌斯把维吉尔称作玛塞纳
斯的私生子，一种矫揉造作的新语言风格的发明者，这种语言既不
铺张又不简洁，而是用通俗的词汇组成，因而是不明白的语言。赫
伦尼乌斯专门搜集他的不足之处，而佩勒利乌斯·福斯图斯专门
45 搜集他的剽窃。更有甚者，克文图斯·屋大维乌斯·阿维图斯所
编的 8 卷题为《相似》一书中收罗了维吉尔所有借用来的诗句，并
46 附有它们的出处。阿斯科尼乌斯·披迪雅努斯在一本为维吉尔翻
案的书中列述了仅仅一部分对维吉尔的指责，主要是与历史有关
的和批评维吉尔大量借用荷马诗句有关的指责，但他说维吉尔本
人曾用如下的语言来回敬过那些指责："我的批评家们为什么不也
尝试一下同样的剽窃？假如他们这样做了，他们就会懂得，从荷马
那里偷窃一行诗不比从赫库利斯那里偷来大棒容易一些。"但阿斯
科尼乌斯又说维吉尔曾打算离开罗马，以便删掉所有上述内容使
那些爱挑剔的批评家们满意。

贺拉斯传

克文图斯·贺拉提乌斯[①]·弗拉库斯，维努西亚人。据他自己称，他的父亲是个释放奴，在拍卖行当收款员，但是据信他父亲是个卖咸鱼的商人，因为在一次争吵中一个人奚落贺拉斯说："我不知多少次看见过你父亲在手臂上擦鼻子啊[②]！"菲力比战争中，

① 后世通称贺拉斯。

② 因为手上经常沾着咸鱼腥味，不能用手擦鼻子。

贺拉斯接受这次战争领袖之一的马尔库斯·布鲁图的邀请，出任军团指挥官。共和派失败后，他得到赦免，不久谋得一个财务处书吏的职位。他先极力巴结玛塞纳斯，后来又转向奥古斯都，在他俩的朋友中占据了突出的地位，玛塞纳斯特别喜欢他，下面这首讽刺短诗足以为证：

> 如果我不爱惜你，贺拉斯，胜过我的肚皮，那么就让我，你的伙伴，比尼尼乌斯①更消瘦。

更有甚者，玛塞纳斯在自己的遗嘱中向奥克斯都提出："请你关心贺拉斯·弗拉库斯像关心我一样。"奥古斯都也曾提出任命贺拉斯担任自己的秘书，这在他给玛塞纳斯的一封信中可以看出："此前我能亲自给朋友们写信，但现在由于公务繁忙，身体也不佳，因此我希望能从你那里把我们的朋友贺拉斯要过来，让他从你的门下来到我的宫廷，帮我起草信件。"甚至在贺拉斯拒绝时，奥古斯都也未对他生气，而是继续设法获得他的友谊。我从我们手头握有的他的几封信件中摘录如下几段以证实这一点，如："在我的家里你将享有一切权利，就像在你自己的家里一样。你这样做将是合适的和正当的，因为，如果你的健康状况允许的话，我愿意我和你之间有这样的友谊。"又如："我是多么重视你啊，我们的朋友塞普提米乌斯也会告诉你的，因为有一回我曾对他谈起过你。即使你很傲慢，对我的友情不屑一顾，我这方面也不会以傲慢回敬。"此外，在其他说笑中，他常称贺拉斯为"最纯洁的放荡鬼"、"最可爱的小男人"。他不止一次的慷慨恩赐使贺拉斯的生活富裕。至于贺

① 大概是当时一个以形容消瘦闻名的人。

拉斯的作品，奥古斯都给予很高的评价，坚信他的作品将是不朽的，因而不仅委任他撰写世纪颂歌，而且委托他写诗赞美其继子提比略和德鲁苏斯[①]对文得里西人的胜利，为此他迫使他在长时间的搁笔之后再写一卷诗增加到他已有的三卷抒情诗集中去。另外，读了他的几篇《谈话》之后[②]，奥古斯都十分恼怒，因为诗中没有提及他："你必须知道我对你很生气，因为在你大量的这类作品中没有和我谈论的，宁可和别人谈论。你是害怕后人会因为看到你和我们亲近而看不起你吗?"他用这种方式迫使贺拉斯写了一首诗[③]，诗的开头的几行如下：

元首啊，你肩负重任，日理万机：
你用武力保卫意大利，用美德装饰它，用法制医治它。
我若用冗长的谈话，占去你宝贵的时间，
我就会损害公众的福利。

他看上去个头不高，体型肥胖。他在自己的讽刺诗里曾如此描述过自己。[④] 奥古斯都在下面这封信中也说他是一个矮胖子："奥尼西乌斯已把你的那本小书带给了我，它似乎很有理由这么小，我对它很满意。但是我觉得你似乎担心你的书会比你的人高大，事实上你只是身量不高，可是腰身并不小。因此，你可以把书写得圆滚滚的，像你的肚皮，像个能装整整一塞克斯塔流斯[⑤]的容

① 《颂歌》，IV.4，14。

② 《谈话》显然是贺拉斯为他的讽刺诗集取的书名，或许包括《谈话》和《信札》，也可能只包括《信札》。

③ 诗的口吻是致奥古斯都的。

④ 见《讽刺诗》，II.3；《信札》，I.20，23 和 I.4，15。

⑤ 相当 0.547 升。

器。”

据说，他好色无度。有记载说，他和他的情妇睡的房间里装着许多镜子，为的是不论往那个方向看，他都可以看见他们性交的情形。他大部分时间隐居在乡下他的萨宾或提布尔的田庄里。在提布尔的一处小灌木林附近至今还有一个标志着他故居的地方。我手头还有他名下的几首挽歌体诗和一封可能是写给玛塞纳斯的散文自荐信。我认为它们都是后人伪托的，因为挽歌平庸，信函晦涩，这些毛病都不像是贺拉斯作品的缺点。

他生于鲁基乌斯·科达和鲁基乌斯·托夸图斯任执政官之年的12月8日(12月8日，65 B.C.)，死于盖乌斯·马尔西乌斯·塞索里努斯和盖乌斯·阿西尼乌斯·盖鲁斯任执政官之年的11月27日(11月27日，8 B.C.)，在玛塞纳斯死后59天，享年57岁。由于突然病倒，无法立书面遗嘱，因而他口头指定奥古斯都为他的财产继承人。他被安葬于埃斯奎林山上，靠近并比玛塞纳斯墓稍远点的地方。

提布鲁斯传

> 提布鲁斯啊，你，维吉尔的伙伴啊，不公正的死神把你也年轻轻地就送去了天国，于是也许再没有人为温柔的爱情谱写哀歌了，或者为国王们的战争谱写英雄史诗了。[①]

提布鲁斯·阿尔比乌斯，罗马骑士，以他漂亮的外貌和优雅的气质而受人注目。他比任何人都更忠于演说家麦撒拉·科尔维努

① 多密提乌斯·马尔苏斯(奥古斯都时的诗人)作。——英译者

斯。在阿奎塔尼亚战争中他是麦撒拉同营帐的伙伴(30 B.C.—27 B.C.),而且获得了军功奖励。[1] 在许多人的评论中他被认为是哀歌体爱情诗泰斗。他的情书也被大家认为虽简短但非常有价值。他死时年纪很轻,正如上面那个墓志铭所指出的。

奥鲁斯·波尔修斯·弗拉库斯传[2]

奥鲁斯·波尔修斯·弗拉库斯生于费边·波尔修斯和鲁基乌斯·维特里乌斯任执政官之年的 12 月 4 日(34 年 A.D.),死于普布里乌斯·马略和阿菲尼乌斯·盖路斯任执政官之年的 11 月 24 日(62 年 A.D.)。他出生在伊特拉里亚的沃莱特拉,是个罗马骑士,但与元老等级有血缘与婚姻关系。他死在阿庇亚大道第八里程碑附近的自己的田庄上。

大约在他 6 岁那年他父亲弗拉库斯去世,把他委托给一个监护人照管。他的母亲富尔维亚·西塞尼亚后来与一位名叫富西乌斯的罗马骑士结了婚,但几年后富西乌斯也去世了。

弗拉库斯 12 岁以前一直在沃莱特拉受教育,12 岁时在罗马从师于语法学家勒密乌斯·巴勒蒙[3]和修辞学家维吉尼乌斯·弗拉乌斯。16 岁时与阿奈乌斯·科尔努图斯结成莫逆之交,两人寸步不离,从科尔努图斯那儿他获得了一些哲学知识。

---

① 麦撒拉在阿克兴战役后不久被派往阿奎塔尼亚,公元前 27 年举行了凯旋式。——英译者

② 这个传记在手抄本里被算作语法家普罗布斯的作品,但大多数出版者把它收在苏维托尼乌斯的作品集里。

③ 见《语法学家》,XXIII。

他很小时就享有卡西乌斯·巴苏斯和卡尔普尔尼乌斯·斯塔图拉的友谊,前者是一位诗人,后者在波尔修斯之前年纪轻轻也就去世了。他尊敬塞维利乌斯·诺尼阿努斯如同父亲。通过科尔努图斯他还结识了科尔努图斯的一个学生,与他自己同龄的阿奈乌斯·鲁卡努斯。鲁卡努斯十分赞赏弗拉库斯的作品,当诗人以通常方式朗诵[1]这些作品时,鲁卡努斯几乎等不及他读完便连说这是真正的诗,说自己的诗比较起来就只能算是小孩的游戏而已。到快去世时他还结识了塞内加,但对后者的才能未表示钦佩。

在科尔努图斯的家里,他能有机会与两位学识渊博、德高望重的人交往,一位是克劳狄·阿加图尔努斯,斯巴达医生,另一位是马格尼西亚的培特洛尼乌斯·阿里斯托克拉特,当时他们正热切致力于哲学研究。

弗拉库斯十分钦佩他们,并热心模仿他们,尽管这两位学者与科尔努图斯同龄,而他自己比他们年轻。培图斯·特拉塞亚在10年之久的时间里一直十分喜爱弗拉库斯,有时外出旅行也带着他;培图斯的妻子阿里娅是弗拉库斯的亲戚。

他举止文雅,纯洁、谦逊而且非常英俊;他在敬爱母亲、妹妹及姑妈方面堪称典范。

他是一个有道德的贞洁的人。

他给他的母亲及妹妹留下了大约200万塞斯特尔提乌斯的财产和一封只注明给他母亲的信。有些人说,他要求母亲给科尔努图斯10万塞斯特尔提乌斯,另一些人说是5万塞斯特尔提乌斯

① 即当众朗诵。——英译者

和20镑银币，此外还有大约700卷赫里西普斯[①]的著作，即他的全部藏书。但科尔努图斯只接受了书籍，把钱仍交给了他的作为遗产继承人的妹妹。

他很少写作而且写得很慢。这里的这个集子[②]他死时还没写完，这里已从最后一篇中删去了若干诗行，使本书看上去像本写完的书。科尔努图斯在文字上作了一些轻微的校订，并应卡西乌斯·巴苏斯的要求把它交给了他去出版。

弗拉库斯在少年时代还写过一本元老剧[③]，一本旅行笔记，一些关于特拉塞亚岳母的诗，她是在丈夫之前自杀身亡的。[④] 科尔努图斯曾建议诗人的母亲把这些作品都毁掉。

他的书一出版，就开始受到人们的称赞，并迅速一抢买光。

他30岁死于胃病。[⑤] 由于读了鲁基乌斯的第10本书，他一离开学校和老师们，便开始十分热心地写作讽刺诗。为了模仿这本书的开头，他起初讽刺自己，不久就开始讽刺所有的人，十分严厉地攻击当时的诗人和演说家，甚至攻击当时的皇帝尼禄。他攻击尼禄的诗是这样写的："米达斯国王有一对驴耳朵。"[⑥]科尔努图斯只改掉了人名，把这句诗写成："谁没有驴耳朵?"这样修改是为

---

① 著名的斯多噶派哲学家，公元前280年生于西里西亚的沙利城(Soli)。

② 本传记是这个诗集(6篇讽刺诗)的序。——英译者

③ 一个罗马悲剧，书名在手稿上就破损了，无法恢复。

④ 特拉塞亚的岳母是老阿里娅，她丈夫凯奇那·培图斯是克劳狄统治时期发生的卡米路斯·斯克里波尼亚努斯密谋的参加者。她看到丈夫被判自尽，遂用匕首先刺伤自己，然后把它递给丈夫说："这不疼，培图斯"。

⑤ 以下文字有的学者不把它放在传记里，而把它放在讽刺诗集的注释开头。

⑥ 米达斯是富有的弗里吉亚国王。神话说阿波罗和潘进行音乐比赛，他反对把优胜奖评给阿波罗，因而阿波罗使他的耳朵变成了驴耳朵。

了使尼禄不致认为这诗是攻击自己的。

鲁卡努斯传

科尔多瓦的马尔库斯·阿奈乌斯·鲁卡努斯是在五年竞技会上以一首《尼禄颂歌》而初次显露自己的诗人才华的，以后又公开朗诵了一首描写庞培与恺撒之间争斗的诗《内战》。在后一首诗的序言里，他把自己的写作年龄和作品与维吉尔的写作年龄与作品相比较时，大胆地问道：

我跟《蚊虫》相距还有多远？①

他在小时候就知道父亲由于一桩不幸的婚姻而住在偏远的乡村……。他被尼禄从雅典召回，成为他的密友之一，还被任命为财务官；但他得到皇帝的宠信时间不长。事情是这样的：当他正在朗诵时尼禄突然决定召开一次元老院会议，他的离开没有其他动机，只是为了给诗人的朗诵泼冷水，鲁卡努斯为此非常生气。此后他不再为自己在言语行动上反对元首而害羞了。例如有一次在公共厕所，他大声放了个响屁，接着便朗诵了尼禄的半行诗，这引起了同上厕所的人的巨大惊慌和一阵逃跑：

你可以认为这是平地一声炸雷。

在一首嘲骂诗中他不仅抨击元首本人也攻击他的那些最有权势的朋友。最终他几乎成了比索阴谋集团的旗手，公开地大谈诛杀暴君者②的光荣，言论充满了恐吓，甚至放肆地说要取元首的头

① 包括两重意义："我的这个作品比维吉尔的《蚊虫》差多少？"或"我写这诗时的年龄比维吉尔写《蚊虫》时的年龄小多少？"

② 指布鲁图和卡西乌斯，见鲁卡努斯的诗《法萨卢》。

奉献到所有朋友们的面前。但当阴谋被揭发后，他的表现完全不像以前那样坚定；他很容易就被迫认了罪[①]，堕落到了最卑鄙的乞求地步，甚至招供说他自己的母亲也包括在犯罪集团内，尽管她是完全无罪的。他这样做的目的是希望以此博得这个弑母者的元首对自己的好感。当他被允许自选死法时，他写了封信给父亲，其中包括对自己作品的一些修改，在美餐一顿之后，把手臂伸给医生，医生割断了他的血管。

我还记得他的诗怎样被人们公开朗诵[②]，这些诗也被出版、销售，虽然不乏勤勤恳恳，仔细认真的出版者，但也有做得马虎草率的。

老普林尼传

诺乌姆-科姆[③]的普林尼·塞克都斯，在全力完成了骑士等级成员所应履行的兵役义务之后，接着极公正地担任了几个重要官职。然而他最感兴趣的还是从事学术研究，以至于那些拥有充分闲暇的人中没有谁比他著述丰富的。例如，他以 20 卷的篇幅记述了与日耳曼人进行过的所有战争，此外还完成了 37 卷的《自然史》。他死于坎佩尼亚的一场自然灾害。他当时正在米塞努姆担任舰队司令，在维苏威火山爆发时[④]他乘一艘利布尔尼快船前往出事地点就近研究火山爆发的原因，由于顶风他未能返回。他因

---

① 塔西佗有不同的记载，比读《编年史》，XV. 56。

② 即被语法学家在课堂上讲授。——英译者

③ 内高卢一城市，今之科莫市。

④ 公元 79 年。

火山灰窒息而死，尽管有的人认为他是被一个奴隶杀死的；当他受不了巨大的热气时恳求这个奴隶让他快点死亡。

帕西安努斯·克里斯普斯传

帕西安努斯·克里斯普斯，维西利乌姆人，他在元老院里的首次发言是这样开头的："元老们，还有你，元首，"他为此受到提比略的高度的称赞，尽管不是真心的。他自愿在百人法庭[①]为一系列案件作辩护，因此朱里乌斯大会堂[②]立有他的塑像。他两次出任执政官。他结婚两次：第一次是与多密提娅，第二次是与阿格里皮娜，一个是皇帝尼禄的姑妈，一个是尼禄的母亲。他拥有价值2亿塞斯特尔提乌斯的财产。他竭力取悦于所有的元首，尤其是盖乌斯，当这个皇帝一次旅行时，他徒步陪伴着他，在一次与尼禄[③]的私下谈话中尼禄问他是否与自己的姐妹有性关系，就像这位皇帝与自己的姐妹那样，他回答道："还没有。"这个答复非常恰当而又谨慎，既不会因否认而冒犯皇帝，也不会因承认没有的事而辱没了自己。他因阿格里皮娜（已被他定为自己的继承人）的不忠而被杀，死后受到隆重的公葬。

① 见《神圣的奥古斯都传》，XXXVI。

② 在罗马市心广场。

③ 显然是说的盖乌斯，而不是尼禄。

英汉译名对照表

Aborigines　阿波里吉尼人
Acerronius　阿凯罗尼乌斯
Achaia　亚该亚
Achaica　阿卡伊卡
Achilles　阿克琉斯
Acilius　阿奇利乌斯
Acilius Glabrio　阿奇利乌斯·格拉布里奥
Acte　阿克特
Actium　阿克兴
Actius　阿克提乌斯
Actorius　阿克多里乌斯
Adminius　阿德米尼乌斯
Aegisthus　埃吉斯图斯
Aegon　埃贡
Aegyptii　埃及人
Aegyptus　埃及
Aelia　埃利亚
Aelianus　埃利阿努斯
Aelius Lamia　埃里乌斯·拉米亚
Aemilia　艾米利娅
Aemiliana　艾米利安纳
Aemilius　艾米利乌斯
Aenaria　埃那里亚
Aeneas　埃涅阿斯
Aequiculi　埃魁科里人
Aesculapius　埃斯库拉庇乌斯
Aeserninus　埃塞尼努斯
Aesius　埃西乌斯
Aethiopes　埃塞俄比亚人
Aethiopia　埃塞俄比亚
Aetna　埃特纳
Aetolia　埃托利亚
Afer　埃菲尔
Afinius　阿菲尼乌斯
Afranius　阿夫拉涅乌斯
Africa　阿非利加
Agamemnon　阿加门农
Agathurnus　阿加图尔努斯
Agermus　阿格尔姆斯
Agrippa　阿格里巴
Agrippina　阿格里皮娜
Ahenobarbi　阿赫诺巴尔比
Ahenobarbus　阿赫诺巴尔布斯
Aiax　阿雅克斯
Alani　阿兰人

Albanum 阿尔巴努姆
Albanus 阿尔巴
Albia Terentia 阿尔比娅·特兰提娅
Albis 阿尔必斯河
Albucius 阿尔布契乌斯
Albudignus 阿尔布狄格努斯
Alcmaeon 阿尔克迈翁
Alexander 亚历山大
Alexandria 亚历山大里亚
Alexis 亚历克西
Alfenus 阿尔菲努斯
Allobroges 阿洛布罗吉人
Alpes 阿尔卑斯
Amazonicus 亚马逊人的
Ambitarvius 安必塔维乌姆
Ampius 阿姆比乌斯
Ancharia 安卡利亚
Ancus 安库斯
Andes 安德斯
Andronicus 安德罗尼库斯
Anicetus 阿尼凯图斯
Anio 阿尼奥河
Anio novus 新阿尼奥河
Annaeus 阿奈乌斯
Annius 安尼乌斯
Antibucolica 《反牧歌》
Anticatones 《斥加图》
Anticyra 安提库拉
Antiochia 安条克
Antiochus 安条奥库斯
Antistius 安提斯提乌斯
Antium 安提乌姆
Antonia 安东尼娅
Antonius 安东尼
Antonius Primus 安东尼·普里姆斯
Apelles 阿贝莱
Apis 阿比斯
Apollo 阿波罗
Apollodorus 阿波罗多洛斯
Apollonia 阿波罗尼亚
Apollophanes 阿波罗法尼斯
Aponi fons 阿波努斯泉
Aponius 阿波尼乌斯
Appenninus 亚平宁的
Appi Forum 阿比福卢姆
Appia via 阿皮亚大道
Appius 阿比乌斯
Appuleius 阿普利乌斯
Apulia 阿普里亚
Aquila 阿奎拉
Aquileia 阿奎利亚
Aquilius 阿奎留斯
Aquitania 阿奎塔尼亚
Arcadia 阿尔卡底亚
Archelaus 阿凯拉斯
Arelate 阿瑞拉特
Areus 阿瑞乌斯
Aricia 阿里西亚

Ariminum　阿里米努姆
Aristarchus　阿里斯塔科斯
Aristocrates　阿里斯托克拉特
Armenia　亚美尼亚
Armenii　亚美尼亚人
Arrecina Tertulla　阿列奇娜·特尔图拉
Arrecinus Clemens　阿列奇努斯·克勒蒙斯
Arria　阿里娅
Arruntius　阿伦提乌斯
Artabanus　阿尔特巴努斯
Arverni　阿尔维尔尼人
Asclepiades　阿斯克勒庇阿得斯
Ascletario　阿斯克列塔里奥
Asconius　阿斯科尼乌斯
Asellius　阿塞里乌斯
Asia　亚细亚
Asiaticus　阿西阿提库斯
Asillius　阿西利乌斯
Asinius　阿西尼乌斯
Asprenas　阿斯普雷纳斯
Astura　阿斯图拉
Atalanta　阿特兰塔
Ateius　阿泰乌斯
Atella　阿特拉
Athenae　雅典
Athenodorus　雅典诺多洛斯
Atilius　阿提留斯
Atia　阿提亚
Atius　阿提乌斯
Atratinus　阿特拉提努斯
Atta　阿达
Attalus　阿塔罗斯
Atticus　阿提库斯
Atticus Vestinus　阿提库斯·维斯提努斯
Audasius　奥达修斯
Aufidius　奥菲底乌斯
Augur　奥古尔
Augusta　奥古斯塔
Augustus　奥古斯都
Aurea domus　金屋
Aurelia　奥列里娅
Aurelia via　奥列里娅大道
Aurelius　奥勒留斯
Aurunculeius　奥卢库勒乌斯
Autronius　奥特洛尼乌斯
Aventinus　阿芬丁
Avernus iacus　阿维尔努斯湖
Aviola　阿维奥拉
Avitus　阿维图斯
Axius　阿克西乌斯

BAIAE　贝亚
Balbillus　巴尔比路斯
Balbus　巴尔布斯
Baliaris insula　巴利阿里岛
Ballista　巴列斯达
Barbatus　巴尔巴图斯

Basilides　巴西里德斯
Bassus　巴苏斯
Batavi　巴达维人
Bato　巴托
Bauli　包里
Beccus　贝科
Beneventum　贝尼温图姆
Berenice　贝勒妮斯
Bessi　贝息人
Betriacum　贝特里亚库姆
Bibaculus　毕巴库罗斯
Bibulus　毕布路斯
Bithynia　比西尼亚
Bogudes　包古达
Bononia　波诺尼亚
Bononienses　波诺尼亚人
Boter　包特尔
Bovillae　布维利
Breuci　布琉西人
Britanni　不列颠人
Britannia　不列塔尼亚(不列颠)
Britannicus　不列塔尼库斯
Brixellum　布里克塞路姆
Bructer　布鲁克特利人
Brundisium　布鲁迪辛乌姆
Brutus　布鲁图
Bubula　牛首街
Bucolica　《牧歌》
Burrus　布鲁斯
Bursenus　布尔塞努斯

Byzantium　拜占廷

CAECILIUS　凯基利乌斯
Caecina　凯奇那
Caelius　凯里乌斯
Caenis　凯妮斯
Caepio　卡皮欧
Caeruleus fons　卡鲁琉斯泉
Caesar　恺撒
Caesarea　恺撒里亚
Caesario　恺撒里奥
Caesetius　凯塞提乌斯
Caesius　卡西乌斯
Caesonia　卡桑尼娅
Caesonius　卡桑尼乌斯
Calabria　卡莱布里亚
Calagurritani　卡拉古里塔尼人
Caligula　卡里古拉
Callippides　卡利庇德斯
Calpenus　卡尔本努斯
Calpurnia　卡尔普尔尼亚
Calpurnius　卡尔普尔尼乌斯
(Calpurnius)Piso Frugi Licinianus　庇索·弗鲁吉·李奇尼阿努斯
Calvina　卡尔维娜
Calvini　卡尔维尼
Calvinus　卡尔维努斯
Calvus　卡尔乌斯
Camerinus　卡麦里努斯
Camilla　卡米拉

Camillus　卡米路斯
Campania　坎佩尼亚
Canace　卡娜卡
Caninius Rebilus　卡尼尼乌斯·莱比鲁斯
Cannutius　卡努提乌斯
Cantabria　坎塔布里亚
Canus　卡努斯
Capella　卡贝拉
Capito　卡庇托
Capitolinus　卡庇托林努斯
Capitolium　卡庇托尔
Cappadocia　卡巴多西亚
Capreae　卡普里埃
Capricornus　摩羯宫星图
Capua　加普亚
Capys　卡普斯
Carinae　卡利那
Carmelus　卡尔梅尔神
Carnulus　卡尔努鲁斯
Carthago　迦太基
Carthago Nova　新迦太基
Carvilius　卡维利乌斯
Cascae　卡斯卡
Caspiae　卡斯比亚
Cassiope　卡西俄佩
Cassius　卡西乌斯
Cassius Longinus　卡西乌斯·龙吉努斯
Cassius Severus　卡西乌斯·塞维鲁斯
Carus　卡鲁斯
Castor　卡斯托尔
Castricius　卡斯特里西乌斯
Catalepton　卡达勒普顿
Catiline　喀提林
Cato M. Porcius Censorinus　大加图
Cato M. Porcius Uticensis　小加图
Catulus　卡图鲁斯
Cauchi　卡赫人
Cauchius　卡赫乌斯
Caudex　卡德克斯
Cebes　塞贝斯
Celadus　塞拉都斯
Censorinus　塞索里努斯
Ceraunii montes　西洛尼山脉
Cercei　西尔塞
Cerealis　凯列阿里斯
Ceres　凯列斯神
Cerrinius Gallus　车尔里尼乌斯
Cerylus　凯里鲁斯
Cestius　克斯提乌斯
Chaerea　卡瑞亚
Chaldaei　卡尔戴伊
Chares　卡瑞斯
Charicles　卡里克勒斯
Chatti　卡狄人
Chii　开俄斯人
Chrysippus　赫里西普斯

Cicero 西塞罗
Cilicia 西里西亚
Cimber 辛布尔
Cimbri 辛布里人
Cinaria 西那利亚岛
Cincinnatus 辛辛那图斯
Cinna 秦纳
Circus Maximus 大圆形竞技场
Cisalpina 内高卢
Civica 奇维卡
Claudia Angusta 克劳狄娅·奥古斯塔
Claudilla 克劳狄拉
Claudius 克劳狄
Clemens 克勒蒙斯
Cleopatra 克里奥帕特拉
Clitumnus 克里图姆努斯河
Clodianus 克洛狄阿努斯
Clodius 克洛狄乌斯
Clodius Macer 克洛狄乌斯·马谢尔
Clodius Pollio 克洛狄乌斯·波里奥
Clunia 克鲁尼亚
Cluvius Rufus 科鲁维乌斯·卢佛斯
Cocceianus 科切亚努斯
Codeta minor 科戴塔
Commagene 科马根尼
Compitales lares 岔路神
Compitalicii ludi 岔路神节
Comum 科姆
Concordia 和谐女神
Confluentes 科富伦特城
Cordubensis 卡尔都巴的
Cordus 科尔都斯
Corfinium 科尔菲涅乌姆
Corinthus 科林斯
Cornelia 科涅利亚
Cornelius 科涅利乌斯
(Cornelius) Dolabella 多拉贝拉
Cornelius Laco 科澳利乌斯·拉科
Cornificius 科尔尼菲西乌斯
Cornutus 科尔努图斯
Corvinus 科尔维努斯
Cosanus 科萨的
Cosconius 科斯科尼乌斯
Cosmus 科斯姆斯
Cossutia 科苏提娅
Cotiso 科提索
Cotta 科达
Cottius 科提乌斯
Crassicius 克拉西奇乌斯
Crassus 克拉苏
Crates 克拉特斯
Cremona 克列蒙那
Cremutius 克里莫提乌斯
Creta 克里特
Crispinus 克里斯皮努斯
Crispus 克里斯普斯

Cumae　库迈
Cupid　丘比德
Curio　库里奥
Curius　库里乌斯
Curti　库尔提
Curtius fous　库尔提乌斯泉
Custos　库斯托斯
Cutiliae　库提莱
Cybiosactes　咸鱼块商人
Cynegirus　西奈吉鲁斯
Cynobellinus　昔诺贝里努斯
Cyrenae　昔勒尼
Cyrus　居鲁士
Cyziceni　西泽库斯人

DACI　达西亚人
Dalmatae　达尔马提亚人
Dalmatia　达尔马提亚
Damoetas　戴莫塔斯
Daphnis　达佛尼斯
Datus　达图斯
Delphi　特尔斐
Demetrius　德米特里乌斯
Demochares　德摩卡里斯
Denarius　第纳里乌斯
Dertosa　戴尔多萨
Diana　狄安娜
Dictynna　狄克图娜
Dido　狄多女王
Didymeum　阿波罗—狄杜玛庙
Diodorus　狄奥多鲁斯
Diogenes　第奥根尼
Diomedes　狄奥米得斯
Dionysius　狄奥尼修斯
Dionysius Scytobrachion　狄奥尼修斯·斯库托伯拉齐俄
Dioscurides　狄奥斯库里得斯
Dirae　迪赖
Diribitorium　迪里毕托里乌姆
Dis　迪斯
Dolabella　多拉贝拉
Domitia Lepida　多密提娅·列比达
Domitia Longina　多密提娅·龙吉娜
Domitianus　图密善
Domitianus mensis　图密善月
Domitii　多密提乌斯氏族
Domitius Ahenobarbus　多密提乌斯·阿赫诺巴尔布斯
Domus publica　国家公寓
Doris　多利亚
Doryphoros　多律弗路斯
Drausus　德拉乌苏斯
Druidae　得鲁伊得伊
Drusilla　德鲁西拉
Drusus　德鲁苏斯
Dyrrachium　狄拉奇乌姆

EGLOGE　埃格洛吉
Elogius　埃劳吉乌斯

Egnatius 埃格那提乌斯
Electra 《厄勒克特拉》
Elephantis 厄勒芳迪斯
Eleusinins 厄疏息斯的
Ennia 恩尼娅
Ennius 恩尼乌斯
Epaphroditus 埃帕弗洛迪图斯
Epicadus 埃庇卡都斯
Epicureus 伊壁鸠鲁的
Epidius 厄比底乌斯
Epirota 埃皮罗塔
Eratosthenes 厄拉托斯忒尼斯
Eros 厄罗斯
Erycina 厄里西那
Esquiliae 埃斯奎林
Esquilinus Campus 埃斯奎林郊原
Etruria 伊特拉里亚
Etruscus 伊特拉里亚语
Eunoe 尤诺娅
Euphorion 尤福利翁
Euphrates 幼发拉底河
Euripides 欧里庇得斯
Eutychus 尤图霍斯

FABIANUS 法比亚部落的
Fabius Africanus 费边，阿非利加的
Fabius Labeo 费边·拉贝奥
Falacrina 法那克里那
Fannius Strabo 法尼乌斯·斯特拉波
Faunus 法乌努斯
Faustus 福斯图斯
Favonius 法沃尼乌斯
Favor 法沃尔
Felicitas 非利克塔斯
Felix 菲利克斯
Fenestella 费尼斯特拉
Ferentium 费伦提乌姆城
Fidenae 费德那
Flaccus 弗拉库斯
Flaminia via 弗拉米尼大道
Flaminius 弗拉米尼
Flavia Domitilla 弗拉维娅·多密提拉
Flaviani 弗拉维族人
Flavius 弗拉维
Flavius Clemens 弗拉维乌斯·克勒蒙斯
Flavius Liberalis 弗拉维乌斯·利贝拉里斯
Flavius Petro 弗拉维乌斯·培特罗
Flavius Sabinus 弗拉维乌斯·萨宾比努斯
Florales Ludi 弗洛拉里亚节
Florus 弗洛鲁斯
Fouteius Capito 冯特乌斯·卡皮托
Formiani 弗尔米埃人
Fortuna 命运女神
Forum Appi 法罗姆
Frugi 弗鲁吉
Fucinus lacus 富基努斯湖

Fulvia　富尔维亚
Fulvius　富尔维乌斯
Fundanus　丰迪的
Fnndi　丰迪
Furiae　弗里娅
Furius Camillus Arruntius　富里乌斯·卡米路斯·阿伦提乌斯
Furnilla　弗尔尼拉
Fuscus　富斯库斯
Fusius　富西乌斯

Cabinius　盖比尼乌斯
GADAREUS　盖塔拉的
Gades　盖得
Gaetuli　盖图里亚人
Gaitulicus　盖图里库斯
Gaius　盖乌斯
Galba　伽尔巴
Galeria Fundana　伽列里娅·冯达娜
Galli　高卢人
Gallia　高卢
Gallicus　高卢的
Gallius　盖利乌斯
Gallus　高卢人的
Gallus　盖路斯
Gallus　盖路斯
Gamala　加马拉
Gelotiana domus　革洛提安那大屋
Geminus　革米努斯
Gemoniae sealae　格马尼埃
Gergovia　格戈维亚
Germani　日耳曼人
Germania　日耳曼
Germanicus　日耳曼尼库斯
Germanicus Caesar　日耳曼尼库斯·恺撒
Germanicus mensis　日耳曼尼库斯日
Geryonis oraculam　革律霍神谕所
Gesoriacum　格索里阿库姆
Getae　盖塔人
Glycias　格利奇阿斯
Glyco　格利科
Gnipho　格尼佛
Grachus　格拉古
Gnaeus　格涅乌斯
Graecia　希腊
Graeci　希腊人

HADRIATICUM MARE　亚德里亚海
Hadrumetum　哈德鲁米图姆
Halosis Ilii　《特洛亚的陷落》
Halotus　哈洛图斯
Hannibal　汉尼拔
Harpocras　哈帕克拉斯
Hasdrubal　哈斯杜鲁巴
Haterius　哈特利乌斯
Hector　赫克托尔

Hecuba 赫古巴
Helius 赫里乌斯
Hellespontus 赫勒斯滂
Helvetii 赫尔维提人
Helvidius Priscus 赫尔维狄乌斯·普里斯库斯
Helvius 赫尔维乌斯
Hercules 赫库利斯
Herennius 赫伦尼乌斯
Hermaeum 赫尔迈乌姆
Hermas 赫尔玛斯
Hermogenes 赫尔莫根尼斯
Hiempsal 耶姆普萨尔
Hieria 耶列娅
Hierosolyma 耶路撒冷
Hilario 希拉里奥
Hipparchus 希巴尔库斯
Hirtius 希尔提乌斯
Hispania 西班牙
Histria 希斯特里亚
Homerus 荷马
Horatius 贺拉斯
Hortaius 霍尔塔鲁斯
Hortensius 霍腾西乌斯
Hyginus 许吉努斯
Hylas 许拉斯

ICARUS 伊卡鲁斯
Icelus Marcianus 伊凯鲁斯·马骑阿努斯
Idaeus 伊达山的
Ilerda 伊列达
Ilium 伊利乌姆
Illyricum 伊利里库姆
Inalpinus 阿尔卑斯山区的
Indi 印度人
Inferum mare 外海
Invictus 英维克图斯
Ionis villa 伊昂
Iosephus 约瑟普斯
Isauricus 伊索里库斯
Isidorus 伊西多鲁斯
Isis 伊西斯
Isthmus 科林斯地峡
Italia 意大利
Italicus 意大利的

JACCUS 雅库斯
Janiculum 雅尼库鲁姆
Janus 亚努斯
Juba 朱巴
Judaea 犹太
Judaei 犹太人
Jugurtha 朱古达
Julia 朱里娅
Julius 朱里乌斯
Julius Vindex 朱里乌斯·文德克斯
Jullus 优鲁斯
Junia Calvina 优尼娅·卡尔维娜
Junius Rusticus 优尼乌斯·卢斯提

库斯
Juno　朱诺
Juppiter　朱庇特
Juvenalis　尤文尼斯，少年的

LABEO　拉贝奥
Laberius　拉贝里乌斯
Labienus　拉宾努斯
Lacedaemonii　拉希蒂梦人
Laches　拉凯斯
Laco　拉科
Laelius　拉里乌斯
Laetorius　赖托留斯
Laetus　拉图斯
Laevius　拉维乌斯
Lamia　拉米亚
Lampadio　朗巴底奥
Lanuvium　拉努维乌姆
Laodiceni　劳底开亚人
Lares　拉列斯
Latium　拉丁姆
Laureolus　洛勒奥鲁斯
Laricum　拉维库姆
Lenaeus　勒那乌斯
Lentulus　兰图鲁斯
Lentulus Gaetulicus　兰图鲁斯·盖图里库斯
Lepida　列比达
Lepidus　雷必达
Leptinus　列普提努斯
Liber　利伯尔
Liberalis　利贝拉里斯
Libitina　利比提娜
Libo　利波
Liburnica　利布尔尼快艇
Licinianus　李奇尼阿努斯
Licinius　李锡尼
Licinius Crassus　李锡尼乌斯·克拉苏斯
Licinius Mucianus　李锡尼乌斯·穆奇阿努斯
Licinus　李锡努斯
Liguria　利古里亚
Livia Ocellina　利维亚·奥奇琳
Livia Orestilla　利维亚·奥瑞斯提拉
Livilla　李维拉
Livius　李维
Locri　罗克里
Lollia　罗利娅
Lollius　罗利乌斯
Longina　龙吉娜
Luca　路卡
Lucanus　鲁卡努斯
Lucceius　鲁克乌斯
Lucilius　鲁基里乌斯
Lucretius　卢克莱修
Lucrinus Lacus　鲁克林努斯湖
Lucullus　鲁库路斯
Lucusta　卢库斯塔
Lugdunum　卢格都努姆

Luna　卢那
Lupercalia　牧神节
Luperci　牧神祭司团
Lurco　卢尔科
Lusitani　路西塔尼亚人
Lusitania　路西塔尼亚
Lutatius　路达提乌斯
Lycia　吕西亚
Lycii　吕西亚人
Lydia　吕底亚

MACEDONES　马其顿人
Macedonia　马其顿
Macer　马谢尔
Macro　马克罗
Maecenas　玛塞纳斯
Maecius　麦奇乌斯
Magi　术士
Mago　玛哥
Mallonia　马洛尼亚
Mallotes　马洛斯人
Mallos　马洛斯
Mamercus　玛莫库斯
Manes dii　冥界神祇
Mantua　曼图阿
Marathus　马拉图斯
Marcellus　马尔采鲁斯
Marcia Furnilla　马尔奇娅・弗尔尼拉
Marcius　马尔西乌斯
Marius　马略
Marobodus　马罗波多斯
Mars　马尔斯
Marsi　马尔西人
Marsus　马尔苏斯
Martius Campus　马尔斯广场
Marullus　马鲁路斯
Masgaba　马斯加巴
Masintha　马辛达
Massilia　马西里亚
Massillienses　马西里亚人
Mater deum　诸神之母
Matianus　马提亚
Matius　马提乌斯
Maurus　摩尔人的
Mausoleum　陵墓
Maximus　马克西穆斯
Mediolanum　米迪奥拉努姆
Medullina　米杜里娜
Megara　麦加拉
Meleager　墨勒阿格罗斯
Meleagrides　墨勒阿格里得斯
Melissus　米列苏斯
Memmius　莫密乌斯
Memphis　孟斐斯
Menander　米南德
Menas　麦那斯
Mendes　门德斯城
Menecrates　梅涅克拉特斯
Massala　麦撒拉

Messalina　美撒里娜
Messana　麦西拿
Mestrius Florus　马斯特里乌斯·弗洛鲁斯
Metellus　莫特路斯
Mettius Pom Pusianus　梅提乌斯·庞普西阿努斯
Mettius Rufus　麦提乌斯·卢佛斯
Mevania　麦瓦尼亚
Mida　米达斯国王
Miletus　米利都
Milo　米洛
Minerva　米涅尔娃
Minos　米诺斯
Misenum　米塞努姆
Mithridates　米特拉达悌
Mnester　麦尼斯特
Modestus　摩得斯图斯
Moesia　美西亚
Molo　莫洛
Montanus　蒙塔努斯
Mucianus　穆奇阿努斯
Mummia Achaica　穆米娅·阿卡伊卡
Mummius　穆米乌斯
Munatius　穆那提乌斯
(Munatius) Plancus　穆那提乌斯·普兰库斯
Munda　孟达
Murena　穆勒那
Murmillo　姆尔米洛
Musa　穆塞
Musae　缪斯
Musium　博物馆
Mutina　穆提那
Mylae　米拉
Mytilenae　米提勒纳

NAEVIA　那维娅
Naevius　那维乌斯
Nais　娜伊丝
Narbo　那旁
Narcissus　那尔奇苏斯
Naso　那索
Naulochus　瑙洛库斯
Nauplius　诺普里乌斯
Neapo′is　那布勒斯
Neapolitani　那布勒斯人
Nemausenses　涅马苏斯市民
Neoptolemus　奈奥普托勒姆斯
Nepos　奈波斯
Neptunus　尼普顿
Nero　尼禄
Neronia　尼禄尼亚
Neronianus　涅洛尼阿努斯
Neropolis　尼禄波里斯
Nerulum　尼鲁鲁姆
Nerva　涅尔瓦
Nicanon　尼坎诺
Nicias　尼西阿斯

Nicomedes 尼科美得斯
Nicon 尼康
Nicopolis 尼科波利斯
Niger 尼格尔
Nigidius 尼吉底乌斯
Nigrinus 尼格里努斯
Nilus 尼罗河
Nioba 尼奥巴
Nisus 尼苏斯
Nobilior 诺比利奥尔
Nola 诺拉
Nomentana via 诺曼塔那大道
Nonianus 诺尼阿努斯
Nonius 诺尼乌斯
Norbanus 诺尔巴努斯
Noricum 诺利库姆
Novaria 诺瓦里亚
Novatus 诺瓦都斯
Novius 诺维乌斯
Novum Comum 诺乌姆—科姆
Nuceria 努凯里亚
Numidia 努米底亚
Numidicus 努米底库斯
Numitorius 努米托里乌斯
Nursia 努尔细亚
Nursini 努尔细亚人
Nymphae 自然神女
Nymphidius Sabinus 尼姆菲迪乌斯·萨宾努斯
Nysa 尼萨

OCEANUS 大洋
Octavia 屋大维娅
Octaviae portius 屋大维柱廊
Octavius 屋大维
oculatae 奥库拉塔
Oedipus 俄狄浦斯
Oenone 奥埃诺妮
Olympia 奥林匹亚
Onesimus 奥奈西姆斯
Onysius 奥尼西乌斯
Oppius Sabinus 欧比乌斯·萨宾努斯
Orbilius 俄尔毕利乌斯
Orcus 地狱
Orestes 奥瑞斯特
Orestilla 奥瑞斯提拉
Orfitus 奥尔菲图斯
Oriens 东方
Origines 《起源》
Ostia 奥斯提亚
Ostienses 奥斯提亚人
Otho 奥托
Ovidius 奥维德

PACIS TEMPLUM 和平之神庙
Paconius 帕哥尼乌斯
Pacuvius 巴库维
Padus 波河
Paetina 培提娜
Paetus Thrasea 培图斯·特拉塞亚

Palaemon　巴勒蒙
Palatium　巴拉丁
Palfurius Sura　帕尔弗里乌斯·苏腊
Pallas　巴拉斯
Palumbus　巴鲁姆布斯
Pan　潘神
Pandateria　潘达达里亚
Paneros　潘奈罗斯
Pannonia　潘诺尼亚
Pannonicus　潘诺尼库斯，潘诺尼亚的
Pannonii　潘诺尼亚人
Pansa　潘萨
Paphos　帕福斯
Papia Poppaea lex　巴比乌斯—波贝乌斯法
Papus　巴布斯
Parilia　柏勒里亚节
Paris　帕里斯
Parma　巴尔马
Parrasius　巴尔哈西俄斯
Parthenius　巴尔特尼乌斯
Parthenope　巴尔特诺佩
Parthi　帕提亚人
Parthia　帕提亚·安息
Pasicles　帕西克赖斯
Pasiphae　帕西法娅
Passienus Crispus　帕西安努斯·克里斯普斯
Patavinus　巴达维努斯
Patavium　巴达维乌姆
Patrobius Neronianus　帕特罗比乌斯·涅洛尼阿努斯
Paulus　保路斯
Paulina　保利娜
Pedia lex　披迪乌斯法
Pedianus　披迪雅努斯
Pedius　佩狄尤斯
Peloponnesus　伯罗奔尼撒
Penates dii　潘那特神
Perellius　佩勒利乌斯
Pergamon　帕加马
Persius　波尔修斯
Perusia　佩鲁西亚
Pescennius　培森尼乌斯
Petro　培特罗
Petronia　培特洛尼娅
Petronianus　培特洛尼阿努斯
Petronius　培特洛尼乌斯
Phagita　法吉达
Phaon　法昂
Pharmacussa　法玛库萨
Pharnaces　法那西斯
Pharsalicus　法萨卢的
Pharus　法洛斯
Philemon　菲勒蒙
Philippi　菲力比
Philippicae　《菲力匹克》
Philippus　菲力浦

Philocomus 菲洛科摩斯
Philopoemen 费罗波曼
Philus 费鲁斯
Phoebe 福波
Phoebus 阿波罗
Phyllis 披里斯
Picenum 皮塞努姆
Pictor 皮克托
Pinarius 皮那留斯
Piso 庇索
Pitholaus 彼托劳斯
Pius 庇乌斯
Placentia 普拉岑奇亚
Plancus 普兰库斯
Plato 柏拉图
Plautia 普劳提娅
Plautius 普劳提乌斯
Plautus 普劳图斯
Plinius Secundus 老普林尼
Plotia 普洛提娅
Plotius 普洛提乌斯
Plotus 普洛图斯
Poeni 布匿人
Polemo 波列蒙
Polla 波拉
Pollentia 波伦提亚
Pollio 波里奥
Pollux 波吕克斯
Polus 波鲁斯
Polybius 波里比乌斯
Polycrates 波里克拉特
Pompeia 庞培娅
Pompeius 庞培
Pompilius 庞庇里乌斯
Pomponius 庞波尼乌斯
Pomptinae 滂布提纳
Pompusianus 庞普西阿努斯
Pontia 庞地亚
Pontius 庞提乌斯
Pontus 本都
Popillius 波皮利乌斯
Poppaea Sabina 波贝娅·萨宾娜
Poppaeus Sabinus 波贝乌斯·萨宾努斯
Porcius 波尔基乌斯
Porius 波利乌斯
Posides 波西德斯
Postumia 波斯杜米娅
Postumius 帕斯图密乌斯
Postumus 波斯杜姆斯
Praeconinus 普赖科尼努斯
Praeneste 普赖尼斯特
Priamus 普列阿摩斯
Priapea 普列阿培亚
Priapus 普里阿普斯
Primus 普里姆斯
Princeps 普林西普斯
Priscus 普里斯库斯
Probus 普洛布斯
Proculus 普罗库路斯

Propertius　普罗勃提乌斯
Proserpina　普洛塞尔皮娜
Psylli　普塞利
Ptolemaeus　托勒密
Pulcher　普尔赫尔
Punicus　布匿人的
Pupillus　普皮鲁斯
Puteoli　普特俄利
Pylades　皮拉得斯
Pyrallis　皮拉利斯
Pyrenaeus Saltus　比利牛斯山
Pyrgi　皮尔吉
Pyrrhica　皮利赫
Pyrrus　皮洛士
Pythius　皮提亚的

QUINQUATRUS　五日节
Quintilius Varus　克文提里乌斯·瓦鲁斯
Quirinius　奎里尼乌斯
Quirinus　奎里努斯
Quirites　奎里特斯

RABIRIUS　拉毕里乌斯
Raetia　里提亚
Raeticus　里提亚的
Ravenna　拉文那
Reate　列阿特城
Rebilus　莱比鲁斯
Regilli　勒吉里
Regillus　勒吉鲁斯
Regillianus　勒吉里阿努斯
Regium　里吉乌姆
Remmius　勒密乌斯
Rhascuporis　拉斯库波里斯
Rhenus　莱茵河
Rhianus　李雅努斯
Rhodanus　罗纳河
Rhodii　罗德斯人
Rhodus　罗德斯
Roma　罗马
Romani　罗马人
Romuius　罗慕路斯
Rubico　卢比孔河
Rubria　鲁布里娅
Rufilla　卢菲拉
Rufio　卢菲奥
Rufrius Crispinus　鲁弗里乌斯·克里斯皮努斯
Rufus　卢佛斯
Russus　鲁苏斯
Rusticus　卢斯提库斯
Rustius　卢斯提乌斯

SABBATA　安息日
Sabina　萨宾娜
Sabini　萨宾人
Sabinus　萨宾努斯
Sabrata　萨布拉塔
Sacra via　圣路

Saeculares ludi 塞库拉尔节
Saepta 塞普塔
Saevius 色维乌斯
Salaria via 萨拉里亚大道
Salassi 萨拉西人
Salii 萨利
Salinator 萨里那托尔
Sallustius 萨鲁斯特
Sallustius Lucullus 撒路斯提乌斯·鲁库路斯
Salus 平安女神
Salvia 萨尔维亚
Salvidienus Orfitus 萨尔维狄恩努斯·奥尔菲图斯
Salvidienus 萨尔维狄恩努斯
Salvius Cocceianus 萨尔维乌斯·科切亚努斯
Salvius Liberalis 萨尔维乌斯·利贝拉里斯
Salvius Otho 萨尔维乌斯·奥托
Salvius Titianus 鲁基乌斯·提提阿努斯
Sameramis 塞密拉密斯
Samniticus 萨莫奈人的
Samus 萨摩斯
Santra 珊特拉
Sardi 萨丁尼亚人
Sardinia 萨丁尼亚
sarmatae 萨尔马提亚人
Sarnus 萨尔努斯
Satur 萨图尔
saturnatia 萨图尔那里亚节
Saturninus 萨图宁
Saturnus 萨图尔努斯
Scaeva 斯开瓦
Scantinia lex 斯堪提尼亚法
Scaptiensis 斯卡普提亚部落的
Scipio 斯奇比奥
Scribonia 斯克里波尼亚
Scribonianus 斯克里波尼亚努斯
Scribonius 斯克里波尼乌斯
Scutarius 斯库塔里乌斯
Scythae 斯基泰人
Scytobralhion 斯库托伯拉齐俄
Secundus 塞古都斯
Seianus 塞雅努斯
Seleucus 塞琉古斯
Semiramis 塞密拉密斯
Seneca 塞内加
Senones 塞诺尼人
Sentius 塞提乌斯
Saptimius 塞普提米乌斯
Septimontale Sacrum 七丘节
Septizonium 七节楼
Serapis 塞拉皮斯
Sertorius 塞多留
Servilia Nais 塞维丽娅·娜伊丝
Servilianus 塞维利乌斯花园的
Servllius 塞维利乌斯
Servius 塞维乌斯

Sestertius 塞斯特尔提乌斯
Sestilia 塞斯提里娅
Severus 塞维鲁斯
Sextus 塞克斯都
Sibyllini Libri 西彼拉占语集
Sicilia 西西里
Sigambri 锡加布里人
Sigillaria 希吉拉里亚
Silanus 希拉努斯
Silius 西利乌斯
Silo 西洛
Silus 西鲁斯
Silvanus 西尔法努斯
Sinuessani 西努埃萨人
Siren 塞壬
Sisennia 西塞尼娅
Smyrna 斯密尔纳
Sol 太阳神
Sosius 索西乌斯
Spartacus 斯巴达克
Sphinx 狮身人面像
Spiculus 斯皮库鲁斯
Spoletium 斯波列提乌姆
Sporus 斯波鲁斯
Spurinna 斯普林那
Staberius 斯坦泊利乌斯
Statilia Messalina 斯塔提里娅·美撒里娜
Statilius 斯塔提里乌斯
Statura 斯塔图拉
Stellatis Campus 斯退拉斯平原
Stephanio 斯特潘尼奥
Stephanus 斯特潘努斯
Stilo 斯提洛
Stoechades 斯多卡德斯
Strabo 斯特拉波
Stymphalus 斯廷法洛斯城
Subura 苏布拉
Suebi 苏维比人
Suetonius Laetus 苏埃托尼乌斯·拉图斯
Sulla 苏拉
Sulpicius 苏尔比基乌斯
Sulpicius Camerinus 苏尔比基乌斯·卡麦里努斯
Sulpicius Galba 苏尔比基乌斯·伽尔巴
Superum mare 亚得里亚海
Sura 苏腊
surrentum 苏伦图姆
Syracusae 叙拉古
Syria 叙利亚
Syrus 叙鲁斯

TALARIUS 塔拉里乌斯
Talentum 特兰特
Tanusius 塔努西乌斯
Tarentum 塔伦图姆
Tarichaeae 塔里卡埃
Tarpeia 泰比亚

Tarquinius Priscus　塔克文・普里斯库斯
Tarracina　塔拉奇那
Tarraco　塔拉克
Tarraconenses　塔拉克人
Tarraconensis　塔拉科的
Tatius　塔提乌斯
Taurus　托鲁斯
Tedius Afer　特底乌斯・阿菲尔
Tegea　特盖亚
Telegenius　特勒革纽斯
Telephus　特勒福斯
Terentia　特连提亚
Terentilla　特连提拉
Terentius　特连提乌斯
Terpnus　特尔普努斯
Tertia　特尔奇娅
Tertulla　特尔图拉
Tetrinius　特特里尼乌斯
Teucer　条克尔
Teutoni　条顿人
Tahllus　塞鲁斯
Thasos　萨索斯
Theodorus　提奥多鲁斯
Thegenes　提奥根尼斯
Thermus　塞姆斯
Thessali　色萨利人
Thracia　色雷斯
Thrasea　特拉塞亚
Thrasyllus　塞拉西鲁斯
Thurinus　图里努斯
Thyatireni　提亚底拉人
Tiberis　第伯河
Tiberius　提比略
Tiberius Alexander　提比略・亚历山大
Tiberius Nero　提比略・尼禄
Tibullus　提布鲁斯
Tibur　提布尔
Ticidas　提契达斯
Tigillinus　提杰利努斯
Tigranes　提格拉尼斯
Tillius　提留斯
Tiridates　提里达提斯
Titianus　提提阿努斯
Titinnius　提提尼乌斯
Titisenia　提提塞尼亚
Titurius　提图里乌斯
Titus　提图斯
Tityrus　提提鲁斯
Tolosa　托洛萨
Toranius　托拉尼乌斯
Torquatus　托夸图斯
Tralliani　特拉利斯人
Transalpina Gallia　山外高卢
Trebatius　特列巴奇乌斯
Trebiani　特利比亚人
Treveri　特勒维里部落
Triton　特里同
Troia　特洛亚

Tubero　杜白罗
Tullius Servius　图里阿·塞维乌斯
Tullius Cicero　图里乌斯·西塞罗
Tusculum　图斯库鲁姆
Tuscus　图斯库斯
Tyrus　推罗

UMBRIA　温布利亚
Urgulanilla　乌姑兰尼拉

VALERIA　瓦列利娅
Valerius　瓦列利乌斯
Valerius Messala　瓦列利乌斯·麦撒拉
Vargunteius　瓦尔古特乌斯
Varius　瓦列乌斯
Varro　瓦罗
Varronilla　瓦洛尼拉
Varus　瓦鲁斯
Vaticanus　梵蒂冈的
Vatinius　瓦提尼乌斯
Veii　维爱
Velabrum　斯拉布鲁姆
Veliterni　维利特雷人
Velitrae　维利特雷
Venus　维纳斯
Venusinus　维努西亚的
Veranius　维拉尼乌斯
Vergilius　维吉尔
Verginius　维吉尼乌斯
Verrius Flaccus　维里乌斯
Vespasia　维斯帕西埃
Vespasia Polla　维斯帕西娅波拉
Vespasianus　韦伯芗
Vespasius Pollio　维斯帕西乌斯·波里奥
Vestae aedes　维斯塔神庙
Vestalis virgo　维斯塔女祭司
Vestinus　维斯提努斯
Vesuvius mons　维苏威火山
Vettius　维提乌斯
Vibius Crispus　维比乌斯·克里斯普斯
Victoria　胜利女神
Vidius　维迪乌斯
Vienna　维恩纳
Vigintiviri　二十人委员会
Vindelici　文得里西人
Vindex　文德克斯
Vinicius　维尼奇乌斯
Vinius　维尼乌斯
Vipsanius　维普珊尼乌斯
Viriatus　维里阿图斯
Viselliensis　维西利乌姆的
Vitellia　维特里娅
Vitellius　维特里乌斯
Volaterrae　沃莱特拉
Vologaesus　沃洛盖苏斯
Voltacilius　沃塔西利乌斯
Vonones　沃洛尼斯

Vulcatius 伍尔凯契乌斯

XENON 克塞诺(芝诺)
Xenophon 色诺芬
Xerxes 泽尔士

ZENODOTUS 泽诺多托斯
Zmyrna 斯密尔娜

图书在版编目(CIP)数据

罗马十二帝王传/(古罗马)苏维托尼乌斯著;张竹明等译.—北京:商务印书馆,2017
(汉译世界学术名著丛书:120年纪念版:珍藏本)
ISBN 978-7-100-14394-3

Ⅰ.①罗… Ⅱ.①苏… ②张… Ⅲ.①帝王—列传—古罗马 Ⅳ.①K835.467=2

中国版本图书馆CIP数据核字(2017)第152374号

汉译世界学术名著丛书
(120年纪念版·珍藏本)
罗马十二帝王传
〔古罗马〕苏维托尼乌斯 著
张竹明 王乃新 蒋平 等译

商 务 印 书 馆 出 版
(北京王府井大街36号 邮政编码100710)
商 务 印 书 馆 发 行
北京通州皇家印刷厂印刷
ISBN 978-7-100-14394-3

2017年12月第1版 开本710×1000 1/16
2017年12月北京第1次印刷 印张30
定价:148.00元